Deutsche Modalpartikeln und ihre Äquivalenzen im Galicischen

BONNER ROMANISTISCHE ARBEITEN

HERAUSGEGEBEN VON WILLI HIRDT, WOLF-DIETER LANGE,
EBERHARD LEUBE†, WOLFGANG MATZAT,
CHRISTIAN SCHMITT UND HEINZ JÜRGEN WOLF

BAND 81

PETER LANG

Frankfurt am Main · Berlin · Bern · Bruxelles · New York · Oxford · Wien

IRENE SUEIRO ORALLO

DEUTSCHE MODAL- PARTIKELN UND IHRE ÄQUIVALENZEN IM GALICISCHEN

EIN BEITRAG ZUR KONTRASTIVEN LINGUISTIK

PETER LANG
Europäischer Verlag der Wissenschaften

Die Deutsche Bibliothek - CIP-Einheitsaufnahme

Sueiro Orallo, Irene:

Deutsche Modalpartikeln und ihre Äquivalenzen im Galicischen : ein Beitrag zur Kontrastiven Linguistik / Irene Sueiro Orallo. - Frankfurt am Main ; Berlin ; Bern ; Bruxelles ; New York ; Oxford ; Wien : Lang, 2002
(Bonner romanistische Arbeiten ; Bd. 81)
Zugl.: Bonn, Univ., Diss., 2002
ISBN 3-631-39940-5

Gedruckt auf alterungsbeständigem,
säurefreiem Papier.

D 5
ISSN 0170-821X
ISBN 3-631-39940-5
© Peter Lang GmbH
Europäischer Verlag der Wissenschaften
Frankfurt am Main 2002
Alle Rechte vorbehalten.

Printed in Germany 1 2 3 4 5   7

www.peterlang.de

Vorwort

Die vorliegende Arbeit stellt die unveränderte Fassung meiner Dissertation dar, die im Sommersemester 2002 von der Philosophischen Fakultät der Universität Bonn angenommen wurde. Sie ist entstanden auf Anregung von Herrn Prof. Dr. Christian Schmitt, dem mein ganz besonderer Dank gilt. Seine stetige motivierende Unterstützung, seine Gesprächsbereitschaft, fachlichen Anregungen und konstruktive Kritik werde ich immer in guter Erinnerung behalten. Ebenfalls möchte ich mich bei Frau Prof. Dr. Heidi Siller-Runggaldier für die Übernahme des Korreferats sehr herzlich bedanken. Für zügige Lektüre und Korrekturen möchte ich ein großes Dankeschön an Hildegard Clarenz-Löhnert richten. In diesem Zusammenhang möchte ich auch Dietmar Osthus und Giulia Eggeling erwähnen. Wertvolle Vorschläge bei der Computer-Arbeit haben mir Andi Neustein und Delia Tello López gemacht und mir großzügig ihre Zeit gewidmet. Ganz herzlich möchte ich mich bei Emilio Mac Gregor bedanken. Ohne mich persönlich zu kennen hat er mir kostenlos sämtliche Drehbücher seiner wunderbaren Fernsehserie zur Verfügung gestellt und nette Worte für mich bereit gehabt. Gerne werde ich mich auch an Eike Kutsche erinnern, weil sie mir stets aufmerksam zugehört und meine Sorgen geteilt hat. Ein besonders großes Dankeschön gilt Maria Uleer, Stefania Masi, Inma Sánchez Ponce und Carolina Huerga Carracedo wegen ihres aufrichtigen Interesses, ihrer wertvollen Ratschläge und ihrer stetigen Hilfsbereitschaft. Ebensosehr hat mich meine liebe Cousine Ana Torres Sueiro mit ihrem selbstlosen Einsatz in Santiago de Compostela unterstützt. Meinen "anonymen" Informanten gilt auch ein herzliches Dankeschön, genauso wie allen, die irgendwann gefragt und sich mit mir aufrichtig gefreut haben. Sie werden schon wissen, daß sie gemeint sind. Vor allem möchte ich aber meinen Eltern danken. Jede meiner Entscheidungen haben sie immer unterstützt. Sie haben mich stets motiviert, bereichernde Aktivitäten zu entdecken und zu unternehmen. Mit viel Geduld und Verständnis haben sie mich nicht nur bei dieser Arbeit in guten und in vielen schlechten Augenblicken gut beraten, ermutigt und unterstützt.

Inhaltsverzeichnis

8

10

0. Einleitung

Bereits Wilhelm von Humboldt (1767-1835) vertrat die Ansicht, daß man sich der Sprache eher bediene, um die Wirklichkeit aufzudecken, als schon Bekanntes auszudrücken. Seiner Ansicht nach wird die Weltanschauung durch Sprache geschaffen (vgl. Marcos Marín 1994:87). In diesem Zusammenhang lassen sich folgende Bemerkungen von Coseriu hinsichtlich von Humboldts Sprachauffassung anführen:

> „Wenn Humboldt sagt, die Sprache sei ἐνέργεια, meint er folglich, daß die Sprache eben eine solche Tätigkeit ist, die wie im Falle der Kunst und der Philosophie nicht nur Erlerntes anwendet, sondern auch tatsächlich Neues schafft. So ist es auch zu verstehen, wenn er sagt, daß man nicht eine Sprache lernt, sondern lernt, in einer Sprache zu schaffen" (1988:5).

Diese Postulate können von Lernenden einer Fremdsprache nachvollzogen werden, da sie z.b. mit Begriffen konfrontiert werden, die in der Muttersprache nicht vorhanden sind, wie durch folgendes Beispiel verdeutlicht wird: Während das deutsche Wort *Heimweh* im Galicischen mit *morriña* oder *saudade* wiedergegeben werden kann, läßt sich für *Fernweh* keine wirkliche Entsprechung ausmachen, weder in dieser noch in anderen romanischen Sprachen. Die Übersetzung dieses Wortes in das Galicische erfolgt durch eine Umschreibung, in der jedoch der ursprüngliche Sinn zumindest teilweise verlorengeht. Dieses Beispiel zeigt, daß bestimmte Begriffe einer Sprache einfach nicht übersetzt werden können. Als Erklärung dafür greift man tatsächlich oft auf das oben genannte Sprachverständnis zurück und betrachtet die Sprache als Mittel zum Ausdruck von Emotionen, Gedanken und Gefühlen. Die unterschiedlichen Gesichtspunkte, wodurch sich jede Kultur auszeichnet, bereiten den Übersetzern viele Probleme, adäquate Übersetzungen zu finden, damit auch geringste Nuancen beibehalten werden. Repräsentieren die zu vergleichenden Sprachen sehr unterschiedliche Welten, treten vermehrte Schwierigkeiten auf. Aber auch innerhalb der abendländischen Kultur weisen die einzelnen Sprachen zum Teil deutlich bemerkbare Unterschiede auf. So sind beispielsweise die Modalpartikeln fast ausschließlich – mit Ausnahme des Altgriechischen – für die deutsche Sprache charakteristisch[1]. Die Funktionen, die sie erfüllen, finden in anderen Sprachen ihre Entsprechung in verschiedenen Ausdrucksmitteln, die zur Verfügung stehen. Aber nicht in allen Fällen können Äquivalenzen gefunden werden.

---

[1] Siehe dazu Punkt 1.1.1. der vorliegenden Arbeit.

0.1. Aufgabestellung und Zielsetzung

Die Übersetzbarkeit der deutschen Modalpartikeln in germanischen und romanischen Sprachen bildet den zentralen Untersuchungsgegenstand zahlreicher Dissertationen und Forschungen. Da die Modalpartikeln jedoch, wie bereits erwähnt, hauptsächlich ein Charakteristikum der deutschen Sprache darstellen, beschäftigen sich viele Untersuchungen alles in allem recht einseitig mit dem Deutschen. Beim Erwerb des Deutschen als Fremdsprache sieht sich der Lerner unabänderlich mit den Modalpartikeln konfrontiert. Es wird dem Lernenden i.d.R. gelehrt, daß diese Elemente der deutschen Sprache unübersetzbar seien und daß es ihm unter Umständen erst nach einem langen Aufenthalt im deutschsprachigen Raum gelingen werde, sie – durch ein gewisses 'Sprachgefühl' - richtig zu verwenden. Es wird oft konstatiert, daß die korrekte Einschiebung dieser Modalpartikeln innerhalb der Sätze als ein Indiz dafür gilt, daß man die Sprache sehr gut 'beherrsche'. Während die Modalpartikeln den Lernern der deutschen Sprache erhebliche Schwierigkeiten bereiten, ist andererseits auch festgestellt worden, daß viele Deutsche beim Zweitsprachenerwerb versuchen, adäquate Übersetzungen für die deutschen Modalpartikeln zu finden. Diese Versuche führen jedoch nicht selten zu dem Resultat, daß künstliche und gestelzt wirkende Translate produziert werden. Einige Lehrbücher für Deutsch als Fremdsprache beschäftigen sich mit diesen Partikeln, repräsentieren Dialoge, in denen sie evident werden, und geben zusätzliche, hilfreiche Erläuterungen hierzu[2].

Die Lexikographie hat, wie bereits einige Autoren festgestellt haben (Beerbom 1992), diesen Gegenstandsbereich in irreführender Weise behandelt, indem die Wortklasse 'Modalpartikel' nicht deutlich von anderen abgegrenzt wird, keine geeigneten Beispiele gezeigt werden und vor allem der pragmatische Aspekt keine angemessene Berücksichtigung findet.

Das Ziel meiner Arbeit soll darin bestehen, einen Beitrag zur Übersetzbarkeit der deutschen Modalpartikeln in die galicische Sprache und zur Modalisierung in dieser bisher wenig standardisierten Sprache zu leisten.

Das Galicische kennt keine geschlossene Wortklasse, die mit der der deutschen Modalpartikeln vergleichbar ist.

Anhand einer ausgewählten Gruppe von deutschen Partikeln soll erforscht werden, über welche Ausdrucksmittel die galicische Sprache verfügt, um die Modalpartikeln der Ausgangssprache Deutsch wiederzugeben.

Eine theoretische Auseinandersetzung mit diesem Gegenstandsbereich sowie praktische Beispiele diverser Übersetzungen zu den Modalpartikeln können ebenfalls einen wesentlichen Beitrag zur Fremdsprachendidaktik, insbesondere für den Erwerb des Deutschen als Fremdsprache, leisten.

---

[2] Zu den Modalpartikeln in Lehrwerken für den Unterricht 'Deutsch als Fremdsprache' siehe May (2000).

Ausgangspunkt der Untersuchung sind die deutschen Originaltexte. Das eigentliche Ziel der Arbeit liegt jedoch ebenfalls auf der Beschäftigung mit galicischen Originaltexten und ihren deutschen Übersetzungen. In der Belletristik sowie in Filmen erscheinen Dialoge als fiktionale Wiederspiegelung von echten Dialogen des Alltags. Um ihnen gewisse Authentizität zu verleihen, verwendet man mit Vorliebe eine große Anzahl von Modalpartikeln. Die bisherigen sprachwissenschaftlichen Studien zu diesem Problem lassen die These zu, daß umso mehr Modalpartikeln verwendet werden, je entspannter und vertraulicher die Konversation ist. Somit wird versucht, mit Hilfe von erfundenen Dialogen die Wirklichkeit nachzuahmen, wobei ein fiktionaler oraler Code gebraucht wird[3]. Aus diesem Grund soll im Rahmen dieser Arbeit auf die Untersuchung der gesprochen Sprache keinesfalls verzichtet werden. Zu diesem Zweck werden wir mit Hilfe von Kapiteln der galicischen Fernsehserie *Mareas vivas* sowie von Informanten, die galicische Muttersprachler sind, den Gebrauch der galicischen Mittel zum Ausdruck der Modalität untersuchen.

Bewußte Überlegungen seitens dieser Muttersprachler zum konkreten Einsatz eines solchen Ausdrucksmittels der Modalität in literarischen Textsegmenten können zudem für die Erklärung der Partikelverwendung sehr aufschlußreich sein. Das Sprachgefühl aboriginärer Sprecher ist für eine solche Arbeit unentbehrlich, weil es in einigen Fällen durch keine, wenn auch noch so gut begründete, theoretische Annahme ersetzt werden kann.

---

[3] Siehe dazu Kapitel 3 der vorliegenden Arbeit.

1. Zur Definition des Gegenstandsbereichs

1.1. Die Modalpartikeln

1.1.1. Ein Charakteristikum der deutschen Sprache

Die Modalpartikeln (im folgenden: MPn) sind in ihrer Anzahl und Vielfalt für die deutsche Sprache charakteristisch und hinsichtlich ihrer Frequenz nur mit dem Partikelgebrauch im Altgriechischen vergleichbar. Der Gegenstandsbereich trägt je nach Autor oder Schulen die verschiedensten Bezeichnungen. Da Namen meist für ein Programm stehen, ist es notwendig, einen Überblick über die unterschiedlichen Termini zu gewinnen. 'Abtönungs-', und nicht 'Modalpartikeln' hat Weydt (1969) diese 'unflektierten Wörtchen' genannt. Seine Dissertation mit dem Titel *Abtönungspartikel. Die deutschen Modalwörter und ihre französischen Entsprechungen* aus dem Jahre 1969 war bahnbrechend für die Forschung. Abgesehen von der von Krivonosov 1963 mit dem Titel *Die modalen Partikeln in der deutschen Gegenwartssprache* vorgelegten und mehrere Jahre später veröffentlichten Doktorarbeit wurden die MPn zum ersten Mal - hier in einer Studie im Rahmen der kontrastiven Linguistik - als wichtiger Bestandteil der deutschen Sprache behandelt. Dieser Aspekt soll an dieser Stelle hervorgehoben werden, da die Vertreter der normativen Stilistik bis in die späten 60er Jahre für die Modalpartikeln immer nur abwertende Bezeichnungen wie 'Füllwörter' (Adler 1964, apud Beerbom 1992:25), 'Würzwörter' (Thiel 1962, apud Beerbom 1992:25), 'Läuse im Pelz unserer Sprache' (Reiner 1944:282ff., apud Beerbom 1992:21) verwendet hatten. Solche Behauptungen sind in Zusammenhang mit der belegten Häufigkeit der Erscheinung dieser funktionalen Elemente in der gesprochenen Sprache zu bringen, auf die in der Tradition ein nicht so großer Wert gelegt worden war. Diese Situation hat sich jedoch ab der so genannten 'Pragmatischen Wende' (Feyrer 1998:60) der 60er Jahren radikal verändert, da seitdem auch ein deutlicher Zuwachs des Interesses an der bis dahin so verachteten Umgangssprache zu beobachten ist. Die gründliche und immer häufigere Auseinandersetzung mit den Modalpartikeln ist vor dem Hintergrund der Pragmatik, der Sprechakttheorie, der Konversationsanalyse sowie der Textlinguistik zu sehen, die eine immer wichtigere Rolle im allgemeinen linguistischen Panorama spielen. Bei diesen Strömungen stehen, wie Feyrer (1998) signalisiert, das spontane Sprechen und die dialogischen Diskurse im Mittelpunkt des Interesses, und der Begriff 'Partnerbezogenheit' bekommt ein zusätzliches Gewicht. In dieser kommunikativ-pragmatischen Orientierung finden die Modalpartikeln einen besonderen Platz, wie Weydt bemerkt:

„Vier wichtige linguistische Bewegungen haben die Linguistik des 20. Jahrhunderts vor allem geprägt, und lassen sich, wenn man sich der Kuhnschen Terminologie bedienen will, als 'Paradigmata' bezeichnen, die einander als im allgemeinen linguistischen Interesse dominierende Richtungen abgelöst haben: der Strukturalismus, die Transformationsgrammatik, die Sprechakttheorie und die Konversationsanalyse" (1981:47).

Auch wenn wir uns bei diesem einführenden Punkt mit sprachlichen Elementen der deutschen Sprache beschäftigen, ist es u.E. an dieser Stelle angebracht und aufschlußreich, einen Vergleich zu ziehen mit der Behandlung der spanischen Umgangssprache, die aus einem Text derselben erwähnten Dekade der 60er Jahre – konkret von 1965 – stammt. In bezug auf gewisse Ausdrücke und sprachliche Elemente, die die spanische Alltagssprache damals prägten (einige von ihnen leben selbstverständlich im heutigen Spanischen weiter), kommen, ebenso wie bei der deutschen Umgangssprache dieser Zeit, bewertende und insbesondere abwertende Bezeichnungen vor. Die Verwendung solcher Elemente wird nicht sehr kultivierten Sprechern zugeschrieben. Es handelt sich dabei um Bemerkungen eines herausragen-
den Forschers der spanischen Umgangssprache, und zwar Beinhauers. Folgende Kommentare dieses ersten Erforschers der spanischen Umgangssprache lassen sich anführen; eine nähere Erläuterung dieser Bemerkungen ist u.E. überflüssig:

> „«Comodines», ¿qué son? Son palabras de sentido impreciso para sustituir, «en caso de emergencia», aquéllas que de momento se resisten a acudir a la memoria del hablante o cuya designación exacta éste no sabe. [...]
> Por «muletillas» entendemos ciertas expresiones predilectas de algunos **individuos**, cuya característica es la frecuencia con que suelen emplearlas, y que en ocasiones, incluso les puede valer algún apodo [...].
> [...] los expletivos, cuya función se reduce a rellenar vacíos o lagunas que amenazan la fluidez de la enunciación, de suerte que ésta, al menos acústicamente, se mantiene sin solución de continuidad. [...]
> [...] el lenguaje coloquial emplea medios de expresión lógicamente superfluos. Pero es que, para reconocerlos en su justo valor, debemos enfocarlos con un criterio en vez de lógico, *psicológico*, y entonces echaremos de ver que, lo que en la lengua escrita se tildaría con razón de **hojarasca** y **carne fofa**, en la hablada cumple funciones no sólo justificables sino incluso necesarias. ¿Que el empleo abusivo de muletillas y expletivos denota **incultura**? Estamos de acuerdo. No olvidemos, sin embargo, que ninguna comunidad lingüística se halla constituida tan sólo (ni aun preferentemente) por gentes cultas, prescindiendo de que, en España, el lenguaje de los **iletrados**, en punto a expresividad, no sólo no le va en zaga al de los instruidos, sino que a veces hasta lo supera. Pues [...] gran parte de esas clausulillas [...] insignificantes y [...] hasta **vulgares**, contribuyen en muchos casos a **resaltar la expresividad**, en tanto que ayudan a poner de relieve lo esencial de cuanto el hablante quiere enunciar" (Beinhauer 1965:1f.). [Hervorh. der Vf.]

Die Studien, die in den letzten Jahren die MPn zum zentralen Gegenstand gemacht haben, sind so zahlreich, daß sie sogar die Publikation einer Partikelbibliographie (Weydt und Ehlers 1987) motiviert haben.
In der vorliegenden Arbeit wird der in der Fachliteratur am meisten verbreitete Terminus Modalpartikel (MP) verwendet; im Fall von direkten und indirekten Zitaten werden die von den Autoren benutzten Bezeichnungen übernommen.

1.2. Zur Definition der Partikeln im weiteren und engeren Sinne[4]

Der Begriff *Partikel* (< lat. *particula*, Diminutiv, von *pars, partis* 'Teil') umfaßt die unflektierbaren Wortarten, d.h. die Adverbien, Konjunktionen und Präpositionen. Es handelt sich um sehr heterogene Elemente der Sprache, die lediglich das morphologische Charakteristikum der Unflektierbarkeit gemeinsam haben. Beerbom hat in Hinsicht auf die Heterogenität der Partikeln die Bezeichnung 'Papierkorbkategorie' geprägt (1992:24). Angesichts der Vielfältigkeit dieser Restklasse ist in der deskriptiven Linguistik die Notwendigkeit entstanden, eine differenzierte Betrachtung dieser heterogenen Elemente vorzunehmen. Auf der Satz- oder Gesprächsebene basierend, erfolgte eine Unterteilung in:

„[...] z.B. Modal- und Negationswörter (Admoni 1986), modale Partikeln (Krivonosov 1963/1977), Gradpartikeln (Altmann 1976, 1978), kognitive Modaladverbien (Heinrichs 1981), makrosyntaktische Gliederungssignale (Gülich 1970), Gesprächswörter (Burkhardt 1982a)" (Beerbom 1992:24);

und

„in der Regel werden die Gradpartikeln, MPn, Modalwörter sowie die Antwort- und Negationspartikeln als Partikeln im engeren Sinne bezeichnet" (Beerbom 1992:24).

1.3. Beschreibung der MPn auf morphologischer, syntaktischer und semantischer Ebene. Probleme der Klassifikation

Die wichtigsten Merkmale der MPn hat bereits Weydt (1969) herausgearbeitet. Seine Beschreibung der MPn basiert auf der Einteilung der Sprache in zwei Ebenen, eine 'Darstellungs-' und eine 'Intentionsebene'. Unter der letztgenannten subsumiert er die Rolle der Modalpartikeln (Weydt 1969:60ff). Die allgemeinen Merkmale, durch die die Modalpartikeln definiert werden, wurden von Thurmair zusammengestellt und im folgenden Schema präsentiert; laut Thurmair sieht das Grundmuster der MPn folgendermaßen aus:
- sie sind unflektiert.
- sie sind unbetont bzw. unbetonbar.
- sie sind fakultative Elemente.
- sie sind nicht erfragbar.
- sie haben Satzskopus.
- sie können nicht negiert werden.
- sie stehen nur im Mittelfeld.
- sie stehen meist vor dem Rhema.
- sie sind satzmodusabhängig (in welchen Satzmodi sie auftreten, ist für jede Modapartikel spezifisch).
- sie können den Illokutionstyp modifizieren.

---

[4] Diese Definition basiert auf den Arbeiten von Beerbom (1992) und Masi (1996).

- sie sind (mit bestimmten Beschränkungen) untereinander kombinierbar (1989:37).

Meibauer bemerkt diesbezüglich:

„Diese Liste müßte noch hinsichtlich der Eigenschaften 'nicht koordinierbar' und 'nicht erweiterbar' [...] ergänzt werden. Ohne weiteres akzeptiert werden können von diesen Kriterien nur (a)/Unflektiertheit (besser: Unflektierbarkeit), (d)/Nicht-Erfragbarkeit, (f)/Nicht-Negierbarkeit, und (k)/Kombinierbarkeit" (1994:30).

Hinsichtlich der semantischen Ebene besteht in bezug auf die MPn in der Fachliteratur keine Einigkeit. Die Partikelforscher vertreten verschiedene Auffassungen, die auf drei Hauptproblemen[5] in der Partikelforschung basieren:
   a) dem Problem der Bedeutung oder der Homonymie;
   b) dem Problem der Akzentuierbarkeit von MPn;
   c) dem Problem der Wortart/Kategorie von MPn.
König begründet diese verschiedenen Positionen wie folgt:

„Gründe für diese Situation sind einmal in der Schwierigkeit der Thematik selbst zu suchen: Modalpartikeln sind in ihrer Bedeutung in höchstem Maße abstrakt, nuancenreich und kontextabhängig und lassen sich nur schwer in ihrem Beitrag zur Bedeutung eines Satzes oder einer Äußerung erfassen" (1997:58).

In bezug auf das erstgenannte Problem erklärt Meibauer:

„Das Homonymieproblem ergibt sich aus der Tatsache, daß Modalpartikeln in der Regel ein Gegenstück oder mehrere Gegenstücke haben, die zwar von den Wortarten her identisch sind, aber andere syntaktische oder semantische Eigenschaften haben und anderen Wortarten zugerechnet werden. Wie kann man dieses erstaunliche Faktum erklären?" (1994:1).

Meibauer weist darauf hin, daß die meisten Partikelforscher sich darauf beschränkt haben, die Homonymie herauszustellen und zu diskutieren (vgl. 1994:1). Thurmair (vgl. 1989:9) befaßt sich mit der Polyfunktionalität der Partikeln. Beerbom vertritt folgende Ansicht: „[...] der gleiche Lautkörper kommt auch in anderen Funktionen vor, z.B. als Konjunktion oder Adverb" (1992:26). Weydt (1977:222) spricht von einer 'Gesamtbedeutung' in Anlehnung an Jakobson. König weist auf „häufige und weitverbreitete Mängel in den verfügbaren Analysen" hin und bemerkt unter anderem:

„Die Suche nach einer 'Gesamtbedeutung' der Partikeln wird häufig zu schnell zugunsten der Annahme von Polysemie aufgegeben" (1997:59).

---

[5] Zu dieser Problematik vgl. u.a. Beerbom (1992), Feyrer (1998), König (1997), Meibauer (1994) und Thurmair (1989).

Die Frage, ob die MPn eine eigene Bedeutung haben, hat nicht wenige Kontroversen ausgelöst. Viele Linguisten halten die MPn für weglaßbar, ohne daß die Grundbedeutung einer Äußerung verloren geht. Es existieren aber verschiedene Konzepte von 'Bedeutung' und es besteht Einigkeit darin, daß bei Verzicht auf die MPn eine 'hölzerne', 'kalte' Sprache entsteht, die als Kennzeichen für schlechte Kenntnis der deutschen Sprache gilt (vgl. Weydt/Harden/Hentschel/Rösler 1985:5). Wir müssen einerseits zwischen 'propositionaler Bedeutung' in der Terminologie von Austin[6] (1972), der 'Darstellungsfunktion' bei Bühler (1965, apud Thurmair 1989:2), dem 'Inhaltsaspekt' bei Watzlawick et al. (1982:53, apud Thurmair 1989:2) und der (schon genannten) 'Darstellungsebene' von Weydt (1969:60ff) unterscheiden; der letztgenannte Terminus bezieht sich auf die Ebene, auf der die denotative Funktion zum Ausdruck kommt. Andererseits werden wir mit dem 'nicht-propositionalen, dem illokutiven Bereich' (Austin 1972)[7] konfrontiert, d.h. der 'Ausdrucks- und Appellfunktion' gemäß der Terminologie von Bühler (1965, apud Thurmair 1989:2) bzw. mit der 'Intentionsebene' von Weydt (1969:60ff) oder dem 'Beziehungsaspekt' von Watzlawick et al. (1982:53, apud Thurmair 1989:2). Nach Wittgenstein soll die Bedeutung eines sprachlichen Zeichens als durch seinen Gebrauch bestimmte Regel verstanden werden. Somit kann jedem sprachlichen Zeichen, und selbstverständlich dann auch den MPn, eine Bedeutung zugeschrieben werden (vgl. Beerbom 1992:33). Thurmair (1989), Beerbom (1992) und Doherty (1985) sind u.a. Vertreterinnen des 'Bedeutungsminimalismus', der in den letzten Jahren zunehmend an Wichtigkeit gewonnen hat. Die Intention dieses Verfahrens besteht darin, sowohl für die einzelnen MP-Verwendungen als auch für die übrigen Funktionsklassen eine umfassende Grundbedeutung zu ermitteln. Beerbom vertritt folgende Ansicht:

> „Die Bedeutung der MPn liegt auf der gleichen Ebene wie die von Pronomina, Konjunktionen etc.: Es handelt sich um Funktionswörter bzw. Synsemantika, die bestimmte Relationen herstellen und diese Funktion erst in Verbindung mit anderen sprachlichen Elementen erfüllen" (1992:34).

Ein Kritikpunkt Königs basiert auf der Tatsache, daß die Analyse der Bedeutung von MPn in der Regel in einer Theorie des Verhältnisses von Satzbedeutung und Äußerungsbedeutung eingebettet ist (vgl. 1997:59).

Für Doherty (1985) sind die Modalpartikeln Ausdrucksmittel für epistemische Einstellungen von Sprecher und/oder Hörer. Die MPn tragen dazu bei, Einstellungen bezüglich des durch den Restsatz implizierten Tatbestandes auszudrücken.

Nach Dohertys Auffassung sind die Einstellungspartikeln[8] nur in Interaktion mit dem sprachlichen und situativen Kontext zu betrachten; es stellt sich damit die Aufgabe,

---

[6] Der Studie liegt die englische Ausgabe von 1962 zugrunde.

[7] Siehe Anmerkung 6.

[8] Bezeichnung für MPn nach Dohertys Auffassung.

„[...] das [zu] erfassen, was jeder Sprecher ausdrückt, wenn er ein solches sprachliches Mittel in einer Äußerung verwendet. [...] auch [zu] erfassen, welche Eigenschaften einem sprachlichen Ausdrucksmittel innerhalb eines Sprachsystems zukommen, wie es sich gegenüber anderen Ausdrucksmitteln verhält, die mit ihm paradigmatisch vergleichbar sind oder die mit ihm eine sytagmatische Beziehung eingehen können. [...] kann man erwarten, daß die Aussagen, die die Bedeutung eines sprachlichen Ausdrucksmittels explizieren, zugleich einen großen Teil seiner systematischen Beziehungen zu den anderen Ausdrucksmitteln erfassen und daß sie da, wo sich die Spezifik der syntagmatischen Beziehungen in einer Kombinationsrestriktion äußert, sogar erklären können, warum bestimmte Verbindungen als abweichend bewertet werden" (1985:7). [Eckige Klammer der Vf.]

König leistet einen individuellen Beitrag zur Bedeutung der MPn. Seine Theorie lautet wie folgt:

„Die hier entwickelte Analyse der Bedeutung von MPn charakterisiert diese Ausdrücke als metapragmatische Instruktionen zur Verarbeitung einer Äußerung in einem Kontext, in dem sie die meisten kontextuellen Effekte hat und somit maximal relevant ist.[...] Die hier vorgetragene Analyse ist minimalistisch und kommt mit wenigen Dimensionen pragmatischer Bedeutung aus, da sie strikt zwischen dem Anteil der Partikel und der anderen Faktoren an der Äußerungsbedeutung trennt. Sie ermöglicht die Annahme einer Gesamtbedeutung für eine große Anzahl von Verwendungen einer einzelnen Partikel [...]" (1997:71).

In der vorliegenden Arbeit wird dem bedeutungsminimalistischen Ansatz zum Zwecke der Suche nach Äquivalenzen in der Zielsprache Galicisch für die MPn der deutschen Ausgangssprache gefolgt; gleiches gilt dabei auch für die Gegenprobe Galicisch/Deutsch. Ein weiteres Problem besteht in der Akzentuierbarkeit von Partikeln. In dem oben präsentierten Grundmuster der MPn stellt Thurmair (vgl. 1989:37) als Merkmal der MPn heraus, daß sie unbetont bzw. unbetonbar sind. Die Partikeln *ja*, *bloß* und *nur* im Imperativsätzen sieht sie jedoch als Ausnahme von dieser Regel an (vgl. Thurmair 1989:22). Im wesentlichen agiert laut Thurmair der Akzent als unterscheidendes Merkmal zur Abgrenzung der MPn von anderen Elementen (*ibid.*). Folgendes Beispiel soll angeführt werden:

-Wie heißt du eigentlich?
(eigentlich=Modalpartikel)
-Wie heißt du eigentlich?
(eigentlich=Satzadverb) (vgl. Thurmair 1989:27).

Einige Linguisten behaupten, daß der Akzent, der bei einigen MPn vorkommt, zum Zwecke der Emphase verwendet werde (vgl. Thurmair 1989:22). Die Betonbarkeit dieser MPn wird in der Regel als Randphänomen betrachtet.
Das dritte komplexe Problem betrifft die Versuche, MPn einer Wortart oder Kategorie zuzuordnen. Krivonosov (1977:176) zeigt die verschiedenen Kriterien zur

Klassifizierung der Wortarten auf, die die moderne Sprachwissenschaft hervorgebracht hat: a) logisch-semantische Kriterien, b) Verbindung von semantischen und grammatischen Kriterien und c) grammatische Kriterien. Logische, gedankliche Kategorien seien die Wortarten nach der Auffassung der logisch-semantischen Richtung, und keine Wortgruppen, die nach äußeren Merkmalen abgegrenzt werden. Jedes Wort gehört auf diese Weise einer bestimmten Wortklasse an, eine Tatsache, welche die Festlegung seiner Formen und seiner syntaktischen Funktionen wesentlich vereinfacht. Krivonosov weist darauf hin, daß diese relative Leichtigkeit, ein Wort einer bestimmten Klasse zu attribuieren, erfahrungsgemäß nicht realisierbar ist. Die angewandten Kriterien, Wörter zu klassifizieren, haben sich, wie er ausführt, als sehr geeignet für flektierte, nicht aber für unflektierte Wörter – die MPn unter ihnen – erwiesen. Krivonosov bemerkt:

> „Sobald wir aber aus dem Bereich der flektierten Wortklassen heraustreten, stoßen wir auf völlige Inkonsequenz bei der Klassifizierung der unflektierten Wörter. Ausscheidungskriterien für unflektierte Wörter fehlen, oder sie werden nicht deutlich genug festgelegt, oder es werden stillschweigend dieselben Kriterien angenommen, die für flektierte Wortklassen gültig sind: so Gemeinsamkeit der semantischen Bedeutung, der grammatischen Kategorien, der Wortbildung und der syntaktischen Funktionen. Wenn man aber mit den oben genannten Kriterien an die Klassifizierung der unflektierten Wörter praktisch herangeht, so erweisen sich manche von ihnen als unbrauchbar. In der Tat werden die unflektierten Wortklassen nur aufgrund eines einzigen Merkmals klassifiziert – des semantischen Merkmals, das aber in bezug auf die unflektierten Wörter am wenigsten deutlich ist und am schwersten formalisiert werden kann und in sich mehrere anfechtbare Aspekte bringt" (1977:177).

Diesbezüglich vertritt Thurmair folgende Ansicht:

> „Eine Klassifikation nach syntaktischen Kriterien führt m.E. besonders im Bereich der Partikeln am weitesten" (1989:7).

Diesem Grundsatz folgend ordnet sie Konjuktionen, Präpositionen, Adverbien, Interjektionen, sogenannte Partikeln und MPn zu einer Gruppe von Partikeln. Diese Zuordnung ist jedoch unzureichend. Der 'Auftrag', einen richtigen Platz für diese MPn zu finden, wird dadurch erschwert, daß eine genaue Abgrenzung zwischen einigen MPn und ihren Gegenstücken wegen des genannten Problems der Homonymie äußerst komplex ist.
Thurmair (vgl. 1989:9) sieht die Partikeln insgesamt als eine Wortart, in der die einzelnen Subklassen nicht als Wortarten zu verstehen sind, sondern aus den Funktionen verstanden werden, in denen bestimmte Partikeln auftreten können.
Thurmair rechtfertigt ihre Entscheidung wie folgt:

> „Bei einem Verständnis von Partikeln im engeren Sinne wird von einer Klasse ausgegangen, die zerfällt in Adverbien, Konjunktionen, Präpositionen und Partikeln, wobei problematisch ist, daß das Hauptmerkmal der Partikeln eben ihre Unflektierbarkeit ist und

sie sich somit in diesem wichtigen Kriterium nicht von anderen Kategorien unterscheiden. Die andere Auffassung sieht - 'im Sinne eines partikelzentrierten Weltbildes' (Eisenberg 1986:199) - 'Partikeln' als Oberbegriff, unter dem die einzelnen Klassen gleichrangig nebeneinander stehen" (1989:8).

Thurmair unterscheidet (vgl. 1989:8f) zwischen den Partikelklassen Präpositionen, Vergleichspartikeln, Konjunktionen, Konjunktionaladverbien, Adverbien, Satzadverbien, Modalpartikeln, Steigerungspartikeln, Gradpartikeln, Negationspartikeln, Gliederungspartikeln und Interjektionen.

1.4. Die Konnexfunktion von MPn[9]

Hentschel (vgl. 1986:28ff) hat gezeigt, daß die MPn eine deiktische metakommunikative Funktion aufweisen; Zimmermann ist der Meinung, daß:

„[...] die Modalpartikeln eine Klasse indexikalischer Ausdrücke sind" (1981:112).

MPn konnektieren sowohl vorwärts als auch rückwärts. Sie können auf vorangegangene Äußerungen und auf Elemente der Kommunikationssituation verweisen sowie Bezüge zur Einstellung des Partners herstellen. Zimmermann vertritt die Position, daß:

„[...] die Modalpartikeln Ausdruck von Phänomenen wie Erstaunen, impliziertes Zurückweisen einer Behauptungsbehandlung, indirekter Vorwurf, Erwartungen u.ä. sind. Diese Phänomene, die eine interaktionelle Beziehung, psychische Einstellung u.ä. darstellen, sind in der Sprechsituation ebenso als Konstituenten vorhanden wie die mehr physisch wahrnehmbaren Konstituenten Sprecher, Hörer, Raum und Zeit" (1981:113).

1.5. MPn und Illokution

Doherty (1985) begründet mit guten Argumenten ihre Auffassung, daß der Beitrag der Einstellungspartikeln[10] zum illokutiven Charakter einer Äußerung als Ergebnis ihrer epistemischen Bedeutung und dabei nur in Interaktion mit dem sprachlichen und situativen Kontext zu betrachten ist. König (1997:59) betont zusätzlich den besonderen Wert von Jacobs Arbeit (1984, 1991, apud König 1997:59), weil für diesen die MPn Illokutionsmodifikatoren sind, d.h. Ausdrücke bilden, die den illokutiven Typ eines Satzes modifizieren. Mit dieser Auffassung stimmt Thurmair (vgl. 1989:37) überein. König hingegen ist folgender Ansicht:

„Der illokutive Charakter einer Äußerung ist das Ergebnis einer Interaktion zwischen

---

[9] Dieser Punkt basiert u.a. auf den Beiträgen von Beerbom (1992), Masi (1996) und Zimmermann (1981).

[10] Siehe Anmerkung 8.

vielen Aspekten der Satzbedeutung und auch kontextuellen Faktoren. Es ist deshalb nicht überraschend, daß Modalpartikeln oft einen Beitrag zur illokutiven Kraft einer Äußerung liefern, aber dieser Beitrag scheint mir nicht ihre zentrale Funktion zu sein" (1997:59).

An dieser Stelle scheint es angebracht, die Meinung Beerboms wiederzugeben:

„Wenn man MPn überhaupt als illokutive Indikatoren auffassen will, so handelt es sich zweifellos um sekundäre Indikatoren (vgl. Sökeland 1950:56), denn die MPn entfalten ihre (bedingt) illokutionsindizierende Funktion vor dem Hintergrund bestimmter Satztypen und in Zusammenspiel mit anderen sprachlichen Mitteln. Der Begriff des illokutiven Indikators ist jedoch nicht nur im Hinblick auf MPn umstritten, denn eindeutige Indikatoren gibt es in aller Regel nicht [...]" (1992:44).

Beerbom behauptet weiter:

„Mittlerweile besteht in der Partikelforschung weitgehend Einigkeit darüber, daß man den MPn statt einer illokutions*indizierenden* lieber eine illokutions*modifizierende* Funktion zusprechen sollte" (1992:46).

Aber aufgrund einer umfassenderen Auswertung der neuesten Literatur zur Partikelforschung kommt man nicht umhin, weiterhin zumindest von einer sehr kontroversen Frage zu sprechen.

1.6. Die Modalität. Arten der Modalität: MPn und Modalwörter

Über den Terminus 'Modalität' besteht in der Fachliteratur keine Einigkeit. Es handelt sich um einen Begriff, der im Laufe der Zeit, gemäß der jeweils dominierenden linguistischen Konzeption, unterschiedliche Definitionen erfahren hat. Bublitz (1978:6ff) unterscheidet beispielsweise drei Arten von Modalität: 'kognitive', 'volitive' und 'emotive' Modalität. Nach seiner Auffassung wird durch die erstere Modalität eine Sprechhaltung ausgedrückt, in der sich der Sprecher auf den Wahrheitsgehalt der Äußerung bezieht. Der 'emotiven' Modalität sei die Wiedergabe von Annahmen und Einstellungen des Sprechers zuzuschreiben. Unter 'volitiver' Modalität jedoch sei eine vom Sprecher intendierte Manipulation des Gesprächspartners zu verstehen. Krivonosov hingegen differenziert zwischen 'objektiver Modalität' im Sinne „einer Beziehung der Aussage zur Wirklichkeit" und 'subjektiver oder modalexpresiver Modalität', die er „als ein Verhalten oder eine Stellungnahme des Sprechers zum Gesagten" (1977a:59, apud Feyrer 1998:20) versteht. Bei dieser Konzeption bringt Krivonosov jedoch die 'subjektive Modalität' mit der emotionalen Einstellung des Sprechers zusammen und bezeichnet die durch die MPn vertretene Modalität als 'emotive Modalität'. Damit beruft er sich auf eine Nuance, die auf Georg von der Gabelentz im 19. Jahrhundert zurückgeht, der über 'seelische Bedürfnisse des Redenden' und 'empfindsamen Redners' geschrieben hat

(1891.1969)[11]. Beerbom distanziert sich (1992) von Krivonosovs Position. Ihres Erachtens können MPn emotive Nuancierungen bewirken, die jedoch nicht zu ihrer Bedeutung gehören, sondern erst durch Implikaturen zustande kommen (vgl. 1992:30). Nach der allgemein akzeptierten Definition von Bußmann wird Modalität verstanden als:

> „[...] semantische Kategorie, die die Stellungnahme des Sprechers zur Geltung des Sachverhaltes, auf den sich die Aussage bezieht, ausdrückt" (^{2}1990:490).

Der Versuch, zwischen verschiedenen Arten von Modalität zu differenzieren, ist auf das Problem der Abgrenzung der MPn von den Modalwörtern (z.B. *vielleicht, wahrscheinlich, gewiß, sicher, vermutlich*) begründet. Ein unterscheidendes Merkmal zwischen MPn und Modalwörtern besteht darin, daß MPn die Wahrheitsbedingungen des Trägersatzes nicht beeinflussen. Das Weglassen der MPn verursacht, im Gegensatz zu den Modalwörtern, keine Veränderung des Wahrheitswertes des Satzes. Gemeinsamkeiten zwischen MPn und Modalwörtern bestehen in der Nicht-Negierbarkeit, dem Satzskopus und der Zugehörigkeit zur nicht-propositionalen Ebene. Weydt (vgl. 1969:60ff) teilt die Satzebene in eine 'Darstellungs-' und eine 'Intentionsebene' ein. Seiner Ansicht nach gehören die Modalwörter zur 'Darstellungs-', die MPn hingegen zur 'Intentionsebene' (vgl. Beerbom 1992:28ff).

1.7. Die Modalität in der romanistischen Tradition. Die Modalität im Galicischen. Arten der Modalität: Adverbien und andere Ausdrucksmittel

1.7.1. Die Modalität in der romanistischen Tradition

Das Modalitätskonzept ist ebenfalls unter den Romanisten sehr umstritten. Die meisten Linguisten sind sich darüber einig, daß der Begriff der Modalität abstrakt und daher schwer zu begrenzen ist.

Wie Otaola Olano bemerkt, wird der Terminus Modalität bereits in *De Sophisticis Elenchis* von Aristoteles erwähnt. Aus der Logik übernommen, sei dieser Begriff in den grammatikalischen Wortschatz eingedrungen. Es handele sich bei der Modalität um eine Betrachtung der Sprache aus logisch-semantischer oder psychologischer Perspektive (vgl. 1988:99). Dieser Autorin zufolge sind die Verwirrung und die terminologische Uneinheitlichkeit, die die Auseinandersetzung mit der Modalität prägen, darauf zurückzuführen, daß unter diesem Oberbegriff sehr heterogene Gebiete subsumiert sind, so daß konsequenterweise mehrere Interpretationen möglich zu sein scheinen:

---

[11] 1969, unveränderter Neudruck der 2. Auflage. Vgl. dazu die Kommentierung durch Weydt (1977:10-16).

„La modalidad adquiere diversas interpretaciones según provenga este concepto de la lógica, de la semántica, de la psicología, de la sintaxis, de la pragmática o de la teoría de la enunciación. Por consiguiente, el término *modalidad* remite a realidades muy heterogéneas como son las modalidades lógicas, las modalidades apreciativas, las modalidades de la frase, las modalidades deónticas (obligación), modalidades epistémicas (probabilidad), etc." (Otaola Olano 1988:99).

Deshalb plädiert Otaola Olano für die Einschränkung und eine engere Definition des Modalitätskonzepts. Die Probleme, die eine fehlende Präzisierung des Begriffs bereiten kann, wurden bereits in den 70er Jahren von Meunier zum Ausdruck gebracht:

„Parler de *modalités*, sans plus de précision, c'est s'exposer à de graves malentendus. Le terme est, en effet, saturé d'interprétations qui ressortissent explicitement ou non, selon les linguistes qui l'utilisent, de la logique, de la sémantique, de la psychologie, de la syntaxe, de la pragmatique ou de la théorie de l'enonciation. De ce fait, il renvoie à des réalités linguistiques très diverses (pêle-mêle, pour l'instant: 'modes' grammaticaux; temps; aspects; auxiliaires de 'modalité': *pouvoir, devoir; négation;* types de phrase: affirmation, interrogation, ordre; verbes 'modaux': *savoir, vouloir...*; adverbes 'modaux': *certainement, peut-être...*; etc.)" (1974:8).

Linguisten der Genfer Schule wie Galichet, Bonnard, Brunot und Bally verdanken wir die wichtigsten Beiträge zum Problem der Modalität. Für Galichet ist die Modalität eine Kategorie des Verbs, die durch den Modus zum Ausdruck kommt:

„Ainsi, chez Galichet, la modalité est une catégorie verbale (présentation du procès comme un fait pur et simple ou comme une chose hypothétique, désirable, voulue, douteuse...). Elle s'exprime essentiellement par le mode: indicatif, mode du certain; conditionnel, subjonctif, impératif, modes de l'incertain, de l'éventuel [...]" (Meunier 1974:8).

Bonnard hingegen weist auf die Einstellung des Sprechers hin:

„Toute phrase est prononcée en vue de renseigner ou d'être renseigné, de communiquer un sentiment ou une volonté" (Meunier 1974:8).

In Brunots Definition der Modalität spielt wiederum die Sprechereinstellung eine sehr wichtige Rolle, die verschiedene Realisierungen erfährt und u.a. durch Urteile, Gefühle oder den Willen zustande kommt:

„Une action énoncée, renfermée soit dans une question soit dans une énonciation positive ou négative, se présente à notre jugement, à notre sentiment, à notre volonté avec des caratères extrêmement divers. Elle est considérée comme certaine ou comme possible, on la désire ou on la redoute, on l'ordonne ou on la déconseille, etc. Ce sont là les modalités de l'idée" (Meunier 1974:8).

Diese eher vage Konzeption der Modalität wirkt verwirrend und führt zu sehr heterogenen linguistischen Interpretationen und Realisierungen (vgl. dazu Meunier

1974:9 und Otaola Olano 1988:100).
Die von Brunot pointiert vorgetragenen Überlegungen haben dank Bally eine
Systematisierung erfahren (vgl. dazu Otaola Olano 1988:100 und Meunier 1974:9).
Ballys Anregungen wurden von verschiedenen Linguisten aufgenommen. Ihm
verdanken wir die essentielle Unterscheidung der Satzelemente *dictum* als
'dargestellter Inhalt' und *modus* als 'psychische operationelle Handlung':

> „[...] dans toute phrase, doivent être recherchés et distingués, autant que possible, deux
> éléments:
> > un **dictum** „contenu représenté" (proposition primitive exprimée par la relation
> > sujet-prédicat)
> > un **modus** „opération psychique", ayant pour objet le dictum" (Meunier 1974:9).
> [Hervorh. i. Origi.]

Bally definiert die Modalität als:

> „la forme linguistique d'un jugement intellectuel, d'un jugement affectif ou d'une volonté
> qu'un sujet pensant énonce à propos d'une perception ou d'une représentation de son
> esprit" (Meunier 1974:9).

Dabei betont er die besondere Rolle, die dem Sprecher beim Ausdruck der
Modalität, die ein wesentlicher Bestandteil des Satzes ist, zukommt:

> „La modalité est l'âme de la phrase; de même que la pensée, elle est constituée
> essentiellement par l'opération active du sujet parlant. On ne peut donc pas attribuer la
> valeur de phrase à une énonciation tant qu'on n'y a pas découvert l'expression, quelle
> qu'elle soit, de la modalité" (Fuentes Rodríguez 1991:93f).

In Anlehung an Bally unterstreicht Fuentes Rodríguez ihre Überzeugung in bezug
auf die Aufgabe, die ihres Erachtens nur der Sprecher erfüllen kann:

> „Modalidad es [...]: la actitud que el hablante toma ante lo que comunica (y recalcamos, el
> hablante, sólo él). En los casos en los que no se refiera al hablante, la modalidad pasa a ser
> un contenido dictal más, una información léxico-semántica más de la oración y un
> participante de la misma" (Fuentes Rodríguez 1991:93).

Auch wenn wir diese Ansicht teilen und die Rolle des Sprechers für wichtig halten,
schließen wir uns Meuniers Deutung der Modalität an, denn mit ihm betrachten wir
die Modalität nicht als Ausdruck einer Subjektivität, sondern einer sozialen,
menschlichen Beziehung. Sprecher und Angesprochener, beide Gesprächspartner,
sind wichtige und gleichberechtigte Agenten in der Kommunikation. Indem beide
wesentlich für den sprachlichen Austausch sind und alternativ die Rolle des
Sprechers bzw. die führende Rolle in der Konversation übernehmen, darf der Hörer
bei der Bestimmung des Modalitätskonzepts nicht ausgeschlossen bleiben. Meunier
erläutert diese Position anhand der Einteilung in zwei Arten der Modalität:

„Nous nommons donc *modalité d'énonciation* le type de rapport établi par l'énonciation (cf. Les „modalités de phrase" de Bonnard). De ce point de vue, la modalité n'est pas l'expression d'une *subjectivité* („modal" n'est plus synonyme de psychologique, affectif comme chez Bally, Brunot et d'autres grammairiens cités) mais d'une relation *interpersonnelle*, voire sociale"[...]

Il est possible d'opposer deux types de modalités définies comme suit:
(M1) – Modalité d'enonciation: se rapporte au sujet parlant (ou écrivant). Elle intervient obligatoirement et donne une fois pour toutes à une phrase sa forme déclarative, interrogative ou impérative.
(M1) caractérise la forme de la communication entre Locuteur et Auditeur.
(M2) – Modalité d'énoncé: se rapporte au sujet de l'énoncé, éventuellement confondu avec le sujet de l'énonciation [...]" (Meunier 1974:12f.).

Wie Vigara Tauste anmerkt, schlagen einige Autoren eine Klassifikation vor, die auf den prinzipiellen Elementen der Kommunikation bzw. auf ihren entsprechenden psycholinguistischen Funktionen beruhen, wobei oft ein Bezug zu Bühlers Organon-Modell (1934) besteht:

„a) modalidades declarativas o referenciales (relacionadas con el referente): afirmativas, negativas;
b) modalidades expresivas o emotivas (relacionadas con el hablante): desiderativas, dubitativas, exclamativas;
c) modalidades apelativas o conativas (relacionadas con el oyente): interrogativas, yusivas" (Vigara Tauste 1992:64f).

Ähnlich klassifiziert auch Fuentes Rodríguez das Phänomen der Modalität:

„Consideramos la modalidad como la actitud del hablante ante lo que comunica. Y puede ser una actitud neutra: declarativa, o marcada:
-expresando su situación anímica: exclamativas;
-o un deseo:
a) enfocado al enunciado: desiderativas.
b) o implicando al oyente:
-exigiendo una intervención lingüística: interrogativas;
-o una intervención factitiva: imperativas" (Fuentes Rodríguez 1991:101 f.).

Mit Vigara Tauste glauben wir, daß eine solche Klassifikation adäquat ist, solange keine Eins-zu-Eins-Entsprechung (eine bestimmte formelle Realisierung für jede Modalität) beansprucht wird. Einschränkend zitiert sie Heredia:

„[...] tal o cual estructura es la básica para tal o cual modalidad, pero para dicha modalidad existen también, en el acervo común que es la lengua, tales o cuales 'expresiones indirectas'" (Vigara Tauste 1992:65)

Folgende These von Vigara Tauste, der wir uns nachdrücklich anschließen, deutet wiederum auf die wichtige Rolle des Gesprächspartners, auf die – wie bereits oben erwähnt – insbesondere Meunier aufmerksam gemacht hatte. Außerdem bezieht sie sich auf viele und sehr heterogene fakultative Elemente, die wesentlich für die Kommunikation und schriftlich nur schwer reproduzierbar sind:

> „Hay, en efecto, una serie de elementos formales obligados, constituyentes de la frase de base (como se afirma en la versión estándar de la Gramática Generativa), que se manifiestan entonacional y funcionalmente como declarativos, interrogativos, exclamativos o imperativos. Pero a ellos se suman normalmente otros elementos facultativos, además de los de énfasis, negación-afirmación y pasivo-activo, que permiten posibilidades poco menos que ilimitadas de matización (y que son difíciles de reproducir en la lengua escrita): reproche, enfado, asombro, sorpresa, buen humor, actitud lúdica, halago... Sin olvidar, además, que puede haber discordancia entre el acto realizado y su interpretación, y que el interlocutor no siempre puede ser excluido de la consideración de las modalidades en el acto de habla real" (1992:65).

Über diese Nuancen und nonverbalen Elemente der Sprechakte haben wir die Teilnehmer der im Rahmen dieser Arbeit ausgesuchten Sprechergruppe befragt. Die bewußten Überlegungen, die jeder Sprecher über seine eigenen Äußerungen macht, also das metasprachliche Bewußtsein halten wir für eine unentbehrliche und sehr nützliche Informationsquelle.

Bei der Auswertung und Erklärung der Beispiele, die wir aus der Fernsehserie *Mareas vivas* übernommen haben, haben wir ebenfalls stets die Gestik und Mimik als nonverbale Mittel zu einem besseren Verständnis der kleinen Dialoge berücksichtigt.

Zu einer Vertiefung der dargestellten theoretischen Grundlagen, Klassifikationsprobleme und Gesichtspunkte steht ein umfangreiches Schrifttum zur Verfügung, selbst wenn in bezug auf die spanische und insbesondere auf die galicische Sprache nicht in dem Maße vergleichbare Auseinandersetzungen entstanden sind.

Gemeinsam mit der germanistischen Diskussion in bezug auf die Modalität hat die romanistische die Übereinstimmung in der allgemein akzeptierten Definition von Bußmann, nach der Modalität verstanden wird als:

> „[...] semantische Kategorie, die die Stellungnahme des Sprechers zur Geltung des Sachverhaltes, auf den sich die Aussage bezieht, ausdrückt" (Bußmann [2]1990:490).[12]

Die Sprechereinstellung wird in beiden Traditionen in einen Zusammenhang mit der Modalität gebracht. Es werden in beiden Fällen der pragmatisch-kommunikative Aspekt der sprachlichen Interaktion hervorgehoben sowie der Einfluß, den einer der Gesprächspartner auf die Aussagen oder sogar Handlungen des gegenüberstehenden Gesprächspartners ausüben kann.

---

[12] Siehe dazu Punkt 1.6. der vorliegenden Arbeit.

1.7.2. Die Modalität im Galicischen. Arten der Modalität. Ausdrucksmittel der Modalität: Adverbien, Interjektionen und andere sprachliche Mittel

1.7.2.1. Das Modalitätskonzept im Galicischen. Arten der Modalität

Nach Angaben spanischer Linguisten wie z.b. Otaola Olano, die sich mit diesem Aspekt der Sprache beschäftigt haben, ist die Zahl der Auseinandersetzungen mit dem Modalitätskonzept weitgehend inexistent. Im Fall des Galicischen darf gar die Behauptung gemacht werden, daß die Fragestellung eher nicht aufgeworfen wurde. Der Begriff wird in einigen Grammatiken verwendet, allerdings nicht näher definiert. Die Definitionsprobleme in der spanischen Diskussion (wobei sich die meisten Linguisten auf die Genfer Schule berufen) können bis zu einem gewissen Grad auf die galicische Sprache übertragen werden. In den Grammatiken der galicischen Sprache wird zwar eine Art Klassifikation durchgeführt, allerdings nur vage. In der *Gramática galega* von Rosario Álvarez, X.L. Regueira und H. Monteagudo (im folgenden: ARM) wird in einem gesonderten Kapitel, das sich unmittelbar an ein Kapitel anschließt, das das Adverb thematisiert und die Negation, die Behauptung und der Zweifel/die Vermutung werden behandelt. Es wird behauptet, daß es sich dabei um drei Arten der Modalität handle, die das Galicische kenne (vgl. ARM [2]1989:455). Es handelt sich dabei um eine Klassifikation, die, wie oben erwähnt worden ist, auf den von Bühler herausgearbeiteten sprachlichen Funktionen basiert. Die Negation und die Bejahung gehören zu den so genannten 'modalidades declarativas o referenciales', während die Vermutung/der Zweifel unter den 'modalidades expresivas o emotivas' eingeordnet wird. Bei der Analyse der verschiedenen Ausdrucksmittel der Modalität im Galicischen werden wir – selbst wenn dies nicht explizit angedeutet wird – im wesentlichen mit der dritten Gruppe, der der 'modalidades apelativas o conativas', konfrontiert sein, wenn bei ihrer Verwendung auf die Auswirkung auf den Sprecher hingewiesen wird.

Unser Hauptanliegen bei der vorliegenden Arbeit ist die genaue Darstellung der verschiedenen verbalen Mittel, aber auch teilweise der nonverbalen Mittel, wie beispielsweise des Ausdrucks der Modalität, der in der Gestik geleistet wird.

Wie Otaola Olano richtig erkennt, wird die Schwierigkeit bei der Behandlung der Modalität dadurch erhöht, daß ihre Ausdrucksmittel sehr vielfältig und daher schwer einzuordnen sind:

> „Uno de los factores que acrecientan la dificultad de estudio de la modalidad es que sus medios de expresión son de una desconcertante variedad y no se dejan describir con la ayuda de las clasificaciones gramaticales o léxicas normales" (1988:104).

Mittel, derer sich der Sprecher bedient, um seine Einstellung verbal auszudrücken, umfassen lexikalische Einheiten (Lexeme), grammatikalische Einheiten (Grammeme) und phonetisch-phonologische Mittel (die Intonation). Unter den lexikalischen Einheiten befinden sich verschiedene Wortklassen, und zwar Substantive, Adjektive, Verben, Adverbien und Interjektionen. Die grammatikalischen können in Modus und Tempus eingeteilt werden (vgl. dazu

Otaola Olano 1988:105).
Selbst wenn diese Beobachtungen bislang nur in bezug auf die spanische Sprache formuliert worden sind, können sie auch am Galicischen nachgewiesen werden. Da eine Analyse all dieser Mittel der Modalität den Rahmen dieser Untersuchungen gesprengt hätte, haben wir uns nur auf zwei der lexikalischen Mittel beschränkt: die Adverbien und die Interjektionen. Auch wenn in den Übersetzungen andere Wortklassen vorkommen, werden wir nur die zwei oben genannten berücksichtigen. Der Grund hierfür liegt darin, daß unter den Charakteristika, die Adverbien und Interjektionen aufweisen, viele Gemeinsamkeiten mit den deutschen MPn hervorgehoben werden können, und in diesem Vergleich liegt der Schwerpunkt der vorliegenden Arbeit.

1.7.2.2. Ausdrucksmittel der Modalität

1.7.2.2.1. Die Adverbien

Bei seiner Behandlung des galicischen Adverbs setzt sich Santamarina mit den 'adverbios de conformidad (afirmación y negación)' (1975:74) sowie mit den ''adverbios' de duda' (1975:83) auseinander. Seine Abweichung von der allgemein akzeptierten Terminologie bringt er zum Ausdruck, indem er bewertend über „los llamados adverbios de conformidad (afirmación y negación)" spricht (1975:74) - übersetzt „die sogenannten..." – und, wie oben angegeben, bei den Adverbien des Zweifelns die Bezeichnung der Wortklasse in Anführungszeichen mit Heckenfunktion setzt. Außer diesen auffälligen Aspekten, die bereits die Überschriften prägen, diskutiert Santamarina in dem gut dokumentierten Artikel pertinent die fälschlich gebrauchten Bezeichnungen und hält seine Argumente und Begründungen entgegen. In seiner überzeugenden Argumentation betont Santamarina die Relevanz zentraler Aspekte wie der Stilistik und der psychologischen Einstellung des Sprechers und bezieht sich dabei explizit auf die Modalität (vgl. 1975:59-106). Er bestreitet die Rechtfertigung der traditionellen Subsumierung der Ausdrucksmittel der Bejahung und der Negation unter dem Adverb, das nach der allgemein akzeptierten Definition als Wortklasse zu der näheren Bestimmung eines Verbs oder Adjektivs gilt:

> „Conviene que digamos como principio que no son adverbios, puesto que se supone que el 'adverbio'de afirmación añade al verbo o al adjetivo la circunstancia de 'positivo' y por el contrario, el 'adverbio' de negación le resta aquella circunstancia o, si se quiere de otro modo, le añade la circunstancia de 'negativo'. La realidad es, sin embargo, de otro modo" (1975:74).

Santamarinas Ansicht zufolge, der wir uns anschließen, handelt es sich bei den Verben und Adjektiven um Autosemantika, die alleine die Fähigkeit aufweisen, positiv zu denotieren:

„[...] el verbo o el adjetivo sin ningún adverbio de afirmación expresan por sí solos un hecho positivo: *Levóu o neno* y no **Levou sí o neno*. Es decir, la presencia de sí no añade circunstancia alguna positiva puesto que *Levá-lo neno* no es ningún enunciado neutro que necesite positivarse" (1975:74).

Santamarina lenkt ebenfalls die Aufmerksamkeit auf die Tatsache, daß das negative Element *non* beispielsweise eine Einheit mit dem Verb, dem es vorangestellt wird, bildet und daher nicht als modifizierende Angabe betrachtet werden darf. Die negative Bedeutung ergibt sich nicht aus der Verwendung des *non*, sondern aus dem neuen Verb, das durch die Verbindung der oben genannten Elemente entsteht:

„[...] no podemos decir que en la frase *Non léva-lo neno* el 'adverbio' *non* añade una circunstancia negativa, puesto que *non*, no es circunstancia de ninguna clase, separable de la forma positiva, sino que *non levar* forma un todo inseparable, es decir, un verbo nuevo, completamente paralelo a *levar*. [...] *non* no es en manera alguna una partícula subordinada a la palabra predicativa, sino parte de la misma palabra, cuyo significado es justamente el negativo de la palabra acompañada" (1975:74).

Santamarina weist darauf hin, daß *non* den Rahmen der Funktionen eines jeden Adverbs nach der klassischen Auffassung überspringt, da nicht nur Verben, Adjektive und andere Adverbien, sondern auch Substantive und pronominalisierte Substantive von seinem negativen Einfluß betroffen werden. Auch wenn er sich in diesem Zusammenhang gewissermaßen widerspricht, indem er dem *non* nun doch die Fähigkeit des "negativizar" (1975:74) nicht mehr abspricht, scheint es uns doch adäquat, die Beispiele, die er in diesem Zusammenhang angibt, wiederzugeben:

„*Que veñan os nenos i os non nenos*; *Embargáronll'as terras todas: as regadas i as non regadas*" (1975:74).

Santamarina behauptet kategorisch:

„La afirmación o la negación no pueden considerarse en modo alguno como adverbios, puesto que ambas modalidades constituyen las formas básicas de la expresión, o sea, la frase afirmativa y la negativa" (1975:83).

Für Santamarina bildet eine lexikalische Einheit wie *quizáis* ein Indiz der unsicheren psychologischen Einstellung des Sprechers; er betont damit einen Aspekt, auf den in der vorliegenden Arbeit mehrmals eingegangen wird. Santamarina stellt fest, daß die Einsetzung von Elementen wie *quizáis*, im Unterschied zu den 'authentischen' Adverbien, einen Moduswechsel verursachen kann:

„¿Cómo es que adverbios como *hoi, aquí, así*, etc. no influyen para nada en el modo del verbo mientras que *quizáis*, sí influye?: *Hoi (~aquí ~así) vai chover* pero *Quizáis vaia chover*. Esto nos muestra una cosa: que *hoi, aquí, así*, etc., están subordinados al predicado mientras que con *quizáis*, es el predicado el que está subordinado" (Santamarina 1975:84).

In der letzten Aussage des Zitats wird auf den Satzskopus von *quizás* angespielt, ein Charakteristikum, das dieses Element mit den deutschen MPn gemeinsam hat. Santamarina stellt fest, daß sehr heterogene Elemente denselben Kriterien unterzogen werden. Er hält es für einen Fehler, der gegen die Logik verstoße, daß die Fakten in *positivos seguros (sí)*, *negativos seguros (non)* y *dudosos (quizás)* eingeteilt würden (1975:84). Wie er richtig bemerkt, darf nicht das Faktum, sondern die Aussage über ein Faktum als 'dudoso' – zweifelhaft – eingeschätzt oder bewertet werden (vgl. *ibid.*).

ARM bemerken, daß die 'marcas', d.h. die sprachlichen Elemente, die die oben genannten Modalitäten kennzeichnen (d.h. Negation, Bejahung, Zweifel/Vermutung) oft für Adverbien gehalten werden, obwohl ihr syntaktisches Verhalten von dem eines Adverbs differiert (vgl. ARM[2]1989:455). Auf diese Weise wird eine bedeutende Abweichung von der Wortklasse des Adverbs angedeutet, wobei diese jedoch nicht näher erläutert wird. Es wird allerdings kein Vorschlag zu einer adäquateren Klassifikation unterbreitet, in der diese Ausdrücke der Modalität getrennt aufgeführt werden. Es ist hervorzuheben, daß im gesamten vierzehnten Kapitel eine alles in allem sehr unklare Terminologie verwendet wird. In den portugiesischen und deutschen Grammatiken stellt Franco eine genauere Begriffsverwendung fest, sowie das Problembewußtsein und die Bemühung um terminologische Klarheit:

> „Em alemão, como en português, classificaram-se entre os advérbios elementos cujo comportamento nos enunciados é diferente do daquele, e/ou que se especializaram noutras funçoês. Não se pode afirmar que os gramáticos não tenham tido consciência deste facto, visto que as sub-classificações (dos advérbios) que propõem são disso un sinal, e os exemplos que apresentan do emprego desses elementos parecen ser uma tentativa de tomar efectivamente en conta as "nuances" apreendidas" (1991:44).

Die Schwierigkeiten, eine präzise Terminologie zu finden, lassen sich auch bei den spanischen Linguisten und ihren Grammatiken erkennen. Die Hemmungen, eine kategorische Benennung vorzuschlagen, sind ein Beweis dafür, daß es nicht einfach ist, diese Elemente zum Ausdruck der Modalität funktional zu klassifizieren. Carbonero Cano beschreibt die Situation wie folgt:

> „Queremos presentar en estas oraciones algunos aspectos del funcionamiento de unas unidades de lengua que sustentan las nociones de 'afirmación', 'negación' o 'duda' en la oración. En las gramáticas estas unidades suelen encontrarse tradicionalmente consideradas como adverbios. Sin embargo no han faltado quienes han observado en ellas un comportamiento especial y algo diferente del resto de los adverbios. Desde el punto de vista del contenido, en la propia *Gramática* de la Real Academia leemos que estos adverbios no designan la modificación o determinación objetiva que el entendimiento concibe y expresa con ellos, sino el estado subjetivo del que habla con referencia a la realidad de la atribución indicada por el verbo" [...]
> Consideremos, pues, en principio, que son unos elementos que formulan el marco nocional

en el que el hablante concibe el proceso verbal expresado, con una triple posibilidad de enfoque, que puede permitirnos llamarlos, respectivamente, formuladores de afirmación, de negación y de duda" (1980:161f.).

Carbonero Cano weist darauf hin, daß die 'modernen Grammatiker' die 'adverbios de afirmación y de negación' für 'adverbios modales' halten. Für ihn sprechen jedoch zwei Argumente gegen die Einordnung dieser Adverbien unter den 'adverbios de modalidad': Das erste Argument betrifft dabei das Kriterium der Erfragbarkeit:

> „a) Es ya tradicional considerar que los adverbios de modo suelen responder a la pregunta ¿cómo? [...] Estos formuladores más bien contestan a una pregunta que no contenga partícula interrogativa, [...]" (Carbonero Cano 1980:162f.).

Dieses Charakteristikum haben solche Formulierungen mit den MPn gemeinsam. Die deutschen Elemente sind auch nicht erfragbar.

Das zweite Argument bildet die Distribution dieser sprachlichen Elemente:

> „Es claro un comportamiento distribucional y de posición diferente entre los 'adverbios de modo' y los 'formuladores' de que estamos tratando. Estos últimos no suponen una modificación interna del verbo, sino que pueden incidir sobre muy diversos componentes de la estructura de la oración [...]" (1980:162f.).

Die galicischen Formen, die wir in der vorliegenden Arbeit untersuchen, unterziehen sich in der Tat distributionellen Regeln, die in vielen Fällen von denen der üblichen Adverbien differieren.

Pertinent und gut formuliert scheint uns die Definition, die Hernández Alonso von den Adverbien gibt. In ihr deutet er die Vielfältigkeit dieser Wortklasse an und verweist auf die Tatsache, daß eine richtige Beschreibung des Adverbs nur ex negativo gelingt. Hernández Alonso betont dabei ebenfalls die Fähigkeit einiger Adverbien, die Modalität der Sätze, in denen sie vorkommen, zu modifizieren. Damit ordnet er die Elemente, mit denen wir uns beschäftigen, wiederum unter den Adverbien ein:

> „El adverbio es una categoría o clase de palabras muy heterogénea, generalmente con función de término adyacente del sintagma verbal. Las unidades que se incluyen en ella son tan complejas que casi se puede afirmar con Mc Williams que es adverbio lo que no es sustantivo, adjetivo ni verbo. Carece de morfemas distintivos, es decir, tiene forma relativamente invariable de unidad mínima, que cubre parcialmente la función de aditamento dentro del nexus. Tal función no es privativa suya, pero sí es la unidad mínima que puede desempeñarla. Su presencia o ausencia no modifica esencialmente la estructura del nexus, pero algunos adverbios cambian la modalidad de las oraciones en que aparecen" (1992:484).

Hernández Alonso bleibt bei der oben genannten Funktion, die diese Elemente realisieren, wenn er für sie die Bezeichnung 'mediatizador del nexus' prägt. Ein 'mediatizador del nexus' wäre dabei:

> „ [...] la función del adyacente por la que ese elemento enmarca a la oración modificando
> su valor y cambiando su modalidad. Son adverbios 'de encuadre', principalmente de
> afirmación, de duda, hipótesis...; y suelen preceder a todo el nexus.
> Ejemplos: *Quizá venga; No lo aceptará*" (Hernández Alonso 1992:486f.).

Wie die MPn wirken diese Elemente auf den ganzen Satz, d.h. sie besitzen
Satzskopus. Die Fähigkeit, die laut Partikelforschern wie z.B. Thurmair (vgl.
1989:37) MPn auszeichnen, um den Illokutionstyp zu modifizieren, besteht hierbei
in der Behauptung, die Erscheinung der 'mediatizadores del nexus' könne die
Modalität eines Satzes ändern.

Ein anderes Beispiel der Uneinheitlichkeit und terminologischen Vielfalt, die unser
Gegenstand auslöst, ist der von Seco geprägte Terminus 'adverbio oracional', der in
seinem zentralen Beitrag wiederum sich auf den Satzskopus dieser Adverbien
bezieht und die subjektive Einstellung des Sprechers bezeichnet:

> „Además de las clases de adverbios a que venimos aludiendo, por su significación, esto es,
> del lugar, tiempo, modo, cantidad, etcétera, existe un tipo de adverbios que pudiéramos
> llamar oracionales, por cuanto, en cierto modo, equivalen a una oración entera; pero,
> además, no se refieren, como los demás adverbios, a un verbo, a un adjetivo con sentido
> calificativo o determinativo, sino que se refieren a la oración entera, manifestando la
> apreciación subjetiva del que habla en cuanto a la realidad o no realidad de lo expresado en
> la oración. En este sentido, los adverbios oracionales ofrecen tres tipos: afirmativos,
> negativos y dubitativos [...]" ([11]1992:116f.).

Selbst wenn uns die letzte Bezeichnung (i.e. 'adverbio oracional') adäquat erscheint,
ist die eines 'adverbio modal' deswegen nicht falsch. Trotz der Hemmungen von
Carbonero Cano, der die Termini 'adverbio modal' und 'adverbio de modo' in
seinen Ausführungen gleichsetzt, wird traditionell eher 'adverbio de modo' und
nicht 'modal' für lexikalische Einheiten wie *rápidamente* verwendet. Da sie in den
Grammatiken des Galicischen und auch der spanischen Sprache vorkommen,
werden wir die Termini 'adverbios de negación' bzw. 'negativos', 'adverbios de
afirmación' bzw. 'afirmativos' und 'adverbios de duda' bzw. 'de dúbida' oder
'dubitativos' verwenden. In den Fällen, in denen wir die Art der Adverbien nicht
konkretisieren, bezeichnen wir unseren Gegenstand als 'adverbios de modalidad'
und nicht 'adverbios modales', da wir dadurch auf die Modalität eindeutig
hinweisen und eine mögliche Verwechslung zwischen den Termini 'adverbio de
modo'/'adverbio modal' vermeiden.

Als Muster für die terminologische Verwirrung darf die folgende Auflistung bei
Otaola Olano gelten:

> „Nilson-Ehle los llama 'adverbios de oración'; Ana María Barrenechea, 'modificadores de
> núcleo oracional'; Rafael Seco, 'adverbios oracionales'; C. Hernández, 'mediatizadores del
> nexus'; J. Alcina y J. M. Blecua, 'modificadores de toda la frase'; los generativistas,

'indicadores de modalidad' o 'adverbios de frase'" (1988:107).

Letztlich sind für Otaola Olano, in Anlehnung an Meunier, semantische Kriterien entscheidend, um die fraglichen Adverbien von der Klasse der Adverbien abzusondern und als Einheit darzustellen:

„Pero en definitiva pienso, como André Meunier, que solo criterios semánticos permiten hacer de ellos una subclase especial dentro del conjunto de los adverbios" (1988:107).

In Zusammenhang mit den zentralen Fragestellungen und der Erörterung der Termini im Hinblick auf die Modalität, die die spanische Tradition prägen, dürfen die von Martínez Zorraquino und Acosta vertretenen Positionen nicht vergessen werden. Sie sondern sich von den bereits behandelten Theorien insofern ab, als sie auf die ihnen wirklich gut bekannte Auseinandersetzung mit den deutschen MPn zurückgreifen und einen Vergleich zwischen ihnen und ähnlichen Elementen der spanischen Sprache ziehen. Ihre Bemühungen verdienen eine besondere Berücksichtigung und Beachtung, da sie mit neuen Überlegungen in diesem Bereich für Anregungen sorgen, die sich beispielsweise in Vorschlägen wie der Bezeichnung 'partícula modal' (im folgenden: PM) für gewisse Elemente widerspiegeln, deren Merkmale sich mit denen der deutschen MPn überschneiden. Da Acosta an der üblichen Verwendung des Terminus 'adverbio' festhält, sind für ihn die MPn eine besondere Art des Adverbs, wie aus der folgenden Ausführung hervorgeht:

„Las PM del alemán tienen unas peculiaridades de tipo fonológico, sintáctico, semántico y pragmático que las convierte en un tipo específico de adverbio. Están muy relacionadas con homónimos que pueden ser adverbiales, conjuncionales, adjetivos, etc., cuyo significado proposicional se mantiene en la mayor parte de los casos, unas veces con más claridad, otras veces más diluido" (1984:32).
„Como parte de la oración, las partículas modales son adverbios, del tipo denominado de modo, y del subtipo emotivo" (1984:40).

Acosta entwirft einen kurzen, dennoch instruktiven Überblick über den Stand der Forschung zur spanischen PM. Er verwendet diesen Terminus, da er die Hypothese wagt, daß die spanische Sprache über lexikalische Einheiten verfüge, die mit den deutschen MPn gewisse Grundcharakteristika gemeinsam haben. Er weist darauf hin, daß diese Elemente mit vielen anderen allgemein als schwer zu bestimmende Phänomene behandelt worden sind. Außer den Einträgen, die die Wörterbücher der Real Academia de la Lengua und María Moliners dem Terminus 'expletivo' widmen, bezieht er sich auf die 'palabras de relleno', 'comodines', 'muletillas', 'partículas enfáticas' und 'timitos', Bezeichnungen, die von Beinhauer[13], Ynduráin u.a. (vgl. Acosta 1984:33) geprägt worden sind.
Nach Acosta stehen Vigara Taustes Studien – einer Linguistin, auf deren Werke aus

---

[13] Siehe dazu Punkt 1.1.1. der vorliegenden Arbeit.

den 80er und 90er Jahren in der vorliegenden Arbeit eingegangen wird – in dieser Ende der 50er und Anfang der 60er Jahren initiierten Tradition; dabei darf man nicht vergessen, daß die *Spanische Umgangssprache* von Beinhauer bereits 1958 in Bonn erschienen ist. Vigara Tauste nennt diese Elemente 'expresiones de relleno' und behauptet:

> „En general son apoyaturas coloquiales que no mantienen su significado original, estereotipias básicas, fruto de la actitud del hablante, que acuden a su boca inesperadamente, sin que él llegue a percatarse conscientemente de ello, consiguiendo con su presencia cubrir un hueco mental o que surge en el hilo discursivo" (Vigara Tauste 1980:42, apud Acosta 1984:34).

Acosta seinerseits besteht darauf, daß es berechtigt ist, eine Brücke zwischen beiden Sprachen – Deutsch und Spanisch – zu schlagen und auf den Prämissen basierend, die für die Studie der deutschen MPn ausschlaggebend waren, die Hypothese der Existenz von spanischen MPn zu beweisen. Seines Erachtens können für eine Konfrontation mit dieser neuen Fragestellung nur die semantischen und insbesondere die pragmatischen Aspekte der Sprechakttheorie weiterhelfen (vgl. Acosta 1984:34). In der Tat versucht er diese Kriterien bei der Analyse von sieben Elemente anzuwenden, die er für PM hält, und zwar: *bien, conque, pero, pues, si, y* und *ya*[14].

Auch wenn es sich – wie oben erwähnt – eher um eine Ausnahme in der Tradition der spanischen Sprache im Hinblick auf diese Elemente handelt, lassen sich u.E. an dieser Stelle die Gemeinsamkeiten und Unterschiede zwischen den 'partículas modales del alemán' und den 'partículas modales del español' von Acosta, denen wir uns zum großen Teil anschließen, anführen:

> „Las partículas modales del alemán comparten con las partículas modales del español casi los mismos rasgos característicos.
>
> Fonología: las partículas modales del alemán son átonas, las del español pueden ser átonas o tónicas, si bien predominan las primeras.
>
> Morfosintaxis: en ambas lenguas son unidades léxicas breves e invariables y tienen homónimos en otras partes de la oración o en la misma, aunque de otro tipo; es el caso de los adverbios; en ambas lenguas desempeñan una función que afecta a la totalidad de la frase y no a partes de la misma; a diferencia de otros adverbios nunca pueden formar por sí solas una frase; el lugar que ocupan en ella es siempre fijo; en español ocupan el primer lugar, en alemán aparecen en el interior de la frase; en ambos casos ocupan el lugar de la negación, y dado que en la frase haya una negación, aparecen delante de la misma.
>
> Semántica y pragmática: ni las partículas modales del español ni las del alemán añaden información a la frase; su función consiste en modificar el significado de la misma; reflejan la postura del hablante sobre el contenido expresado; esta postura es emotiva, y en su manifestación en el acto ilocutivo entran en juego múltiples factores extralingüísticos, como presuposiciones, normas sociales, expectativas, postura del hablante, etc.; las partículas modales de ambas lenguas mantienen por lo general y en parte el significado

---

[14] Siehe zu dieser Analyse Acosta 1984:34-40.

proposicional de los homónimos, determinado y variado por el ilocutivo propio. [...] El alemán es una lengua mucho más rica en partículas modales que el español, y las existentes no siempre encuentran correspondencia en la lengua respectiva.[15] [...] tanto una como otra lengua disponen de otros muchos medios para expresar modalidad en el sentido que este concepto ha sido aquí entendido, tales como conjunciones, interjecciones, entonación enfática, paréntesis, expresiones y giros idiomáticos, variaciones sintácticas, preguntas añadidas, etc." (Acosta 1984:40f.).

An dieser Stelle soll ein kurzer, aber prägnenter Vergleich zwischen den Modalitätsausdrücken der galicischen und der deutschen Sprache erwähnt werden, da er in seiner Seltenheit besonders erwähnenswert ist:

„Para o alemán, ademáis, son importantes as partículas modais que posibilitan a expresión de numerosas matizacións. A lingua galega tamén rexista adverbios e expresións de modalidade, pero non se pode compara-la súa función coas partículas modais alemanas. Cómpre ter en conta que a combinación verbo modal + partícula modal é un recurso moi usual en alemán, mentres que en galego a miúdo nin é posible" (Montero Küpper 1999:736).

Trotz der dargestellten Überlegungen, Diskussionen und Argumentationen, die die Übernahme des Terminus *adverbio* für die in der vorliegenden Arbeit zu behandelnden Ausdrucksmittel der Modalität in den drei romanischen Sprachen Galicisch, Portugiesisch und Spanisch hervorruft, verwenden wir – wie bereits oben erwähnt - den usuellen und verbreiteten Terminus, allerdings unter Beachtung der hier gemachten Einschränkungen.

1.7.2.2.1.1. Die negativen Adverbien (Os adverbios de negación)

Auch wenn es zunächst widersprüchlich scheinen mag, beschäftigen wir uns an erster Stelle mit einem negativen Element, das hier nur schwer unter den üblich so genannten negativen Adverbien klassifizierbar ist.
ARM ([2]1989) widmen den Punkt 1.5. ihrer Grammatik dem 'non expletivo'. Das Konzept 'partícula expletiva' ist in der spanischen Tradition der historisch orientierten Grammatik geprägt worden und wird nun von den galicischen Grammatiken übernommen. Hierbei handelt es sich um Aussagesätze, in denen die Negationspartikel *non* nicht negiert. Darunter wird verstanden, daß dieses *non* sich nicht wie ein Negationsadverb verhält, da es keine Negationsfunktion (die es ansonsten erfüllt) übernimmt. Hierbei läßt sich folgende Definition der vor kurzem erschienenen *Gramática descriptiva de la lengua española* anführen:

„Se denomina negación expletiva, espuria o pleonástica aquella que no aporta un valor negativo real a la oración en la que aparece, de manera que resulta, en cierto modo,

---

[15] Siehe dazu Kapitel 3 der vorliegenden Arbeit.

redundante.[...]" (Sánchez López 1999:2627).

Ein solches Adverb hat keinen Satzskopus im üblichen Sinne, weist jedoch die
Besonderheit auf, daß auch wenn es einem bestimmten Teil des Satzes vorangestellt
wird und dessen Emphase dient, sich diese Tatsache letztendlich auf beide Teile des
Satzes auswirkt. Zu einem besseren Verständnis läßt sich folgendes Beispiel anführen:

> „É máis listo o pai que **non** o fillo" [Hervorh. der Vf.] (Wort-für-Wort-Version): *Der
> Vater ist klüger als [**nicht**] der Sohn [Übers. der Vf.]" (ARM [2]1989:463).

Wie wir aus diesem Beispiel schließen können, ist ein solches Phänomen bei
Ungleichheit in den galicischen Vergleichsätzen belegbar, nicht jedoch im
Deutschen.
Es handelt sich um ein nicht-negierendes Element, da durch seine Weglassung keine
Bedeutungsänderung verursacht wird. Bei einer solchen Formulierung stoßen wir
natürlich wiederum auf die polemische Frage der Bedeutung in bezug auf die MPn
und der umstrittenen Behauptung, daß bei der Beseitigung einer Modalpartikel die
Information beibehalten werde[16]. Die These einer angeblichen Redundanz bei der
Präsenz dieses so genannten 'non-expletivo' wird jedoch mit der Akzeptanz eines
anderen Konzepts von Bedeutung in Frage gestellt. So gehen in der Tat einige
Nuancen bei Verzicht auf die Verwendung dieser Elemente (wie auch bei den MPn)
verloren. In diesem konkreten Beispiel wird auf galicisch durch das 'non expletivo'
das Ungleichgewicht zwischen den beiden Termini des Vergleichs insofern
hervorgehoben (vgl. dazu ARM [2]1989:463), als u. E. insbesondere die Inferiorität
des Sohnes betont wird. Dieser Aspekt ginge logischerweise bei Weglassung dieses
Elements verloren. Die Ökonomie der Sprache spricht auch dafür, daß dieses 'non
expletivo' kein überflüssiges Element ist. Der Grund hierfür ist darin zu sehen, daß
in der Sprache und insbesondere in der Umgangssprache in logischer Folge dieses
Prinzips auf solche Termini verzichtet würde. An dieser Stelle soll nicht unerwähnt
bleiben, daß zum einen erläutert wird, daß dieses Element nicht obligatorisch ist,
und zum anderen, daß die Weglassung des 'non expletivo' bestimmte Nuancen
beseitigt, sowie eine Änderung der Expressivität des Aussagesatzes verursacht:

> „Así e todo, cómpre lembrar que o emprego deste *non* nunca é obrigatorio, podendo
> prescindir del en tódolos casos sen que o significado se vexa alterado no esencial, agora
> que ó eliminalo desaparecen certos matices e a carga de expresividade do enunciado varía"
> (ARM [2]1989:463f.).

Hierbei läßt sich folgende Beobachtung bezüglich des negativen Adverbs im
Spanischen anführen:

---

[16] Siehe dazu Punkt 1.3. der vorliegenden Arbeit.

„ [...] la presencia del adverbio es opcional, pues su ausencia no daría lugar a una oración de significado contrario, y está inducida, como en otros casos de elementos pleonásticos, por el énfasis" (Sánchez López 1999:2628).

Diese nicht-negierende negative Partikel finden wir also auch im Spanischen. Einem Studenten, der an meiner Lehrveranstaltung teilnahm, verdanke ich die folgenden Beobachtungen:

> „Voy a echar de menos **no** verte todos los días en la estación (Wort-für-Wort Version):
> *Ich werde vermissen dich jeden Tag im Bahnhof [nicht] zu sehen".

Der Student hat die Formulierung eines möglichen Sprechers aufgrund einer von ihm – wenn auch falsch durchgeführten, deshalb jedoch nicht weniger interessanten – wörtlichen Interpretation für unhöflich gehalten. Im Unterschied zu dem oben erklärten galicischen 'non expletivo' ist dieses 'nicht-negierende *no*' in der Satzstellung des Beispiels nicht weglaßbar. Bei einer Umstellung wie „El verte todos los días en la estación lo voy a echar de menos" darf das *no* hingegen nicht vorkommen, weil in diesem Fall die gegenteilige Bedeutung (die auch in der Tat sehr ungewöhnlich und inusuell erschiene) zustande käme.
Die einzige mögliche Erklärung für dieses Beispiel ist u. E. eine Präsenz, die der Emphase der Handlung dient, die von jetzt an nicht mehr stattfinden wird.
In Verbindung mit Hauptverben, die dem semantischen Feld der Befürchtung angehören, kann im Galicischen wie im Latein in substantivischen Nebensätzen ein emphatisches expletives *non* festgestellt werden. Auf diese Tatsache macht Santamarina aufmerksam, der bei dem folgendem Beispiel eines nicht-negierten *non* davon ausgeht, daß es dazu dient, einen nicht explizit formulierten Wunsch, den der Sprecher in der gegebenen Situation nicht zum Ausdruck zu bringen wagt, unterschwellig und implizit anzudeuten. Nur durch eine solche Erklärung kann die Präsenz von *non* gerechtfertigt werden:

> „[...] *Teño medo a que vaia chega-lo dono da pireira*. En una frase como ésta, la principal, *teño medo*, aparte del sentido de 'tener miedo', puede contener un deseo, 'deseo que no'. Estas dos ideas pueden tener una expresión lingüística única, enlazando la principal a la subordinada mediante non: *Teño medo non vaia chéga-lo amo da pireira*" (Santamarina 1975:82).

Bei Fällen wie diesem komme, Santamarinas Auffassung zufolge, die psychologische Einstellung der Befürchtung des Sprechenden zum Ausdruck. Zur Unterstützung der oben genannten Nuancen, die aus den Formulierungen des Sprechers geschlossen werden können, möchten wir an dieser Stelle eine lexikalisierte Redewendung anführen, die im Galicischen zur Verfügung steht, um Besorgnis und Vorsorge zum Ausdruck zu bringen: 'Non vaia se-lo demo...', die beispielsweise in Ratschlägen ausgewiesen wird:

„„-Ti non lle discutas nada ó xefe, *non vaia-se lo demo* e che faga logo a vida imposible."
[Beispiel der Vf.]

Unter diesem Spruch versteht man, daß gewisse Maßnahmen als Vorsorge, also vorsichtshalber getroffen werden müssen. Hier wird die mögliche Präsenz des Teufels, der Macht des Bösen, angedeutet.
Das galicische *non expletivo* ist auch in manchen temporalen Nebensätzen sowie in rhetorischen Ausrufe- und Interrogativsätzen belegt:

> „Tamén sucede algo semellante con temporais introducidas por *ata que*, sobre todo co verbo en subxuntivo: Non che podemos face-los trámites ata que non teñas entregados tódolos papeis (~ata que teñas...). Non quería marchar da estación ata que non pasase algún tren. Este *non* que non nega aparece así mesmo en exclamacións e en interrogacións retóricas introducidas por *canto(s), canta(s),* ¡*Canto non* choveu desde entón!; Milleiros de peregrinos emprendían cada vez o camiño de Santiago, pero ¿*cantos* deles *non* morrerían antes de chegar á súa meta? E igualmente aparece en exclamacións con *Mira que/se + oración*:
> ¡Mira que *non* llo dixen ben veces! (¡Mira que llo dixen!)
> ¡Mira que *non* é parvo! (¡Mira se é parvo!)
> ¡Mira se *non* estará pampo, que lle estiven falando e nin sequera se deu de conta! (¡Mira se estará!...)" (ARM ²1989:463).

Das Phänomen ist praktisch in denselben Fällen wie im Spanischen zu beobachten, wobei auch dieselben Gebrauchsregeln ermittelt werden können:

> „En español es posible encontrar ese tipo de negación, siempre representada por el adverbio *no*, tras verbos de duda o temor, en construcciones comparativas, en oraciones temporales introducidas por *hasta* puntual y en ciertas exclamativas de carácter retórico [...]" (Sánchez López 1999:2627).

Auch im Latein fungieren die negativen Partikeln *nōn* und *nē* als Emphase verleihende Elemente in rhetorischen Fragen zum Ausdruck des Widerwillens sowie des Erstaunens in Erwartung auf eine positive Antwort von Seiten des Gesprächspartners (vgl. *Oxford Latin Dictionary* 1982:1187f.).
In rhetorischen Ausrufe- und Interrogativsätzen sind MPn wie *bloß* und *nur*[17] zu belegen, die dieselbe Emphasefunktion wie 'no/non expletivo' erfüllen. Folgende Beispiele lassen sich im Vergleich Galicisch-Deutsch anführen:
   a) - ¡Canto **non** traballei en balde nos meus anos mozos!
   - Wieviel habe ich **bloß/nur** vergeblich gearbeitet, als ich jung war!
   b) - ¿Que non faría eu por axudarte?
   - Was würde ich **bloß/nur** tun, um dir zu helfen? [Beispiele der Vf.].

Wenn man auf galicisch über eine plötzlich abgebrochene, nicht abgeschlossene

---

[17] Zu den MPn *bloß* und *nur* siehe Kapitel 4.4. der vorliegenden Arbeit.

Handlung spricht, kommt ebenfalls das *non expletivo* vor:

> „Emprégase tamén *non expletivo* nas oracións principiadas por *por pouco* ou *a pouco, a pouco máis*, expresando algo que estivo a piques de acontecer pero que non se chegou a realizar:
> Por pouco *non* caio do tellado embaixo (=Por pouco caio)
> Fixo un movemento brusco coa man e a pouco *non* me mete o bolígrafo nun ollo.
> Tivo un accidente moi grande; a pouco *non* perde un brazo" (ARM ²1989:463).

Das *non expletivo* erscheint auch häufig neben dem negativen Adverb *tampouco* und dient dessen Verstärkung:

> „Despóis dun enunciado de significado negativo, a negación total pode efectuarse con tampouco, a miúdo en oracións reducidas: *El non quixo ir e eu* tampouco; *Hoxe non vos poden recibir, e mañá* tampouco. Aínda que esta forma abonda en por si para negar, é moi frecuente que vaia reforzada pola negación *non* cando vai diante dun verbo (se vai despóis a presencia de *non* antes de verbo é obrigatoria): O Pedro *non* quixo vir e Xosé *tampouco non* se animaba moito, así que vin eu só: Traballar non quere e estudiar *non* lle gusta *tampouco*; *Non* che gustan os cachelos, o caldo tampouco, a sopa *tampouco*, e se *tampouco non* che sabe a carne, xa me dirás que che presta a ti. [...]" (ARM ²1989:457f.).

Der Grund für diese negative Hypercharakterisierung, die in anderen romanischen Sprachen wie z. B. dem Spanischen, zumindest in der Norm, nicht existiert – jedoch auch in der Varietät des Spanischen vieler Galicier nachweisbar bleibt - liegt darin, daß Santamarinas Ansicht zufolge *tampouco* ursprünglich positiv war und zum Ausdruck der Emphase verwendet wurde:

> „[...] su sentido originario debió de ser positivo y enfático (*Eu non vou* - **Eu tan pouco* 'así de poco como tú'). Por eso aún hoy, cuando va después del núcleo del predicado, exige la presencia de *non*, es decir, de la doble negación. *Non* vexo-Eu non vexo tampouco. Si *tampouco* va delante del núcleo del predicado es facultativo el uso de non: *Eu tampouco vexo. Eu tampouco non vexo*" (1975:81).

Die Negationspartikel *non* kann in ihrer interrogativen Verwendung von einem Gesprächspartner alleine oder im Zusammenhang mit anderen Elemente – wie die Affirmationspartikel *si* (¿*non si?*) oder die dritte Person Singular des Verbs *sein* (¿non é?) - auf die Einstellung des Gesprächspartners einwirken. Beim Vorkommen der Negationspartikel in den 'oraciones interrogativas absolutas' – die entsprechende deutsche Bezeichnung wäre 'Entscheidungsfragen' - kommen diesem *non* die Charakteristika des *non expletivo* zu. Es handelt sich in diesen interrogativen Sätzen um ein weglaßbares Element. So können prinzipiell gleichwertige Fragen wie folgende entstehen:

> „¿*Ves?~¿Non ves?; ¿Ven alguén?~¿Non ven naide?*" (Santamarina 1975:82).

Für Santamarina sind jedoch die positive und die negative Formulierung nicht äquivalent. Durch die negative Formulierung erhofft sich der Sprecher – im Gegensatz zur positiven - eine affirmative Antwort. Santamarina subsumiert ein solches Phänomen unter die Rubrik 'Stilistik' (vgl. 1975:82).

Bei der oben bereits erwähnten Möglichkeit der Kombinierbarkeit der Negationspartikel *non* mit anderen Elementen kann folgendes behauptet werden: Der Sprecher erwartet durch die Formulierung dieser Art 'tag questions' eine zustimmende Antwort vom Angesprochenen. Unter den Merkmalen, welche die MPn laut Thurmair (vgl. 1989:37) aufweisen, befindet sich die Modifizierung des Illokutionstyps. Das wäre hier der Fall:

> „Como interrogación, ¿non? ou ¿non é? preguntan ¿non é verdade?, ¿non é así?, sendo tamén de moito uso para estes valores ¿non si?: Supoño que á noite virás ó cine connosco, ¿non si? Estas tres formas supoñen que o falante espera unha resposta afirmativa" (ARM [2]1989:457).

Weiterhin läßt sich folgendes Beispiel anführen:

> „-Pois nada, xa está todo solucionado.
> -Si, o que pode facer unha simple chamada de teléfono, ¿**non si?**
> -¿Que?
> -A chamada de onte ó fiscal...
> -Non, non era o fiscal...
> -[Silencio]
> -Está ben, era o fiscal. Pero o único que fixen foi pedirlle que revisase o caso. O demais foi cosa de Paula." (*Mareas vivas*, Kapitel 4: "Lei e xente").

In diesem Beispiel gelingt es María, endlich eine zustimmende Antwort von Andrés zu bekommen. Zunächst hat jedoch die Nachstellung des 'eine positive Antwort auffordernde *non si*' nicht die erhoffte Reaktion bewirkt. Wie Santamarina signalisiert, ist es durchaus möglich, daß die Tatsachen den Erwartungen widersprechen und daß der Gesprächspartner mit *non* antwortet (vgl. Santamarina 1975:82).

Die galicischen Zusatzfragen sind mit folgenden portugiesischen 'tags' zu vergleichen: „não é assim?, não é isso?, não é verdade?, não é?, não?", welche neben anderen Zusatzfragen von Viegas Brauer-Figueiredo (vgl. 1999:77; 90) sowie von Mira Mateus/Brito/Duarte/Hub Faria (vgl. [3]1989:245ff.) in Betracht gezogen werden.

Der Ansicht Viegas Brauer-Figueiredos nach fungieren solche 'tags' als zustimmungsevozierende Sprechersignale (vgl. 1999:90), aber auch als Schlußsignale am Ende von Äußerungen, wobei nicht immer einfach zu bestimmen ist, ob sie primär die Funktion eines Schluß- oder eines Sprechersignals ausüben.

So wie ARM in bezug auf das Galicische und Viegas Brauer-Figueiredo auf das Portugiesische die Erwartung eines Sprechers bezüglich einer bestätigenden Antwort vom Gesprächspartner mit diesen Zusatzfragen in Verbindung setzen, so ist auch für

Mira/Mateus/Brito/Duarte/Hub Faria eine solche Nuance dem Einsatz dieser 'tags' zuzuschreiben:

> „(i) **pedido de confirmação** do conteúdo proposicional da declarativa que a precede; a resposta que o LOC [Locutor] espera receber do ALOC [Alocutário] é afirmativa ou negativa consoante o valor da declarativa" ([3]1989:246). [Klammer der Vf.]

Dieser Wert sei jedoch nur einer der, gemäß der Terminologie dieser Forscher, „diferentes valores do ponto de vista pragmático" (vgl. [3]1989:246), welche solche 'tags' aufweisen können. Ihres Erachtens kann es sich auch bei diesen Zusatzfragen um ein konversationelles Element handeln oder, konkreter, um einen:

> „(iii) **mecanismo conversacional** para dar a palavra ao interlocutor" ([3]1989:246).

Eine solche Bemerkung ist mit der Behauptung von Viegas Brauer-Figueiredo in Zusammenhang zu bringen, nach der diese Zusatzfragen als Schlußsignale fungieren können.
Darüber hinaus weisen ihre Untersuchungen auf einen wichtigen Aspekt hin, welcher bei den anderen unerwähnt bleibt, und zwar auf die perfide Verwendung solcher 'tags' in einer:

> „ (ii) **estratégia manipulatória** para levar o ALOC [Alocutário] a responder como o LOC [Locutor] pretende" ([3]1989:246). [Klammer der Vf.]

Zur Verstärkung einer formulierten Frage in Endstellung, mit derselben Erwartung auf eine zustimmende Antwort wie bei '¿non si?', dient der von ARM für eine Interjektion gehaltene Ausdruck *ouh*:

> „¿Pero ti estás tolo, *ouh*?"(ARM [2]1989:475).

Es ist jedoch nicht eindeutig, ob es sich bei dieser Zusatzfrage um die erwähnte Interjektion oder eher um die disjuntive Konjunktion *ou* handelt.
Carballo Calero setzt fälschlicherweise in seiner Grammatik die Verwendung der von ihm so genannten Lokution *¿non si?* mit der des negativen dubitativen Adverbs *ho* gleich[18] ([7]1979:331).
In diesem Zusammenhang läßt sich auf García Represas und die von ihm dargestellte galicische Prozedur des Wiederholens verweisen, welche in den folgenden Kapiteln ausführlich dargestellt wird. Bei den Interrogativsätzen weist er auf Fragen mit disjunktivem Charakter hin – es handelt sich dabei eigentlich um Zusatzfragen –, bei denen das Verb der Hauptfrage bzw. der deklarativen Fragesätze wiederholt wird. Folgende Beispiele lassen sich hier anführen:

---

[18] Siehe zu dieser Frage Punkt D. *Ho* in Interrogativsätzen in Kapitel 5.2. *Ho* und seine Varianten der vorliegenden Arbeit.

„[...]
1.-Ti non es capaz de adormecela (a nena), ¿ou es?
2.-¿Ti agora xa non podas?, ¿ou podas?
3.-¿Ti non votaches por el?, ¿ou votaches?
4.-Agora non se pode facer iso, ¿ou pode?" [Hervorh. der Vf.] (García Represas 1992:59f.)

Das wiederholte Verb wird jedoch häufig aus ökonomischen Gründen weggelassen, da der Verzicht das Verständnis des Gefragten nicht behindert, und somit entsteht das verkürzte angehängte interrogative *ou*. Dieses *¿ou?* sowie *¿ou + Verb?* bilden hier neben negativ formulierten Fragesätzen Äquivalenzen zu *¿non si?*. Letzteres wird, wie bereits bemerkt, in der Regel an eine positive Antwort angehängt, da sich der Sprecher so eine positive Reaktion erhofft. Das heißt jedoch nicht, daß *¿non si?* nicht nach negativen Fragen vorkommen kann[19]. Anhand von *¿ou?* bzw. *¿ou+wiederholtes Verb?* bringt der Sprecher zum Ausdruck, daß er von der Zustimmung des Gesprächspartners ausgeht, aber sich gleichzeitig eine Alternative erhofft. Seine Unsicherheit wird so herausgestellt. In den negativen Assertionen (1) und (4), die einen deutlich interrogativen Charakter aufweisen, erhofft sich der Sprecher durch die angehängte Frage eine positive Antwort vom Gesprächspartner, die seiner negativen Präsupposition widerspricht. In (2) werden wir mit denselben Nuancen konfrontiert. Im kommunikativen Kontext, in Beispiel (3) dem einer Wahl, versucht der Sprecher auf subtile Weise, die politische Richtung des Angesprochenen in Erfahrung zu bringen. Auch wenn es sich um eine isolierte Frage handelt, in der der notwendige explizite kommunikative Rahmen fehlt, kann die Vermutung geäußert werden, daß der Sprecher nicht für den entsprechenden Kandidaten gestimmt hat und davon ausgeht, daß sein Gesprächspartner dieselbe Entscheidung getroffen hat. Durch die angehängte Frage äußert er jedoch einen Verdacht, für den er eine bestätigende Antwort von Seiten des Sprechers erwartet. Dies ist mit der angesprochenen Manipulation in Zusammenhang zu bringen, welche durch diese 'tags' bewirkt werden kann. Im Deutschen können ebenso angehängte 'tags' und die Verwendung der MP *doch* dieselben modalen Nuancen bewirken, wie diese in Kapitel 4.2. der vorliegenden Arbeit dargestellt werden.

In der Erwartung einer positiven und zustimmenden Antwort des Gesprächspartners kann der Sprecher einfach das Verb der Frage oder das Adverb in einer angehängten Zusatzfrage wiederholen:

„[...]
2.-¿Chamaches por teu pai?, ¿chamaches?
[...]
5.-¿Xa está todo pronto?, ¿xa?" (Garcías Represas 1992:59f.).

Carballo Calero ist sich der besonderen Funktion bewußt, die das sprachliche

---

[19] Vgl. dazu auch die äquivalenten portugiesischen 'tags' (Mira Mateus/Brito/Duarte/Hub Faria [3]1989:246).

Zeichen *non* in bestimmten Verbindungen übernimmt. Es handelt sich um eine ungewöhnliche Art von Adverbien, durch deren Verwendung ein Gesprächspartner zu der Behauptung eines anderen Gesprächspartners Stellung bezieht. Es wird ebenfalls darauf aufmerksam gemacht, daß der Sinn, den diese 'modismos' geben, vom Kontext und dem 'psychologischen Zustand' der Sprecher abhängig bleibt. Die Sprechereinstellung und der pragmatische Kontext, in den das Gespräch eingebettet ist, sind entscheidend für die Benutzung von mehreren dieser Modalitätsausdrücke – den MPn in der deutschen Sprache und den mit *non* vergleichbaren Elementen im Galicischen –, mit denen wir uns nun beschäftigen:

> „Hay varias locuciones que se forman con la palabra *no: no, pois; no, logo; no, ser; no, tamén.* En ellas, la voz *no* funciona como un adverbio que de algún modo enerva o neutraliza, o adversamente califica una afirmación de nuestro interlocutor. Los diversos modismos así constituidos tienen un sentido variable, que depende del contexto y de la situación psicológica de los hablantes, por lo que no se pueden dar fórmulas para su versión castellana" (Carballo Calero [7]1979:331).

Es ist hervorzuheben, daß hier auf die Schwierigkeit hingewiesen wird, solche sprachlichen Elemente zu übersetzen, die kontextuelle Bedingungen und psychologische Einstellungen des Sprechers implizieren. Bei der Übersetzung unseres Korpus sind diese Schwierigkeiten feststellbar. Solche Formulierungen können grundsätzlich nur in der eigenen Sprache angemessen verstanden und interpretiert werden. Eine Äquivalenz, ein angemessenes Translat in einer anderen Sprache zu finden, ist eine mühsame Aufgabe. Derartige Äquivalente hat jedoch Rodríguez González mit Galicisch als Ausgangssprache für die Zielsprache Spanisch erstellt, wobei allerdings die Einschränkung gemacht werden muß, daß er sich dabei mit Paraphrasen begnügt:

> „Rodríguez González da las siguientes explicaciones:
> *no, pois* 'mucho cuidado con lo que se dice o se hace, que yo no tolero impertinencias'
> *no, logo* 'pues estamos lucidos, no faltaba más que eso, si las cosas ocurriesen así, si así fuese, si eso fuese verdad'
> *no, ser* 'vaya ocurrencia'
> *no, tamén* 'cuidado que es mucha terquedad ésa'" (Carballo Calero [7]1979:331).

Auffällig ist hier, daß kein bestimmter sprachlicher oder außersprachlicher Kontext angegeben wird, der zum Verständnis dieser Wendungen beitragen könnte.

1.7.2.2.1.2. Die affirmativen Adverbien (Os adverbios de afirmación)

Si wird traditionell für ein affirmatives Adverb gehalten. Nach Santamarinas Auffassung kann *si* jedoch nicht als solches betrachtet werden. Der Grund hierfür liegt seines Erachtens darin, daß *si* als Antwort auf eine Entscheidungsfrage für ein ganzes Prädikat steht und sich damit folgende Situation ergibt:

„*Sí* [...] es [...] un sustituto elíptico del predicado, por lo tanto del mismo rango sintáctico y semántico que él, y siempre de carácter positivo. Dicho de otro modo, *sí* es un sustituto, pero no de una circunstancia atribuible a un predicado, sino del mismo predicado, por lo tanto, su carácter adverbial (circunstancial) no existe" (1975:76).

Bei der Verwendung von *si* im Galicischen als Antwortpartikel handelt es sich um ein fakultatives Element, da eine typisch galicische Antwort anders gebildet wird. Ebenso präsentiert Santamarina ein das Verb begleitendes und nicht-ersetzendes *si*, das der Funktion gerecht wird, einem adversativen Satz Emphase zu verleihen; auch bei dieser lexikalischen Einheit handelt es sich nicht um ein Adverb:

„Aun en aquellos casos en que *sí* no aparece sustituyendo al predicado, sino acompañándolo, no puede de ningún modo considerarse adverbio. *Este sí merece a pena*; *Fulano sí vai*. En estos casos *sí* actúa como refuerzo enfático de una adversativa, contrapuesta por lo tanto a otras oraciones de signo negativo, expresas o pensadas solamente. *Aquel i aqueloutro non merecen a pena (pro) este sí merece (a pena)*. En algunos casos la formulación llega a la hipérbole, es decir, a subordinar sintácticamente todo un predicado a sí, siendo que sí es igual al predicado: *Fulano sí que vai*; *Ese sí que sabe*" (1975:76f.).

Si que ist in einigen Fällen als Entsprechung der betonten deutschen Antwortpartikel *doch* als Antwort oder Erwiderung auf eine Frage bzw. auf eine Behauptung ausgewiesen, wie im Punkt 4.2.1. der vorliegenden Arbeit ausgeführt wird.

Bei mehreren Beispielen spricht Carballo Calero von 'adverbios de aseveración modal':

„*¡E máis si!* y *¡e máis non!* afirman y niegan, respectivamente, con sorpresa, como adverbios de aseveración modal. Locución del mismo tipo es *e máis ben* 'así es, tienes muchísima razón'. *E máis inda máis* es forma pleonástica 'y también', que se usa cuando, después de usarse con anterioridad a algún nexo copulativo, *e*, *e máis*, *tamén* se quiere añadir un nuevo sumando:
traguian pombos, e rulas, e tamén cochos e máis bubelas, e máis inda máis vichelocregos 'traían palomas torcaces, tórtolas, mirlos, abubillas, oropéndolas'" ([7]1979:329).

In der spanischen Übersetzung kommt nicht einmal der kopulative Nexus vor, ein Beweis dafür, daß es schwierig ist, neben der inhaltlichen eine auch formal adäquate Übersetzung für diese Elemente zu finden.

Da es sich bei der vorliegenden Studie um eine kontrastive Arbeit zum Vergleich der deutschen und galicischen Sprache handelt, verdient auch eine Beobachtung von Santamarina in bezug auf *tamén* unsere Aufmerksamkeit:

„De los casos en que *tamén* puede usarse como signo de adición en frases en que el primer sumando se calla (*Este tamén é caro*) pero que es fácilmente reponible (*Aqueles eran caros*), se pasa muchas veces a casos en los que la frase presidida por *tamén*, no es aditiva de nada, ni expreso ni reponible. En este caso, *tamén* adquiere un valor enfático y su significado afecta a la estilística. *Venme axudar a poñer ahí uns torróis – Pois tamén vou, tamén vou axudar* ('hasta voy'); *Aquel macho era falso como un demonio. Ora que daquela tamén houbo a levalo o demo* ('bien que estuvo a punto de llevarlo el diablo') (1975:77).

Carballo Calero setzt sich nur mit der additiven Funktion von *tamén* auseinander. Santamarina bietet ein vollständigeres Bild. Es ist auffallend, daß er von einer Bedeutung spricht, die nur die Stilistik betrifft. Eigentlich werden wir in diesem Fall mit einem Ausdrucksmittel der Modalität konfrontiert, durch das der Sprecher seinen eigenen Aussagen Emphase verleiht, sie präzisiert, unterstützt, bekräftigt, sie auf gewisse Weise expressiver, lebendiger macht. Es handelt sich um dieselbe Verwendung, die die MP *auch* der deutschen Sprache in ihrer monologischen Variante aufweist, deren Gebrauch folgendes Beispiel zeigt (der Kommentar stammt von Franck 1980:215):

„Letzte Woche haben wir gottseidank eine Klimaanlage im Büro gekriegt. Das war *auch* nicht mehr auszuhalten bei der Hitze. So riesige Fenster, und Durchzug durfte man nicht machen..." (Franck 1980:215) [Hervorh. der Vf.]
„Das monologische AUCH fügt zu der Behauptung eine erklärende oder rechtfertigende Nuance hinzu. Der AUCH-Satz drückt explizit oder implizit eine nicht notwendige Konsequenz, Voraussetzung oder Wertung dessen aus, was im Vorgänger behauptet wird. Die AUCH-Behauptung wird – anders als z.B. bei JA-Begründungen oder - Rechtfertigungen – nicht als bekannt vorausgesetzt."

Auch unser Korpus enthält einschlägige Textbeispiele:

María: -Por certo..., ¿que tal está Rahim?
Iria: -Ben, Berta lle está curando a perna.
Dani: -**Tamén** foi mala sorte, chegar aquí e ter un accidente. (*Mareas vivas*, Kapitel 35: "Sahara-Portozás")
María: -Apropos..., wie geht's Rahim?
Iria: -Gut, Berta kümmert sich um die Heilung seines Beines.
Dani: -Das war **auch** Pech, hier angekommen zu sein und direkt einen Unfall zu haben. [Übers. der Vf.]

Nachdem er den Dialog zwischen María und Iria gehört hat, bringt Dani eine Wertung der von ihm gerade gehörten Aussage zum Ausdruck. Das gelingt ihm durch die Verwendung von *tamén*, das keine wesentliche, notwendige Information beinhaltet, aber stattdessen seine eigene Aussage betont. Durch die spontane und dennoch bewußt gewählte Emphase verliert das Gesagte an Objektivität und Sachlichkeit und wirkt sozusagen emotiver. Dieselben Nuancen bestimmen selbstverständlich auch die deutsche Übersetzung.
Sowohl im Galicischen als auch im Portugiesischen verfügt man außerdem über den exklamativen Modalisator *tamén* (und *também*), welcher Befremdung oder Mißfallen ausdrücken kann. In bezug auf die portugiesische Sprache bemerken Vázquez Cuesta/Mendes da Luz folgendes:

„*Também* 'también' puede denotar en oraciones exclamativas extrañeza o disgusto, debiendo traducirse por 'realmente', 'la verdad es que' aunque ninguna de estas locuciones recoja toda la complejidad de su significado:
> *Também* o pai sempre diz coisas! 'La verdad es que dices cada cosa, papá'"
(1971:231).

Es ist in der Tat – wie beide einräumen – schwer zu definieren, welche Nuancen bei diesem portugiesischen *também* sowie bei dem galicischen *tamén* hervorgerufen werden. U.E. kann in vielen Fällen ein begleitender zensierender und vorwurfsvoller Ton bei der Verwendung dieses Elements erkannt werden:

> „¡Non, ti *tamén* as veces fas unhas cousas, que nin que non tiveras entendemento!" [Beisp. der Vf.]

In der Tat würde in denjenigen Kontexten, in denen der Zusammenhang eindeutig ist, der erwähnte Vorwurf sprachlich auf ein unterbrochenes 'ti *tamén*...' bzw. 'non, ti *tamén*...' reduziert werden. Die Gestik spielt zudem eine sehr bedeutende Rolle in solchen Situationen.

Mit diesem *tamén*, das sich als Homonym des Adverbs *tamén* erweist, verbindet also der Sprecher gewisse kommunikative Intentionen in bezug auf einen Gesprächspartner oder auf eine bestimmte Aussage. Es läßt sich als illokutionsindizierendes Ausdrucksmittel der Modalität definieren, mit dem außer der schlichten emotionellen Beteiligung oder Emphase, durch die die eigenen Worte unterstützt werden, jeder Sprecher auch jemandem etwas vorwerfen, ihn kritisieren oder korrigieren kann.

Carballo Calero behandelt außer den oben genannten noch andere sprachliche Elemente unter dem allgemeinen Oberbegriff der 'Adverbios'. Bei näherer Betrachtung seiner Kommentare können Andeutungen auf Abweichungen von diesem Begriff, wie dies bei ARM der Fall ist [20], festgestellt werden, wie z. B. beim Ausdruck *¿e logo?*[21]:

> „¿E logo? es una expresión muy castiza y muy socorrida para interrogar a alguien sobre la razón de lo que dice o la causa de lo que hace. Algunas veces se podrá traducir por ¿entonces?, y en este sentido es adverbio, pero ese entonces no sugiere idea de tiempo, sino de causa:
> Onte rifei con Xan.- ¿E logo?
> Ayer reñí con Juan.- ¿Pues que ocurrió?" (Carballo Calero [7]1979:330).
> [hier würden wir wie folgt übersetzen: ¿Qué ocurrió entonces?]

Mit dem Ausdruck *¿e logo?* fordert der Sprecher den Gesprächspartner zur Weitererklärung und Präzisierung einer von ihm pointiert vorgebrachten initiirenden Aussage auf. Der Sprecher will damit vorsichtig und taktvoll seine Neugier befriedigen.

---

[20] Siehe dazu Punkt 1.7.2.2.1. der vorliegenden Arbeit.

[21] Siehe dazu Kapitel 5.4. der vorliegenden Arbeit.

Die beste Äquivalenz im Deutschen wäre hier u. E. die Modalpartikel *denn*. Die Übersetzung des oben erwähnten Beispiels würde dann lauten:

> Gestern habe ich mich mit Juan gestritten. Was ist **denn** passiert? [Übers. der Vf.]

In bezug auf '¿e logo?' muß noch über eine andere Nuance gesprochen werden:

> „Conservando su carácter interrogativo, puede convertirse en adverbio de afirmación:
> *vas moi elegante hoxe.*-¿E logo?
> vas muy elegante hoy.- Pues claro que sí, naturalmente, ¿cómo no?" (Carballo Calero 1979:330)

Man kann jedoch auch u. E. an dieser Stelle vom 'carácter exclamativo' bei *¿e logo?* sprechen. Eine Komponente der Überraschung liegt in diesem Fall vor. Der Sprecher zeigt seinem Gesprächspartner anhand dieses Ausdrucks seine Bewunderung darüber, daß er seinerseits über seine Eleganz erstaunt ist. Die äquivalente Übersetzung ins Deutsche lautet:

> „Heute bist du sehr elegant / Heute siehst du sehr elegant aus.- Natürlich / Klar" [Übers. der Vf.]

Mit beiden Bedeutungen kann die phonetisch reduzierte Form *¿e lo?* in der galicischen Sprache vorkommen. Ein Beispiel dafür bietet der folgende Dialog aus der galicischen Fernsehserie *Mareas vivas*, in dem dieser Ausdruck als Adverb der Bejahung in der verkürzten Form erscheint:

> „ - O valor do santo debe de ser incalculable. Por eso lles interesa ós de Patrimonio, porque
> vale millóns.
> - ¿Millóns?
> - ¿E lo?, home.
> - Pois si que debe ser milagreiro o santo, si" (*Mareas vivas*, Kapitel 3: "O Santo").

An dieser Stelle soll angeführt werden, daß der Ausdruck *¿y luego?* als charakteristisch für die Variante des in Galicien gesprochenen Spanischs in einem Artikel von Martín Zorraquino eine kurze Erwähnung findet. Hervorzuheben ist, daß in diesem stringenten und recht vollständigen Überblick über die Partikelforschung in der spanischen Sprache die Autorin die oben genannte Zusatzfrage neben anderen Elementen unter dem Oberbegriff 'partículas modales' behandelt, was eher unüblich ist (vgl. Martín Zorraquino 1992:121f.). In bezug auf die Dialektologie und die Soziolinguistik unterstreicht Martín Zorraquino, daß die Partikeln im Spanischen ein Indiz für diatopische, diastratische und diaphasische Züge bilden können (vgl. 1992:121). In diesem Zusammenhang bezieht sie sich auf die MPn, die charakteristisch für bestimmte spanische Dialekte und Varietäten sind, und unterscheidet dabei zwischen Phänomenen, die dem System, und anderen, die jedoch eher der Norm zuzuordnen sind (vgl.1992:121). Nachdem sie *digo* als charakteristische Partikel (d.h., dem System angehörende) für die 'aserción afirmativa' ermittelt hat (vgl. *ibid.* 1992:121f.), zögert sie bei anderen Fällen, unter denen sich auch *¿y luego?* befindet, und argumentiert wie folgt:

> „(Otros casos menos claros son el *¿y luego?, ¿no sabes?*, del español de Galicia, y el *¿cómo no?* por sí, en Hispanoamérica –se trata, parece, más de fenómenos de norma que de carácter sistemático)" (1992:122).

Wir vertreten die Meinung, daß galicisch *¿e logo?* und die spanische Lehnprägung *¿y luego?* in sehr verschiedenen Situationen - wie oben in den Beispielen geschildert – auftreten und mehrere Nuancen hervorrufen können; dies bedeutet ein Hindernis für die Betrachtung des Phänomens als Teil des spanischen Sprachsystems und erschwert die Aufgabe, auf die Fragestellung eine eindeutige Antwort geben zu können. Woran kein Zweifel besteht, ist die Tatsache, daß speziell unter den spanischsprechenden Galiciern *¿y luego?* eine sehr hohe Frequenz im *uso* aufweist. Wie oben erwähnt, bleibt trotz dieses sehr interessanten Beitrags die Bezeichnung *Adverb* die am meisten gebrauchte für den Ausdruck *¿e logo?*. Es ist u.E. wichtig, alle diese Elemente allgemein als 'Ausdrucksmittel der Modalität' ('medios de expresión da modalidade') zu bezeichnen und die verschiedenen Etiketten, die sie in der Forschung bekommen, kritisch zu betrachten. Martín Zorraquino behandelt unter dem Oberbegriff 'partículas modales' recht heterogene Elemente (1992:110-124). Wir vermeiden, Partei für die Bezeichnung 'partículas modales' zu ergreifen, da es sich hierbei um keinen von der galicischen Sprachwissenschaft generell anerkannten Begriff handelt, sehen jedoch in Martín Zorraquinos Ausführungen wichtige Ergänzungen. Die Schwierigkeit, diese Wortklasse des Adverbs richtig einzuordnen und sie von den anderen Wortklassen abzugrenzen, spiegelt sich immer wieder in der Verwendung von verschiedenen Termini, wie dies auch aus der Behandlung von *velaí* und *veleiquí* erhellt:

> „Con ves, seguido del acusativo del pronombre de tercera persona, con normal asimilación de la *-s* a la *-l* latente, *velo, vela* lo ves, laves, se forman, en contacto con los adverbios de lugar *aqui, ali, aí* [sic.], o sus versiones dialectales, sintagmas equivalentes a los franceses *voici, voilà*, que pueden considerarse de lugar, pero que llegan a tener valor de *adverbios de afirmación* o de *interjecciones*:
> > *velaí tes o que son as cousas* 'ya ves, he aquí lo que son las cosas'" [...]
> (Carballo Calero [7]1979:328).

Hierbei muß betont werden, daß der Sprecher bei der Verwendung solcher Ausdrücke, die wie die MPn einen deiktischen Charakter aufweisen (vgl. Beerbom 1992:37), eine von ihm gemachte frühere Aussage oder These vor seinem Gesprächspartner begründet oder sogar bekräftigt.

Auch wenn die Grammatiken von ARM ([2]1989) und Carballo Calero ([7]1979) zu den wichtigsten gehören, lassen sich bei ihnen in bezug auf die im Galicischen charakteristischen Prozeduren zur Affirmation viele wesentliche Aspekte vermissen. Darauf weist García Represas (1992) kritisch hin, wobei seine Darstellung die

vollständigste ist und die Fragestellung in besonders überzeugender Weise abgehandelt wird. García Represas weicht der Frage der Bezeichnung dieser Elemente aus, da er sein Hauptanliegen mit der Beschreibung des galicischen affirmativen Subsystems und seiner Ausdrucksmittel - als Auflistung und Bedeutungszuschreibung verstanden - verbindet. Neben den oben beschriebenen Adverbien existieren weitere sprachliche Mittel, und zwar vorzugsweise lexikalische Mittel, die eine Affirmation ausdrücken. Im Unterschied zu anderen Linguisten ist García Represas sehr ausführlich auf diese galicische Besonderheit eingegangen und hat so gezeigt, daß ihre Erwähnung für eine vollständige Darstellung unabdingar ist. Insofern geht die Darstellung über den im Titel dieses Kapitels angekündigten Inhalt hinaus. García Represas betont die Tatsache, daß das Galicische, als Sprache, die immer noch auf dem Weg zu einer Standardisierung ist, einer solchen Klassifizierung bedarf (vgl. 1992:47). Seiner Darstellung liegen das oppositive System der struktu-
rellen Semantik und theoretische Ansätze Coserius zugrunde (vgl. 1992:49ff.). Zu einem besseren Verständnis dieses Verfahrens soll folgende kurze theoretische Erläuterung angeführt werden:

> „El principio de la oposición se refiere al modo de existir las unidades idiomáticas desde el punto de vista funcional y, por ende, al mismo tiempo, a la manera como funcionan en cuanto unidades. Las unidades funcionales existen (funcionan) primariamente por medio de «oposiciones», es decir, por medio de rasgos que las distinguen parcialmente unas de otras. Una unidad existe como tal en una lengua si en la misma lengua hay al menos otra unidad con la que la primera tiene algo en común y de la que ésta se distingue por un rasgo diferente o por la ausencia o la presencia adicional de un rasgo. [...] puesto que normalmente una unidad está en oposición a otras varias unidades, y, precisamente, en cada caso por medio de otra diferencia (= «marca», «rasgo distintivo»), el principio de la oposición implica como corolario la 'analizabilidad' de las unidades funcionales: la posibilidad de analizarlas en «marcas» o rasgos distintivos" (Coseriu 1978:227).

Der Abschluß seines Artikels soll hier als erster Punkt angeführt werden, da er auf eine von anderen Spezialisten erstaunlicherweise ignorierte Tatsache hindeutet, die essentiell für das Verständnis der vielfältigen Möglichkeiten der Affirmation im Galicischen ist. Die Verwendung von einem schlichten *si* als Antwort auf eine Entscheidungsfrage verstößt nicht gegen das System der galicischen Sprache, jedoch gegen ihre Norm, wenn man Coserius Terminologie anwendet. Das Charakteristische im Galicischen ist eine Wiederholung, die in verschiedenen Varianten realisierbar ist. Es handelt sich um ein sprachliches Phänomen, welches das Galicische mit dem Portugiesischen gemein hat. Spitzer hat sich mit letzterer Sprache beschäftigt und für dieses Charakteristikum den Terminus 'langage-écho' geprägt (vgl. Vázquez Cuesta/Mendes da Luz 1971:229).
Zu diesem *si* führt García Represas folgendes aus:

> „[...] Empregar *Si* nestes casos, e facelo amais do xeito abusivo con que adoito se

comproba, el é, verdadeiramente, ser infiel ó recurso expresivo máis habitualmente utilizado polos nosos galegofalantes máis auténticos. O recurso do que falamos, o máis importante, non é en galego unha forma expresiva particular, senón todo un mecanismo: o da repetición (con múltiples modalidades).
Diante dun contexto como o citado [Frage: -¿El déixanche saír de noite?], serían posibles [als Antwort darauf]:
1.-Deixan.
2.-Deixan, deixan (que pode expresarse nun só grupo tonal e adquirir un matiz significativo distinto: -Deixan deixan); ou –Déixanme saír, deixan; ou –Deixan, si.
3.-Deixar, deixan.
4.-Inda deixan.
5.-¡Entón non deixan!
6.-Pois deixan.
7.-Deixan mesmo." (1992:63). [Eckige Klammer der Vf.]

Sehr erleuchtend für das von García Represas geschilderte typisch galicische Affirmationssystem scheint uns folgendes Textbeispiel aus unserem Korpus:

„-¿Queres casar conmigho?
-¿O que, ho?
-Perdoa, non cho tiña que ter preghuntado eu. Só foi unha pregunta por curiosidade, non cho estou pedindo.
-Quero, quero, quero casar contigho. ¿E logho non me ves?
-¿Si?
-Si. (*Mareas vivas*, Kapitel 76: "Non me mandes flores")

Bei einem solch typischen Beispiel für die Antwort mit einem kurzen Affirmationsadverb, wie dies die Annahme eines Heiratantrags bildet, findet man im angegebenen Beispiel ganz eindeutig - trotz des Einschubs weiterer Fragen und Aussagen – eine Wiederholung des in der Frage enthaltenden Verb *querer* und in diesem Fall abschließend eine vollständige Antwort, die die ganze formulierte Frage echoartig wiederholt. Nur in einem zweiten Schritt, als die Person, die die Frage gestellt hatte, eine zusätzliche Bestätigung möchte, bekommt sie ein einfaches Affirmationsadverb *si* als Erwiderung auf ihr interrogatives *si*.
Wie oben bereits erwähnt, präsentiert García Represas ein Oppositionssystem, um die verschiedenen Affirmationsmittel einzuordnen. Die unterschiedlichen Prozeduren und Oppositionen sollen im folgenden angeführt, durch Beispiele ergänzt und kommentiert werden:
„[...] Procedementos de confirmación ou contradicción
1ª OPOSICIÓN: +Expresión dalgún tipo de confirmación ou contradicción respecto do interlocutor/-Expresión dalgún tipo de confirmación ou contradicción respecto do interlocutor.[...]
2ª OPOSICIÓN: De confirmación/De contradicción.
3ª OPOSICIÓN: De entendemento/De acordo/De certeza.[...]
Co trazo [De entendemento] caracterizamos formas que indican o entendemento por parte de quen as utiliza do que o interlocutor está a comunicar. Propiamente non funcionan como

resposta a unha interrogativa. A afirmación consiste, simplemente, en lle confirmar ó noso interlocutor que entendemos o que está a falar. Ex.:
1 -¿Quere darlle algo á muller? Eu non sei se lle virá. Porque, Xesús do Souto, o fillo,
estivo onte alí a facerme un choio, nantronte, (...), -Si. = xa, entendo.
2. - (...) porque, claro, eu non estaba para aturala a ela, nin (...), -Si, si." (1992:52f.)

Bei der Verwendung des *si*, das, wie im Galicischen üblich, meistens in Doppelung auftritt, handelt es sich ganz deutlich um eine Verstärkung der phatischen Funktion. Deswegen wird die Sequenz von zwei prägnant und kurz hintereinander realisierten *si*, manchmal sogar als tonale Einheit, also ohne trennende Pause ausgesprochen und als Verständigungssignal auf Seiten des Empfägers in einer telephonischen Konversation eingesetzt. In einer *face-to-face*-Situation jedoch kann ein solches Verfahren durch paraverbale Phänomene, wie beispielsweise ein bloßes Murmeln oder durch Gestik (z.B. ein Kopfnicken) ersetzt werden.
García Represas' Darstellung geht wie folgt weiter:

„4ª OPOSICIÓN: +Coñecemento/-Coñecemento.
[...] as formas que sinalan que o falante coñece xa o que o seu interlocutor está a dicir (*Eu ben sei*) e as que non expresan iso necesariamente (*Si, xa*).
1.-Apaixóname o coñecemento do galego e (...) -Eu ben sei, pero ¿ata que punto te comprometerías   por el?
[...]
„Co trazo [De acordo], xebramos da ampla noción da confirmación, expresións como *Pois si, Está ben*. Como o risco sémico indica, estas formas sinalan o acordo do falante co seu interlocutor. Ex:
1.-Bótelle un osiño daqueles a señor Antón, se lle gusta, bótello, eu..., -Pois si, ala.
2.-Quería a esqueira, -Pois si.
[...]
5.-Nada, ¡esta cunca hai que lavala, non hai máis!, -Pois está ben. [...]" (1992:53).

Wie García Represas überzeugend darlegt, handelt es sich bei diesen Ausdrucksmitteln eindeutig um eine Affirmation, da *si* als Antwort auf eine Frage auftritt, bei deren Formulierung der Sprecher eine positive Antwort erwartet. Doch lassen sich noch weitere Funktionen nachweisen:

„Co trazo [De certeza] definimos unha serie de expresións que se as comparamos coas de [-Expresión dalgún tipo de confirmación ou contradicción], nas súas acepcións non extensivas, máis que apuntar á realidade extralingüística, apuntan á secuencia verbal emitida polo interlocutor, da que se xulga o seu carácter de verdadeira ou falsa. Afírmase, xa que logo, manifestando a veracidade do dito polo interlocutor. Son formas que implican un "é certo".
5ª OPOSICIÓN: +Sorpresa/-Sorpresa.
Son varios os trazos que nos permiten operar no grupo de formas [De certeza]. Xerárquicamente, o primeiro deles é a sorpresa. O risco [+Sorpresa] sérvenos para caracteriza-la expresión E mais si fronte a tódalas demais do grupo, que, só acepcionalmente, poden posuír ese risco. Ex.

1.-Había que facer aquilo, -Ai, e mais si.
[...]" (1992:54)

Wie oben bereits erwähnt, hat auch Carballo Calero auf diese Komponente der Überraschung hingewiesen.

„6ª OPOSICIÓN: +Acordo/-Acordo.
O risco [+Acordo] permítenos individualizar, dentro do paradigma de formas coa noción [De certeza], outra expresión lingüística moi enxebre: *Tamén + Pr. Át. C. I de $2^a p^a + o$ +digo*:

1.-¿Por que non fas da outra maneira?, -Bo, tamén cho digo.
2.-¿Non sei que andará a facer desta hora na discoteca?, Tamén cho digo, non sei que andará a facer.
3.-Temos que nos comprometer máis un pouco, -Tamén volo digo" (1992:54).

Da an einem kommunikativen Sprechakt in der Regel meist nur zwei Personen teilnehmen und selbst dann, wenn mehrere Kommunizierende/Sprecher vorhanden sind, eher Dialoge um zwei Personen entstehen, ist die 2. Person Singular des *complemento indirecto* am frequentesten. Die 2. Person Plural ist jedoch durchaus erwartbar, wie aus dem dritten der zitierten Beispiele zu erkennen ist. Im Unterschied zu den oben behandelten Ausdrücken *Eu ben sei* und *Pois si* wirkt die Zustimmung durch *Tamén cho/volo digo* stärker auf den Gesprächspartner, sie ist deutlicher und markanter. U. E. liegt diese Tatsache in erster Linie darin begründet, daß die phonetische Sequenz länger als bei den anderen Ausdrücken ist und damit mehr Lautkörper besitzt. Ein weiterer eindeutiger Grund besteht darin, daß mit *tamén* appellativ und emphatisch auf Vorschläge (1), Unsicherheit ausdrückende Fragen (2) und Aufforderungen (3) reagiert werden kann. Damit kann der Angesprochene eine direkte Verbindung und Reaktion auf den Vortext erreichen. Auf diese Weise gelingt es ihm, sich rasch der Aussage seines Gesprächspartners anzuschließen. Das erste Element bildet also die geeignete Voraussetzung, auf die Aussage des Partners zu antworten und diese nachdrücklich zu stützen. In einem zweiten Schritt erfolgt die direkte Miteinbeziehung des Gesprächspartners, der in dem Personalpronomen (C.I.) präsent wird. Durch das Personalpronomen (C.D.) der 1. Person Singular des Verbs *dicir* am Ende des typisch galicischen Ausdrucks wird die Zustimmung starkt betont, man ist geneigt zu sagen 'thematisiert', indem in anderer Reihenfolge die Aussage des Sprechers wiederholt wird: *Ich behaupte dasselbe wie du*. Auch wenn das sonst kaum verwendete Personalpronomen in der Funktion eines Subjekts zur Betonung in Aussagen im Galicischen erscheinen kann, scheint hier die Adressierung an die zweite Person wichtiger. Der Gesprächspartner, der den ersten Teil des Textsegmentes zum Ausdruck gebracht hat, soll jetzt im Mittelpunkt stehen, seine Meinung soll untermauert werden. Die Einstellung eines *eu* als Abschluß des Satzes könnte insofern als nicht angebrachte Selbstbehauptung empfunden werden, wenn man im Gegensatz dazu die Behauptung des Partners befolgt.

An dieser Stelle soll an die deutschen Affirmationssyntagmen erinnert werden, die als Antwort erscheinen können, z.B. *(das) meine ich auch, das sehe ich auch so*; diese können dieselbe Funktion ausüben und eine gewisse Ähnlichkeit in der Form aufweisen. Natürlich ist im Deutschen das Subjektpronomen nicht fakultativ, sondern ein unentbehrliches Element. Die Unterstützung der Meinung des Gesprächspartners wirkt jedoch nicht so kraftvoll, da die Setzung des Subjektpronomens im Deutschen obligatorisch ist und somit nicht die Optionen des galicischen Systems offenhält. Das Oppositionssystem von García Represas lautet weiter wie folgt:

> „7ª OPOSICIÓN: +Exactitude/-Exactitude.
> [...] aqueles signos que confirman a veracidade do dito polo interlocutor insistindo na súa exactitude *(Repetición verbal ou adverbial + Mesmo, Acabouse, iso, etc.)*, dos que non necesariamente o fan.
> 1.-Colle graxa está campá de fume, -Colle mesmo.
> 2.-Tes que ir alá, -Teño mesmo.
> 3.-Tiñas que lle escribir a teu irmán, -É que tiña mesmo.
> 4.-A xouba despois hom, cómelle unha roda de pescadilla, -Acabouse, cómelle algo hom. (Dirixíndose ámbolos falantes a unha terceira persoa).
> [...]
> 7.-Non, non. As patacas dixo el que llas daba. Vostede agora fala con el, -Iso. (Dirixíndose ámbolos falantes a unha terceira persoa)
> 8.-Estou que non me revolvo, -Bo, pero non te revolves poque non podes, ¡vaia!, -Pois iso, pois iso.
> 9.-Tiñas que mercar máis pan, -Pois iso, pero non sei onde vai a carteira" (1992:54f.).

An dieser Stelle soll bemerkt werden, daß die MP *eben* im Deutschen oder *mismo* im Spanischen in Kontexten wie denjenigen, die in den Beispielen (1), (2) und (3) vorliegen, in denen *mesmo* zusammen mit dem wiederholten Hauptverb der vorangegangenen Aussage bzw. der vorangegangenen Vorschläge eine syntaktische und satzphonetische Einheit bildet, keine Äquivalenz darstellen würden. García Represas präsentiert im folgenden eine neue Opposition:

> „9ª OPOSICIÓN: +Enfatización/-Enfatización
> Dentro das que resultan se-las formas máis neutras da confirmación da certeza, isto é, as que aparecen marcadas negativamente verbo dos riscos anteriores, podemos facer unha ulterior distinción entre as que engaden unha enfatización *(Abofé, Abofellas, De certo)*, e aqueloutras que non a engaden necesariamente *(Pois + Rep. verbal ou adverbial Pois + Sintagma)*:
> Exemplos das primeiras:
> 1.-Había que facer aquilo, -Abofé que había.
> 2.-Un dos máis graves atrasos da Universidade é hoxe o da imposibilidade de manexo directo das bibliotecas da facultade, -Abofé que si.
> [...]
> 4.-Tiña costumes que abofellas abraiaban a calquera.

Exemplos das segundas:
1.-Tes que pintar iso, -Pois teño.
[...]
3.-Pero iso tédelo que facer polo día, -Pois polo día, é o que che estaba a dicir.[...]"
(1992:56).

In den Beispielen, in denen *abofé* als positiv zustimmende Antwort vorkommt, wird diesem Element die Konjunktion *que* nachgestellt, die hier einen ebenso emphatischen Charakter zeigt und entweder die in der Frage enthaltene verbale Form wiederholt oder das affirmative Adverb *si* hinzufügt. Daß es sich um eine relativ neutrale Möglichkeit handelt, das vom Gesprächspartner vorher Gesagte zu bestätigen, beweist die Tatsache, daß, im Unterschied zu anderen Partikeln, *abofé* sowie die Variante *abofellas* auch in monologischen Sequenzen verwendet werden, um Emphase zu verleihen. Außer dem oben genannten Beispiel (4) läßt sich an dieser Stelle auch ein Ausschnitt aus einer von uns analysierten Fernsehsendung anführen:

> „[...] Os asuntos pendentes de última hora parese que sentran as súas preocupasións. E parese que hai problemas, **abofé**, mais tamén hai vehemensia nesta patroa, cunha capasidade inmensa de impulsar o barco, mesmo e inda que este non teña ghasóleo nen motor ninghún" (*Mareas vivas*, Kapitel 79:"Licencia para faenar")

Für die Interpretation ist von Interesse, daß es sich bei dem Schauspieler, der diesen Absatz ausspricht, um einen Radiosprecher handelt. Intonation und Gestik können verfolgt werden, weil die Szene im Sender gespielt wird. Beides trägt zur Betonung des Gesagten bei.

Es soll an dieser Stelle auf die Verwendung von *abofé* sowie von *a fé* bei dem galicischen Schriftsteller Celso Emilio Ferreiro verwiesen werden:

> „Para reforza-la afirmación utiliza as formas *a fé* e *abofé*, un mesmo significado baixo forma de locución adverbial e de adverbio, respectivamente. Poden ir unidas á partícula *si*, deixando aínda máis patente a afirmación: *"Abofé que si"*, afirmou William (Noite, 1 332)" (Riveiro Costa 1992:176).

Bei der zweiten Gruppe von sprachlichen Elementen, die in diesem Zusammenhang behandelt werden, wirkt die Emphase in der Tat deutlich gedämpfter und verliert die Betonung in der Tat an Kraft. Die Vorschläge, Anregungen und Wünsche des Gesprächspartners bekommen eine Bestätigung, die jedoch keinesfalls für enthusiastisch gehalten werden kann. Die hier fehlende begleitende Intonation wäre natürlich entscheidend für die Interpretation in die eine oder die andere Richtung, aber es kann die Behauptung aufgestellt werden, daß anhand dieser Antworten normalerweise der Angesprochene versucht, der Erwartung des anderen zu entsprechen, jedoch ohne besondere Hingebung zu äußern, ohne sich persönlich in einem zu hohen Grad zu engagieren.

Das Oppositionssystem von García Represas lautet weiter wie folgt:

„Polo que se refire ó trazo que chamamos [De contradicción], este permítenos caracterizar expresións como *Pois si, Pois + Rep. verbal ou adverbial, Si Tal* [sic], *Repetición verbal + Tal.*
    1.-Esa non pode se-la banda de Xinzo, -Pois si.
    2.-¿Ti non es galego, non non?, -Pois son.
    3.-Os alumnos desta clase non entregaron traballos, -Si tal.
    4.-Non fuches aló, -Fun tal.
    5.-Aínda non fixeche-lo exame, -Xa tal.

Im folgenden werden von García Represas Prozeduren vorgestellt, welche nicht notwendigerweise Zustimmung oder Widerwillen zum Ausdruck bringen:

„10ª OPOSICIÓN: +Enfatización/-Enfatización.
[...] (Dobre Rep. verbal ou adverbial, Rep. verbal en infinitivo + Rep. verbal, Entón + non + Rep. verbal ou adverbial, etc.) fronte á expresión non marcada: *Rep. verbal ou adverbial.*
11ª OPOSICIÓN: +Evidencia/-Evidencia.
Dentro das formas de enfatización, caracterizamos aquelas expresións que presentan o afirmado como algo evidente (*¡Entón!, ¡E logo!*[22]), e aqueloutras que non necesariamente o fan.
Verbo das que posúen o risco de [+Evidencia] podemos ofrece-los seguintes exemplos:
    1.-¿El son de ouro?, -¡Entón! [...]
    7.-¿El pódese dicir desta maneira?, -¡E logo!" (1992:56f.).

Wie bereits oben kommentiert, hält Carballo Calero den Ausdruck *e logo* u.a. für ein typisch galicisches Affirmationsadverb, das im Spanischen in Ausdrücken wie *pues claro que sí* oder *naturalmente* seine Äquivalente besitzt; durch dieses Element wird ebenfalls Evidenz zum Ausdruck gebracht.
Als letzte Opposition gibt García Represas folgende an:

„12ª OPOSICIÓN: +Implicación de contrariedade/-Implicación de contrariedade.
Atopámonos xa dentro das formas de enfatización de [-Evidencia], e nela distinguimos aquelas expresións que sinalan unha implicación de contrariedade (*Rep. verbal en infinitivo + Repetición verbal, Inda + Rep. Verbal*), e aqueloutras que non necesariamente a sinalan.[...]Trátase [...] dun tipo de formas afirmativas que sempre van acompañadas (implícita ou explícitamente) dunha conxunción adversativa ou concesiva. Ex.
    1.-¿El hai pan?, -Haber, hai, pero non sei se chegará.
    2.-Pintar, logo se pinta, o caso é a pintura que se lle bota.
    3.-¿El non che gusta a literatura?, -Gustar, gusta, pero dánseme mellor as matemáticas.
    4.-¿Ti non querías beber unha cervexa?, -Querer, quería, pero non teño cartos.
    5.-¿El hai pan?, -Inda hai.
    6.-¿El hai pan?, -Inda hai.
    7.-¿El é moito o que queda?, -¡Home!, moito, moito, non, pero inda é.

---

[22] Siehe zu *e logo* Kapitel 5.4. der vorliegenden Arbeit.

8.-¿Deixáronche ir?, -Non, eles inda deixaron, o caso é que eu non me atopei ben" (1992:57f.).

Es muß darauf hingewiesen werden, daß in Beispiel (7) das in der Frage enthaltene Kopulaverb sich nicht so gut für eine Wiederholung eignet, da solche Verben praktisch desemantisiert sind. Hier trägt das Adverb die wichtigste Information, und aus diesem Grund wird es auch wiederholt. Erst in einer hinzugefügten adversativen Klausel tritt das Verb *ser* wieder in Erscheinung. García Represas bemerkt:

> „O membro neutro desta derradeira oposición está constituido polos procedementos: *Dobre Rep.verbal ou adverbial, Rep. verbal ou adverbial + Sintagma + Rep. verbal ou adverbial, Rep. verbal ou adverbial + Si.* Ex.
> 1.-Séntese un extraño ó estar alá, -Sente, sente.
> 2.-Esta porcelana de auga é para ti, -É, é.
> 3.-¿Inda están aquí?, -Inda, inda.
> 4.-O tarro vale pouco, -Vale pouco, vale.
> 5.-Coitadiño, el..., son de agulla, Anxo, -Non, eses rapaces son bos, son.
> 6.-Eu hoxe teño moitísima sede, -É o traballo, -É o traballo, é.
> 7.-¿Xa viñeron todos?, -Xa viñeron, xa.
> 8.-Ti non esprugue-las patacas..., -Esprugo, si.
> 9.-¿Xa arranxáche-lo pantalón?, -Xa, arranxei" (1992:58).

Im Zusammenhang mit dieser letzten Opposition bemerkt García Represas folgendes: In der gesprochenen Sprache werden solche affirmativen Ausdrücke oft einem fokussierenden Verfahren, mit dem Ergebnis einer nachdrücklichen Emphase, oder, mit seinen Worten, einer 'enfatización total' unterworfen. Durch ein solches Verfahren entsteht die Doppelung des Verbs sowie des Adverbs zu einer phonetischen Einheit. Mit dieser Prozedur haben wir uns im vorliegenden Kapitel in Zusammenhang mit den Zusatzfragen beschäftigt. Dieses Phänomen spiegelt sich graphisch in der Auslassung der Kommata wider (vgl. 1992:58f.).

Zum Abschluß seiner ausführlichen und gut dokumentierten Darstellung behandelt García Represas noch die weniger markierten und infolgedessen häufiger verwendeten Ausdrucksmittel der Affirmation, und zwar die Wiederholung des Verbs oder des Adverbs. Dabei führt er folgendes aus:

> „[...] o recurso expresivo menos marcado (e, xa que logo, máis habitual) do subsistema afirmativo en galego, [...] o que posúe os seguintes semas: [Afirmación, -Expresión dalgún tipo de confirmación ou contradicción respecto do interlocutor, -Enfatización]; estamos a falar, [...] da mera *Rep. verbal ou adverbial.* [...]" (1992:59).

García Represas gibt zahlreiche Beispiele für die verschiedenen Anwendungsbereiche dieses Verfahrens (vgl. 1992:59f.). Einige von ihnen haben wir verwendet, um die Auseinandersetzung mit den Zusatzfragen zu untermauern.

Folgende Präzisierungen von García Represas in bezug auf die Prozedur der verbalen oder adverbialen Wiederholung lassen sich hier anführen:

„A afirmación realízase repetindo o verbo que na cláusula interrogativa funciona como principal. Cando a ese verbo o precede un adverbio do tipo xa, aínda, sempre, logo, só, tamén, todo (e máis algún), son estes os que se repiten. [...] para que se produza a afirmación repetindo o adverbio, cómpre que do adverbio da secuencia interrogativa se atope tematizado, ou, [...] polo menos antes có verbo principal"(1992:61).

Auch wenn – wie bereits erwähnt – dies in einer geringeren Frequenz geschieht, wird *si*, als Antwort auf folgende Fälle beschränkt, dennoch gebraucht, und zwar:

a) Wenn weder Verben noch Adverbien vorhanden sind, welche wiederholt werden könnten: „-Cólleme unha mazá do acifate, -¿Esta?, -Si" (García Represas 1992:60).

b) Wenn derjenige, der die Frage stellt, ein Element des Satzes fokussiert, bei dem es sich weder um ein Verb noch um ein Adverb handelt: „-¿Que eran os xerelos?, ¿asados?, -Si" (*ibid.* 1992:60).

Die Vielfalt der Affirmationsmittel in der galicischen Sprache läßt sich im Anschluß an García Represas in der nachfolgenden Darstellung zusammenfassen (vgl. folgende Seite):

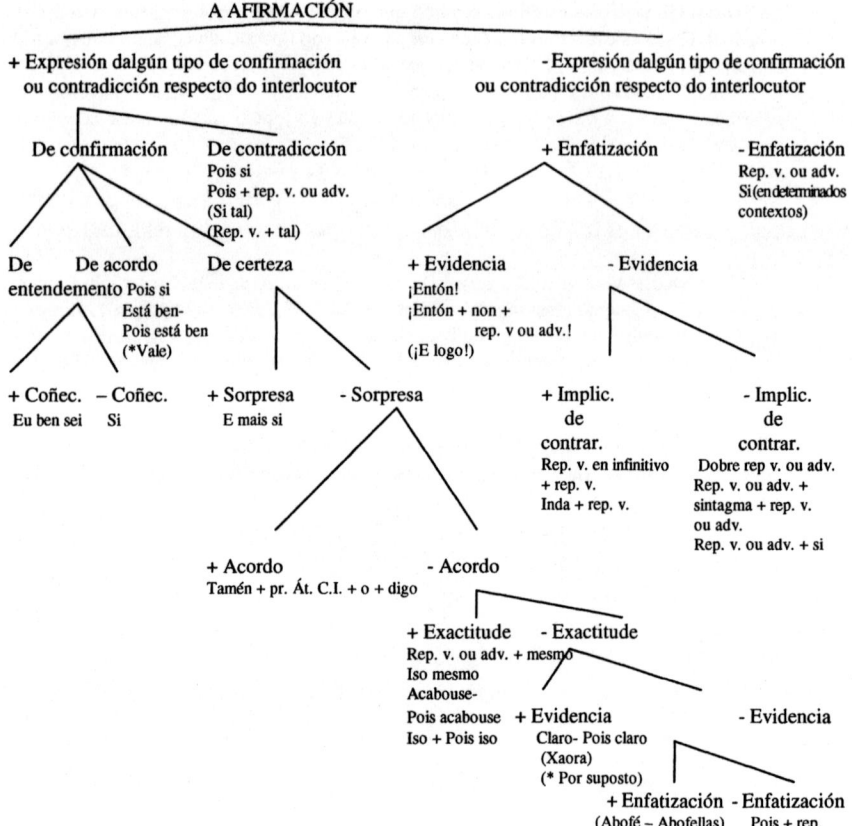

A AFIRMACIÓN

(1992:64)

1.7.2.2.1.3. Die dubitativen Adverbien (Os adverbios de dúbida)

„A dúbida tanto se pode expresar nunha oración afirmativa como nunha oración negativa, establecéndose unha gradación de matices que van desde a afirmación absoluta á negación categórica" (ARM [2]1989:465).

ARM widmen einen Punkt ihrer Grammatik der dubitativen Einstellung oder Unsicherheit des Sprechers, die durch 'marcas' wie *quizá(s), quizais, quizabes, tal vez, se cadra, ó mellor, disque, seica*[23], u. a. ausgedrückt wird. Anschließend wird betont, daß *quizais* und die Varianten *se cadra* und *tal vez* auf die Möglichkeit

---

[23] Zu *disque* und *seica* siehe eine ausführliche Auseinandersetzung in Kapitel 5.3 der vorliegenden Arbeit, u.a. im Rahmen der Relevanztheorie.

hinweisen, daß etwas stattfindet oder nicht, ohne eine gewisse Einstellung in die eine oder in die andere Richtung aufzuweisen. Ebenfalls stellen die Autoren eine bestimmte Gradation fest und heben hervor, daß *ó mellor* der Aussage Glaubwürdigkeit verleiht (vgl. ARM [2]1989:465f.). Über *seica* und *disque* wird behauptet, daß sie ein Indiz für das Selbstzweifeln des Sprechers bezüglich der Wahrhaftigkeit der von ihm formulierten Aussage bilden. Es wird dann mit *polo visto* eine Art Paraphrasierung der Bedeutung von *disque* und *seica* angegeben: *polo visto* (*polo que parece, polo que se bota de ver*) (vgl. ARM [2]1989:466). Folgende Beispiele lassen sich aus unserem Textkorpus anführen:

> „-¿Que estará fasendo Manghüi aghora?
> -Pois **se cadra** as maletas. Veña, xa verás como o poñen en liberdade moi pronto, ¿mmh?
> -¡Quen me dera!" (*Mareas vivas*, Kapitel 4: "Lei e xente").

> „-¿Ghústalle a rosca?
> - Moito.
> -Tome. **Seica** na Coruña non saben como aquí.
> - Pois non sei. Nunca se me ocurriu ir á Coruña a comer rosca." (*Mareas vivas*, Kapitel 1: "Unha nova vida").

Im Unterschied zu einer der von ARM angegebenen 'marcas', und zwar *tal vez*, schreibt Santamarina sie dem Spanischen zu:

> „Entre los llamados adverbios de duda existe en castellano 'tal vez', que en nuestra habla no se emplea en absoluto. Pero sí se emplea en su lugar el indefinido *Igual: Igual ven hoi*; *Igual non ven hasta mañá*. Igualmente se emplea el también indefinido *o mismo*: *O mismo non lle parece ben* (cast. 'a lo mejor')" (1975:84).

Diesen Beobachtungen von Santamarina muß hinzugefügt werden, daß es sich bei seinem Artikel mit dem Titel "El adverbio gallego" um eine Studie handelt, die auf der Sprache des Suarnatals basiert, und daß die von ihm angegebenen Indefinita in diesem Sprachraum wahrscheinlich mit einer besonders hohen Frequenz auftreten, wenn Unsicherheit ausgedrückt werden soll. Die Präsenz dieser Elemente kann jedoch auch in den anderen Sprachräumen, d.h. im mittleren und im westlichen Gebiet des Galicischen, festgestellt werden. Aus der Sprache des letztgenannten Raumes kommt folgendes Beispiel:

> -Pousa aí na mesa.
> -Ti non traballes tanto, eh, que **ighual** te hernias...
> -E que teño o da ciática, eh, ¿non sabes?
> (*Mareas vivas*, Kapitel 14: "Efectos navais").

Unter dem Punkt 'Adverbios de dúbida' in den *Normas ortográficas e morfolóxicas do idioma galego* ([16]1997) kommt hingegen die Form *tal vez* vor, aber weder *igual* noch *o mismo* werden in dieser präskriptiven, normativen Sprache berücksichtigt. Die ganze Liste umfaßt elf 'Adverbien des Zweifelns':

acaso	*quizais*	*se callar*
disque	*quizabes*	*seica*
ó mellor	*quizá(s)*	*tal vez*
poida que	*se cadra*	

(Real Academia Galega/Instituto da Lingua Galega [16]1997:178).

Die am meisten gebrauchten sind *quizás, quizá* e *quizáis*. Als literarische Varianten treten auch relativ häufig Formen wie *cecais* e *cicais* auf (vgl. Real Academia Galega/Instituto da Lingua Galega [16]1997:178). Bei einem der bedeutendsten galicischen Schriftsteller kann, wie Riveiro Costa anführt, in der Tat eine hohe Frequenz der Verwendung dieser Formen festgestellt werden:

> „C.E. [Celso Emilio Ferreiro] utiliza decote a forma cicáis ou cecáis, metátese de quizais, de moita estima na lingua literaria, quizá por ser diferencial, mais rexeitada pola norma actual" (1992:176). [Klammer der Vf.]

Obwohl umstritten, stellt die Paraphrasierung der MPn nach Meinung einiger Linguisten ein gutes Mittel dar, um sich ihrer Bedeutung anzunähern. Wie schon oben erwähnt, nennen ARM diese Elemente 'marcas'; Carballo Calero hingegen subsumiert in seiner Grammatik die oben genannten *seica* und *se cadra* einfach unter der Wortklasse der Adverbien und definiert sie als dubitative Adverbien[24]. García Represas vermeidet für diese funktionalen Elemente einen eindeutigen Terminus und bezieht sich ganz allgemein auf „l'expression du doute en galicien" und auf die „principaux signes dont nous disposons lorsque nous désirons inclure une manifestation d'incertitude dans la séquence que nous émettons" (vgl. García Represas 2000:269). Wie bei der Affirmation verdanken wir seiner Darstellung, die auf einem Oppositionssystem basiert, die vollständigste Beschreibung der galicischen Ausdrucksmitteln des Zweifelns. Auch an dieser Stelle scheint es uns adäquat, nicht nur die traditionell als „adverbios de dúbida" behandelten Elemente anzuführen, sondern auch die anderen von García Represas analysierten Einheiten, um seiner überzeugenden Klassifikation gerecht zu werden. Bevor er auf die konkrete Beschreibung der einzelnen sprachlichen Zeichen eingeht, unterscheidet García Represas, in Anlehnung an Jiménez Juliá (1989), zwischen den Begriffen der *probabilidad* und der *posibilidad*:

> „[la probabilité et la possibilité] Coinciden en el valor general de certeza, pero se diferencian en su presentación; la «posibilidad» se expresa en términos dicotómicos y complementarios: cuando se asegura que es posible que algo ocurra, al tiempo se está diciendo que es posible que no ocurra, sin que existan medios o posibilidad de graduación

---

[24] Siehe dazu die von Rosales Sequeiros vertretene Position im Kapitel 5.3. der vorliegenden Arbeit.

de la posibilidad. La «probabilidad», en cambio, es expresa en términos graduales. Se puede expresar que algo se considera «muy probable» o «poco probable»" (2000:269).

Die Bestimmung dieser zwei Domänen erlaubt García Represas die Subsumierung diverser Elemente unter der einen oder der anderen Kategorie. So ist für ihn das Futur – als Modelle nimmt er die Formen der Kopulaverben *estará* und *será* – im Galicischen sowie im Spanischen in den meisten Fällen kein Ausdruck der Wahrscheinlichkeit bzw. Vermutung, sondern nur der Unsicherheit. Auch wenn der Linguist zugibt, daß Kontexte vorhanden sind, in denen durch die Form des Futurs doch Wahrscheinlichkeit zum Ausdruck gebracht wird, bleibt doch die Tatsache, daß meistens diese Nuance seinen Beobachtungen zufolge nicht zustande kommt, entscheidend für die Subsumierung dieses Tempus unter die Ausdrucksmittel, bei denen die Wahrscheinlichkeit nicht eintritt. Folgende Erläuterungen und Beispiele lassen sich für diese Argumentation anführen:

> „Les textes linguistiques mettent en évidence que *Estará* ne peut être définie comme une expression de probabilité, sinon simplement d'incertitude. Dans l'interprétation la plus normale, lorsque nous émettons une séquence comme la suivante:
> [1]   O Xan *será* moi listo peron non o parece.
> ce que nous voulons dire ce n'est pas que nous considérons probable que Xan soit intelligent – observons que la paraphrase n'est pas possible avec «probablemente» -, mais seulement que nous doutons de la question. Nous exprimons clairement à notre interlocuteur que nous ne voulons pas nous compromettre.
> Il existe évidemment des contextes dans lesquels le contenu référentiel de *Estará* est clairement celui de probabilité (*Serán as oito e cuarto, que aínda hai pouco pecharon os comercio=Probablemente sexan...*), mais de par le fait que ce n'est pas toujours le cas, nous conclurons que *Estará* n'est pas marqué quant à la probabilité" (2000:270).

U.E. kann in bezug auf das oben zitierte Beispiel behauptet werden, daß die Präsenz der Form des Futurs ein Zeichen der Möglichkeit, der 'posibilidade' ist. Umschreibungen mit 'O Xan é posible que sexa moi listo pero non o parece' so wie 'O Xan pode que sexa moi listo pero non o parece' sind durchaus möglich und ein Beweis dafür, daß anhand einer solchen Ersatzprobe die von uns vertretene Behauptung gerechtfertigt werden kann. Bei einer Aussage wie im obigen Beispiel bringen wir in Anlehnung an Jiménez Juliá zum Ausdruck, daß es möglich ist, daß Xan klug ist, aber möglich bleibt auch die gegenteilige Möglichkeit, daß er es nicht ist. Die Tatsache des Klugseins läßt keinen Raum für eine Graduierung zu. Da wir in anderen Fällen jedoch, wie z.B. den von García Represas oben erwähnten, mit einem Ausdruck der Wahrscheinlichkeit konfrontiert werden und es sich im allgemeinen um eine bis zu einem gewissen Grad subjektive und in der Tat sehr komplexe und schwer zu definierende Frage handelt, möchten wir, im Gegensatz zu García Represas, die Futurform nicht so kategorisch der Domäne der „-probabilité" zuschreiben, und dies deshalb, weil in Studien, die eine dem Galicischen so nahe Sprache wie das Spanische und eine germanische Sprache wie das Deutsche berücksichtigen, davon ausgegangen und mit ähnlichen Beispielen argumentiert wird, daß es sich bei dieser besonderen Verwendung des Futurs grundsätzlich um den Ausdruck der Vermutung/Wahrscheinlichkeit handelt, wie Beerbom ausgehend von einer gesicherten empirischen Basis dargelegt hat:

> „Eine andere Verwendung, bei der keinerlei Zukunftsbezug mehr vorliegt, ist der Einsatz des Futurs zum Ausdruck einer Vermutung – eine Möglichkeit, die im Deutschen wie im Spanischen gegeben ist. Eine durch das Futur I bzw. 'futuro simple' ausgedrückte Vermutung bezieht sich auf die Vergangenheit. Im Spanischen kann eine Vermutung über etwas Vergangenes darüber hinaus durch das "condicional simple" oder das "condicional perfecto" realisiert werden. Beispiele:
> Estará en casa.- Er _wird_ zu Hause _sein_.
> Serán (Serían) las doce.- Es _wird_ zwölf Uhr (_gewesen_) _sein_.
> No lo _habrá dicho_ en serio.
> Er _wird_ das nicht ernst _gemeint haben_." (1992:395)

García Represas hält dagegen _haber (de)_ + _infinitif_ für ein sprachliches Zeichen der Vermutung/Wahrscheinlichkeit und begründet diese Aussage mit überzeugenden Argumenten, indem er darauf hinweist, daß es möglich ist, eine Aussage wie "Serán as cinco" durch eine andere wie "Han de se-las cinco" zu ersetzen, im Unterschied zu der Verwendung von "*Ha de ser moi listo pero non o parece" an der Stelle von "Será moi listo pero non o parece". Beerbom hält _haber de_ auch für einen Ausdruck der Vermutung:

> „Im lateinamerikanischen Spanisch kann neben dem Futur auch die Verbalperiphrase _haber de_ verwendet werden, um eine Vermutung auszudrücken: "Han de estar en casa"." (1992:396).

Für García Represas weist _quizais,_ wie _estará_, eine Unsicherheit auf Seiten des Sprechers auf. Im Unterschied zu der letztgenannten lexikalischen Einheit hält er jedoch _quizais_ für ein Zeichen mit der Nuance Vermutung/Wahrscheinlichkeit. _Ó mellor_ hingegen trage dazu bei, die Möglichkeit auszudrücken, wie dies auch aus den folgenden Belegen erhellt:

> „[...] _Quizais_ est une forme neutre d'incertitude qui contextuellement peut se matérialiser en une substance de contenu telle que l'auteur la signale, ou en différentes autres. Par exemple, dans la séquence:
> [2]   Mira, ese home que ves aí, é _quizais_, o máis honrado que coñezo,
> il résulte évident que _quizais_ exprime quelque chose de plus que la pure possibilité. Quizais est dans ce contexte une forme de probabilité.
> Paraphrases de celle-ci seraient:
> [2a]   Mira, ese home que ves aí é, probablemente, o máis honrado que coñezo.
> [2b]   Mira, ese home que ves aí ha de se-lo máis honrado que coñezo.
> On peut donc toujours exprimer avec _Quizais_ une nuance de probabilité.
> Mais, continuons avec le même exemple et essayons à présent de substituer _Quizais_ à la locution, également de doute, _Ó mellor_:

[2c]   *Mira, ese home que ves aí é, ó mellor, o máis honrado que coñezo.

Comme on peut le constater, ceci ne semble pas possible et ce, pour une raison: le contexte demande une interprétation de probabilité et la forme *Ó mellor* permet seulement d'exprimer la possibilité." (2000:271).

Diese Aussagen werden durch den *uso* der galicischen Umgangssprache gedeckt. Die bis zu diesem Punkt behandelten Ausdrucksmitteln der Modalität des Zweifelns/der Vermutung lassen sich neben anderen lexikalischen Einheiten in einem Oppositionssystem darstellen, das García Represas mit guten Argumenten vorgestellt hat:

„1re opposition +véracité/-véracité
Si nous faisons précéder la préposition *Ata* de n'importe quel procédé signalé dans le cadre d'oppositions, ou de n'importe quel syntagme capable d'ajouter contextuellement une expression de doute, nous incluons une manifestation de véracité à ce que notre interlocuteur vient de dire (ou à ce que nous même nous venons de dire ou de penser):
[3]   - ¿Será para facer experimento?, -Ata será. [=efectivamente, é probable que sexa; é certo, é probable que sexa]
[4]   - ¿Esa chaqueta rubia vai levala?, -Eu non sei. Non, ata non levará.
[5]   - ¿Será para iso?, - Ata quen sabe sexa.
[6]   - Pero eles, cando cobraron todo xunto, ¿ía incluída algunha paga extra?, Ata non iría.
[...]" (2000:272).

Dieses Verfahren zum Ausdruck des Zweifels kann ebenfalls im Spanischen beobachtet werden, wenn auch mit geringerer Frequenz als im Galicischen. Doch sind die sprachlichen Formen durchaus vergleichbar:

- ¡A quién se le ocurre bañarse tal y como estaba ayer el mar! ¿No verían la bandera roja?
- Pues hasta no la verían.
- ¿Han dicho Luis y Elvira qué día van a venir a hacernos una visita?
- No. Hasta querrán darnos una sorpresa y aparecerán cualquier día de estos sin avisar antes. [Beispiele der Vf.]

Sowohl im Galicischen als auch im Spanischen werden *ata/hasta* Formen des Futur I und des *condicional* vorangestellt, Tempora, deren wir uns bedienen, um Zweifel und Vermutung zum Ausdruck zu bringen. In Beispiel (3), ebenso wie in den anderen, könnte diese Nuance aber auch allein durch die Verbformen zustande gebracht werden. Aus der Verbindung mit *ata/hasta* ergibt sich jedoch eine stärkere Emphase, der Sprecher verdeutlicht dadurch seine Äußerung, und so gewinnt, wie von García Represas präzisiert wurde, die gesamte Äußerung an Glaubwürdigkeit bzw. Wahrhaftigkeit.
Als weitere Opposition gibt García Represas folgende an:

„2e opposition: +expression d'une nuance significative spécifique/-expression d'une nuance significative spécifique" (2000:272)

Ohne dies auch nur andeutungsweise zu begründen, ordnet er *ha (de) estar* der 'probabilité' und *ó mellor* der 'possibilité' zu. Der zweiten Bedeutung werden Formen wie *andarei (als Muster des Futur I), andaría (als Muster des 'condicional')* und *quizais,* die selbständig sind und in unabhängigen Aussagen erscheinen können, attribuiert. Diese grenzt er von Ausdrücken ab wie *por aí – peutêtre* in der französischen Wiedergabe des Autors -, die nicht autonom sind (García Represas 2000:274ff.); dazu liefert er die folgenden Beispiele:

„[...]
[39] – Xelís, chámante por teléfono, -Ha de ser, por aí, para ir ós percebes.
[...]
[47a]   Quizáis vaia este verán á túa terra.
[47b]   Quizais non lle chegou aínda a miña carta.
[...]
[48]   Ela terá doce anos, pouco máis ou menos. (avec l'acception de probabilité)"(vgl. 2000:275).
„[...]
[50]   Eles non sei como farán, pero nós si. (avec l'acception de pure incertitude)"(vgl. 2000:275).
„[...]
[53]   Pero sefa eu moi nova cando morreu ese home. (avec l'accepcion de probabilité)"(vgl. 2000:275).
„[...]
[57]   ¿Quen sería o que chamou? (avec l'acception de pure incertitude)" (vgl. 2000:276).

In einem weiteren Schritt verweist García Represas auf die zwei Begriffe, die er von vornherein in seinem Artikel voneinander abgrenzt, d.h. *probabilité* und *possibilité,* eine Untersuchung, die für ihn von Bedeutung ist:

„3ᵉ opposition: Probabilité/Possibilité
Signes de probabilité:
Quen sabe + subjonctif, Ha (de) + infinitif, Había (de) + infinitif (2000:272)

Als Beispiele dieser Modalitätsausdrücke gibt er u.a. folgende Sätze und Umschreibungen:

„[9] Bótalle máis auga ó guiso, se fai falta; pero quen sabe lle chegue. [= probablemente lle chege[sic]].
[...]
[14] Aquelas chourizas son máis bonitas, pero esas quen sabe teñan maior sustancia.
[...]
[19] O cocido non ha de querer sal. [= probablemente non precisa sal]
[...]
[21] Chama por teu pai que xa han de ser horas.
[...]
[27] ¿Había de haber moita xente no concerto, non había?
[...]" (2000:273f.).

Unter der *possibilité* subsumiert García Represas die Ausdrücke *ó mellor*, *se cadra* und *se acaso*. Er vertritt dabei die Meinung, daß *se cadra* und *ó mellor*, nicht jedoch *quizais*, äquivalente Ausdrücke[25] in der gesprochenen Sprache sind (vgl. García Represas 2000:274), wobei diese Behauptung an folgenden Beispielen exemplifiziert wird:

„[31] Leva un anaco de bo pan, que ó mellor esquéceche de comprar.
[...]
[36] Eu voullo dicir tamén a el, que se cadra quere vir.
[...]
[37] - Alí ha de ser barata a comida, - Se acaso aínda é máis cara ca aquí." (2000:274).

Das nachfolgende Schema faßt die Grundüberlegungen von García Represas zusammen (2000:276):

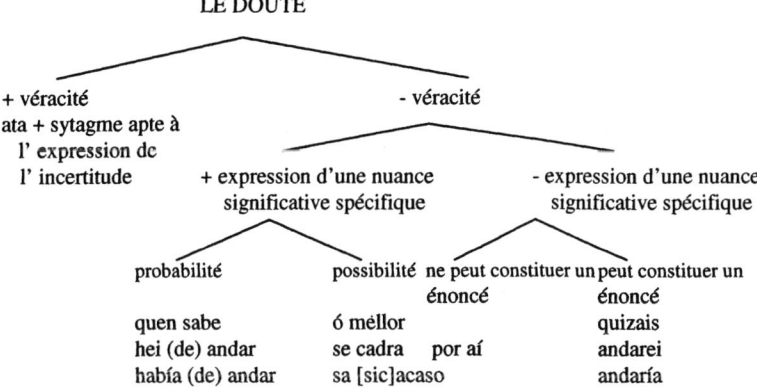

LE DOUTE

+ véracité
ata + sytagme apte à
l' expression de
l' incertitude

- véracité

+ expression d'une nuance
significative spécifique

- expression d'une nuance
significative spécifique

probabilité	possibilité	ne peut constituer un énoncé	peut constituer un énoncé
quen sabe	ó méllor		quizais
hei (de) andar	se cadra por aí		andarei
había (de) andar	sa [sic]acaso		andaría

Wenn Carballo Calero sich mit dem – gemäß seiner Terminologie – 'adverbio de duda interrogativo' *ho*[26] beschäftigt, betont er die Tatsache, daß der Sprecher durch den Gebrauch versucht, seinen Gesprächspartner zur Äußerung seiner Meinung zu bewegen, wie dies auch Carballo Calero ([7]1979:330f.) nahelegt:

„*Ho* es adverbio de duda interrogativo. Se trata de una apócope del sustantivo *home*, *hombre*, en vocativo. Ese vocativo, a veces prolongado en *hou*, llega a confundirse con la interjección *oh, ouh*; y usado al final de una proposición interrogativa, inquiere del hombre a quien habla, su opinión sobre la pregunta de un modo directo" ([7]1979:330f.).

Carballo Calero stützt seine Definition u.a. durch den Hinweis auf folgendes Beis-

---

[25] Siehe dazu Kapitel 5.3. der vorliegenden Arbeit.
[26] Siehe zu diesem Element Kapitel 5.2. der vorliegenden Arbeit.

68

piel:

„*¿es a filla do alcalde, ho?* 'eres la hija del alcalde, ¿no?'" (Carballo Calero 1979:331).

Ho kann zwar in unterschiedlichen Satztypen vorkommen, bei den Interrogativsätzen handelt es sich jedoch immer um Ergänzungsfragen. Wenn Carballo Calero *ho* in seinem Beispiel den Adverbien zuschreibt, so handelt es sich hierbei um eine fehlerhafte Einschätzung, wie bereits erwähnt und im Abschnitt 5.2. der vorliegenden Arbeit ausführlich erläutert wird.
In bezug auf *ho* kommt also wieder die Uneinheitlichkeit der bestehenden Terminologie deutlich zum Ausdruck. In dieser Hinsicht schreibt Carballo Calero *ho* auch die Funktion einer Partikel zu; bemerkenswert ist jedoch, daß dies in der Ausgabe von 1970 geschieht, nicht aber in der von 1979:

> „este *ho* interrogativo, vaciado de su sustancia significativa, y gramaticalizado como un mero indicador enfático del carácter inquisitivo de la frase, carece también de toda referencia sexual, [porque su función es ahora la de una partícula]" ([3]1970:275; vgl. aber Carballo Calero [7]1979:331).

ARM behandeln dieses *ho* unter den Interjektionen[27]. In ihrer Definition wird auf die Appellfunktion dieses Wortes abgehoben:

> „Ten a súa orixe na apócope do sustantivo *home* usado como vocativo. Serve para chama-la atención ou apelar ós sentimentos do oínte, e supón certa insistencia. Precísase certa familiaridade e pode aplicarse a homes ou mulleres, calquera que sexa a súa idade ou o seu número: Catuxa, marchamos, *ho*, que xa e [sic] tarde. Non, *ho*, comigo para iso non contedes.
> En relación con esta forma están *che, ne* e *aieu*. A primeira implica familiaridade e serve para apelar a aquelas persoas que se trata de ti; a segunda oponse a *ho* por apelar a persoas do sexo feminino ou a nenos; a terceira supón tratamento de cortesía:
> Non, *che*, estás moi enganado comigo.
> Ai, *ne*, bótame unha man aquí, que eu xa non estou afeito.
> *Aieu*, ¿pode dicirme se imos ben para Sanxenxo?" ([2]1989:474).

Die bereits in Punkt 1.7.2.2.1.1. erwähnte Interjektion *ouh* weist unter anderem einen dubitativen Charakter auf und dient dem Ausdruck eines fehlenden Einverständnisses auf Seiten des Sprechers:

> „¡*Ouh!* Iso non é certo. (ARM[2]1989:475).

---

[27] Zu den Interjektionen siehe Punkt 1.7.2.2.2. der vorliegenden Arbeit.

1.7.2.2.2. Die Interjektionen

Bei der Determination der Gruppe der 'interxeccións' in der Grammatik von ARM fällt auf, daß hier sowohl Gemeinsamkeiten als auch Abweichungen von den Merkmalen, die die deutschen MPn prägen, auftreten; und insofern ist es u. E. auch gerechtfertigt, diese sprachlichen Elemente hier aufzugreifen und zu behandeln:

„As interxeccións son unha clase especial de palabras caracterizadas frente ás demáis pola súa forma, por unha distinta maneira de significar, por ser autovalentes e por proferirse normalmente cunha entonación especial" (ARM ^{2}1989:469).

Die 'distinta maneira de significar' weist uns auf die besondere Bedeutung, die eine MP besitzen kann. Anders als die deutschen MPn, die – wie schon bekannt – unbetont bzw. unbetonbar sind, wobei ihre Bedeutung ein Hinweis dafür ist, daß es bei dem zu behandelnden Wort sich um eine andere Wortklasse handelt, tragen die galicischen Interjektionen eine besondere Akzentuierung. Die Behauptung, daß diese Elemente 'autovalentes' sind, d.h., daß sie im einzelnen bedeutsam sind, trifft auf fast alle von ARM angegebenen Elemente zu, und zwar: *ah, si, bah, boh, ca, canté, eh, ei, fou~fo [fów]~[fó], hala, oi, ola, ouh [ów]* (vgl. ARM ^{2}1989:474). Im Unterschied zu ARM halten wir *ho* für die Ausnahme von der Regel, nachdem wir in den oben erwähnten Beispielen festgestellt haben, daß diese Partikel nicht selbständig sein kann. Bemerkenswert ist, daß dies der Fall ist bei einem Element, bei dem keine Einigkeit besteht, ob es sich um eine Interjektion oder um ein dubitatives interrogatives Adverb handelt[28].

Darüber hinaus bringen ARM die Interjektionen mit der Bühlerschen Ausdrucks- und Appellfunktion zusammen, bestehen wiederum auf ihrer besonderen Bedeutung, die sie von den anderen Wortklassen absondere, und berücksichtigen, daß diese Elemente jeweils über einen Satzskopus verfügen, Charakteristika also, die uns an die deutschen MPn erinnern:

„Dado que a finalidade da interxección é a expresión dunha **emoción** ou a **apelación** á atención ou ós sentimentos alleos, non se pode dicir que o seu **xeito de significar** sexa semellante ó das outras clases de palabras; mais isto non debe facer esquecer que a comunidade falante atribúe uns determinados valores, e non outros, a cada unha das interxeccións usadas.

A interxección prodúcese como un á parte ou un **inciso** dentro do enunciado ou por si soa, mais en calquera caso con total **independencia**; de aí que se teña dito que a interxección **equivale a unha oración**, que é unha oración en xermolo. Digamos que é un enunciado completo en si mesma e que non pode ser rexida, aínda que en certos casos pode ser rexente" (ARM ^{2}1989:469f.). [Hervorh. der Vf.]

---

[28] Siehe zu diesem Element Punkt 1.7.2.2.1.3. und Kapitel 5.2. der vorliegenden Arbeit.

1.7.2.2.3. Ein besonderer Fall: Der ethische Dativ. O pronome de solidariedade[29]

In der deutschen Partikelforschung ist der ethische Dativ in der Regel nicht als Modalpartikel registriert worden. Thurmair schlägt jedoch in ihrer Arbeit vor, den genannten Dativ in diese Gruppe aufzunehmen. Thurmair argumentiert wie folgt:

> „[...] nimmt der ethische Dativ gegenüber den anderen freien Dativen eine Sonderstellung ein, und zwar, was die Vorfeldfähigkeit, als auch, was die nominale Verwendung betrifft. Auch die Tatsache, daß ein ethischer Dativ in Äußerungen möglich ist, die bereits einen Dativ enthalten, zeigt diese Sonderstellung. Zudem ist er der einzige Dativ, der ohne Verlust an denotativer Bedeutung weggelassen werden kann: bei seiner Eliminierung ändert sich nur die konnotative Bedeutung einer Äußerung, Wegen dieser besonderen Eigenschaften des 'ethischen Dativs' soll nun der Frage nachgegangen werden, ob der ethische Dativ möglicherweise kein Dativpronomen ist, sondern zur Partikel geworden ist [...]" (Thurmair 1989:38).

Der ethische Dativ gehört neben dem 'Dativus commodi', dem 'Dativus incommodi', dem 'Pertinenzdativ' und dem 'Dativus iudicantis' (vgl. Thurmair 1989:38; und Engelen 1975:116, der an der Stelle des 'Dativus iudicantis' das 'Dativobjekt' behandelt) zu den sogenannten 'freien Dativen'. An dieser Stelle soll hervorgehoben werden, daß über die klassifikatorischen Gemeinsamkeiten hinaus unter den Linguisten keine vollkommene Einigkeit herrscht. In dieser Hinsicht finden wir beispielsweise die Bezeichnungen 'Dativ des Maßstabs' als Synonym für 'Dativus iudicantis' und 'Dativ des Zustandsträgers' als Kategorie, die nur bei López-Campos auftritt (vgl. 1993:251f.). Darüber hinaus stellt Abraham für die deutschen Grammatiken das Auftreten eines 'dativus sympatheticus' fest (vgl. 1973:2). Eine detaillierte Auseinandersetzung mit allen 'freien Dativen' würde den Rahmen der vorliegenden Arbeit sprengen[30].

Bevor wir die oben erwähnten Aspekte kommentieren, sind folgende konzeptuellen und terminologischen Präzisierungen von großer Wichtigkeit: Unter ethischem Dativ wird in der Sprachwissenschaft des Deutschen hauptsächlich die Form *mir* verstanden. Laut Thurmair kann aber auch *dir* für einen ethischen Dativ gehalten werden. Sie weist darauf hin, daß diese Verwendung nicht mehr sehr gebräuchlich ist und nicht von allen Sprechern akzeptiert wird; als Ausnahme werden das Bairische und das Österreichische genannt (vgl. Thurmair 1989:198).

Die besondere Verwendung der 1. Person Singular des Personalpronomens wird in der galicischen Grammatik meist als 'dativo de interés' interpretiert. Die hier

---

[29] Siehe dazu Kapitel 5.1. der vorliegenden Arbeit.

[30] Im Kapitel 4.3. erfolgt jedoch eine Auseinandersetzung mit dem von Wegener geprägten 'nur-reflexiven Dativ' (vgl. 1985:100ff.), da sie relevant für die Abgrenzung vom ethischen Dativ ist.

angesprochene Einsetzung der 2. Person Singular des Personalpronomens wird in ihrer galicischen Entsprechung hingegen als 'dativo de solidariedade' verstanden (*Dativ der Solidarität), womit eine terminologisch nah an dem Begriff 'ethischer Dativ' angesiedelte Bezeichnung verwendet wird.
Carballo Calero macht auf die besondere Funktion aufmerksam, in der die 1. Person Singular des Personalpronomens – sonst als 'complemento directo' brauchbar – fungieren kann. Die Form *me* sei dann ein 'Dativo de interés'. Mit der Bezeichnung 'pleonástico' wird eine mögliche Weglaßbarkeit angedeutet:

> „La primera persona también puede atribuirse esta participación simpática en la acción,I si bien es menos frecuente. Non *me* oi, además de no me oye (*me* complemento directo) puede significar simplemente 'no oye' (*me* **dativo de interés afectivo, expletivo o pleonástico**)
>> este rapaz é o demo: ¿non me escrebeu unha carta ao papa? 'este chico es endiablado: le escribió una carta al papa. ¿Que os parece? Yo estoy pasmado. ¿No es una diablura lo que ha hecho?'
> Aunque el que habla no esté personalmente interesado en la acción, puede emplear este giro. La gradación entre el interés personal y el mero interés humano por lo que sucede, llega a ser imperceptible. Se trata de un dativo humanístico" ([7]1979:287). [Hervorh. der Vf.]

ARM hingegen differenzieren ganz deutlich zwischen dem 'dativo de solidariedade' und dem 'dativo de interés', was traditionell üblicher ist und u.E. zu einer präziseren Klassifikation führt. Es wird darauf hingewiesen, daß die durch das Pronomen ersetzte Person ein besonderes Interesse an der Handlung zeigt, indem sie entweder von ihr einen Profit erhält oder unter ihr leidet (vgl. ARM [2]1989:175). ARM schließen unter diesem 'dativo de interés' neben der 1. auch die 3. Person Singular ein:

> „Dativo de interés: Tiña que facelo ás agachadas do seu pai, mentres *lle* viviu; Vós non *me* saiades de aquí. Indica a persoa, que ten especial interés na acción que se indica, porque dela recibe o proveito ou dano [...]" ([2]1989:175).

An dieser Stelle muß hervorgehoben werden, daß sowohl in bezug auf die 1. Person Singular des Personalpronomens *mir* als ethischer Dativ – von Thurmair für eine MP gehalten – als auch bei der 2. Person Singular des Personalpronomens *dir* die Linguistin das Merkmal 'Interesse' hervorhebt. Diese Einschätzung wäre in einen Zusammenhang mit der Bezeichnung 'dativo de interés' in der galicischen Tradition zu bringen:

> „Die Haltung, die der Sprecher durch den Gebrauch von mir ausdrücken und auch dem Hörer mitteilen möchte, ist wohl am besten mit 'Interesse' zu umschreiben [...].
> *Mir* soll aufgrund dessen mit dem Merkmal <INTERESSE> beschrieben werden" (Thurmair 1989:198).
> „Das Merkmal für *dir* wäre demnach <INTERESSE>" (Thurmair 1989:198).

In den Definitionen über die besondere Rolle, die die 2. Person Singular des Personalpronomens in der deutschen, andererseits in der galicischen Sprache übernimmt, finden wir einander entsprechende Andeutungen auf den Appell an den Hörer, an den Gesprächspartner, der in beiden Sprachen vollzogen wird. Der Wille, die Aufmerksamkeit des Hörers zu erwecken und seine emotionelle Beteiligung im Gespräch zu fördern, wird auf diese Weise in beiden Sprachen zum Ausduck gebracht. Außerdem ist sowohl im Galicischen als auch im Deutschen in vielen Fällen die Komponente der Verwunderung, der Überraschung des Sprechers über seine eigene formulierte Aussage miteinbezogen:

> „In der Bedeutung von *dir*, das (wenn es überhaupt noch gebräuchlich ist) nur in Exklamationen auftritt, ist ebenfalls die Bedeutung des Personalpronomens noch vorhanden: Exklamationen mit *dir* weisen einen starken Hörerbezug auf. Der Sprecher drückt nicht nur seine Verwunderung über den für ihn unerwarteten Sachverhalt aus, sondern möchte diese Einstellung dem Hörer mitteilen, auf diesen übertragen und an ihn appellieren, seine Aufmerksamkeit auf den Auslöser des Aufrufs zu richten [...]" (Thurmair 1989:198).
>
> „Meu pai vai*che* a peor, que a vellez non *che* ten cura. É moi frecuente o uso do pronome dativo para implica-lo interlocutor nos feitos que se narran ou nas opinións que se expresan, ós que en principio era alleo, procurando a súa solidariedade, a súa complicidade ou simplemente unha maior aproximación afectiva entre el, a mensaxe e o emisor.
> Ó tratarse dunha implicación do interlocutor, unicamente poden usarse *che* e *vos*, ou como formas de tratamento cortés, *lle* e *lles*" (ARM [2]1989:174f.).

In der Definition von Carballo Calero sind sehr ähnliche Ausführungen zu finden. Es sind jedoch zwei Aspekte hervorzuheben: Er stellt einen Vergleich mit dem Spani-
schen an, indem er die Überflüssigkeit der Verwendung eines solchen Pronomens in dieser Sprache postuliert. Bemerkenswert ist auch die völkerpsychologische Erklärung, die Carballo vorschlägt, um die Benutzung des 'dativo de solidariedade' in der galicischen Gemeinschaft zu erklären. Seine Ausführung mag diskutabel sein; wahr ist jedoch, daß im Unterschied zur deutschen Sprache der ethische Dativ *dir* oder, richtiger gesagt, seine Entsprechung im Galicischen sehr gebräuchlich, sogar typisch für das Galicische ist:

> „En cambio, es característico del gallego un dativo que llamaremos de solidaridad, expresado por *che* y que designa en el diálogo al interlocutor que no sufre ni directa ni indirectamente la acción verbal, ni tiene influencia en ella; pero al que afectivamente interesamos o implicamos en los hechos que enunciamos, como dándole simpáticamente participación en los mismos. Supone por parte del que habla y respecto del que oye, afabilidad deferente, a veces familiaridad descuidada, en todo caso suposición de que nuestro interlocutor tiene un interés, siquiera por simpatía humana, en todo lo que decimos, pues se lo decimos concediéndole cierto grado de participación en la situación que nuestras palabras reflejan. Este pronombre sería pleonástico en castellano, como un vocativo que reprodujese el nombre del interlocutor, pues el vocativo del pronombre tú resultaría descortés. El castellano, para demostrar afabilidad, invoca a la segunda persona por su

nombre, o su tratamiento; pero con esto no crea el clima de participación solidaria que el dativo gallego origina, porque su enfoque de la situación –el del castellano– es más lógico. El giro gallego es propio de una pequeña comunidad rural en la que el sentimiento de solidaridad está muy acusado" (Carballo Calero [7]1979:285f.).

Folgendes Beispiel läßt sich hier anführen:

> „- Eso é falar. Poño eu os cartos que faghan falta. ¿A quen lle hai que paghar? ¿Ó Vaticano?. Pagha Ramón Couto.
> - Ramón, que as cousas non che son así" (*Mareas vivas*, Kapitel 3: "O Santo").

Aufgrund der besonderen Merkmale dieser Formen plädiert Thurmair für die Klassifikation des ethischen Dativs unter die MPn, als Ausdruck der Modalität. Trotz der präzisen Beschreibung dieser Elemente der Sprache in ihrer besonderen Rolle sind in der galicischen Sprachwissenschaft diese Elemente morphosyntaktisch immer unter der Wortklasse der Personalpronomina behandelt worden. Es ist unser Hauptanliegen, die Merkmale, die laut Thurmair den ethischen Dativ prägen, mit denen des 'dativo de solidariedade' zu vergleichen. Viele Übereinstimmungen plädieren für eine Gleichsetzung dieser Elemente mit Ausdrucksmitteln der Modalität in beiden Sprachen.

Thurmair vertritt also, wie bereits oben erwähnt, die Ansicht, daß der ethische Dativ in die Gruppe der MPn gehört. Zur Unterstützung ihrer These analysiert sie die Gemeinsamkeiten, die beide Elemente aufweisen. Sie verweist auf Helbig und Wegener, die bereits vor ihr einige Ähnlichkeiten festgestellt haben. Bemerkenswert sind bei Wegener folgende Beobachtungen:

> „Der ethische Dativ unterscheidet sich ferner dadurch von allen anderen Dativtypen, daß er nicht durch eine NP oder PP ersetzt werden kann, oft aber durch eine Modalpartikel [...]" (1985:51),

oder auch:

> „Mit Modalpartikeln (und Satzadverbien) teilt der ethische Dativ eine weitere syntaktische Eigenschaft, die diese Satzglieder zugleich von anderen Satzgliedern des Dt. unterscheidet: es sind die einzigen Konstituenten, die nicht das Antezedens von Relativsätzen bilden können [...]" (1985:52).

Wie bereits erwähnt, entspricht dem deutschen ethischen Dativ die 1. Person Singular des galicischen 'Dativo de interés'. D.h., wenn wir einen Vergleich mit der galicischen Sprache durchführen wollen, müssen wir davon ausgehen, daß prinzipiell eine Komparation von zwei jeweils unterschiedlich verstandenen Konzepten vollzogen wird. U.E. ist dieser Versuch dadurch legitimiert, daß es sich, trotz der verschiedenen Termini, sowohl beim deutschen Dativ als auch beim galicischen 'Dativo de interés' ganz deutlich um Ausdrucksmittel der Modalität handelt. Darüber hinaus werden wir jedoch diese Überlegungen auf den galicischen 'dativo de solidariedade' (*che*, *vos*, *lle*, *lles*), der der so wenig benutzten 2. Person Singular des deutschen ethischen Dativs *dir* entspricht, übertragen. Thurmair behandelt außerdem in ihrer Analyse neben *mir* auch *dir* (1989:40).

An erste Stelle beschreibt Thurmair die problematischen Aspekte des Terminus '-partikel' beim ethischen Dativ:

> „[...] Die Bezeichnung '-partikel' mag allerdings etwas problematisch erscheinen: zum einen handelt es sich immerhin um ein flektiertes Lexem, das allerdings [...] in dieser Funktion unflektierbar ist" (1989:39).

Auf galicisch würde die Entsprechung des *mir*, und zwar *me*, ebenfalls unflektiert in der Funktion als 'dativo de interés' auftauchen; vgl.:

> - Sei *mir* nicht hinterhältig!
> - ¡Non *me* sexas rancoroso! [Beispiele der Vf.]

Der 'dativo de solidariedade' weist hingegen Flektierbarkeit der Person und des Numerus auf (2. P. Sing. und 2. P. Pl. sind die Formen); vgl.:

> - Non *che* me gusta nada.
> - Non *vos* sei nada. [Beispiele der Vf.]

Da der 'dativo de solidariedade' auch in der Sie-Anrede belegt ist, werden dementsprechend auch die 3. Person Singular und Plural des Personalpronomens verwendet: *lle*, *lles*; folgende Beispiele bestätigen diese Aussage:

> - Élle moi boa persoa, pódemo crer Vostede.
> - Non *lles* é mal rapaz, só un pouco túzaro. [Beispiele der Vf.]

Thurmair argumentiert funktional, wenn sie die folgenden Bemerkungen macht:

> „Trotz der möglichen Einwände ist es m. E. gerechtfertigt, *mir* und *dir* zur Klasse der Modalpartikeln zu rechnen. Mit diesen teilen sie folgende Eigenschaften:
> -Die Partikel *mir* ist unbetont bzw. unbetonbar, vgl.:
> (69)*Fall MIR nicht hin" (1989:40).

Diese Definition betrifft uneingeschränkt den 'dativo de interés' und den 'dativo de solidariedade'; vgl.:

> -*Non mé caias de aí.
> -*Non ché me gusta nada.
> -*Non vós sei nada.
> -*Éllé de medo.
> -*Non llés son parvo. [Beispiele der Vf.]

Thurmair fügt hinzu:

„Mir kann in der Verwendung als Partikel nicht im Vorfeld stehen; vgl.:
*Mir fall nicht hin!" (Thurmair 1989:40).

Die galicischen Dative dürfen ebenfalls nicht im Vorfeld stehen:

*- ¡Me non caias de aí!   *- Lle é unha rapaza moi boa.
*- ¡Che non me gusta nada!   *- Lles é bo rapaz. [Beispiele der Vf.]

Es gilt damit die Regel:

„Die Partikel *mir* hat ihren Platz also immer im Mittelfeld; bei Verb-Erst- und Verb-Zweitstellung folgt sie in der Regel dem finiten Verb; vgl.:
(76) Mach mir ja deine Aufgaben ordentlich!" (Thurmair 1989:40).

Im Galicischen kann eine Abweichung von dieser Regel beobachtet werden: So folgen bei Verb-Erst-Stellung die galicischen Dative dem finiten Verb direkt, was jedoch nicht in den übrigen Fällen passiert. Wenn das Verb eine andere Stelle einnimmt, wird ihm der Dativ vorangestellt[31]. Folgende Beispiele lassen sich hier anführen:

- Faime ben os deberes.
(Dat. int.)
- Non me caias de aí.
(Dat. int.)
- Non che me vos gusta nada. [Beispiele der Vf.]
(Dat. sol.) (Dat. int.) (Dat. sol.)
„Personalpronomina können allerdings zwischen Verb und Partikel auftreten; vgl.:
-(77) Und bleiben Sie mir gesund!
-(78) Da gehst du mir aber rechtzeitig heim!" (Thurmair 1989:40).

Das ist nicht immer der Fall im Galicischen; vgl.:

- Fáilleme caso.
- Ti non me lisques de aquí ata que eu cho diga. [Beispiele der Vf.]

Thurmair weist darauf hin, daß:

„Wie alle Modalpartikeln ist mir (und auch dir) stark satzmodusabhängig" (Thurmair 1989:40).

Sowohl auf deutsch als auch auf galicisch kommen diese Dative in Aussagesätzen, Aufforderungen, Imperativ- und Ausrufesätzen vor und weder in Kommandos noch in Warnungen oder Drohungen, da allen drei Satztypen der notwendige Grad an

---

[31] Für eine genaue Beschreibung der Stellung des *dativo de solidariedade* im Satz siehe Kapitel 5.1.

Familiarität zu einer solchen Verwendung fehlt (vgl. Thurmair 1989:195ff.). U. E. – wenn auch mit Einschränkungen – sind auf galicisch der 'dativo de solidariedade' und der 'dativo de interés' in den drei letztgenannten Satztypen durchaus möglich. Folgende Beispiele lassen sich hierfür anführen:

- Sei <u>mir</u> bitte ruhig!
- Mach <u>mir</u> bitte kein Theater!
- *Stehen Sie <u>mir</u> sofort auf! (in Militärfilmen).
- *Heben Sie <u>mir</u> die Hände hoch! (bei einer polizeilichen Aktion).
- Como <u>che</u> <u>me</u> poñas parva, hoxe non saes de casa en todo o día. (Warnung).
      sol. int.
- Como <u>me</u> saia Vostede de aquí agora mesmo o mato. (Bedrohung). [Beispiele der Vf.]
      int.

Nur bei ofiziellen Veranstaltungen wäre die Verwendung des galicischen 'dativo de solidariedade' nicht angebracht. In dieser Hinsicht läßt sich folgende Behauptung von Álvarez anführen:

„[...] hai situacións moi propicias ó DS e outras que non o permiten en absoluto: a solemnidade, por exemplo, é incompatible co DS, polo que este é imposible en enunciados coma *Queda inaugurado este encoro* ou *Ábrese a sesión* [...]" (1997:40).

Die Beziehung bei der Verwendung des ethischen Dativs ist meist eine asymmetrische, in der der Sprecher eine autoritäre Figur (Vater, Mutter, Lehrer) im Vergleich zum Angesprochenen darstellt oder zu einer höheren sozialen Schicht gehört (vgl. Thurmair 1989:197). Dies muß im Galicischen jedoch nicht immer der Fall sein, denn im Galicischen kann auch der hierarschisch untergeordnete Person durchaus den 'dativo de solidariedade' verwenden. Demnach wird mit Hilfe des 'dativo de solidariedade' die Asymmetrie im Galicischen nicht so eindeutig markiert. Dies wird durch das folgende Beispiel belegt:

-Eu sonlle moi pobre pero non parvo, así que non intente enganarme. [Beispiel der Vf.]

In diesem Zusammenhang soll folgende zutreffende Behauptung angeführt werden:

„[...] isto non significa que non poida usarse ó mesmo tempo có tratamento de cortesía, fortemente determinado entre nós máis pola idade e pola diferencia de estatus (mesmo dentro da familia), ca pola falta de trato fluído e confianza mutua" (Álvarez 1997:40).

Für den adäquaten Gebrauch des ethischen Dativs wird also ganz eindeutig ein Vertrauensklima präsupponiert, bei dem eine gewisse Familiarität herrscht. Es kann jedoch auch vorkommen, daß ein Sprecher von der ihm zugewiesenen gesellschaftlichen Position aufgrund seines sprachlichen Handelns abweicht, und zwar durch den unangebrachten Gebrauch des 'dativo de solidariedade'. Ein solcher Verstoß gegen die gesellschaftlichen Normen ist dann meist mit einer Unhöflichkeit gleichzusetzen. In diesem Zusammenhang lassen sich folgende Bemerkungen bezüglich der galicischen aber auch der deutschen Sprache anführen:

> „O uso do DS, se non se dan as condicións adecuadas, pode entenderse como un exceso de confianzas e por tanto converterse en descortesía" (Álvarez 1997:40).
> „Mit dem Ethicus erfolgt eine Festlegung des Sprechers auf eine persönliche Rolle. Bei Aufforderungen von Amtspersonen wird aber mit dem Sprechakt nur die institutionalisierte Rolle gespielt, *mir* ist daher hier nicht möglich. [...] Ein Ethicus in Aufforderungen, die ein Polizist oder ein Pilot aussprächе, würde, wenn der Satz interpretiert würde, als Rollenwechsel verstanden, von der Rolle der Amtsperson in die Rolle des persönlichen Engagierten, väterlich Besorgten" (Wegener 1989:66).

Thurmair betont auch:

> „Mir ist nicht fokussierbar; es kann weder durch Stellungsveränderung noch durch Betonung hervorgehoben werden; es gibt also auch hier – wie bei den Modalpartikeln – keine Möglichkeit, die Partikel zu thematisieren; ebenso ist sie nicht fragbar; vgl.:
> (69) Mutter: Fall mir nicht hin!
> Kind: *Wenn soll ich nicht hinfallen?" (Thurmair 1989:40f.).

Diese Behauptung ist auf die galicische Sprache übertragbar:

> „Nai: -¡Non me caias!
> Fillo: *¿A quen non lle teño que caer?" [Übersetzung der Vf.]
> „Brais: -Non vos sei nada.
> Pepe e Olalla: -*¿A quen non lle sabes nada?" [Beispiel der Vf.]

Ferner gilt:

> „Die Partikel mir kann keine Antworten auf Fragen bilden (das Personalpronomen mir natürlich schon)" (Thurmair 1989:41).

Als Merkmal führt Thurmair auch die folgende Meinung an:

> „Mir kann nicht negiert werden:
> (81) Mach mir deine Hausaufgaben ordentlich!
> *Mach nicht mir deine Hausaufgaben ordentlich!" (1989:41).

Es existiert in dem Fall Übereinstimmung mit dem Galicischen, wie die Übersetzung des oben erwähnten Beispiels zeigt:

> „- ¡Faime ben os deberes!
> -*¡Fai non me ben os deberes!" [Übersetzung der Vf.]

Thurmair argumentiert weiter:

„Auch hinsichtlich der Kombinierbarkeit verhalten sich mir (und dir) wie Modalpartikeln:
sie lassen sich ohne weiteres mit anderen Modalpartikeln kombinieren:
  -Du bist mir vielleicht ein Held!
  -Komm mir bloß nicht mit deinem unehelichen Kind heim!" (Thurmair 1989:41).

Auf galicisch sind sowohl der 'dativo de interés' als auch der 'dativo de solidariedade' mit anderen Ausdrucksmitteln der Modalität, die, wie die vorliegende Arbeit zeigt, mehreren der deutschen MPn entsprechen, zusammen in bestimmten Sprachsequenzen zu finden:

  -Non che me fixo as cousas como eu lle dixera.
  -Seica me toleaches, ¿non si? [Beispiele der Vf.]

Wenn wir bei der Leistung bleiben, die die MPn aufweisen, um sich mit anderen Elementen des Satzes zu kombinieren, finden wir auch bei dem Plädoyer von Thurmair für die Haltung des ethischen Dativs als MP folgende übertragbare Behauptung:

„Auch die Tatsache, daß ein ethischer Dativ in Äußerungen möglich ist, die bereits einen Dativ enthalten, zeigt diese Sonderstellung" (Thurmair 1989:39).
„Auch die Tatsache, daß neben dem ethischen Dativ noch ein weiterer Dativ stehen kann, läßt vermuten, daß es sich beim ethischen Dativ nicht mehr unbedingt um ein Personalpronomen im Dativ handelt, da eine Dativleerstelle im Satz von Ethicus nicht gefüllt wird, vgl.:
  (72) Und mach mir dem Vater die Schuhe ordentlich sauber!" (1989:39).

Auch im Galicischen besteht immer die Möglichkeit der Präsenz von zwei Dativen:

„A presencia do dativo de solidariedade é compatible coa do dativo complemento indirecto:
Pois ó que é a min, nunca che me deu nada; Matáronchelle ó fillo na guerra das Malvinas"
(ARM ²1989:175).

Aus diesem Überblick können mehrere Schlüsse gezogen werden, die u. E. die von Thurmair vertretene Position argumentativ unterstützen und durchaus legitimiert erscheinen lassen. Sowohl der ethische Dativ als auch die galicischen 'dativo de solidariedade' und 'dativo de interés' sind funktional als Ausdrucksmittel der Modalität zu betrachten.

2. Kontrastive Linguistik

2.0. Geschichte der vergleichenden Sprachwissenschaft

Die Bemühungen der Sprachwissenschaftler, den mehrsprachigen Rossetta-Stein zu entschlüsseln – auf dem Inschriften in Griechisch und in zwei ägyptischen Varianten (die hieroglyphische und demotische Variante) zu lesen sind -, sind nur ein Beispiel für die Faszination, die die Entdeckung und Rekonstruktion von alten Sprachen seit langer Zeit bei den Linguisten ausgelöst haben. Dieses Bestreben, Sprachen aus Bilinguen zu rekonstruieren, ist auf die alten Griechen und Inder zurückzuführen (vgl. May 2000:30). Mit dem Hinweis auf Belege wie die oben erwähnten Inschriften sowie literarische Texte oder Kommentare von Grammatikern haben Linguisten insbesondere im 18. und 19. Jahrhundert dafür plädiert, die Beschäftigung mit den alten Sprachen zu intensivieren. Die folgende Behauptung des englischen Orientalisten Sir William Jones, datiert aus dem Jahre 1786, spiegelt dieses wachsenden Interesse an einem Sprachvergleich wider:

> „The Sanscrit language, whatever be its antiquity, is of a wonderful structure; more perfect than the *Greek*, more copious than the *Latin*, and more exquisitely than either, yet bearing to both of them a stronger affinity, both in the roots of verbs and in the forms of grammar, than could possibly have produced by accident; so strong indeed, that no philologer could examine them all three, without believing them to have sprung from some common source, which, perhaps, no longer exists: there is a similar reason, though not quite so forcible, for supposing that both the *Gothick* and the *Celtick*, though blended with a very different idiom, had the same origin with the *Sanscrit*; and the old *Persian* might be added to the same family, if this were the place for discussing any question concerning the antiquities of *Persia*" (Wardhaugh 1977:186f.).

Der Argumentation dieses Engländers, die von subjektiven Urteilen geprägt scheint, liegt der Versuch zugrunde, eventuelle gemeinsame Ursprünge zu erforschen und damit zur Rekonstruktion von Protosprachen zu gelangen.
Im 17. Jh. sind Bemühungen um eine Universalgrammatik auf übereinzelsprachlicher, primär begrifflicher Grundlage zu finden (vgl. Barrera-Vidal/Kühlwein 1975:108).
Die vergleichende Sprachwissenschaft erlebt jedoch, wie oben erwähnt, ihren Höhepunkt im 18. und 19. Jh., besonders im deutschsprachigen Raum. In diesem zeitlichen Rahmen ist die von dem deutschen Linguisten Schleicher durchgeführte Rekonstruktion einer indogermanischen Protosprache besonders hervorzuheben. Mit dieser Rekonstruktion hat Schleicher den Anstoß zur Rekonstruktion der Ursprache anderer Sprachfamilien in Analogie zur Genealogie der indoeuropäischen Sprachen gegeben (vgl. Nickel 1972:8).
Anfang des 19. Jahrhunderts ist die etymologisierende historisch-vergleichende Richtung wegweisend. Um die Jahrhundertwende hingegen gewinnt der Sprachvergleich mit psychologisierender Implikation an Wichtigkeit (vgl. Barrera-

Vidal/Kühlwein 1975:108f.). In Anlehnung an Wundts *Völkerpsychologie. Eine Untersuchung der Entwicklungsgesetze von Sprache, Mythos und Sitte* (1912), die eine besonders enge Beziehung zwischen Sprache und Volkscharakter postuliert, sind mitschwingende Wertungsurteile volks- und kulturkundlicher Art ebenfalls in Betracht zu ziehen. Beispielsweise sah Deutschbein in den *self*-Komposita im Englischen einen Beweis für die starke Ich-Bezogenheit der Engländer (vgl. Nickel 1972:9). Diesbezüglich sollte jedoch betont werden, daß die Mehrzahl dieser Studien eher theoretischer oder spekulativer Natur waren und sich selten so explizit über das Verhältnis von Wirklichkeit zu Sprache und Denken geäußert haben. Die meisten Studien widmen sich weiterhin der Darstellung der klassischen Gebiete der Phonetik, der Morphologie und Lexik, weniger der Syntax, und die Interpretation der Semantik bleibt alles in allem noch immer ein marginaler Bereich.

2.1. Die kontrastive Linguistik

2.1.1. Allgemeines Panorama

Die Kontrastive Linguistik (im folgenden: KL) wird heutzutage als „ein Zweig der Angewandten Sprachwissenschaft" definiert (Schmitt 1991:52). Als deskriptive Disziplin widme sie sich dem Sprachvergleich und untersuche sowohl die Gemeinsamkeiten als auch die Unterschiede von Sprachen, Sprachenpaaren und Sprachfamilien (vgl. *ibid.*).
Die KL ist im Rahmen des amerikanischen Strukturalismus und Behaviorismus mit der Bezeichnung 'Contrastive Linguistics' mit einem zunächst – innerhalb des Fremdsprachenunterrichts (im folgenden: FU) – pädagogischen Ziel entstanden. Die empirischen Beobachtungen zur wichtigen Rolle, die die Muttersprache von ausländischen Studenten aus unterschiedlichen Ursprungsländern bei der Erlernung des Englischen als Fremdsprache spielt, waren der Kern für die Pionierarbeiten von Fries 1945 und Lado 1972 in der Universität von Michigan. Beide stellten fest, daß sprachliche Fehler je nach Muttersprache der Probanden verschieden waren und daß einige der typischen Fehler, trotz langer Aufenthalte der Sprecher in einem englischsprachigen Land, immer wieder auftreten (vgl. Lado 1972:15f.) In konsequenter Interpretation dieses Befundes plädierte Fries für die Erstellung didaktischer Materialien, die sowohl die einflußreiche Muttersprache als auch die zu erlernende Sprache zum Gegenstand haben sollten:

> „Die wirksamsten Lehrmaterialien sind diejenigen, die auf einer wissenschaftlichen Beschreibung der zu erlernenden Sprache gegründet sind, sorgfältig verglichen mit einer parallelen Beschreibung der Muttersprache des Lernenden" (Fries 1945, apud Lado 1972:14).

Es genügt, einen Blick auf die verwirrende Terminologie zu werfen, die diese Disziplin von ihren Anfängen an geprägt hat, um sich ihrer Uneinheitlichkeit und geringen Praktikabilität bewußt zu werden. Der Terminus KL gilt deshalb als 'Sammelbegriff' (Nickel 1980:633, apud May 2000:29). Es sind in der heutigen Fachliteratur diesbezüglich überwiegend die Begriffe 'Kontrastive Grammatik'[32] (im folgenden: KG) und – in der osteuropäischen Tradition – 'Konfrontative Linguistik'[33] zu finden. Die Publikation von Lados *Linguistics across cultures* (1957) bildete einen Wendepunkt und löste die Veröffentlichung von kontrastiven Arbeiten, wie z. B. die 'Contrastive Structure Series' aus. Bei letzteren Arbeiten handelt es sich um eine Reihe von kontrastiven Grammatiken, die ab 1962 unter der Leitung von Ferguson entstanden sind. Gegenstand des Projekts bildeten verschiedene Sprachen:

> „Fergusons Serie enthält kontrastive Arbeiten zum Laut- und Grammatiksystemen der Sprachenpaare Englisch-Deutsch, Englisch-Französisch, Englisch-Italienisch, Englisch-Spanisch und Englisch-Russisch [...]" (May 2000:32).

Von den Anfängen der KL, auch 'Kontrastive Analyse'[34] genannt (im folgenden: KA) bis zu den heutigen Studien hat die Disziplin eine starke Entwicklung erfahren: Dabei wurde in einer anfänglich eingetretenen Begeisterung die KL zunächst als Lösung schlechthin für die meisten Probleme beim Erlernen von Fremdsprachen angesehen. In den 60er und 70er Jahren war die KL jedoch starker Kritik ausgesetzt. In den 70er und 80er Jahren wird deshalb eine gewisse Umorientierung der Disziplin deutlich. In den letzten Jahren sind zahlreiche Artikel erschienen, die einen Endpunkt dieser Disziplin andeuten. So werden wir mit Titeln wie beispielsweise folgendem von Abbas (1995, apud Kortmann 1998:139) konfrontiert: "Contrastive Analysis: Is it a living fossil?". James, der 1972 als erklärter Verfechter der KL den Artikel "Zur Rechtfertigung der kontrastiven Linguistik" geschrieben hat (1972:20-37), vergleicht 1994 (vgl. Kortmann 1998:139) die KL mit dem Dodo[35], einem zu Ende des 17. Jahrhunderts ausgestorbenen Vogel auf Mauritius, „in Anspielung an die englische Redewendung, daß etwas so tot wie der Dodo sei" (*ibid.* 1998:139).

2.1.2. Kritikpunkte an der KL

In den Anfängen der KL hat man den Terminus 'Transfer' aus der Psychologie übernommen. Der positive Einfluß der Muttersprache beim Erlernen einer Fremdsprache wurde als 'Transfer', der negative als 'Interferenz' bezeichnet (vgl. u.a. Beerbom 1992:87).
Arbeiten wie *Teaching and Learning English as a Foreign Language* (Fries 1945) oder *Languages in Contact* (Weinreich 1953) sowie *Linguistics Across Cultures*

---

[32] Bezeichnung für KL, auf welche Coseriu hinweist (vgl. 1981:189).
[33] Bezeichnung für KL nach Zabrockis Auffassung. Zu diesem Begriff siehe Punkt 2.1.2. der vorliegenden Arbeit.
[34] Dem englischen 'Contrastive Analysis' nachgebildet.
[35] Zu dieser Entwicklung vgl. u.a. Kortmann (1998:136-161). Siehe dazu auch Punkt 2.1.2.

(Lado 1957) begründeten zunächst die erfolgreiche Etablierung der Disziplin. Auch durch ihre Anlehnung an die vorherrschende behavioristische Tendenz fand die KA ihre Legitimierung. Andererseits sorgte diese schulische Abhängigkeit für sehr starke Kritiken (vgl. Larsen-Freeman / Long 1994:58). Gemäß dem behavioristischen Ansatz wird der Spracherwerb als Ergebnis von Sprechgewohnheiten ('habits') betrachtet. Beim Erlernen einer Fremdsprache transferiere der Sprecher die erworbenen Sprachgewohnheiten seiner Muttersprache in die zu erlernende Sprache. Diesbezüglich vertritt Lado folgende Ansicht:

> „Los aprendices tienden a transferir y a distribuir las formas y significados de su lengua nativa y de su cultura a la lengua y a la cultura extranjera – tanto de manera activa, cuando intentan hablar la lengua y actuar en la cultura, como receptivamente cuando tratan de comprender y entender la lengua, la cultura tal y como la practican los nativos" (1957, in Gass / Selinker 1983:1, apud Larsen-Freeman / Long 1994:56).

Zu dieser Aussage bemerkt Weinrich folgendes:

> „Mientras [sic] mayor sea la diferencia entre dos sistemas, esto es, a medida que sean más numerosos las formas y patrones mutuamente exclusivos de cada uno, mayor será el problema del aprendizaje y las partes donde posiblemente se produzcan interferencias" (1953:1, apud Larsen-Freeman / Long 1994:56).

Diese Konzeption bildet die Grundlage für Lados These von der Interferenz:

> „[...] aquellos elementos que sean parecidos en su lengua nativa les resultarán más sencillos y los que sean distintos les serán más difíciles" (1957:2, apud Larsen-Freeman / Longman 1994:56).

In diesem Rahmen wurden die Interferenzen der Muttersprache als Hauptquelle von Fehlern betrachtet und infolgedessen als Krux für den Zweitsprachenerwerb angesehen. Das Ziel bestand darin, diesen Fehlern entgegenzuwirken. Die Interferenzen wurden als gravierende Hindernisse beim Erlernen einer Fremdsprache gesehen und nicht wie heute – bei der Fehleranalyse, beispielsweise – als erforderliche und unvermeidbare Schritte beim Lernprozeß einer Fremdsprache (vgl. Brooks 1960, apud Fernández 1997:15,19) bewertet.
Lee spricht sich gegen die zu seiner Zeit herrschende Annahme aus,

> „(1) daß der Hauptgrund oder sogar der einzige Grund für die Schwierigkeiten oder Fehler bei der Erlernung einer Fremdsprache die Interferenz ist, die von der Muttersprache des Lernenden ausgeht [...]" (Valdemar 1966:27, apud Lee 1972:158).

Ferner stellt Lee folgende Behauptung auf, die aus seiner eigenen Erfahrung beim Erlernen von Fremdsprachen resultiert (vgl. 1972:160):

„Man sollte sich gegen die Meinung wenden, daß die Erlernung einer Fremdsprache um so schwieriger sei, je größer die Unterschiede zwischen den beiden Sprachen sind" (1972:159).

In jüngsten Arbeiten wird dieselbe Ansicht vertreten:

> „Die KL solle sich nicht nur auf die Ähnlichkeiten zwischen den kontrastierten Sprachen konzentrieren. Unterschiede zwischen den Sprachen müssen durchaus nicht zu Lernschwierigkeiten und Fehlern führen; vielmehr kommt es zu diesen häufig auch aufgrund von Ähnlichkeiten von Mutter- und Fremdsprache" (vgl. Ringbom 1994:741, apud Kortmann 1998:137).

Chomsky hat 1959 mit seiner Revidiȩrung von Skinners *Verbal Behavior* (1957) einen Wendepunkt gesetzt und als Auslöser für weitere Kritiken eine wichtige Rolle gespielt:

> „Las teorías de Chomsky sobre la adquisición de la primera lengua [...] demuestran que la adquisición de lenguas no puede reducirse a un proceso de estímulo-reacción-refuerzo. De hecho, en la adquisición de la primera lengua el refuerzo no parece jugar un papel importante porque los padres rara vez corrigen los errores lingüísticos ya que prestan más atención al significado. Parece, por lo tanto, que la transferencia también puede ser mejor comprendida en términos de aprendizaje al aplicar modelos cognitivos que modelos conductistas" (Jessner 1996:143).

Chomsky setzt die Existenz einer 'Universellen Grammatik', eines LAD (Linguistic Adquisition Device), einer angeborenen Veranlagung zur Bereitstellung von internen Regeln (in einem kreativen Prozeß des Lerners) beim Erlernen der Erst- und anderen Sprachen voraus (vgl. u.a. Fernández 1997:18):

> „Within Chomskyan paradigm a universal grammar is comprised of universals of language [...] The evidence for universals within this paradigm comes from a *detailed* analysis of a language [...] Universal grammar in fact defines the class of possible human languages. Additionally, it is claimed that universal properties are innate and it is *because* of their innateness that children are able to construct abstract grammars in a relatively short amount of time" (Gass 1984:4).

Das nachfolgende Zitat faßt zahlreiche Kritiken, die bezüglich des Terminus 'Transfer' entstanden sind, zusammen:

> „Viel grundsätzlicher noch wurde die Idee des Transfers im Zweitspracherwerb generell in Zweifel gezogen und stattdessen, ganz im Sinne von Chomskys *Universal Grammar*, Zweitsprachenerwerb dem Erstsprachenerwerb 'gleichgesetzt' (vgl. die *Creative Construction Hypothesis* von Dulay und Burt 1974 sowie die *monitor theory* von Krashen; vgl. Dulay/Burt/Krashen 1982)" (Kortmann 1998:137f.).

Ein weiterer Kritikpunkt betrifft die Vorhersagekraft der KL. In empirischen Untersuchungen treten einige vorhergesagte Fehler nicht auf; und andererseits treten jedoch Fehler auf, die nicht vorhergesagt waren. So haben Dulay und Burt festgestellt, daß die meisten Fehler nicht auf Interferenzen mit der Muttersprache zurückzuführen sind, sondern auf Fehler, die auch bei Erlernung der Muttersprache (Erstsprache) vorkommen:

> „[...] the majority of the grammatical errors second language learners make do not reflect the learners' mother tongue but are very much like those young children make as they learn a first language. Researchers have found that like L1 learners' errors most of the errors L2 learners make indicate they are gradually building an L2 rule system" (Dulay/Burt/Krashen 1982:138, apud Kortmann 1998:141).

Kellerman betont die Schwierigkeiten für eine Akzeptanz der Postulate der KL:

> „We now accept that 'Linguistics Across Cultures' fails because the specific cornerstones on which Lado's hyphotesis rested did not work well enough – a description of the differences and similarities between L1 and L2 in tandem with a behavioristic theory of transfer has been shown countless times to be an inadequate predictor of learner difficulty, as symbolized by L1-like error. Contrastive analysis made predictions that they couldn't keep; some expected difficulties didn't turn up, and some did that weren't expected at all – gatecrashes on a theory, you might say. [...] a remarkable stimulant in their minimalization of the role of the L1 in L2 acquisition. Dulay and Burt brought with them a hypothesis which set out of stress the similarities between L1 and L2 acquisition, the irrelevance for language acquisition of transfer with behaviorist psychology – hence transfer did not exist, or at least played an entirely trivial role in the acquisition process. [...] Some of their analyses fail to convince because they fail to provide the critical supporting evidence for them [...], but the overall impact was enormous, [...]" (Kellermann 1984:99).

Diese Kritikpunkte haben sich auf die Terminologie ausgewirkt. Es wurden Versuche unternommen, um eine Reorientierung der Disziplin zu verwirklichen. Später sind sie jedoch meistens gescheitert. Einer dieser Versuche ist beispielsweise Zabrockis Vorschlag einer terminologischen Veränderung; er verwendet den Terminus 'Konfrontative Linguistik' und versucht, eine Wissenschaft zu begründen, „die sich mit Unterschieden aber auch mit Gemeinsamkeiten einzelner Sprachen beschäftigt" (vgl. May 2000:29). Wardhaugh hingegen unterscheidet zwischen einer 'starken', voraussagenden Variante, die aber undurchführbar sei, und einer 'schwachen' Variante. Letztere basiert auf den Fehlern der Studierenden und versucht, eine Erklärung für deren sprachliche Abweichungen von der Norm zu finden, indem sie deskriptiv die Ähnlichkeiten und Unterschiede zwischen den Sprachen erörtert. Die schwache Version bedeutete eine Annäherung an die seit langem etablierte Fehleranalyse (vgl. u.a. James 1972:23 und Jessner 1996:144). Kortmann betont diesbezüglich, daß Lado grundsätzlich mißverstanden wurde:

> „Lados Position in diesem Punkt ist übrigens ganz klar, wurde aber lange von vielen nicht zur Kenntnis genommen. Er betrachtete den aus der KA zweier Sprachen resultierenden Katalog von strukturellen Unterschieden als einen reinen Hyphotesenkatalog bezüglich der Verursachung von Lernproblemen, der anhand der tatsächlich begangenen Fehler von

Fremdsprachenlernen empirisch überprüft werden müsse: 'Yet it [dieser Katalog, B.K.]
must be considered a list of hypothetical problems until final validation is achieved
checking it against the actual speech of students'" (Lado 1957:72, apud Kortmann
1998:137).

In Europa, ganz im Gegensatz zu den USA, „wurde schon immer eine primär
theoretische und deskriptive KL betrieben, keine angewandte, pädagogisch
ausgerichtete. Deshalb war man hier auch immer wesentlich vorsichtiger und
realistischer, was die Erwartungen an die KL hinsichtlich ihres Nutzens für den FU
betrifft" (Kortmann 1998:138). Aus diesem Grund sollte bei dieser Auseinandersetzung zwischen der amerikanischen und der europäischen Perspektive differenziert
werden:

> „Die empirische KL ist in ihrem Selbstverständnis also nie annähernd in dem Maß
> beeinträchtigt worden, wie es für die pädagogisch orientierte KL in den USA zu
> konstatieren ist, wo es in der Folge der massiven Kritik seit Ende der 60er Jahre zum
> Niedergang der KL kam" (Kortmann 1998:139).

Alle hier erwähnten Kritikpunkte haben positiv dazu beigetragen, sich mit
Überlegungen und Fragen über wichtige Aspekte der KL erneut intensiv
auseinanderzusetzen. Gleichzeitig haben sie zu einer Revidierung der KL und zu
neuen Ansätzen geführt, die sich als Ausgleich von extremen und oppositiven
Tendenzen erwiesen haben. U.E. hat sich - aus der heutigen Perspektive gesehen –
damit die KL hinsichtlich ihrer Inhalte und Forschungsperspektiven bereichert, wie
dies auch die nachfolgend zitierten Ausführungen von Kortmann bestätigen:

> „Bei der Neubewertung des Transfers in der Forschung seit den späten 70er und vor allem
> 80er Jahren, wobei *Transfer* ganz neutral und nicht als Antonym von Interferenz zu
> verstehen ist, geht es mir in erster Linie um drei Dinge:
> Erstens soll unterstrichen werden, daß die Zweit- und Fremdsprachenerwerbsforschung
> selbst, und zwar sogar diejenige in Nordamerika, die angewandte KL und in der Folge das
> Thema dieses Beitrags in den 80er Jahren wieder auf die Tagesordnung gesetzt hat. Sie hat
> dies dadurch getan, daß der Transfer, und zwar gerade auch der Transfer im Bereich der
> Syntax, wieder als ein wichtiger, den Erwerb einer Fremdsprache beeinflussender Faktor
> anerkannt wird. Mit anderen Worten: Das Pendel in der Zweit- und
> Fremsprachenerwerbsforschung ist nun endlich, nachdem es in den letzten Jahrzehnten von
> einem Extrem zum anderen geschwungen ist, in eine realistische mittlere und damit wohl
> auch Ruheposition gelangt" (Kortmann 1998:140)[36].

Die neue und eher nüchternere Bewertung der Rolle des Transfers scheint uns
akzeptabel; sie ist auch in folgender Aussage Beerboms implizit enthalten:
> „Wenn die KL auch keine monokausale Erklärung für die Fehlergenese beim
> Fremdsprachenerwerb liefern konnte, so spielt doch ihre fehlerprognostische und –
> explikative Funktion für die Fehlerprophylaxe und –therapie in Fremdsprachenunterricht

---

[36] Siehe zu dieser Entwicklung die graphische Darstellung von Kortmann (1998:140).

eine zentrale Rolle" (1992:88f.).

Damit entspricht auch die Natur der vorliegenden Arbeit eher den primär deskriptiven und theoretischen Bemühungen, die die behandelte Disziplin in Europa, mit der
sogenannten 'schwachen Version'[37], charakterisiert haben. Wir beanspruchen, die
unterschiedlichen Mittel von Sprachpaaren zu beschreiben; im Mittelpunkt unserer
Studie stehen die sprachlichen Mittel und Regeln, über die die beiden zu
vergleichenden Sprachen, und zwar Deutsch und Galicisch, verfügen, um Modalität
auszudrücken. Darüber hinaus ist es unentbehrlich, einen Sprachvergleich durchzuführen, dessen Hauptanliegen aber – wie bereits oben erwähnt – die Deskription
allgemein darstellt. Mitschwingende didaktische Ziele werden damit höchstens
sekundär berücksichtigt. Es handelt sich bei der vorliegenden Arbeit um ein Inventar
von Musterübersetzungen und diese begleitenden, pragmalinguistisch orientierten
Überlegungen, mit dem Ziel, einen Beitrag zur komplexen Arbeit des Übersetzers
von literarischen Werken zu leisten und daraus Gewinn für den Sprachenvergleich
zu ziehen. Es ist aber nicht auszuschließen, daß auch ein gewisses Interesse bei
Lernern einer von beiden Sprachen als Fremdsprache erweckt wird. In diesem
Zusammenhang dürfen die Kritikpunkte, die die Entstehung und Entwicklung dieses
Zweigs der Angewandten Linguistik geprägt haben, nicht ausgeklammert bleiben.

2.2. Kontrastive Linguistik und Übersetzungswissenschaft

2.2.1. Die Beziehung zwischen kontrastiver Linguistik und Übersetzungswissenschaft

Eine genaue Definition des Verhältnisses beider Disziplinen zueinander bleibt bisher
ein Desideratum. Gemeinsam ist der KL mit der Übersetzungswissenschaft, daß
beide Disziplinen dem synchron-deskriptiven Sprachvergleich zugerechnet werden
können. Diesbezüglich bemerken Kühlwein und Wilss folgendes:

> „Das Verhältnis zwischen Kontrastiver (oder Konfrontativer) Linguistik (KL) und
> Übersetzungswissenschaft (ÜW) ist trotz verschiedener Abgrenzungsversuche (Bausch
> 1970; Ivir 1974; Wilss 1977) noch weithin ungeklärt. Beide Disziplinen sind als
> Teilbereiche des synchron-deskriptiven Sprachvergleichs zu betrachten [...]" (1981:7).

Da sich die KL als vergleichende Methode die Unterschiede und Ähnlichkeiten
zwischen Sprachen zum Gegenstandsbereich macht, könnte fälschlicherweise
angenommen werden, daß die Analysen der vergleichenden Betrachtung von
Sprachen u.a. zugunsten der Übersetzungstätigkeit – die insbesondere als Zweig der
Angewandten Linguistik aufzufassen ist – durchgeführt worden sind. In der Realität
hat sich jedoch die KL in erster Linie hauptsächlich mit didaktischen Fragen im
Bereich des FU auseinandergesetzt; diese Beschäftigung hat sie in einem weiteren

---

[37] Siehe dazu Seite 86 des vorliegenden Punktes.

Schritt zur Fehleranalyse geführt. Diese Entwicklung wird vor allem von Schmitt betont:

> „Angesichts dieser Zielsetzung sollte man erwarten, daß diese Methode seit langem eine der Grundlagen der Übersetzungswissenschaft bildet, für die ja die Ermittlung von Entsprechungen und Divergenzen von Sprachenpaaren eine echte Daueraufgabe darstellt. Ein Blick in die Wissenschaftsgeschichte zeigt, daß diese Annahme falsch ist, denn als vorrangige Ziele der KL galten zunächst die Erarbeitung von Fehleranalysen im Fremdsprachenunterricht und die Erstellung von Hilfsmitteln für die Sprach- und Fremdsprachenlehre" (1991:52).

Ein Grund für diese paradoxe Situation liegt gemäß Schmitt an der strengen saussurianischen Einteilung der Sprache in zwei Ebenen, wobei die KL stark auf die Ebene der 'langue', die Übersetzungswissenschaft (im folgenden:ÜW) hingegen auf die 'parole'-Ebene orientiert bleibt. Dies hat dazu geführt, daß eine mögliche Wechselwirkung beider Disziplinen nur wenig in Betracht gezogen wurde. In dieser Hinsicht läßt sich folgende Bemerkung von Schmitt anführen:

> „Im Vordergrund der KL stand – zumindest in den Anfängen, die in die Blütezeit des Strukturalismus fallen (Rein 1983,7ff.) – die Einheit der *langue*, das sprachliche System; KL war damit im wesentlichen Systemvergleich, während die Übersetzungswissenschaft als primär *parole*-orientierte Disziplin sich mit den Bedingungen, Modalitäten und Mechanismen der Übertragung aktualisierter Texte in eine oder mehrere Zielsprachen befaßte. Diese Trennung erklärt, warum lange Zeit die KL als eine eher didaktisch zu begreifende Wissenschaft verstanden wurde und warum zunächst gar nicht daran gedacht wurde, sie für die Übersetzungswissenschaft einzusetzen: Strukturelle Ansätze galten als statische Beschreibungen von sprachlichen Regelsystemen und mit der strengen, auf Saussure zurückgehenden Trennung von *langue* und *parole* war eine struktural ausgerichtete Sprachbetrachtung *eo ipso* für die Textbeschreibung oder die Analyse von Phänomenen-im-Text verpönt" (Schmitt 1991:52).

Eine Vollständigkeit beanspruchende KL soll nach Coserius Auffassung die Grenzen der Strukturzentriertheit überschreiten und die drei Ebenen der Sprachnorm, des Sprachsystems und des Sprachtypus berücksichtigen:

> „Sehr genau sind schließlich die Ebenen der Sprachstruktur zu beachten, auf die sich die Unterschiede zwischen den Sprachen beziehen, denn damit hängt einerseits die virtuelle, andererseits die konkrete Annehmbarkeit des Sprechens unmittelbar zusammen. Gewisse Unterschiede können nämlich die Sprachnorm allein (d.h. die traditionell übliche Realisierung der Funktionen) betreffen, andere hingegen das Sprachsystem (d.h. die oppositiven Verfahren und die oppositiven Funktionen als solche) und noch andere den Sprachtypus (d.h. die Arten und Kategorien von Verfahren und Funktionen). So betreffen die funktionellen Unterschiede zwischen dem Spanischen und dem Portugiesischen oft nur die Ebene der Sprachnorm (z.B. im Falle von der berühmten Opposition der beiden Seinsverben *ser-estar*; das Spanische und das Italienische gehören bei aller Verschiedenheit der Sprachsysteme zu demselben Sprachtypus; das Deutsche und das Altgriechische erweisen sich oft als sprachtypologisch ähnlich; das Französische weicht

von den übrigen romanischen Sprachen nicht nur auf der Ebene des Sprachsystems, sondern auch, und sogar in höherem Maße, auf der Ebene des Sprachtypus ab" (1972:54f.).

Oleksy zufolge (vgl. 1984:349ff.) muß sich die KL auf die *parole* ausdehnen und auch die pragmatische Dimension einschließen. Schmitt schließt sich auch der Ansicht dieses Linguisten an:

> „Da Textinhalte nicht ausschließlich durch Sprachbedeutungen vermittelt werden, durfte die KL, wollte sie übersetzungswissenschaftliche Relevanz erreichen, nicht länger ausschließlich auf der Ebene der *langue* operieren; der Sprachvergleich mußte sich auf Redebedeutungen und Textfunktionen ausweiten, [...]" (1991:53).

Aufgrund all dieser noch zu lösenden Fragen beharren einige Linguisten auf der nicht-Existenz eines Zusammenhangs zwischen KL und ÜW, wie beispielsweise die Pariser Schule (vgl. Schmitt 1991:53).

2.2.2. Grundprobleme der KL: Grammatikmodell und *tertium comparationis*

> „Die KL ist eine deskriptive Disziplin. Sie besitzt keinen eigenen methodischen Wert, denn die Kontrastierung setzt eine Methode zur Beschreibung und Auslegung praktischer Fakten bereits voraus. Die zu vergleichenden einzelsprachlichen Erscheinungen müssen zunächst unabhängig voneinander nach der gleichen Methode, vor dem gleichen theoretischen und terminologischen Hintergrund beschrieben werden, bevor ein sinnvoller Sprachvergleich erfolgen kann" (Beerbom 1992:90)[38].

Aufgrund dieses Autonomiemangels besteht Einigkeit darüber, daß die KL sich eines Grammatikmodells für ihre Zwecke bedienen sollte. Welches das geeignetste Modell ist, gehört zu den zahlreichen umstrittenen Fragen, die in bezug auf diesen Gegenstandsbereich noch immer nicht gelöst sind.

Coserius Meinung, daß im Prinzip jede beliebige Grammatik nützlich sein könne, erscheint uns überzeugend:

> „Deshalb ist es auch an sich gleichgültig, welcher Art der deskriptiven Grammatik hier gefolgt wird. Eine traditionelle, eine strukturelle oder eine transformationelle Beschreibung können prinzipiell denselben Dienst leisten, wenn sie explizit genug sind [...]" (1972:43).

Diese hier recht apodiktisch vorgetragene Behauptung wird jedoch noch von Coseriu selbst nuanciert. Er übt heftige Kritik an der Generativen Transformationellen Grammatik, da diese die pragmatische Ebene völlig ignoriere:

> „Am geeignesten für die Ziele des kontrastiven Vergleichs scheint jedoch eine strukturell-funktionelle Beschreibung zu sein, da eine solche Beschreibung den Übergang von den Redebedeutungen zu den einheitlichen sprachlichen Funktionen zuläßt bzw. erleichtert und dadurch das innere Verständnis der Zielsprache fördert; am wenigsten geeignet erscheint

---

[38] Vgl. dazu auch Coseriu (1981:189) oder (1988:317).

die transformationelle Grammatik, die gerade diesen Übergang sperrt. Die traditionelle Grammatik sagt uns zwar, wann (d.h. für welchen Ausdruckszweck) etwas gesagt wird, sie bleibt auf der Ebene der Typen der Redebedeutungen, wodurch ihr die innersprachliche Rechtfertigung dieser Redebedeutungen durch die entsprechende Sprachfunktion entsteht. Die transformationelle Grammatik schiene zwar auf den ersten Blick – da sie eigentlich Grammatik des Sprechens mit den Einzelsprachen ist (nicht Grammatik der Einzelsprachen als solcher, wie man irrtümlicherweise so oft annimmt) – gerade für den praktischen Zweck der KG, d.h. für die Spracherlernung, sozusagen wie geschaffen. Doch dies ist aus einem entscheidenden Grund nicht der Fall, und zwar deshalb nicht, weil die transformationelle Grammatik die paradigmatische Achse der Sprache, d.h. die einzelsprachlichen funktionellen Einheiten, die die Gebrauchsmöglickkeiten der Sprachformen rechtfertigen, nicht nur vernachlässigt, sondern sogar grundsätzlich ignoriert. Sie sagt uns zwar, ob etwas gesagt wird bzw. gesagt werden darf - d.h. welches [sic] die Sätze sind, die im Sprechen mit einer Einzelsprache als 'grammatisch', als richtig erzeugt, angesehen werden können -, jedoch - im Gegensatz zur traditionellen Grammatik - nicht *wann*, d.h. für welche Funktionen, diese Sätze zu verwenden sind. Daß die Transformationalisten es manchmal doch sagen, hat mit den *Prinzipien* der transformationellen Grammatik nichts zu tun, da es in diesen Prinzipien keinen Platz für die sprachlichen Paradigmata als solche gibt. Es hilft dabei natürlich nicht, auf die Funktion mittels funktionsbedingter Symbole wie NP ('Nominalphrase'), VP ('Verbalphrase'), Aux ('Hilfsverb') usw. anzuspielen, denn damit hat man Namen, nicht etwa Funktionen. Ebensowenig hilft es, das Paradigmatische auf die Syntagmatische Achse, z.B. in Form von sogenannten 'semantischen Restriktionen', zurückzuführen, denn dadurch werden Kombinationen, nicht aber paradigmatische Wahl gerechtfertigt" (Coseriu 1972:43f.)

In Anlehnung an die Ziele der KL soll ein geeignetes *tertium comparationis* (im folgenden: TC) gewählt werden. Diese Rolle kann entweder eine von beiden zu vergleichenden Sprachen oder ein Bezeichnungssystem spielen:

„Die kontrastive Linguistik ist im Grunde synchronischer Sprachvergleich; sie befaßt sich mit Unterschieden und Analogien zwischen Einzelsprachen, d.h. grundsätzlich zwischen Bedeutungssystemen. Dafür muß sie eine der miteinander verglichenen Sprachen als Bezeichnungssystem ('Weltgestaltung') ansehen und die anderen Sprachen – als Gestaltungen derselben 'Welt' durch andere Bedeutungen -, mit diesem System vergleichen:

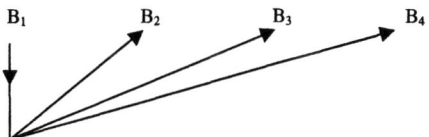

oder sie muß ein *tertium comparationis* annehmen, das ihr erlaubt, diese Sprachen auf der gleichen Ebene miteinander zu vergleichen. Als *tertium comparationis* kann entweder ein universelles Kategorialsystem (Gefüge von Typen von Funktionen, Verfahren und entsprechenden Paradigmata) dienen oder ein von den zu vergleichenden Sprachen unabhängiges Bezeichnungssystem. Der Vergleich mit einem universellen Kategorialsystem als *tertium comparationis* ist an sich vollkommen berechtigt und in mehrerlei Hinsicht ergiebig, kann jedoch nicht zu einer vollständigen kontrastiven Linguistik führen. Der Vergleich, bei dem ein außereinzelsprachliches Bezeichnungssystem als *tertium comparationis* dient, könnte hingegen dies leisten, ist aber äußerst schwer durchzuführen. Am leichtesten durchführbar ist sicherlich der 'unidirektionale' Vergleich, bei dem eine der zu vergleichenden Sprachen als Maßstab für alle anderen angenommen wird, hat aber den Nachteil, daß er eben 'unidirektional' ist" (Coseriu 1981:188f.).

Bei einem Sprachvergleich können zwei unterschiedliche Verfahren durchgeführt werden (vgl. Beerbom 1992:91f.):

> a) ein adirektionales oder bilaterales Verfahren.
> Dies ist ein Vergleich, bei dem ein außersprachliches *tertium comparationis* – eine dritte Sprache könnte als solches fungieren – als Bezugspunkt dient. Es handelt sich um ein onomasiologisches Verfahren. Bei diesem Verfahren muß festgestellt werden, über welche sprachlichen Mittel die beiden verglichenen Sprachen zur Realisierung des im TC Formulierten verfügen.
> b) ein unidirektionales Verfahren.
> Hierbei wird eine der miteinander zu vergleichenden Sprachen für das Bezeichnungssystem gehalten und als Ausgangspunkt der Untersuchung gewählt. Laut Beerbom „müssen zunächst die Bedeutungsstrukturen der Ausgangssprache durch eine semasiologische Analyse festgestellt werden. In einem zweiten, onomasiologischen Schritt werden sie auf die Bedeutungsebene(n) der Zielspra-
> che projiziert, um die äquivalenten zielsprachlichen Mittel zu erfassen" (1992:92).

Darüber hinaus behauptet Beerbom (vgl. 1992:108), und wir schließen uns ihr in diesem Punkt an, daß die kontextunabhängige, übergreifende Bedeutung der MPn kein TC konstituieren kann und daß die pragmatischen Aspekte bzw. textlinguistischen Funktionen von MPn, die einbezogen werden müssen, zu komplex seien. Die Bedeutung der MPn allein sei sehr allgemein und nur kontextbezogen präziser beschreibbar, um einen Vergleich auf rein semantischen Kriterien zu gründen. Da es in anderen Sprachen keine mit den MPn syntaktisch vergleichbaren Elemente gibt, könne kein formal-syntaktisches TC eingesetzt werden. Infolgedessen schlägt Beerbom einen Vergleich vor, der auf pragmatisch-kommunikativen Funktionen, die jedoch die MPn erst in Zusammenhang mit anderen sprachlichen Mitteln erfüllen, basiert. Coserius Auffassung, daß bei der Übersetzung von den deutschen MPn in die romanischen Sprachen entweder mit Null- oder Intonationsentsprechungen gerechnet werden müsse, erscheint uns sowohl für die Ausführungen im Rahmen unserer kontrastiven Arbeit als auch für die Bestimmung des TC von grundlegender Bedeutung zu sein (vgl. Coseriu 1972:46).

2.2.3. Prinzipien der Übersetzung

Übersetzen bedeutet äquivalente Translate in einer beliebigen Zielsprache für die Textinhalte (denn Übersetzten ist immer textbezogen) einer beliebigen Ausgangssprache zu finden. Die Übersetzung soll der Maxime der Invarianz, der Äquivalenz und der Adäquatheit folgen, wobei die zweite auf keinen Fall als wörtliches Übersetzungsverfahren zu verstehen ist (vgl. Schmitt 1991:50). Aus diesem Grund lautet auch der Titel der vorliegenden Arbeit: *Die deutschen Modalpartikeln und ihre Äquivalenzen im Galicischen.* In bezug auf die Prinzipien der Äquivalenz und der Adäquatheit sollen u.E. wichtige Bemerkungen von Coseriu berücksichtigt werden. Dieser betont, es sei gerechtfertigt und notwendig, eine ideelle Identität der Denkinhalte zwischen der Ausgangs- und der Zielsprache vorauszusetzen, doch bleibe die Umsetzung dieses Postulats in der Realität stets mit zahlreichen Schwierigkeiten verbunden:

> „Eine gewisse ideelle Identität der Denkinhalte vorauszusetzen, ist nun berechtigt und sogar notwendig, jedoch nicht ohne Einschränkung, denn nicht alle Denkinhalte können von der sprachlichen Gestaltung der außersprachlichen Erfahrung getrennt werden. Außerdem setzt eben eine solche Trennung die sprachliche Gestaltung voraus: Die Bezeichnung, der Bezug auf das Außersprachliche, hängt nämlich von der sprachlichen Bedeutung ab und ist der Bedeutung gegenüber etwas Sekundäres, nicht umgekehrt. Die Bezeichnung kann von der einzelsprachlichen Bedeutung unabhängig gemacht werden – was grundsätzlich in den von der Logik konstruierten Sprachen, in den Fachsprachen und auch in den fachsprachlichen Teilen der Einzelsprachen selbst geschieht -, jedoch erst durch eine sekundäre Operation, die einzelsprachliche Gestaltungen notwendigerweise vorausgehen. Die soeben erwähnte Fragestellung kann deshalb wissenschaftlich und praktisch gefährlich sein, wenn man annimmt, daß die Zielsprache wirklich 'dasselbe' wie die Ausgangssprache sagt, denn dies darf uneingeschränkt nur für die von der einzelsprachlichen Gestaltung trennbaren Denkinhalte angenommen werden" (Coseriu 1972:40).

Coseriu spielt hier auf das Außersprachliche an, auf den pragmatischen Aspekt, der bei der Übersetzung zu berücksichtigen ist. Diesbezüglich ist die Maxime der Adäquatheit mit dem Kontext, mit dem historisch-kulturellen Raum, in dem die Ausgangs- und die Zielsprache eingebettet sind, untrennbar verbunden. Coseriu bemerkt in dieser Hinsicht folgendes:

> „[...] es wird stillschweigend angenommen, daß mit den beiden Sprachen über dieselbe Erfahrungswelt gesprochen wird und daß der Beitrag der Kenntnis der außersprachlichen 'Sachen' zum Sprechen in den beiden Sprachen derselbe oder zumindest ungefähr derselbe ist, was für die bisher kontrastiv untersuchten Weltsprachen bis zu einem gewissen Punkt auch wirklich stimmt. Dies stimmt aber nicht in jeder Hinsicht – auch für die großen Weltsprachen nicht -, und noch weniger stimmt es allgemein, d.h. für alle gewesenen, vorhandenen und möglichen Sprachen, denn die Welterfahrung selbst, auf die sich das Sprechen mit verschiedenen Sprachen bezieht, ist zum Teil verschieden. So schon im Falle der Weltsprachen, vor allem, was die Welt der Kulturtraditionen, wenn auch nicht so sehr

was die Naturerfahrung betrifft. In allgemeiner Hinsicht muß man aber auch mit der Möglichkeit radikal verschiedener Naturerfahrungen rechnen. In einer Gemeinschaft von Menschenfressern wird vom Fleisch anders gesprochen als bei uns, und im Lande der Einäugigen wird anders von den Augen gesprochen werden [...]" (Coseriu 1972:42).

In der vorliegenden Arbeit haben wir uns darum bemüht, Übersetzungsmuster auszuwählen, in denen die oben genannten Maximen der Invarianz, der Äquivalenz und der Adäquatheit berücksichtigt worden sind. Wir haben versucht, Texte zu finden, in denen die jeweiligen Übersetzer auf folgende Fragestellung von Coseriu durch ihr Translat eine Antwort gegeben haben:

„Deshalb muß auch auf die hier diskutierte Frage z.T. anders eingegangen werden: nicht 'Wie wird 'dasselbe' in der Sprache B gesagt?', sondern eher 'Was wird eigentlich in der Sprache B in einer analogen Situation bzw. in bezug auf den gleichen Sachverhalt gesagt' [...] Wenn man nämlich das Sprechen mittels verschiedener Sprachen vergleicht, so stellt sich heraus, daß in analogen Situationen auch etwas völlig anderes gesagt wird als das, was man sagen könnte, aber auch daß nichts gesagt wird, obwohl etwas gesagt werden könnte (und in anderen Sprachen auch gesagt wird)" (Coseriu 1972:41f.).

3. Vorgehensweise: Erstellung eines Korpus. Methode

In der Fachliteratur, die als Schwerpunkt ihrer Forschungen germanische Sprachen wie das Deutsche und romanische Sprachen wie das Galicische und Spanische hat, besteht weitgehend Einigkeit darüber, daß die spontane, situationsbedingte Sprache, so wie sie gebraucht wird, keine genaue Widerspiegelung in der geschriebenen Sprache findet, denn:

> „Es bestehen keine Meinunsverschiedenheiten darüber, daß spontan gesprochene, situationsverhaftete Sprache, wie sie sich im Alltag manifestiert, als eine Realität aufgefaßt wird, die sich von der schriftlichen Sprachfixierung unterscheidet" (Gil 1984:9).

In Hinblick auf Formen wie das 'complémento de solidariedade' bzw. der 'dativo de solidariedade', auf die in der vorliegenden Arbeit ausführlich eingegangen wird, macht Álvarez Blanco ähnliche Aussagen:

> „O nivel de uso na lingua escrita actual, máis concretamente na lingua literaria, non reflecte a vitalidade que ten de xeito espontáneo na lingua oral" (1997:42).

Da MPn häufiger in der gesprochenen Sprache vorkommen, könnte angenommen werden, daß das notwendige Korpus primär aus authentischer gesprochener Sprache gewonnen werden muß. Die Aufnahme, Transkription und Auswertung dieses Materials wären jedoch sehr komplex. Bei der Auswahl von fiktional mündlichen Texten in literarischer Sprache können mehrere Vorteile genutzt werden: Die Dialoge ahmen die reale gesprochene Sprache gut nach und sind in einen konkreten, normalerweise gut beschriebenen Kontext eingebettet, was zum Verständnis der Beispiele und ihrer funktionalen Bestimmung beiträgt. Die Verwendung literarischer Quellen für die Erforschung bestimmter sprachlicher Phänomene ist durchaus berechtigt, wie Werner Winter gezeigt hat, der nach der Durchführung eines statistischen Vergleichs zwischen aus der gesprochenen Sprache direkt aufgenommenen Textsegmenten und ihrer mimetischen Darstellung in Schriften zu dem Schluß gekommen ist, daß die literarischen Texte mit Nachahmung der gesprochenen Sprache für einen geeigneten Ersatz der authentischen Sprache gehalten werden können (vgl. auch Gil 1984:12). Der einzige Nachteil, der von einigen Linguisten jedoch in Hinblick auf die MPn deutlich erkannt wird, besteht in der Tatsache, daß diese in geschriebenen fiktionalen Texten in geringerer Zahl als in der authentischen Sprache erscheinen. Dies verhindert aber nicht, daß die vorkommenden MPn, ihr Gebrauch und ihre Funktion, wie sie z.B. in authentischer Sprache auftreten, nicht dennoch richtig wiedergegeben werden und so die adäquate Grundlage für eine sprachwissenschaftliche Analogie bieten. In der vorliegenden kontrastiven Arbeit folgen wir dem unidirektionalen Verfahren und nehmen dabei jedoch sowohl die Ausgangs- als auch die Zielsprache alternativ als Bezugssystem, als TC des Vergleichs. Da die MPn ein deutsches Charakteristikum sind, wird jedoch unser Schwerpunkt eher auf der deutschen als Ausgangssprache liegen. Von Thomas Mann wurde für unsere Analyse das Werk *Der Tod in Venedig* verwendet, dessen galicische Übersetzung im Verlag Tambre erschienen ist. Auch der Partikelforscher Cárdenes Melián (1997) hat sich bei seiner Studie zum Sprachenpaar Deutsch-Spanisch dieser Erzählung bedient. Von Heinrich Böll wurde der Roman *Ansichten eines Clowns* gewählt, welcher von Beerbom (1992) für ihre kontrastive Analyse der deutschen und spanischen Sprache ebenfalls als Datenquelle ausgesucht wurde. Die Übersetzung ist ebenfalls vom Verlag Tambre in Auftrag gegeben worden (siehe für genauere Angaben das Literaturverzeichnis). Bei der Gegenüberstellung der zwei Werke konnte eindeutig festgestellt werden, daß Manns erzählende Prosa partikelarmer als die dialogische Darstellung Bölls ist, i.e.: aus der imitierten gesprochenen Sprache Bölls konnten wesentlich mehr Beispiele gewonnen werden. Darüber hinaus wurden gezielt zwei Bücher der Kinder- und Jugendliteratur ausgewählt, da in solchen Werken die Dialoge in der Regel eine ganz spontane Sprache widerspiegeln; es darf außerdem nicht vergessen werden, daß aus solchen Romanen häufig aufschlußreiche Wortspiele gewonnen werden können. Dies ist beispielsweise bei einer unserer Quellen der Fall, und zwar in *Der Wunschpunsch*, von Michael Ende, deren vollständiger Titel wie folgt lautet: *Der satanarchäolügenialkohöllische Wunschpunsch*. Die galicische Übersetzung ist im *sm-* Verlag erschienen. Der Jugendliteratur kann *Er hieß Jan* von Irina Korschunow zugeordnet werden. Wir haben uns der galicischen Übersetzung bedient, die im Alfaguara Verlag erschienen ist. Im Kiepenhauer Verlag erschien 1984, direkt aus dem Galicischen ins Deutsche übertragen, die Übersetzung der galicischen Erzählung *Memorias dun neno labrego* von Neira Vilas. So wie es in Bölls *Ansichten eines Clowns* auch der Fall war, konnten wir aus *Memorias dun neno labrego* und der entsprechenden deutschen Version Beispiele dialogischer aber auch monologischer Ausdrucksmittel der Modalität gewinnen, da die jeweiligen Hauptpersonen gleichzeitig als Ich-Erzähler fungieren.

Eine so frühe Übersetzung, wie die von *Memorias dun neno labrego* es war, bildet eine der Pionierarbeiten unter den Translaten galicischer Belletristik in der deutschen Sprache. In dem Artikel "Galicia nas linguas do mundo: Inventario de textos en galego e de Galicia traducidos ó alemán" von Seixas Seoane (1999:1167-1181) wird die 1998 im Suhrkamp Verlag veröffentlichte Übersetzung des Romans von Manuel Rivas mit dem Titel *En salvaxe compaña* nicht in Betracht bezogen. In der vorliegenden Arbeit wird dieser Text jedoch verwendet. Wiederum bestand dabei unser Hauptanliegen in der Ermittlung verschiedener Ausdrucksmittel der Modalität in der Ausgangssprache Galicisch, sowie in der Suche nach MPn und anderen eventuellen Möglichkeiten der Wiedergabe der galicischen Ausdrücke in der deutschen Übersetzung. Im Unterschied zu der 2000 ebenfalls im Suhrkamp Verlag erschienenen Übersetzung des Galicischen Romans *O lápiz do carpinteiro* von Manuel Rivas, welche aus dem Galicischen ins Deutsche erfolgte, bildet *In wilder Gesellschaft* die Wiedergabe der spanischen Übersetzung von *En salvaxe compaña*. Aufschlußreiche, aber spärliche Beispiele lieferten uns beide Romane von Rivas, da in ihnen das Erzählerische und reine Deskriptive überwiegt. Im Unterschied dazu konnten aus dem von Darío Xohán Cabana geschriebenen dialogreichen Roman *Fortunato de Trasmundi* zahlreiche und sehr authentisch wirkende Beispiele für galicische Ausdrucksmittel der Modalität gewonnen werden. Von diesem Roman wurde bisher leider keine Übersetzung ins Deutsche angefertigt, was sich auch sicherlich als anspruchsvolle und schwierige Aufgabe herausstellen würde. Bestimmte Beispiele zur Verwendung des galicischen *ho* sowie zu seiner deutschen Übersetzung konnten aus *As crónicas do Sochantre* von Álvaro Cunqueiro und aus der über das Spanische angefertigten deutschen Version *Die Chroniken des Kantors*, 1996 in der Sammlung Bibliothek Suhrkamp erschienen, gewonnen werden. Für punktuelle Hinweise auf Formen des Dativs in der spanischen Sprache wurde der Roman *El Jarama* von Sánchez Ferlosio verwendet. Rulfos *Pedro Páramo* ließ uns einen Vergleich zwischen dem spanischen *dizque* und dem galicischen *disque* ziehen. Ausgewählte Beispiele lieferten uns ebenfalls die Erzählung "Un de eses tipos que vén de lonxe", in *Un millón de vacas* von Manuel Rivas, und deren deutsche Übersetzung, die in der Zeitschrift für Literatur *Wespennest 101* veröffentlicht wurde.

Der Anregung von Thurmair folgend, die die Filme als besonders geeignetes Mittel zur Bewertung der MPn und deren Entsprechungen in der Zielsprache ansieht (vgl. 1989:6), haben wir uns auch dieses Medientyps bedient. Scherer beispielsweise hat sich bei der Untersuchung authentischer spontaner Gespräche auch Videoaufnahmen bedient, um nicht nur die innersprachlichen Parameter, sondern insbesondere die situativen und paraverbalen Faktoren, welche die gesprochene Sprache bestimmen, zu berücksichtigen. Was die galicische Sprache betrifft, welche in dieser Arbeit hauptsächlich als Zielsprache fungiert, haben wir uns mit der Auswertung von mehreren Kapiteln einer galicischen Fernsehserie beschäftigt. In diesem konkreten Verfahren soll das Galicische jedoch nicht als Aussgangspunkt des Sprachvergleichs dienen, da wir über keine deutsche Version dieser Serie verfügen. Der Zweck, den wir verfolgen, besteht darin, einzelsprachlich diejenigen Ausdrucksmittel zu erfassen, über die die galicische Sprache verfügt, um Modalität zum Ausdruck zu bringen. In einem zweiten Schritt soll von uns untersucht werden, welche von diesen Mitteln als Entsprechung für die deutschen MPn zur Verfügung stehen. Die Wahl der galicischen Serie *Mareas vivas* ist dadurch zu begründen, daß diese sprachlich ein recht authentisch wirkendes Sprachmaterial bietet. In dieser Serie wird einerseits das normierte Galicisch, andererseits die galicische Variante einer bestimmte Zone, der Todesküste in der Provinz A Coruña mit Charakteristika aus den westlichen Sprachlandschaften –in diesem Fall konkret der 'fisterrá'-Sprachlandschaft - wo beispielsweise der 'seseo' und die 'gheada' bestehen, durch verschiedene Sprecher mimetisch abgebildet. Eine genaue Beschreibung der beiden erwähnten sowie anderer sprachlicher Merkmale, die die westlichen und auch die zentralen und östlichen Sprachlandschaften charakterisieren, wird von Fernández

Rei durchgeführt, der von folgender Klassifikation ausgeht:

> „1. *Bloque occidental*
> Comprende as falas occidentais da Coruña e Pontevedra [...]. Son falas, en conxunto, innovadoras, que presentan os seguintes fenómenos comúns:
> [...]
> 2. Gheada (*amigho, ghato*). Nas vilas costeiras o sonido aspirado propio deste fenómeno é sustituido por [x], semellante ó que representa o *j* ou o *g* do castelán *jardín* ou *gente*. [...]
> 3. Seseo implosivo (*lus, des*) en case tódalas falas do bloque; seseo explosivo (*faser, vesiño*) só en parte [...]" (1982:282f.).

Als geeignetes Beispiel beider sprachlichen Phänomene läßt sich ein Kraftausdruck anführen, der den Idiolekt einer der Hauptpersonen der Fersehserie prägt:

> -Me cagho na Marilús. (Aus der Fernsehserie *Mareas vivas*).

Durch derartige Beispiele wirkt das sprachliche Verhalten der Protagonisten auf den Zuschauer als realistischer Sprachgebrauch. Die Benutzung dieses Filmkorpus halten wir für besonders vorteilhaft, da es sich bei der Serie um Dialoge handelt, die – wie bereits oben erwähnt – kaum vom authentischen Galicisch in authentischen Situationen abweichen, denn sie sind eingebettet in einem bestimmten sozio-kulturellen Kontext. Begleitende Elemente dieser Dialoge stellen die Gestik und die Mimik dar. Sowohl die sprachlichen, die außersprachlichen als auch die pragmatischen Aspekte, die gerade bei der Kommunikation eine sehr wichtige Rolle spielen, werden durch Bilder sehr klar verdeutlicht.

Aus den Untersuchungen, die den Kern der vorliegenden Arbeit bilden, geht hervor, daß das Deutsche eine partikelreiche Sprache, das Galicische dagegen eher eine partikelarme Sprache ist. Anhand der in unserem Korpus enthaltenen Beispiele, in denen die Ausgangssprache Galicisch ist, d.h., die partikelarme unter den zwei zu vergleichenden Sprachen, kann folgendes festgestellt werden: Im deutschen Zieltext kommen MPn als Entsprechung vor, auch in Fällen, in denen keine ausgangssprachliche Motivation gegeben ist, d.h. keine sprachlichen Elemente (Interjektionen, Modaladverbien, Partikeln) vorhanden sind, die zum Ausdruck der Modalität bei der Zielsprache erforderlich sind. Mit diesem bekannten Phänomen der Einsetzung von Partikeln in deutschen Übersetzungen, mit dem Sinn dieses Vorgehens und Fragen der Adäquatheit hat sich die Translationswissenschaft mehrfach auseinandergesetzt. In Anlehnung an die von Coseriu formulierte und als Schluß des Punktes 2.1.3. der vorliegenden Arbeit zitierte Fragestellung darf allein eine kommunikativ und pragmatisch äquivalente Übersetzung als adäquate Leistung gelten. Was die Partikel im Deutschen als Zielsprache betrifft, haben O'Sullivan und Rösler folgende Regelhaftigkeit verteidigt:

> „*Hinzufügen* ist in diesem Zusammenhang ein problematisches Verb. Man kann nur dann sagen, daß im deutschen Text etwas hinzugefügt wird, wenn man im Ausgangstext

lediglich die direkten Äquivalente als Vergleichsbasis nimmt. Betrachtet man die Angelegenheit dagegen auf der kommunikativ-funktionalen Ebene, dann wird nichts hinzugefügt, dann werden lediglich bestimmte Intentionen o.ä. adäquat wiedergegeben. Ein Übersetzer muß also einen Ausgangstext ohne Partikeln bzw. mit wenigen Partikeln bei der Übersetzung mit so vielen Partikeln anreichern, daß der übersetzte Text als ‚normal' in Beziehung zu der jeweiligen Textsorte, Gesprächssituation, usw. angesehen werden kann" (1989:206).

Da nicht Wörter, sondern Texte übersetzt werden, ist also das 'Hinzufügen' von MPn im Deutschen namentlich bei Translaten aus partikelarmen Sprachen durchaus berechtigt und kommunikationsadäquat. Zum Schluß sei auf die Gruppe ausgewählter Informanten hingewiesen. Diese bewerteten, gestützt auf ihre muttersprachliche Kompetenz, die von uns ausgewählten Textsegmente, welche unterschiedliche galicische Ausdrucksmittel der Modalität enthalten. Ihre Überlegungen stellen einen unentbehrlichen Teil der vorliegenden Arbeit dar.

4. Die MPn *denn, doch, mir* und *dir* (als ethische Dative), *bloß/nur* und *wohl*. Linguistische Beschreibung und Wiedergabe im Galicischen auf der Grundlage von Übersetzungen aus dem Deutschen ins Galicische. Deutsche Entsprechungen auf der Grundlage von Übersetzungen aus dem Galicischen ins Deutsche.

4.1. Denn

4.1.0. Vorbemerkungen

Die MP *denn* weist als Homonym die koordinierende kausale Konjunktion *denn* auf (vgl. Thurmair 1989:163). Außerdem ist *denn* die norddeutsche Variante des temporaldeiktischen Ausdruckes *dann* (vgl. Cárdenes Melián 1997:58).
Denn gehört zu den wenigen MPn, die sowohl eine betonte als auch eine unbetonte Form haben. Die erstgenannte erscheint ausschließlich in Ergänzungsfragen und wirkt rückwärtskonnektierend; sie drückt die Erwartung des Sprechers aus, der mit Hilfe dieser Partikel eine Frage formuliert, bei der eine befriedigende Antwort von Seiten des Gesprächspartners zu erwarten ist (vgl. Masi 1996:159). Dem betonten *denn* entspricht im Galicischen meistens kein formales Element, wie die folgenden Beispiele zeigen:

(1)
»O Gott, o Gott«, jammert Gertrud. »Ob wir auch noch fortmüssen?«
»Wohin willst du **denn**?«, fragt Maurice.
»Bleib, wo du bist und warte ab.« (KE 132)

-Santo Deus, santo Deus-quéixase Gertrud-.
¿E se tamén nós temos que marchar?
-¿A onde queres ir? -pregunta Maurice-. Fica onde estás e agarda. (KEÜ 147)

(2)
»Ich will jetzt von Geld nichts hören«, sagte ich, »ich wollte dir nur erklären, was die erstaunlichste Erfahrung unserer Kindheit für mich war.«
»Was **denn**?« fragte er und sah mich an, als erwarte er ein Todesurteil. Er dachte wohl, ich würde von seiner Geliebten anfangen, der er in Godesberg eine Villa gebaut hat. (BA 180)

"Agora non quero oír nada sobre o diñeiro", dixen, "só quería explicarche cal foi para min a máis sorprendente experiencia da nosa infancia."
"¿Cal?", preguntou e miroume coma se esperase unha sentencia de morte. Supoño que pensaba que empezaría co da súa amante, a quen lle construíu unha casa de campo en Godesberg. (BAÜ 169)

Die unbetonte Form der MP *denn*, die nicht nur in Ergänzungs-, sondern auch in Entscheidungsfragen auftreten kann, kennt jedoch mehrere Möglichkeiten der Wiedergabe im Galicischen. In beiden Fragearten erweist sich *denn* als konversationsbezogene Partikel, die einen Konnex zu einer Vorgängeraussage herstellt, die entweder vom Angesprochenen stammt oder eine äußere Motivation hat. Der Anlaß zur Kommunikation kann jedoch durchaus auf einem zu beobachtenden, aktuellen Vorgang oder Zustand beruhen (vgl. Franck 1980:222ff.). Durch die Verwendung von *denn* kann der Sprecher *Erstaunen/Überraschung* zum Ausdruck bringen, wie Weydt/Harden/Hentschel/Rösler (1985:161f.) behaupten. Nach Ansicht dieser Linguisten kann diese Nuance nur in Entscheidungsfragen nachgewiesen werden. Ihres Erachtens erfüllt in Ergänzungsfragen sowohl das betonte als auch das unbetonte *denn* den Wunsch des Sprechers, etwas Bestimmtes wissen zu wollen (vgl. 1985:19). Unsere Beobachtungen an Texten lassen keine derart kategorische Behauptung zu, sondern bekräftigen eher die Analysen und Argumente von Thurmair (vgl. 1989:166ff.). Es muß jedoch präzisiert werden, daß Thurmair sich einer anderen Terminologie bedient und anstatt von Einheiten – wie dies Weydt/Harden/Hentschel/Rösler tun - von Merkmalen spricht. In diesem Zusammenhang trifft sie folgende Feststellungen:

> "In vielen Fällen kann - wie bei den Entscheidungsfragesätzen - der Anlaß der *w*-Frage für den Sprecher unerwartet sein; deshalb kann *denn* auch in *w*-Fragen in manchen Fällen mit dem Merkmal <UNERWARTET> beschrieben werden. Mit der *w*-Frage fordert der Sprecher dann eine Ergänzung, eine Spezifizierung oder auch eine Begründung für den vorangegangenen unerwarteten Sachverhalt [...]" (Thurmair 1989:166).

Es ist durchaus möglich, daß beide Elemente, und zwar *Erstaunen* und *Frage nach einer Begründung oder Erklärung*, sich in Ergänzungsfragen nicht ausschließen, sondern kombiniert auftreten, wie auch aus einigen der folgenden Beispiele geschlossen werden kann:

4.1.1. *Denn* in Ergänzungsfragen

(3)

Ihr liefen die Tränen übers Gesicht, während sie sich Haarwasser ins Haar massierte, dann puderte sie sich, und ich sagte:»Was machst du **denn** da?« Und sie sagte:»Ich mach mich schön.« (BA 46)

As bágoas pingábanlle pola cara mentres se daba unha masaxe de loción no cabelo, despois maquillouse e eu dixen: "¿**Pero** que fas aí?"E ela dixo: "Estou a pórme bonita". (BAÜ 50)

(4)

Ich spürte ihre Hände an meinem Hals: eiskalt, und ich fragte sie flüsternd:»Was hast du **denn** gemacht?«. Sie sagte:»Was soll ich wohl gemacht haben, ich habe die Bettwäsche ausgewaschen. [...]« (BA 50f.)

Sentín as súas mans no meu pescozo: frías coma o xelo, e pregunteille susurrando: "¿**Pero** que fixeches?". Ela dixo: "Que ía facer, lavei a roupa da cama. [...]" (BAÜ 54)

(5)
»Aber sie sollten sich's anschauen«, sagte er, »um daraus zu lernen.« Mein Gott, pädagogische Ambitionen hatte er auch noch. »Wer hat's **denn** geschrieben?« sagte ich. »Ein gewisser Kostert, der als unser Korrespondent im Ruhrgebiet bezeichnet wird. Glänzend geschrieben, aber ziemlich gemein.» (BA 96f.)

"Pero debería botarlle unha ollada", dixo, "para aprender." Meu Deus, tamén tiña ambicións pedagóxicas. "¿E **logo** quen o escribiu?", dixen. "Un tal Kostert, cualificado de correspondente noso na rexión do Ruhr. Brillantemente escrito pero bastante miserable." (BAÜ 95)

(6)
»Sind Sie Deutscher?, ich spreche grundsätzlich nur mit deutschen Menschen.« »Das ist ein guter Grundsatz«, sagte er, »wo fehlt's **denn** bei Ihnen?« »Ich mache mir Sorgen um die CDU«, sagte ich [...] (BA 233)

"É vostede alemán? Por principio só falo con alemáns." "Ese é un bo principio", dixo, "¿e **logo** que lle pasa?" "Estou preocupado pola CDU", dixen [...] (BAÜ 216)

Die unbetonte MP *denn* hat in allen angegebenen Beispielen eine galicische Entsprechung. Bemerkenswert ist jedoch, daß diese jedesmal eine andere ist, je nach der Bedeutung, die *denn* annimmt. In den Beispielen (3) und (4), in denen der Sprecher seine Überraschung und seine Intention, von dem Angesprochenen eine Begründung oder Erklärung für ein gewisses Verhalten oder eine bestimmte Situation zu bekommen, zum Ausdruck bringt, wird *denn* durch *pero* wiedergegeben. Im Gegensatz dazu tritt in den Beispielen (5) und (6), in denen die Komponente des Erstaunens fehlt, die Entsprechung *e logo* auf.

Pero wird in den Grammatiken der galicischen Sprachen von ARM (vgl. [2]1989:528) und Carballo Calero(vgl. [7]1979:257) als koordinierende adversative Konjunktion behandelt. Obwohl dieses Element in diesen Beispielen nicht konjunktional gebraucht wird, behält *pero* die Adversität der homonymen Konjunktion (vgl. Cárdenes Melián 1997:80). Bei der von diesem Partikelforscher durchgeführten Analyse des spanischen *pero*, deren Ergebnisse auf das Galicische übertragbar sind, wurde auch das oben genannte Merkmal der Unerwartbarkeit mit in Betracht gezogen, denn es

> "wurde die Funktion von *pero* [...] als eine operative Prozedur beschrieben, mit der dem Hörer ein vom Sprecher konstatierter Gegensatz zwischen einem wahrgenommenen Geschehen und seinem Wissen darüber signalisiert wird. Aufgrund dieser Prozedur verarbeitet der Hörer die Information im propositionalen Gehalt. Die illokutive Komponente 'Unerwartbarkeit' scheint dabei immer vorhanden zu sein" (Cárdenes Melián 1997:80).

Wenn der deutsche Sprecher nur seine Neugier auf vorsichtige und taktvolle Weise befriedigen möchte, verwendet er die MP *denn*, während ein galicischer Sprecher sich dafür oft des Ausdrucks *e logo* bedient. Diese Tatsache spiegelt sich in den

Übersetzungen wider[39]. Anhand des so genannten Korpus Brons-Albert stellt Thurmair fest, daß eine standardisierte Ergänzungsfrage die MP *denn* beinhaltet. Ihres Erachtens wird die konnektierende Funktion, die *denn* in diesen Fragen aufweist, bereits durch die Verbindung zum Vorangegangenen und die dadurch erzeugte Kohärenz gewährleistet. In dieser Hinsicht erweist sich die Bedeutung von *denn* als unspezifisch, so daß behauptet werden darf, daß *denn* in Ergänzungsfragen ein reiner Frageanzeiger ist (vgl.Thurmair 1989:167ff.). Hinzu kommt die Behauptung, sowohl *denn* als auch *eigentlich* würden von deutschen Sprechern bevorzugt, um Ergänzungsfragen natürlicher zu formulieren (vgl. Weydt/Harden/Hentschel/Rösler 1985:78). U.E. wird diese Beliebtheit in den deutschen Wiedergaben der hier untersuchten galicischen Romane bestätigt. Die deutschen Übersetzerinnen haben die galicischen Ausgangsergänzungsfragen durch deutsche Ergänzungsfragen mit *denn* übersetzt, auch wenn in den Originaltexten meistens kein Element vorhanden ist, das eine Begründung für eine solche Entscheidung darstellt. Bemerkenswert ist jedoch vor allem, daß aus galicisch formulierten Entscheidungs-

fragen in der Zielsprache Deutsch Ergänzungsfragen mit *denn* resultieren. Es ist bekannt, daß *denn* in Entscheidungsfragen zu einem sehr geringen Prozentsatz auftritt (vgl. Thurmair 1989:169). Die deutschen Übersetzerinnen sind bei diesen Translaten sicher ihrem Sprachgefühl gefolgt und haben teilweise unbewußt einen Fragesatz mit *denn* für die natürlichste und damit die idiomatischte Lösung gehalten. Folgende Beispiele bestätigen diese Annahme:

(7)

Recordo unha cousa que me dixo un home. O meu avó foi o peor que se pode ser na vida. ¿E logo que fixo, matou?, pregunteille. Non, non.(MO 12)	Ich erinnere mich, daß mir ein Mann einmal etwas Schreckliches erzählt hat. Mein Großvater war das Schlimmste, was man im Leben sein kann. Was hat er **denn** getan, hat er jemanden umgebracht? fragte ich ihn. Nein, nein. (MOÜ 13)

(8)

Vouvos contar unha historia, rompeu o silencio o tipógrafo Maroño, un socialista a quen os amigos chamaban O'Bo. Non é un conto. É un sucedido. ¿E onde sucedeu? En Galicia, dixo O'Bo desafiante. ¿Onde senón ía suceder? Xa. (MO 28)	Ich werde euch eine Geschichte erzählen, sagte in das Schweigen hinein der Drucker Maroño, ein Sozialist, den die Freunde O'Bo, den Guten, nannten. Es ist kein Märchen. Es ist wirklich geschehen. Und wo ist es geschehen? In Galicien, sagt O'Bo herausfordernd. Wo **denn** sonst? Aha. (MOÜ 28)

---

[39] Zur Definition, Bedeutung und Übersetzung von *¿e logo?* siehe Punkt 1.7.2.2.1.2. und Kapitel 5.4.

(9)
-Ei, da casa. ¿Dades algo para o raposo?
-¿Onde o apillastes? (NM 42)

"Hallo, ihr hier im Haus! Gebt ihr etwas für den Fuchs?"
"Wo habt ihr **denn** den gefangen? (NMÜ 64f.)

(10)
Ouvinte latricar e vin –díxome, sorrindo-.
Falabas de "caixa", "avión", "ouro", ¿que estabas soñando? (NM 79)

"Ich habe dich phantasieren hören, deshalb bin ich gekommen", sagte er lächelnd zu mir.
"Du hast von einem Kästchen geredet, einem Flugzeug und von Gold, was hast du **denn** geträumt?" (NMÜ 42)

(11)
Andrés ten tres irmáns, todos pequechos. O pai bota día e noite na taberna e chega á casa bébedo. Malla na muller e nos fillos. Ténme contado Andrés que algunhas noites de xiada tiveron que saír tremando pola porta para fóra, pois seu pai andaba tras deles cunha navalla. Botaban ata catro días sin comer. E xa teñen ido pedichar pola aldea.
-¿E túa nai non se arrepón?-díxenlle un día. (NM 50)

Andrés hat drei Brüder, alle sehr klein. Der Vater hockt Tag und Nacht in der Kneipe, und kommt er endlich nach Hause, so ist er betrunken und schlägt Frau und Kinder. Andrés hat mir erzählt, daß sie einmal mehrere kalte Nächte zitternd draußen vor der Tür zubrachten, weil der Vater mit einem Messer hinter ihnen her war. Ein andermal hatten sie vier Tage lang nichts zu essen. Ja, sie hatten sogar schon im Dorf betteln müssen.
"Und warum wehrt sich **denn** deine Mutter nicht?" fragte ich einmal. (NMÜ 25)

In Beispiel (7) wird das Galicische *¿e logo?* durch die MP *denn* übersetzt. Die Begründung für diese Option ist bereits oben gegeben worden. In Beispielen (8), (9) und (10) gibt es allerdings in den galicischen Ergänzungsfragen kein Element, das eine Übersetzung mit *denn* empfehlen könnte. Da in den deutschen Ergänzungsfragen jedoch die MP *denn* sehr häufig verwendet wird und quasi die Kategorie eines Frageindikators erreicht hat, sind die deutschen Übersetzungen in diesen Fällen von diesem idiomatischen Charakteristikum geprägt. Ohne *denn* würde es den formulierten Fragen an Natürlichkeit mangeln, und sie wären als zu direkt wohl kaum annehmbar. Die bereits oben erwähnte Beliebtheit wird in Beispiel (11) offensichtlich. Aus einer Entscheidungsfrage hat die Übersetzerin eine Ergänzungsfrage mit *denn*, durch das Fragewort *warum* eingeleitet, gemacht. Die deutsche Übersetzung weist auf diese Art und Weise einen markanten inquisitorischen Charakter auf. Balbino, die Hauptfigur, möchte eine zusätzliche Information bekommen, eine Begründung für die von Andrés vorher eingeführten Argumente: Auf diese Weise kommt die konnektierende Fähigkeit von *denn* zustande. Die Frage nach dem Grund wird durch die Verwendung des Frageworts *warum* explizit gemacht. Auf galicisch formuliert, sucht die Frage nicht so intensiv nach den Ursachen der Situation. Sie wird von Balbino vorsichtig und sachlich formuliert, indem er keine Verwunderung äußert und auch keine Begründung in dem Sinne erwartet; hier werden Nuancen ausgedrückt, die in der deutschen Version durchaus nachvollziehbar sind. Balbino stellt einfach die Situation dar, und dies mit einer interrogativen Betonung. Er hätte ebenso gut eine Äußerung machen können, die sich nur auf die Unfähigkeit der Mutter seines Freundes, gegen die Situation etwas zu unternehmen, bezogen hätte. Um unsere vorherige Interpretation zu präzisieren, muß erwähnt werden, daß Balbino eigentlich doch eine Antwort vom Gesprächspartner erwartet, die die Situation weiter erklärt. Er bleibt jedoch neutral, er äußert keine konkrete Meinung und kein besonderes Mitleid Andrés' Mutter gegenüber. Die Tatsache, daß der Ton in der deutschen Übersetzung inquisitorischer ist, liegt auch daran, daß das Verb *fragen* benutzt wird. Im Originaltext hat, im Einklang mit dem interrogativen/enuntiativen Charakter der Entscheidungsfrage, der Autor Neira Vilas das Verb *dicir* ("sagen") gebraucht.

4.1.2. *Denn* in Entscheidungsfragen

Bei den Entscheidungsfragen mit *denn* handelt es sich um echte oder um rhetorische Fragen (vgl. Thurmair 1989:164). Sie weisen dann jedoch eine Rhetorizität auf, die nicht aus der Verwendung der MP, sondern aus dem Kontext geschlossen werden kann (vgl. Franck 1980:225). Der Sprecher, der eine solche Frage formuliert, erwartet keine konkrete Antwort des Gesprächspartners. Die bekannte oder unterstellte Antwort hat einen negativen Charakter: *nein* nach einer positiv formulierten Frage und *doch* nach einer Frage mit Negation (vgl. Franck 1980:225). Die rhetorischen Fragen können monologisch und dialogisch sein. Sie beruhen auf explizit genannten oder unterstellten Gegenargumenten des Gesprächspartners. Mit ihrer Aktualisierung beabsichtigt der Sprecher, das Gegenargument zu schwächen und das eigene zu kräftigen (vgl. Franck 1980:226).Es wurde bereits oben erwähnt, daß die Frequenz der Erscheinung der MP *denn* in Entscheidungsfragen sehr niedrig ist. Wie die folgenden Beispiele zeigen, kennt *denn* in rhetorischen Fragen in den meisten Fällen keine Wiedergabe im Galicischen:

(12)

»Ich bin weder Heinrichs Bischof noch ernsthaft an der Sache interessiert«, sagte ich, »nur die Details machen mir Kummer. Hast du **denn** wenigstens Edgars Adresse oder Telefonnummer?« (BA 266)	"Eu nin son o bispo de Heinrich nin estou seriamente interesado no asunto", dixen, "o único que me preocupa son os detalles. ¿Tes polo menos o enderezo de Edgar ou o seu número de teléfono?" (BAÜ 249)

(13)

»Kannst du **denn** nicht um Urlaub oder so	"¿E logo non podes pedir permiso ou algo

etwas bitten?«
»Nicht um diese Zeit«, sagte er, »das hätte
ich mittags machen müssen.« (BA 264)

así?" "A estas horas non", dixo, "debería ter
feito iso ó mediodía" (BAÜ 246)

(14)
Ich schwieg und sie sagte: »Schickst
Telegramme. Das wirkt so dramatisch. Ist es
denn so schlimm?«
»Schlimm genug«, sagte ich matt.(BA 229)

Calei e ela dixo: "Envías telegramas. Iso
parece tan dramático. ¿É realmente tan
grave?"
"Grave dabondo", dixen canso. (BAÜ213)

(15)
Ich hörte, wie müde seine Stimme klang. Ich
hörte überhaupt alles, sah alles, nahm alles
wahr, viel deutlicher als sonst.
»Leg dich hin«, sagte der Wärter.
»Vielleicht schläfst du ein.«
Er hatte dunkle Augen unter den weißen
Brauen, fast schwarz.
»Wie alt bist du?«, fragte er.
»Siebzehn«, sagte ich.
Er schüttelte den Kopf und seufzte.
»Musste das denn sein?« fragte er.
Ich schwieg. (KE 147)

Oín o cansa que soaba a súa voz, oíno
absolutamente todo, vino todo, sentino todo
tan real, con máis claridade que de costume.
-Déitate –dixo o gardián-. Se cadra dormes.
Tiña os ollos escuros; so as brancas cellas
case eran negros..
-¿Cantos anos tes? –preguntou.
-Dezasete –dixen.
El abaneo [sic] a cabeza e suspirou.
-¿Tiña que ser así? –preguntou.
Eu calei. (KEÜ 162f.)

(16)
Und ich wurde auch wütend und sagte:
»Wissen Sie denn, wie feinsinnig Frehlingen
war – und welch ein christlicher Arbeiter.«
Er sah mich nur kopfschüttelnd an und hob
verzweifelt die Hände. (BA 95)

E tamén eu me puxen furiose e dixen: "¿Sabe
vostede o sensible que era Frehlingen –e que
traballador tan cristián?." Só mirou para min
abaneando a cabeza e ergueu as mans
desesperado. (BAÜ 94)

(17)
»Schade», sagte der Dicke.»Ihre Freundin
Doris Weißkopf hat ja auch nicht zugehört.
Was für eine Note haben Sie eigentlich in
Biologie?«
»Eine Zwei«, sagte ich. Meine Hände waren
feucht, wie immer, wenn ich Angst hatte.
Meine Bluse bekam unter den Armen große
nasse Flecke. Der Dicke richtete interessiert
seine Augen darauf.
»Eine Zwei?«, sagte der Magere. »Obwohl
Sie nicht aufpassen?«
»Meistens passe ich auf« sagte ich. »Aber an
dem Tag konnte ich meine Vokabeln nicht,
weil ich am Nachmittag vorher Lazarettdienst
hatte.«

-É lástima –dixo o gordo-. A súa amiga Doris
Weißkopf tampouco fixo atención. ¿Que nota
ten vostede en bioloxía?
-Notable –dixen. Tiña as mans húmidas coma
sempre que me vén o medo. Na miña blusa,
debaixo dos brazos, apareceron dous grandes
lamparóns húmidos.
O gordo incorporouse con ollos interesados:
-¿Notable? –dixo o fraco-. ¿Por máis que
non fai atención?
-Normalmente fágoa –dixen-. Pero aquel día
non sabía o vocabulario porque a mañá antes
tiven que traballar no hospital.
-¿Ah, si? –inquiriu el-. ¿Traballa no
hospital? ¿Fixo a señorita Rosius o saúdo a

»So«, sagte er. »Lazarettdienst? Hat die Studienrätin Rosius eigentlich den Hitlergruß gebraucht?«
Ich sagte »Ja« und konnte gehen.
»Damit waren sie zufrieden?«, wunderte sich Maurice.
»Wirklich nette Menschen, diese Gestapo«, meinte Gertrud.
»Wieso?«, sagte ich. »Ist das **denn** nicht glaubwürdig, dass man in der Biostunde mal Vokabeln lernt? Und sie hatten ja bestimmt genug andere Aussagen. Die Rosius ist jedenfalls nicht wiedergekommen.« (KE 127f.)

Hitler?
Dixen "si" e puiden marchar.
-¿E contentáronse con iso? –asombrouse Maurice.
-Realmente son pimpíns esta xente da Xestapo –opinou Gertrud.
-¿Por que? –preguntei-. ¿Non é verosímil que alguén aprenda vocabulario de francés na hora de bioloxía? E, ademais, tiñan declaracións abondas. De calquera maneira, A Rosius non volveu vir. (KEÜ 142f.)

Wie oben bereits erwähnt, geht, wenn Entscheidungsfragen sich als rhetorisch entpuppen, die Bestimmung dieser Rhetorizität - auch wenn *denn* sie deutlich unterstützt - eher aus dem konkreten Kontext hervor. Das ist sicher der Fall in den Beispielen (15), (16) und (17). In allen drei Fällen kann man feststellen, daß die MP *denn* keine Entsprechung hat. Die Rhetorizität wird unter den galicischen Sprechern einfach aus dem Kontext und aus dem erwartbaren Ton deduziert, ohne die Hilfe von irgendwelchen sprachlichen Mitteln. Bei den Beispielen (12), (13) und (14) werden wir im Gegensatz zu den anderen Beispielen mit echten Fragen konfrontiert, d.h.: die Antwort wird nicht vermutet, der Sprecher gäbe sich auch sicher mit einem - wenn überhaupt expliziten - schlichten *ja* oder *nein* nicht zufrieden. Er fordert den Sprecher auf, eine zusätzliche Erklärung oder Begründung zu geben. Ein Indiz dafür ist, daß in Beispielen (13) und (14) diese Intention des Sprechers von den galicischen Übersetzern anhand von konkreten sprachlichen Mitteln wiedergegeben wird.

Die angeführten Beispiele bedürfen einer text- und kontextgestützten Erläuterung: In Beispiel (12) möchte der Sprecher eine Adresse oder eine Telefonnummer von dem Angesprochenen als Information bekommen. Auch wenn wir auf die Wiedergabe von sämtlichen vorhergehenden Absätzen verzichtet haben, kann aus dem vorhandenen Material geschlossen werden, daß der Ton des Sprechers vorwurfsvoll ist. Vorwurf ist eben eine Nuance, die in Entscheidungsfragen festgestellt werden kann (vgl. Masi 1996:160). In der galicischen Übersetzung ist keine Entsprechung für dieses *denn* zu finden, weil u.E. die Verwendung von *polo menos* als Äquivalent von *wenigstens* den Vorwurf des Sprechers recht deutlich macht. Die Aufforderung zur Auskunft muß nicht explizit markiert sein. Es genügt hier die Formulierung einer Frage, so wie sie sich im Text findet. In Beispiel (13) erwartet der Sprecher wiederum nicht nur ein Affirmations- oder ein Negationsadverb als Antwort. Die Frage richtet sich auf die Begründung für die Situation, die entstanden ist. In dieser Hinsicht lautet - genau wie bei einigen der oben behandelten Ergänzungsfragen - die zutreffende Übersetzung *¿e logo?*; diese

MP bildet ein sprachliches Mittel, das in Form eines temporalen adverbialen Ausdrucks im Text auf die Kausalität verweist. Eine zusätzliche vorwurfsvolle Intonation ist vorstellbar, jedoch aus evidenten Gründen nicht nachvollziehbar. In Beispiel (14) macht sich Sabine Edmons Sorgen um Hans Schnier, die Hauptfigur des Romans. Diese Person möchte natürlich eine erweiterte Erklärung, eine Rechtfertigung für das Verhalten des Gesprächspartners. Mit guten Gründen hat sich der Übersetzer für eine Wiedergabe durch das Adverb *realmente* entschieden, auch wenn hier betont werden muß, daß es selten im Galicischen gebraucht wird. Durch *realmente* fragt die Sprecherin, inwieweit der Inhalt der Telegramme den wahren Umständen entspricht. Letztlich beabsichtigt die Sprecherin in der galicischen Version dasselbe, das auch aus dem Originaltext hervorgeht: eine zusätzliche und genaue Darstellung der schwierigen Situation des Angesprochenen. In Beispiel (15) formuliert der Wärter des Gefängnisses eine rhetorische Frage. Er erwartet keine Antwort von Regine, einer siebzehnjährigen Deutschen, die in der Nazi-Zeit ein Verhältnis mit einem polnischen Zwangsarbeiter hat und deswegen festgenommen wird. Der Kontext ist hier entscheidend für die Interpretation des vagen Satzes. Die MP *denn* stellt primär mit dem angegebenen Kontext eine Verbindung her. Wie bereits oben erwähnt, ist diese Konnexfunktion sehr ungenau. Daher bleibt uns als Lesern nichts weiter übrig, als eine Interpretation aus dem Text heraus zu gewinnen, die bis zu einem gewissen Grad subjektiv bleibt. Wir können nicht versichern, ob der Wärter sich auf die Beziehung der deutschen Gefangenen mit einem Polen bezieht - eventuell mit einem höhnischen, ironischen oder vorwurfsvollen Ton ausgesprochen -, oder ob er traurig - wie das Adverb 'seufzend' erraten läßt- die Tatsache, daß eine so junge Frau in eine schwierige Situation geraten ist, zur Kenntnis nimmt. Im Unterschied zur gesprochenen Sprache läßt die Lektüre selbstverständlich keine Gewissheit in dem Sinne entstehen. Die Rhetorizität, für die *denn* ein Indiz bietet, hat in den galicischen Übersetzungen aus bereits erklärten Gründen keine Spuren hinterlassen. Das ist auch der Fall bei den zwei letzten Beispielen. In Beispiel (16) haben wir es mit einem Fall von Entscheidungsfrage/Behauptung zu tun. Aus diesem Grund sind vom Autor in dem Originaltext keine Fragezeichen eingesetzt worden, während in der galicischen Übersetzung diese Frage explizit gemacht wird. Der Grund dafür liegt darin, daß der Sprecher auf etwas ihm selbst und dem Gesprächspartner Bekanntes verweist. Diese bekannte Information, die beide teilen, macht eine markierte direkte Frage alles anderes als nötig. Eine Antwort wird auf jeden Fall nicht erwartet. Der Sprecher möchte nur eine implizite Bestätigung der eigenen Argumente, indem er davon ausgeht, daß sie für den Angesprochenen nicht neu sind. Diese Erklärung ist auch auf Beispiel (17) übertragbar.

In Bezug auf die hier relevanten Fragen ist u.E. wichtig, daß wir uns mit folgender Behauptung und Fragestellung auseinandersetzen:

"Für Entscheidungsfragen kann man [...] bei *denn* nicht (noch nicht?) von einem reinen Frageanzeiger sprechen" (Thurmair 1989:169f.).

Zu dieser vorsichtigen Bemerkung Thurmairs möchten wir mit der Diskussion der folgenden Beispiele von Übersetzungen aus dem Galicischen ins Deutsche beitragen. Sie sollen als Anregung zu weiteren Überlegungen verstanden werden:

(18)

¡Mirar, mirar! ¿E que lle imos mirar? ¿Non dis que está pechado? (NM 136)

Nachsehen, nachsehen! Und was sollen wird nachsehen? Sagst du **denn** nicht, es ist fest zugesperrt? (NMÜ 154)

(19)

-Deixádevos de berros –terciou meu pai, mentres me collía por unha man-. ¿Pensades que vos escoita? ¿Non vedes a onde chega xa o coche? (NM 55)

"Hört mit eurem Geschrei auf", mischte sich mein Vater ein. Er ergriff meine Hand und setzte hinzu: "Glaubt ihr, er kann euch hören? Seht ihr **denn** nicht, daß der Bus schon weit weg ist?" (NMÜ 27)

Die galicischen Entscheidungsfragen, die Rhetorizität aufweisen, werden im Deutschen mit Entscheidungsfragen mit der MP *denn* wiedergegeben. Auffallend ist, daß, selbst wenn im Gegensatz zu den Ergänzungsfragen, *denn* äußerst selten in Entscheidungsfragen vorkommt, die Übersetzerin in beiden Fällen Fragesätze mit *denn* gebildet hat. Der Grund könnte u. E. darin liegen, daß auch bei dieser Art von Fragen die Muttersprachler *denn* als unentbehrliches Element empfinden.

4.1.3. Fazit

Ergänzungsfragen mit *denn*, in denen die Überraschungskomponente die vorwiegende ist, werden i.d.R. im Galicischen mit *pero* - selbstverständlich nicht in der konjunktionalen, sondern der modalen Verwendung - wiedergegeben. Als galicische Entsprechung für Fragen, die eher von einem inquisitorischen Charakter geprägt sind, steht das Ausdrucksmittel der Modalität *¿e logo?*, das der Sprecher benutzt, wenn er Begründungen und Erklärungen herausfinden möchte. Die Gegenprobe, d. h. die Übersetzung aus dem Galicischen als Ausgangssprache, hat das Vorkommen dieses sprachlichen Mittels in diesen Fällen bestätigt. Entscheidungsfragen, die wie echte Fragen wirken, d.h.: deren Antwort sich nicht auf *nein* oder *ja* beschränkt, sondern weitere Erläuterungen fordert, werden wiederum logischerweise durch *¿e logo?* übersetzt. Auch durch Konstruktionen ad hoc - wie das belegte Adverb *realmente* zum Ausdruck der Modalität -, die sehr kontextbedingt sind und nicht als Vorschlag zur Übersetzung generalisiert werden können, können Äquivalenzen geschaffen werden. Vor allem kann jedoch eine Nullentsprechung für die MP *denn* im Galicischen insbesondere bei Entscheidungs- fragen, die Rhetorizität aufweisen, festgestellt werden. Diese Tatsache ist durchaus mittels der Übersetzungen aus dem Galicischen in die deutsche Sprache belegt worden.

4.2. *Doch*

4.2.0. Vorbemerkungen

Aufgrund der verschiedenen Homonyme und der entsprechenden Funktionen, die dieses sprachliche Zeichen kennt, haben sich zahlreiche Fachwissenschaftler der Analyse von *doch* gewidmet. *Doch* erscheint in einer betonten und in einer unbetonten Form. Als betonte Form kommt *doch* als Satzäquivalent - nach Hentschels (vgl. 1986:123) Auffassung - oder als Antwortpartikel (vgl. Weydt/Harden/Hentschel/Rösler 1985:162), sowie als Konjunktion oder Adverb vor. Auch wenn ein Überblick über die betonten Homonyme unentbehrlich scheint, soll hier insbesondere auf die unbetonte MP *doch* eingegangen werden. Ihre Studie wird uns zeigen, daß, ihrer Vielfältigkeit entsprechend, die Möglichkeit besteht, *doch* in sehr verschiedenen Situationen und Kontexten, mit unterschiedlichen Intentionen und illokutivem Charakter anzuwenden. Das soll, wie bisher, anhand von mehreren Übersetzungssegmenten exemplifiziert werden. Allen *doch*-Vorkommensweisen liegt eine gewisse Adversativität zugrunde, auch wenn sie viel markanter bei den betonten und deutlich schwächer bei den unbetonten ist (vgl. Beerbom 1992:173; Weydt/Harden/Hentschel/Rösler 1985:162).

4.2.1. Betontes *doch*

Wie bereits oben erwähnt wurde, kann das akzentuierte *doch* zur Wortklasse der Antwortpartikeln, der Konjunktionen oder der Adverbien gehören.
Als Beispiel für *doch* als Antwortpartikel läßt sich das folgende Textsegment anführen:

(20)

«Kannst du mir <u>nicht</u> auch was Nettes sagen?»	"¿<u>Non</u> me poderías dicir tamén un detalle bonito?
«**Doch**», sagte ich leise [...] (BA 189)	"**Podo, si**", dixen en voz baixa. (BAÜ176)

Doch ist hier eine Partikel, die als Antwort auf eine negativ formulierte Frage steht. Die Möglichkeiten, auf galicisch eine Antwort zu geben, beschränken sich auf *si* als positive Antwort auf eine negative oder positive Frage und auf *no* als negative Antwort auf eine positive oder auf eine negative Frage. Das vorgehende Übersetzungsmuster dokumentiert jedoch eine für das Galicische typische positive Antwort, d.h. es liegt hier die Wiederholung des Verbs vor, das in der Frage beinhaltet ist. Mit diesem galicischen Mittel zur Affirmation haben wir uns im Punkt 1.7.2.2.1.2. der vorliegenden Arbeit intensiv auseinandergesetzt. In dem vorliegenden Fall wird der Antwort durch die Nachstellung des affirmativen

Adverbs *si* Emphase verliehen, aber es handelt sich um ein fakultatives Element. Im Unterschied zu den anderen romanischen Sprachen, die das Adverb des Modus *sic* oder das neutrale Pronomen *hoc* für die Funktion eines affirmativen Adverbs gewonnen haben, weist das Galicische im Grunde dieselbe Situation wie das Latein auf, in dem in der Literatursprache kein echtes Adverb zur Bejahung ausgewiesen wird. Nur viel später hat das Galicische aus dem Einflußbereich des Portugiesischen und Spanischen das Affirmationsadverb *si* übernommen, das jedoch i.d.R. nachgestellt erscheint. Im Galicischen kann zur Bejahung, wenn auch seltener, das neutrale Demonstrativpronomen *iso* verwendet[40] werden:

(21)
Ao fresco está-se mellor.
Ai, **iso** está 'al fresco se está mejor. –Sí se está' (Carballo Calero [7]1979:249) [Hervorh. der Vf.]

Diese letzte Möglichkeit der Bejahung soll hier erwähnt werden, da *doch* genau wie *iso* ursprünglich ein Deiktikum ist. Als Basis für diese kommunikative Deixis darf die Kenntnis ihres Bezugspunkts oder die Herleitung aus der jeweiligen Äußerung von Seiten des Sprechers vermutet werden . *Doch* wurde diachronisch aus einem deiktischen Pronomen mit der Bedeutung 'dieses' abgeleitet (vgl. Hentschel 1986:148). Wir schließen uns der Behauptung von Hentschel an, *doch* sollte bei der vorliegenden Funktion die Bezeichnung 'Satzäquivalent' anstatt 'Antwortpartikel' tragen, da es sich in vielen Fällen bei seiner Verwendung nicht um eine Antwort auf eine Frage, sondern auf einen Kommentar handelt (vgl. Hentschel 1986:124). Franck benutzt hier den Terminus Antwortpartikel, fügt jedoch die Bezeichnung 'Satzkürzel' hinzu und behauptet, *doch* sei in dieser Funktion syntaktisch und semantisch einem vollständigen Satz gleichwertig und gelte als Antwort oder Erwiderung auf eine Frage, aber auch auf eine Behauptung (vgl. Franck 1980:172). In unserem Korpus ist diese Verwendung zahlreich belegt:

(22)
Sie drückte die Hände an die Ohren.
»Das stimmt nicht!«
»**Doch**!«, schrie ich. »Die ganze Welt weiß es. Und du hältst dir die Ohren zu!« (KE 115)

Puso as mans nas orellas.
-¡Non é verdade!
-¡**Si que** é!-berrei-. Sábeo todo o mundo. ¡E ti faste a xorda! (KEÜ 129)

(23)
«Ich höre mir das nicht länger an», sagte Thumert.
»**Doch**«, sagte Gertrud. »Den Rest auch noch. Der Krieg ist bald aus, [...]«« (KE 88f.)

-Non vou aturar esas estupideces por máis tempo-dixo Gertrud.
-**Si**-dixo Gertrud. Aínda o resto. A guerra ha rematar axiña [...] (KEÜ 99)

---

[40] Siehe dazu Carballo Calero ([7]1979:249) und ARM ([2]1989:464f.).

(24)

Er lachte. »Natürlich« sagte er, »ich hoffe, Sie haben mich nicht wörtlich genommen und Ihren Augustinus tatsächlich verbrannt.« »Doch«, sagte ich, »ich hab's getan. [...]« (BA 210)

Riu. "Naturalmente" dixo, "espero que non me tomase ó pé da letra e non queimase realmente o seu san Agostiño. "**Queimeino**", dixen, "si. [...]" (BAÜ 197)

In allen drei Fällen handelt es sich bei *doch* um eine Partikel, die für einen ganzen Satz steht und als Antwort auf die vorhergehende negative Aussage verstanden werden soll. In Beispiel (24) steht wiederum im galicischen Translat das Verb des vorigen Kommentars mit Nachstellung des Affirmationsadverbs *si*. Dieses erscheint auch isoliert in Beispiel (23), während es in Beispiel (22) vor der Konjunktion *que* steht.

Doch in betonter Form kann auch eine Konjunktion sein. Als solche gehört sie nicht zur gesprochenen Sprache, sondern zu einer gepflegten, gehobenen, quasi archaischen Stilebene (Hentschel 1986:126). In der Literatur ist diese Konjunktion, die in eine koordinierende Konjunktion und ein Konjunktionaladverb unterteilt werden kann, relativ häufig belegt:

(25)

Auf der Plattform fiel ihm ein, nach dem Manne im Basthut, dem Genossen dieses immerhin folgenreichen folgenreichen Aufenthaltes, Umschau zu halten. **Doch** wurde ihm dessen Verbleib nicht deutlich, da er weder an seinem vorherigen Standort, noch auf dem weiteren Halteplatz, noch auch im Wagen ausfindig zu machen war. (MD 13)

Na plataforma do tranvía ocorréuselle procurar coa vista o home do sombrero de feltro, o compañeiro durante aquel alto en todo caso trascendental. **Mais** non descubriu o seu paradoiro, xa que non o achou nin no lugar que estivera anteriormente, nin na seguinte parada, nin tampouco no vagón (MDÜ 33f.)

Es handelt sich bei *doch* in Beispiel (25) um ein Konjunktionaladverb, das das ganze Vorfeld des Satzes besetzt. Diesem eher literarischen *doch* entspricht in der galicischen Wiedergabe mit dem markierten *mais* eine koordinative adversative Konjunktion, die fast nur in literarischen Werken ausgewiesen wird. Wie Hentschel behauptet, wird *doch* in der modernen gesprochenen Sprache durch *aber* ersetzt (vgl. Hentschel 1986:126), genau wie *mais* im heutigen Galicischen fast immer durch *pero*.

Diese Verwendung von *doch* verweist immer auf einen Widerspruch zwischen zwei Geschehnissen (vgl. Hentschel 1986:126).

Doch kann auch ein adversativ-konzessives Adverb sein, durch adversative Konjunktionen wie *trotzdem* oder *dennoch* ersetzbar (vgl. Hentschel 1986:126ff; Beerbom 1992:174). Dieses Adverb ist sowohl in der gesprochenen Sprache als auch in der gehobenen dichterischen Sprache belegt (vgl. Hentschel 1986:126). Folgende Beispiele lassen sich hier anführen:

(26)
Ich hörte ihn die ganze Zeit über, während ich auf Marie wartete, da oben im Schlafzimmer husten, kam mir gemein vor, und wußte **doch**, daß ich's nicht war. (BA 49)

Oíno tusir, alí enriba no dormitorio, durante todo o tempo no que estiven á espera de Marie, sentinme ruín **aínda** sabendo que non o era. (BAÜ 53).

(27)
Er hatte beabsichtigt, das Werk, für welches er lebte, bis zu einem gewissen Punkte zu fördern, bevor er aufs Land übersiedelte, und der Gedanke einer Weltbummelei, die ihn auf Monate seiner Arbeit entführen würde, schien allzu locker und planwidrig, er durfte nicht ernstlich in Frage kommen. Und **doch** wußte er nur zu wohl, aus welchem Grunde die Anfechtung so unversehens hervorgegangen war. (MD 11)

Tivera a intención de facer avanza-la obra, para a cal vivía, ata un certo punto antes de se trasladar ó campo, e a idea de percorrer mundo, cousa que o apartaría do seu traballo durante meses, semellaba demasiado leviá e contraria ós planos, non se podía ter en conta seriamente. E **sen embargo** sabía ben por que razón xurdira a tentación tan de improviso. (MDÜ 32)

(28)
»An nichts, ich denke an nichts. «Ich sagte, man könne **doch** gar nicht an nichts denken, und sie sagte:»**Doch**, das kann man, ich bin dann plötzlich ganz leer und **doch** wie betrunken, und ich möchte am liebsten auch noch die Schuhe abwerfen und die Kleider - ohne Ballast sein.« (BA 112)

"En nada, non penso en nada." Eu dixen que non se podía en absoluto pensar en nada, e ela dixo: "**Pódese, si,** logo de súpeto estou toda baleira e **aínda así** como bébeda, e desexaría desprenderme tamén dos zapatos e da roupa –soltar lastre." (BAÜ 198)

In Beispiel (26) wird *doch* im Galicischen durch *aínda* wiedergegeben. Auch wenn dieses Lexem bei ARM unter den konzessiven Konjunktionen klassifiziert worden ist (vgl. ARM [2]1989:529), ist auch eine gewisse Adversativität festzustellen. In Beispiel (27) entspricht dem deutschen Adverb *doch* die galicische adversative Konjunktion *sen embargo*. An ihrer Stelle könnten auch die gleichwertigen Konjunktionen *nembargantes, non obstante, con todo, así e todo, así a todo* stehen. Praktisch dieselbe Bedeutung wie die beiden zuletzt genannten Konjunktionen trägt *aínda así* als Übersetzung des Adverbs *doch* des Originaltexts. Das letzte angegebene Beispiel (28) ist sehr illustrativ für die Vielfältigkeit der Vorkommensweisen von *doch,* ein sprachliches Phänomen, das unsere Aufmerksamkeit verdient. In diesem kleinen Dialog kommt *doch* in zwei Fällen in seiner betonten Form vor: zunächst als Satzäquivalent oder Antwortpartikel auf einen vorhergehenden Kommentar und dann als Adverb. Der Kategorie und Funktion entsprechend wurden sie im Galicischen durch die Wiederholung des Verbs und Nachstellung des Affirmationsadverbs *si* wiedergegeben und auf den kombinierten adversativen konzessiven Nexus *aínda así* transferiert. Bei dem ersten *doch*, das nicht übersetzt wurde, handelt es sich um die unbetonte Variante dieses Lexems, d.h. die MP *doch*, auf die im nächsten Punkt ausführlich eingegangen werden soll.

4.2.2. Unbetontes *doch*. Die Modalpartikel *doch*

4.2.2.0. Verwendungstypen auf der Grundlage von Übersetzungsmustern

Doch ist in allen Satztypen belegt, wie die folgende Typologie zeigt:

4.2.2.1. Deklarativ- und Exklamativsätze

4.2.2.1.1. Ausdruck des Einwands, des Widerspruchs, der Zurückweisung

In einem Deklarativsatz stellt der Sprecher durch die Verwendung von *doch* einen Konnex zu einem Gesprächspartner und dessen unmittelbar vorangegangenem Sprechakt her. Durch *doch* wird also der Maxime der Relation entsprochen und damit die Konversation gewährleistet. Der Sprecher beschränkt sich jedoch nicht darauf, eine Basis für diese Beziehung zu setzen. Anstatt neutral zu bleiben, vertritt er eine gewisse Position, die illokutiv die Züge einer Kritik, eines Vorwurfs oder einer Zurückweisung übernehmen kann. Um die Äußerung eines Angesprochenen qualifizieren zu können, wird zwischen den zwei Agenten der Kommunikation entweder Gleichrangigkeit oder eher Überlegenheit des *doch*-Benutzers vorausgesetzt (vgl. Franck 1980:178ff. und Beerbom 1992:175f.). Der Träger dieses *doch* appelliert an den Gesprächspartner und versucht, anhand seiner eigenen Argumente diejenigen des Partners zu entkräften, indem er ihn auf einen von ihm verübten Verstoß gegen etwas Bekanntes aufmerksam macht. Er weist z.B. darauf hin, daß die vorhergehende Äußerung nicht angemessen oder korrekt war. Außerdem signalisiert er, in einem aggressiveren Ton als mit der MP *ja*, die eine ähnliche Verwendung wie *doch* aufweist, daß es bei der Behauptung auf Seiten des Sprechers an Rücksichtnahme mangele. Aufgrund dieser Tatsache sprechen einige Linguisten von 'erinnerndem Einwand' (Beerbom 1992:175ff.).

Im oben angegebenen Beispiel (28) versucht die Hauptperson des Romans, Hans Schnier, gegen die von seiner Gesprächspartnerin Marie unmittelbar vorher gemachte Äußerung, sie denke an nichts, sein subjektives Argument, daß an nichts zu denken unmöglich sei, als Einwand vorzutragen. Er stellt die Behauptung seiner Partnerin in Frage und kritisiert diese. Seiner Ansicht nach hat sie, bevor sie eine Äußerung wagte, eine Wahrheit, die ihr bekannt sein sollte, nicht genügend berücksichtigt.

Folgende Beispiele sind geeignet, diese Ausführungen zu stützen:

(29)
»Sabine«, sagte ich, »Marie ist von mir weg – und hat einen gewissen Züpfner geheiratet.« »Mein Gott«, rief sie, »das ist **doch** nicht wahr.« (BA 231)

"Sabine", dixen, "Marie abandonoume e casou cun tal Züpfner." "Meu Deus", berrou, "non pode ser certo". (BAÜ 215)

(30)
»An welche Adresse hatten Sie sie denn nachgeschickt?«
»Ich weiß nicht«, sagte sie, »das hat mein Mann gemacht.«
»Aber sie müssen **doch** auf den zurückkommenden Briefen gesehen haben, welche Adresse er drauf geschrieben hat?« (BA 87)

"¿E logo a que enderezo as enviaron vostedes?"
"Non o sei", dixo, "isto fíxoo o meu home."
"**Pero** vostede ten que ter visto nas cartas que voltaban o enderezo que lles puxo." (BAÜ 87)

(31)
»Sieh dich vor dem Thumert vor«, warnte mich Gertrud am nächsten Morgen. »Der ist hinter jeder Schürze her.«
»Er ist **doch** über zwanzig Jahre älter als ich!« sagte ich. (KD 86)

-Ten coidado con Thumert –avisoume Gertrud ó día seguinte pola mañá-. Anda sempre tralas saias.
-¡**Pero** se é case vinte anos máis vello ca min!-dixen. (KDÜ 97)

(32)
»Ich mache mir Sorgen um die CDU«, sagte ich, »wählen Sie auch fleißig CDU?«
»Aber das ist **doch** <u>selbstverständlich</u>«, sagte er beleidigt, und sagte: »Dann bin ich beruhigt«, und legte auf. (BA 233)

"Estou preocupado pola CDU",dixen, "¿vostede tamén é un dilixente votante da CDU?"
"Home, iso **cae de caixón**", dixo ofendido, e eu dixen: "Daquela quedo tranquilo", e colguei. (BAÜ 216)

(33)
[...] »Als SA-Mann. Die Nazis und die Roten, die hatten **doch** dauernd Prügeleien. Dreiunddreißig war das vorbei, da durften nur noch die Nazis prügeln. Die haben ganz schöne Treibjagden gemacht.«
»Aber **doch** nicht mein Vater!«, rief ich wieder (KE 64)

[...] Como membro da SA. Os nazis e os vermellos teñen xa dende hai algún tempo as súas liortiñas. O trinta e tres xa pasara, e entón os únicos que podían dar malleiras eran os nazis. Fixeron unhas hermosas batidas...
-¡**Pero** meu pai non!-volvín berrar. (KEÜ 73)

(34)
[...] »Verzeihen Sie, darf ich mich zu Ihnen setzen?«
»Dort ist **doch** ein leerer Tisch!« (KD 104)

[...] «Perdoe, ¿pódome sentar con vostede?»
-Alí hai unha mesa libre. (KDÜ 116)

In Beispiel (29) konstatiert die Gesprächspartnerin einen Widerspruch zwischen der Äußerung, die der Sprecher gerade gemacht hat, und der Wirklichkeit, also dem was sie als bekannt und daher möglich voraussetzt. In der galicischen Übersetzung ist kein explizites Äquivalent für *doch* zu finden, und die Behauptung des Angesprochenen wirkt sogar abgeschwächt durch die Verwendung des Modalverbs *poder*. Bei der galicischen Version handelt es sich um eine taktvolle Äußerung von Sabine, die nicht so direkt und aggressiv an Hans Schnier appelliert, sondern auf der Unwahrscheinlichkeit des Zutreffens der vorhergehenden Aussage beharrt. In Beispiel (30) versucht die Angesprochene, einen geäußerten Verdacht, eine vorher formulierte Anschuldigung von sich zu weisen, indem sie die Kenntnis einer bestimmen Situation auf ihren Mann schiebt. Der Sprecher verwendet in diesem Fall die MP *denn,* um vorwurfsvoll zu manifestieren, es gebe einen Widerspruch zwischen den Worten und den Fakten, die er für höchst wahrscheinlich hält. Dem Sprecher gelingt es dadurch, sie an diesen Verstoß zu erinnern. Eine übliche Übersetzung im Galicischen ist *pero,* ein Modalitätsausdruck, der die Adversativität seines konjunktionalen Homonyms aufweist und daher durchaus verwendet werden kann, um etwas einzuwenden. Diese Adversativität wird in Beispiel (31) noch bekräftigt und unterstützt mit der Nachstellung der konditionalen Konjunktion *si,* die jedoch in diesem Fall keinen konditionalen Wert aufweist, sondern eher ein umgangssprachliches Füllwort ist (vgl. Vigara Tauste 1980:74). Mit dem Modalitätsausdruck *pero si* wird der in dem kurzen Dialog signalisierte Widerspruch betont. In Beispiel (32) äußert der Sprecher Kritik und Vorwurf, da der Gesprächspartner eine Tatsache, die für ihn ganz offensichtlich und evident ist, nicht berücksichtigt, praktisch übersehen hat. Der Übersetzer hat sich hier sehr richtig für einen galicischen und auch spanischen Spruch - *cae de caixón* - entschieden, der verwendet wird in Kontexten, in denen etwas so evident ist, daß es keiner zusätzlichen Erklärungen bedarf. Es muß in dieser Hinsicht jedoch erwähnt werden, daß der Modalitätsausdruck *selbstverständlich,* der die von *doch* betonte Evidenz unterstützt, teilweise die Verwendung der Redewendung motiviert hat. Der Übersetzer hätte jedoch ein u.E. nicht so treffendes Translat wie 'Home, *por suposto, claro que si'* als Äquivalent wählen können. In Beispiel (33) versucht der Sprecher, seinen Vater vor einer Anschuldigung zu verteidigen, die er natürlich für nicht der Wahrheit entsprechend hält. Er muß deswegen aggressiv gegen die vorhergehende inkulpatorische Aussage seine eigenen Argumente, hier eher eine einfache Gegenbehauptung, einführen. Im Galicischen finden wir wiederum die Übersetzung durch *pero,* die jedoch in Beispiel (34) fehlt, auch wenn es nötig gewesen wäre, die Unhöflichkeit, die neben der Erinnerung an etwas aus dem Kontext erschließbar und evident ist und die Äußerung der Sprecherin prägt, zu markieren.

4.2.2.1.2. Verweis auf Bekanntes, Evidentes oder Vorerwähntes

Es handelt sich bei der Bestimmung dieser Funktion von *doch* um eine Erweiterung des vorangegangenen Punktes. Der Sprecher nimmt durch die MP keinen Bezug zu einer vom Gesprächspartner unmittelbar vorher explizit gemachten Äußerung. Er stellt eher einen Konnex zu einer in einem früheren Zeitpunkt geäußerten Behauptung her, an die durch *doch* erinnert werden soll. Die Präsenz von *doch* bedeutet eine Art Wiederholung jenes Inhalts, und damit kommt die aktuelle Aussage zustande (vgl. Hentschel 1986:132). Da der Sprecher auf das von ihm mit dem Gesprächspartner geteilte Wissensgut oder auch auf Kenntnisse, die aus der aktuellen kommunikativen Situation erschlossen werden können, verweist, scheint es logisch, daß Verben des Wissens, des Sagens und der Wahrnehmung häufig vorkommen (vgl. Beerbom 1992:177), wie dies die folgenden Beispiele eindeutig dokummentieren:

(35)

Dann fing sie ganz plötzlich an zu weinen, und ich fragte sie, warum sie denn jetzt weine, und sie flüsterte:»Mein Gott, ich bin *doch* katholisch, das weißt du doch -«, und ich sagte, daß jedes andere Mädchen, evangelisch oder ungläubig, wahrscheinlich auch weinen würde, und ich wüßte sogar, warum; sie blickte mich fragend an, und ich sagte:»Weil es wirklich so etwas wie Unschuld gibt.«(BA 51)	E de repente empezou a chorar, e eu pregunteille por que choraba, e ela susurrou: "Meu Deus, *eu* son católica, **ben** o sabes-", e eu dixen que probablemente calquera outra rapaza, protestante ou infiel, tamén choraría, e que mesmo sabía por que; miroume cun aceno de interroga- ción, e eu dixen: "Porque realmente existe algo semellante á inocencia." (BAÜ 54)

(36)

»Und wovon soll ich leben?« fragte ich. »Na«, sagte er, »ein bißchen wird Ihr Vater doch rausrücken.« (BA 122)	"¿E de que quere que viva?" preguntei. "**Home**", dixo, "seu pai soltará algo, **digo eu**." (BAÜ 117)

(37)

»Ich bin doch nicht lebensmüde«, sagte er, genau wie Gertrud. »Die wissen doch, dass ich ein alter Sozi bin. Nach der Machtergreifung habe ich meine Abreibung gekriegt. Und wie![...]« (KE 64)	-Aínda non estou canso de vivir-dixo el, exactamente igual ca Gertrud-. Eles xa saben que son un antigo socialista. Desde a toma do poder, gañei as miñas malleiras...¡e de que maneira![...](KEÜ 72)

(38)

»Nein«, sagte ich, »seelisch. Eine rein seelische Angelegenheit.« Offenbar war das ein Fremdwort für ihn, er schwieg auf eine eisige Weise. »Mein Gott«, sagte ich, »der Mensch besteht doch aus Leib und Seele.« (BA 74)	"Non", dixen, espiritual. "Un asunto puramente espiritual". Polo visto estaba diante dun extranxeirismo, calou dun xeito glacial. "Meu Deus", dixen, "**pero se** o home está feito de corpo e alma." (BAÜ 75)

(39)

Nach dem Spiel sagte er zu mir:»Willst du nicht mitkommen?« Ich fragte:»Wohin?«, und er sagte:»Zu unserem Heimabend«, und als ich sagte: »Ich bin doch gar nicht katholisch«, lachte er, und die anderen Jungen lachten mit; Züpfner sagte: »Wir singen - und du singst doch sicher gern.« - »Ja«, sagte ich, »aber von Heimabenden habe ich die Nase voll, ich bin zwei Jahre in einem Internat gewesen.« (BA 41)	Tralo partido díxome: "¿Non queres vir?" Preguntei: "¿A onde?", e dixo: "É nosa velada na casa parroquial", e cando dixen: "**Pero se eu** non son católico", riu e os outros rapaces tamén riron; Züpfner dixo: "Cantamos –e seguro que che gosta cantar". – "Góstame, dixen, pero estou farto de veladas parroquiais, estiven dous anos nun internado." (BAÜ 46)

(40)

Meine Mutter hat auch geweint. Mehr weiß	Miña nai tamén chorou. Eu non sei máis.

ich nicht.
»Vielleicht will sie nicht zugeben, dass sie sich geirrt hat«, meint Maurice. »Vor dir nicht und vor sich selbst nicht.«
»Aber du bist **doch** älter geworden.« Jan hörte nicht auf zu bohren. »Du hast denken gelernt.« (KE 62)

-Quizáis non quixese recoñecer que se trabucara –opinou Maurice-, nin ante ti nin ante si mesma.
-Pero ti **xa** medraches –Jan non paraba de indagar-. Aprendiches a pensar. (KEÜ 71)

Beim Beispiel (35) werden wir mit zwei Verwendungen von *doch* konfrontiert. Bei der ersten MP handelt es sich eigentlich um eine Begründung, die Marie als Antwort auf eine in indirekter Rede von Hans Schnier formulierte Frage gibt. Obwohl eine ausführliche Auseinandersetzung mit dieser besonderen Verwendung von *doch* erst im Punkt 4.2.2.1.4. der vorliegenden Arbeit erfolgt, ist die Angabe dieses Beispiels zu rechtfertigen, weil Marie durch diese Antwort auf etwas verweist, das beiden Gesprächspartnern bekannt ist. Aufgrund des Verlustes ihrer Jungfräulichkeit vor ihrer Heirat und ihres katholischen Glaubens, der das verbietet, betont sie, ihre Traurigkeit sei erkennbar und verständlich. Ihre Zugehörigkeit zur katholischen Kirche sollte kein Geheimnis für ihren Gesprächspartner sein, sondern eine lang bekannte Tatsache. Bei einer Erweiterung von Maries unmittelbar vorhergehender Behauptung schließt diese Person von vornherein einen eventuellen Einwand ihres Gesprächspartners aus, das erwähnte Faktum sei ihm nicht bekannt. Das gelingt ihr durch ihren expliziten Appell an ihn und seine Kenntnis der Umstände mittels des Verbs *wissen*. Als Entsprechung für das erste *doch* hat der Übersetzer mit guten Kriterien das Personalpronomen in der syntaktischen Funktion des Subjekts *eu* verwendet, indem er Rekurs nimmt auf eine Möglichkeit der galicischen Sprache, wo es üblich ist, durch die 1. Person besonders hervorzuheben. Was das zweite *doch* betrifft, so wurde es auch in diesem Fall kommunikativ äquivalent durch den Modalausdruck *ben* übersetzt. Die Sprecherin setzt deutlich voraus, daß der Gesprächspartner ganz gut weiß, wovon die Rede ist. Selbstverständlich wurde bei der Übersetzung das Verb des Wissens (i.e.*wissen*) beibehalten.
In Beispiel (36) hält der Sprecher, der *doch* benutzt, seine Behauptung für etwas Evidentes. Eine höchst interessante Einsicht bietet uns dieses Muster an, da die galicische Übersetzung uns anhand der Verwendung von zwei verschiedenen Mitteln zeigt, wie die Nuancen, auf die das Deutsche durch *doch* ausdrückt, zielsprachlich wiedergegeben werden können. In einem dritten Schritt hat der Übersetzer jedoch versagt, indem er von dem wahren Sinn des Originaltextes abweicht, obwohl diese Behauptung ein späteres Präzisieren von unserer Seite verdient hat. Wenn man im deutsch-spanischen Wörterbuch von Slabý/Grossmann/Illig (II, [4]1989:753) nachschlägt, steht unter dem Eintrag *na!*, daß es sich um eine leicht abwehrende oder begütigende Interjektion handle. Unter der achten Bedeutung und neben der Angabe 'abwehrend' wird als spanische Übersetzung 'hombre' vorgeschlagen, das eine konversationsunterstützende Funktion besitzt, denn:

118

„en realidad, la inclusión de «hombre» como vocativo concede al término un cierto valor apelativo autoafirmante" (Vigara Tauste 1980:78).

Dieser Beobachtung, die auf das galicische *home* übertragbar ist, schließen wir uns nachdrücklich an. Der Sprecher appelliert an den Partner und betont und verteidigt dabei sein eigenes Argument. Unserer Meinung nach sind *na* und *home* nicht deckungsgleich. Dieses initiative *home*, das auf keinen Fall mit dem nachgestellten *home/ho*, das in dem Punkt 1.7.2.2.1.3. sowie in Kapitel 5.2. der vorliegenden Arbeit behandelt wird, zu verwechseln ist, besitzt eine stärkere Appellkraft. Seine Bedeutung kann wie folgt umschrieben werden: 'Es besteht kein Zweifel an der Evidenz dessen, was ich Ihnen gleich sagen werde. Ich bin mir ganz sicher, und Sie wissen, genauso wie ich, daß das offensichtlich ist'. Der Sprecher schließt wiederum jeden möglichen Einwand seines Gesprächspartners aus, indem er ihn auf eine sehr subtile Weise - auch mit einer gewissen Vertraulichkeit - als an dieser gemeinsamen Kenntnis beteiligt präsentiert. In diesem Beispiel fördert der Sprecher durch die Verwendung von *home* einen Konsens mit seinem Gesprächspartner. Außer diesem Element kommt in dieser Übersetzung die Form des Futurs *soltará* als Entsprechung für *wird rausrücken* vor. Bekannt ist, daß im Galicischen die üblichen Mittel zum Ausdruck der Zukunft das Tempus des Indikativs Präsens und die verbale Periphrase *ir* + Infinitiv sind. Die Verwendung des Futurs beschränkt sich grundsätzlich auf Vorhersage, unter ihnen Wettervorhersage, sowie auf die Zehn Gebote. Es ist jedoch auch hervorzuheben, daß der Sprecher sich der Form des Futurs bedient, wenn er über den Inhalt seiner Behauptung sicher ist und daher ihr einen eher kategorischen Ton verleihen möchte. Diese Funktion entspricht auch dem Sinn des Originalsatzes, der jeden möglichen Zweifel oder Einwand des Gesprächspartners außer Kraft setzt. Aus diesem Grund wirkt die Nachstellung des Ausdrucks *digo eu* im Translat widersprüchlich. Vigara Tauste beschäftigt sich mit *digo yo* unter anderen „autorreafirmativas propias, o expresiones directamente atribuidas al yo-hablante, sujeto real" (1980:47) und folgert:

> „De forma semejante [a *te lo digo yo*], pero con un significado bien distinto, oímos la expresión *digo yo*, con la que el hablante muestra un titubeo, echa una especie de freno a la afirmación [...]" (1980:48).

Das ist gerade der Fall bei der galicischen Übersetzung. Im letzten Moment bereut der Sprecher, sich so sicher gezeigt zu haben und fügt einen Ausdruck des Zögerns hinzu. U.E., wäre das richtige Translat für den deutschen Text die folgende Formulierung gewesen:

> »Na«, sagte er, »ein bißchen wird Ihr Vater **wohl**[41] rausrücken.«

---

[41] Zur Definition, Bedeutung und Möglichkeiten der Übersetzung der MP *wohl* siehe Kapitel 4.5. der vorliegenden Arbeit.

Diesem Text entsprechend würde dann auch die galicische Form des Futurs *soltará* keine Temporalität zum Ausdruck bringen, sondern Modalität (Vermutung in der Gegenwart):

> „Cando o futuro perde a súa referencia temporal de posterioridade, adquire un valor claramente modal, de probabilidade ou aproximación, paralelo ó do futuro do pasado" (ARM ²1989:372).

In Beispiel (37) betont der Sprecher eine Tatsache, die aus der aktuellen Situation hervorgeht. Es handelt sich wiederum um eine Behauptung, die als etwas Evidentes gestellt wird und nicht auf eine konkrete unmittelbar vorhergehende Äußerung eines Gesprächspartners verweist. Obwohl der Sprecher sich bei dem zweiten *doch* an einen Angesprochen wendet, bezieht er sich auf eine dritte Person, auf Leute, die von seiner Ideologie Kenntnis haben. Darauf wird außerdem ganz deutlich durch die Verwendung des Verbs *wissen* hingewiesen. Als galicische Übersetzung dafür finden wir das Adverb *xa*. Eine parallele Verwendung des Adverbs *ya* im Zusammenhang mit Verben des Wissens hat Beerbom in ihrem Vergleich zwischen der deutschen und der spanischen Sprache festgestellt:

> „Genau wie bei der Übersetzung entsprechender Äußerungen mit *ja* wird *ya* meist verwendet, wenn die Äußerung ein Verb des Wissens enthält" (Beerbom 1992:177).

Bei dem Beispiel (38) bezieht sich der Sprecher inhaltlich auf etwas Vorerwähntes. Er hatte über eine 'seelische Angelegenheit' gesprochen, und später bringt er zum Ausdruck, daß der Mensch aus Körper und Seele besteht. Er besteht auf etwas, das er für evident hält und äußert sich gleichzeitig verärgert darüber, daß der Angesprochene seine Behauptung - die für jeden offensichtlich sein sollte - nicht zur Kenntnis genommen zu haben scheint. Eine gewisse Ungeduld auf Seiten des Sprechers wird auf diese Weise von dem Leser empfunden. Diese Nuancen werden bei der galicischen Übersetzung durch den modalen Ausdruck *pero si* - mit dem wir uns in dem vorhergehenden Punkt bereits auseinandergesetzt haben - vermittelt. *Pero si* besteht aus zwei Elementen, die verbunden in dem vorliegenden Kontext nicht ihre übliche Funktion erfüllen. *Pero* ist eine adversative und *si* eine ursprünglich konditionale Konjunktion; bei beiden ist dieser konjunktionale Gebrauch verloren gegangen und durch einen modalen ersetzt worden. Obwohl, wie oben erwähnt, im Punkt 4.2.2.1.2. bereits auf diese Frage eingegangen worden ist, soll ergänzend auf Beobachtungen von Vigara Tauste eingegangen werden, die für das Spanische festgestellt hat:

> „La conjunción *SI*, **átona** en todos sus usos, no tiene valor condicional, matiz causal ni ningún otro matiz o valor predeterminado cuando actúa como **enlace coloquial de relleno**: suele dar un ligero matiz de protesta o de **evidencia** a la exposición del hablante[...]" (1980:74). [Hervorh. der Vf.]
> „En la leve objeción impaciente y en las frases de protesta, *PERO SI* equivale a «Pues si»;

el matiz de impaciencia o protesta viene dado por el «si» y reforzado por los **expletivos** («pero», «pues»)" (1980:73). [Hervorh. der Vf.]

U.E. ist wichtig, die Termini und Werte, die diesen Ausdrücken im Spanischen zugeschrieben werden, hier zu diskutieren. Sie können - wie bereits oben erwähnt - auf das Galicische übertragen werden, da es keine wesentlichen Abweichungen gibt. Das Problem liegt darin, daß weder diese noch andere sprachliche Mittel zum Ausdruck der Modalität explizit in dieser Funktion bei den Grammatiken der galicischen Sprache thematisiert werden[42]. Beim Ausdruck von etwas Bekanntem und Evidentem werden wir bei Beispiel (39) bei dem zunächst angegebenen *doch* mit einer Situation konfrontiert, die gemeinsame Züge mit der gerade geschilderten aufweist. Neben *pero si* kommt in der galicischen Übersetzung in diesem Fall auch das Personalpronomen in der syntaktischen Funktion des Subjekts vor. Dadurch verleiht der Sprecher seiner Behauptung Emphase. Bei dem zweiten *doch* wird ein möglicher Einwand des Gesprächspartners ausgeschlossen, indem der Sprecher das Adverb *sicher* verwendet. In der galicischen Übersetzung wird auf ein Äquivalent für *doch* bewußt verzichtet, da mit der Übersetzung von *sicher* durch *seguro* deutlich empfunden wird, daß der Sprecher auf seinem Argument besteht. Bei dem letzten Fall, dem Beispiel (40), macht der Sprecher eine Äußerung, deren Evidenz in den Worten des Gesprächspartners - die eine gewisse Reife aufweise - in dem aktuellen kommunikativen Kontext erkennbar ist. Wie beim Beispiel (37) kommt als Äquivalent das temporale Adverb *xa* vor. Auch wenn in diesen Beispielen der Ausdruck der Temporalität festzustellen ist, denn es existieren ein 'vorher' und ein 'nachher' und ein gewisser Prozeß, muß betont werden, daß diese Funktion geschwächt erscheint. Diese Tatsache wird dadurch bestätigt, daß bei Verzicht auf dieses Element kein großer Unterschied bei der Bedeutung eintritt. Hier drückt *xa* vor allem Emphase aus, wie bei folgenden Beispielen:

„Por debilitamiento do contido, podemos chegar a contextos nos que xa non expresa cambio ningún:
Xa me dirás que tal che foi.
¡Tes que estudiar máis! – Xa estudio abondo.
Aquí non aporta máis que énfase á frase, xa que poderiamos prescindir do adverbio:
Hasme dicir que tal che foi; Estudio abondo" (ARM [2]1989:437).

Auch für die Wiedergabe dieser Verwendung läßt sich eine Art Musterübersetzung aus der galicischen Ausgangssprache ermitteln:

(41)
Mercareiche todo o que te apeteza. ¿Queres un anel? Sempre quixeches un con pedriñas. ¿Quérelo? (RE 94)

Irgendwann werde ich dir alles kaufen, was du haben willst. Willst du einen Ring? Du wolltest **doch** immer einen Ring mit Steinen. Willst du ihn? (REÜ 105)

---

[42] Siehe dazu Punkt 1.7.2.2.1. der vorliegenden Arbeit.

Bei diesem Beispiel ist in dem galicischen Originaltext kein explizites Element vorhanden, das eine Übersetzung durch *doch* motivieren könnte. Die Übersetzerin hat sich jedoch für diese Möglichkeit entschieden, da im Deutschen ein Sprecher anhand von *doch* auf etwas, das beiden Gesprächspartnern bekannt ist, verweisen kann. In Würdigung der gegebenen Ausgangssituation ist die hier getroffene Option als handlungsäquivalent zu bewerten.

4.2.2.1.3. Voraussetzungssicherndes, initiirendes *doch*

Den Ausführungen Beerboms folgend (vgl. 1992:179), gehen wir auf diesen Punkt ein, auch wenn es in einigen Fällen richtig schwer ist, die Nuancen, die diese Verwendung von *doch* hervorruft, vom Gebrauch der im vorgehenden Absatz behandelten, abzugrenzen. Das obige Beispiel (41) kann u. E. wie folgt interpretiert werden: Der Sprecher verweist auf etwas, das beiden Gesprächspartnern bekannt ist. Durch die Konnexfunktion von *doch* wird der Inhalt aktualisiert, präsent gemacht. Bei einer anderen Interpretation ist *doch* jedoch ein anderer Wert zuzuschreiben: Der Angesprochene wird in der Tat an etwas Bekanntes erinnert, aber gleichzeitig gilt diese Aussage als Voraussetzung für den nächsten Handlungsschritt (vgl. Beerbom 1992:179). Es handelt sich um eine perfide Verwendung der MP *doch*. Dem Sprecher gelingt es auf diese raffinierte Weise, die Zustimmung der Angesprochenen zu bekommen. Trotz der abschließenden Frage 'Willst du ihn?', die nicht ernst gemeint sein kann, hat der Sprecher von vornherein jeden möglichen Einwand seiner Gesprächspartnerin ausgeschlossen. Deswegen kann behauptet werden, daß es sich bei diesem *doch* um ein Initiative anzeigendes Element handelt, das ein Argument zur Verhinderung einer eventuellen Reihe von Gegenargumenten oder Fragestellun-gen einleitet, d.h.: die Einführung eines solchen *doch* beeinflußt ganz entscheidend den weiteren Verlauf des Dialogs. Es sind allerdings nicht viele Belege für diese funktionale Variante zu finden, und dementsprechend können keine allgemein gültigen Schlußfolgerungen gemacht werden (vgl. Beerbom 1992:179f.). Es lassen sich jedoch folgende Beispiele anführen und erläutern:

(42)
»Die Juden haben Deutschland ins Unglück gebracht«, sagte sie.
Ich fing an zu heulen.
»Mutti«, sagte ich. »Du bist **doch** gar nicht so...«
Wir heulten beide [...] (KD 115)

-Os xudeus trouxeron a desgracia a Alemaña- dixo.
Empecei a dar voces.
-¡Mamá!-dixen-. ¡Ti non es tan...!
Ouveámo-las dúas, [...] (KDÜ 130)

(43)
Algúns veciños tíñanme preguntado por que

Die Leute aus dem Dorf haben mich immer

deixara de ir á escola.
-Tanto como che gustaba ler.
-Tan boa memoria que tiñas...
-Xa deprendín todo. Non hai máis para onde
ir-dicíalles eu en xolda par que calasen. (NM 82)

wieder gefragt, warum ich nicht mehr zur Schule ginge.
»Wo du **doch** so gern liest.«
»Wo du **doch** so ein gutes Gedächtnis hast.«
»Ich habe schon alles gelernt. Es gibt nichts mehr, weshalb ich noch zur Schule gehen müßte«, gab ich scherzhaft zur Antwort, um sie zum Schweigen zu bringen. (NMÜ 43)

In Beispiel (42) geht die Sprecherin davon aus, daß ihre Mutter ihr zustimmt. Es sollte für sie bekannt oder sogar evident sein, daß sie eigentlich nicht antisemitisch ist. Aus irgendwelchen Gründen ist ihr jedoch diese Tatsache nicht bewußt, und daher wird sie von ihrer Tochter daran erinnert. Sie aktualisiert den thematisierten Inhalt und schließt jedes mögliche Gegenargument ihrer Mutter aus. Die MP wurde nicht ins Galicische übersetzt. In der galicischen Version wird dieses präsupponierte Einverständnis einfach durch die Ausrufezeichen betont. An dieser Stelle muß erwähnt werden, daß, auch wenn wir uns hauptsächlich der Analyse von Deklarativsätzen gewidmet haben, die oben gemachten Aussagen auch auf Exklamativsätze übertragbar sind. U.E. ist es für den Kontrast sehr wichtig, daß wir das Galicische als Ausgangssprache in Betracht ziehen. Beim Beispiel (43) finden wir wiederum keine expliziten Elemente im ausgangssprachlichen Text, die eine Übersetzung mit *doch* suggerieren. In der galicischen Sprache erfolgt der erwünschte und vorausgesetzte Konsens durch die nüchterne Äußerung auf Seiten des Sprechers. Die Übersetzerin hat sich jedoch für die Verwendung von *doch* entschieden, da sie so nach ihrer Überzeugung am besten den Sinn des Originalsatzes wiedergeben kann. Als der Protagonist und Erzähler seiner eigenen Geschichte, Balbino, die Entscheidung trifft, seiner Schulzeit ein Ende zu setzen, versuchen die Dorfbewohner, ihm etwas präsent zu machen, woran er sich nicht mehr zu erinnern scheint, und zwar, daß er ein sehr guter Schüler war, der immer gerne gelesen hat und mit einem guten Gedächtnis bedacht war. Bei diesen Behauptungen setzt man voraus, daß der Angesprochene nichts zu erwidern hat. Als Umschreibung der deutschen Aussagen könnte folgendes gelten: 'Du weißt so gut wie wir, daß du ein sehr begabter Schüler bist, und gegen diese Feststellung kannst du nichts einwenden'. Aus diesen zustimmungsfördernden Ausdrücken geht jedoch auch hervor, daß Balbino vielleicht doch an seinen Fähigkeiten zweifelt und daher darauf angewiesen ist, daß jemand ihn vom Gegenteil überzeugt. Deswegen widerspricht er seinen Nachbarn, indem er deren eigene Argumente gebraucht. Hier wird die Intention der Leute nicht befriedigt. Dieses Beispiel belegt, wie vielfältig die MPn gebraucht werden können. Bei diesem *doch*, wie auch bei anderen, sind mehrere Nuancen erkennbar und verschiedene Interpretationen möglich. Die allgemeine Charakterisierung jeder Realisierung dieser MP ist hilfreich und unverzichtbar, wenn man die Vielfältigkeit der Verwendungsweisen auch nur approximativ erfassen möchte.

4.2.2.1.4. *Doch* zur Begründung

Durch die Verwendung von *doch* wird eine Begründung unterstützt; allein durch die MP kommt jedoch die Kausalität nicht zustande. Deswegen ist die Behauptung diskutabel, die MP *doch* könne in solchen Fällen für eine kausale Konjunktion gehalten werden (Schulz 1973:39 apud Beerbom 1992:181, Schulz 1976:39 apud Hentschel 1986:135). Wichtig ist, daß *doch* ein eventuelles Gegenargument zu der geäußerten Begründung verhindert und sie dadurch verstärkt (vgl. Beerbom 1992:181). Der Ausdruck der Adversativität kann hier nicht in Zusammenhang mit einer kausalen Funktion gebracht werden. Zur Analyse dieses *doch* und der Möglichkeiten seiner Wiedergabe im Galicischen lassen sich folgende Übersetzungsmuster anführen und begründen:

(44)
Dann fing sie ganz plötzlich an zu weinen, und ich fragte sie, warum sie denn jetzt weine, und sie flüsterte:»Mein Gott, ich bin **doch** katholisch, das weißt du doch« (BA 51)

E de repente empezou a chorar, e eu pregunteille por que choraba, e ela susurrou: "Meu Deus, **eu** son católica, ben o sabes-" (BAÜ 54)

(45)
»Hat er gesagt, ich müßte meine Seele erst verlieren – ganz leer sein, dann könnte ich mir wieder eine leisten. Hat er das gesagt?«
»Ja«, sagte mein Vater, »woher weißt du das?«
»Mein Gott«, sagte ich, »ich kenne **doch** seine Theorien und weiß, woher er sie hat. Aber ich will meine Seele nicht verlieren, ich will sie wiederhaben.« (BA 166)

"¿Non dixo que primeiro tiña que perde-la miña alma, -estar totalmente baleiro, que só despois podería volver permitirme unha alma? ¿Non o dixo?"
"Si, díxoo", dixo meu pai. "¿De onde o sacaches?"
"Meu Deus", dixen, "se eu coñezo as súas teorías e sei de onde as saca. Pero eu non quero perde-la miña alma, eu quero recuperala." (BAÜ157)

(46)
»Warum kommst du, Regina?«, fragte er.
»Wir wollten es **doch** nicht mehr.« (KD 143)

-¿Por que vés, Regine? –preguntou-. Se non nos queriamos ver máis... (KDÜ 159)

(47)
»Der verdreht die Sachen so lange, bis sie wieder vom Kopf auf die Beine kommen«, sagte Steffens. »Ein richtiger Verwandlungskünstler. Ich kenne seine Zeitung **doch** noch von früher. Da war der Thumert stramm kaisertreu und hätte am liebsten den ollen Wilhelm wiederholt [...]« (KD 85)

-Terxiversa as cousas de tal xeito que as volve do revés- dicía Steffens-. Un perfecto virachaquetas. Xa coñezo os seus artigos de antes. Daquela Thumert era rigorosamente fiel ó Kaiser; e, se por el fose, poñíamos de novo no poder ó aparvado de Guillermo [...] (KDÜ 96)

In Beispiel (44) nehmen wir – wie im Punkt 4.2.2.1.2. der vorliegenden Arbeit begründet - einen Teil des Beispiels (35) wieder auf. Marie bekräftigt den Grund für ihre Tränen, indem sie auf etwas verweist, das ihrem Gesprächspartner Hans Schnier bekannt ist, und jeden möglichen Einwand von dessen Seite von vornherein ausschließt. Die Aussage wird durch die Voranstellung des Ausrufs 'Mein Gott' verstärkt. Die galicische Übersetzung weist kein entsprechendes Element als Translat für die MP *doch* auf. Es muß jedoch signalisiert werden, daß hier das sonst elliptische Personalpronomen *eu* die syntaktische Funktion des Subjekts erfüllt, um Emphase auszudrücken. Der Übersetzer versucht auf diese Art und Weise, etwas von der illokutiven Kraft von *doch* in der Zielsprache zu behalten. In Beispiel (45) beantwortet Hans Schnier eine Frage, die sein Vater formuliert hat. Er begründet, warum er über die Worte eines Dritten namens Genneholm Kenntnis hat. In der galicischen Übersetzung stellen wir die Präsenz einer Partikel *se* fest, die jedoch lediglich als Mittel zur Betonung der ganzen Aussage, nicht aber als direkte Entsprechung der deutschen MP zu verstehen ist. Damit ergibt sich eine Konvergenz mit den Beobachtungen Beerboms und ihrem Vergleich mit der spanischen Sprache an. In den spanischen Übersetzungen stellt sie das häufige Vorkommen von *si* fest (vgl. Beerbom 1992:182). Bezüglich der Verwendung von *si* sind folgende Festellungen von Relevanz:

> „Precede a menudo a enunciados con valor de **justificación**:
> -No sé qué manía le has tomado sólo verlas, habrán dicho que eres un grosero.
> -*Si* es que me pone malo esa voz tan tonta que sacabais las tres hablando de mí.
> (EV, 87)
> M. Seco explica este tipo de construcciones como originariamente condicionales, con elipsis posterior. Hoy damos entonación de oración independiente a estas oraciones con la conjunción expletiva («si»)" (Vigara Tauste 1980:75). [Hervorh.der Vf.]

Vigara Tauste verwendet an dieser Stelle die Bezeichnung 'conjunción expletiva', obwohl sie im allgemeinen über den 'enlace coloquial de relleno' spricht (1980:74). Es dürfte kaum weiterführen, die Angemessenheit der Bezeichnungen für die Partikeln zu diskutieren, da es nicht auf Benennungen, sondern auf die Erfassung von Funktionen ankommt. Wir müssen daher unsere Aufmerksamkeit auf den determinierenden Terminus 'justificación' lenken. Rechtfertigung und Begründung einer Aussage oder Handlung stehen nahe zueinander. Allein für sich drückt das *si* keine dieser Funktionen aus, wird jedoch häufig Konstrukten, die einen solchen Wert aufweisen, vorangestellt. Wiederum wird also eine direkte Kausalrelation ausgeschlossen.

In Beispiel (46) beantwortet der Sprecher eine rhetorische Frage, die er sich selbst gestellt hat. In der Übersetzung wird wieder *se* verwendet. Beim letzten angeführten Beispiel (47) beantwortet der Sprecher keine Frage. In seinem Diskurs rechtfertigt Steffens lediglich seine an Thumert geübte Kritik. Dabei geht er davon aus, daß er mit dessen Ansichten, Meinungen und Ideologien aus früheren Publikationen bereits vertraut ist. In diesem Fall stellt man keine formale Entsprechung in der galicischen Übersetzung fest, die als Verweis auf *doch* interpretiert werden kann. Es ist eigentlich üblich, daß es keine direkte formale Entsprechung für dieses *doch* zur Bekräftigung der Begründung in galicischen Texten gibt, wie dies auch für das Spanische der Fall ist (vgl. Beerbom 1992:182).

4.2.2.1.5. *Doch* in Vermutungen, Folgerungen und suggestiven Äußerungen

Unter diesem Punkt wird auf die Verwendung von *doch* in Behauptungen eingegangen, die einen starken interrogativen Charakter aufweisen. Die suggestive Kraft ist in diesen Fällen evident. Wie bereits Beerbom ausgeführt hat, ist es schwer, eine deutliche Trennungslinie zwischen Tendenzfragen und deklarativen Sätzen, die jedoch wie Fragesätze ohne Inversion funktionieren, zu markieren (vgl. Beerbom 1992:183, 191ff.). Mit den Schwierigkeiten zur Abgrenzung beider Satztypen setzt sich ebenfalls Franck auseinander. Dabei beschreibt sie die Elemente, die darauf hinweisen, daß das sprachliche Element *doch* interrogativen Wert besitzt:

> „Also kann das DOCH in solchen Kontexten wo
> a) die anderen Indikatoren nicht eindeutig sind und
> b) die konversationellen Bedingungen für eine echte Behauptung mit DOCH₁ nicht erfüllt sind,
> die indirekte Frageleseart anzeigen bzw. eine entsprechende Implikatur nahelegen" (Franck 1980:186)".

Diese Verwendung von *doch* hat nach Francks Ansicht keine selbständige illokutionsanzeigende Kraft und ist eher als ein Auslöser bestimmter Implikaturen zu betrachten. Sie analysiert Fälle, bei denen, auch wenn nicht über authentische Ambiguität gesprochen werden kann, schwer zu unterscheiden ist, ob es sich um eine Frage oder um eine Behauptung handelt (vgl. Franck 1980:186). Auch die von uns ausgewählten ausgangssprachlichen Texte weisen diesen Gebrauch von *doch* aus:

(48)
»Aber was machst du denn?« fragte sie, »irgendwie mußt du dich **doch** frisch machen?« (BA 55)

"¿Pero entón que fas?", preguntou, "dalgún xeito **terás que** te asear". (BAÜ 57)

(49)
»Du wirst **doch** einsehen, daß jeder das Seinige tun muß, die jüdischen Yankees von unserer heiligen deutschen Erde wieder zu vertreiben.« (BA 24)

"Recoñecerás que cada cal ten que face-lo que poida para volver expulsar da nosa santa terra alemana ós ianquis xudeus." (BAÜ 29)

(50)
»Du bist wohl närrisch!«, schimpfte sie.»Wo

-¡Estás tola! –anoxouse-. Pasear cando hai

126

es jetzt so oft Alarm gibt.«
»Ich muss **doch** wenigstens mal án die Luft gehen können, ohne dass du dich aufregst«, sagte ich und dachte, sie müsste mir ansehen, was geschehen war.[...] (KE 80)

tantas alarmas.
-Teño que poder saír ó menos unha vez para toma-lo aire sen que te alporices-dixen, e pensei que ela debería vermo.[...] (KEÜ 90)

(51)
»Oh«, sagte ich, »über den theoretischen pädagogischen Wert einer solchen Erziehung bin ich mir vollkommen klar – aber es war eben alles Theorie, Pädagogik, Psychologie, Chemie – und eine tödliche Verdrossenheit. Bei Wienekens wußte ich, wann es Geld gab, freitags, auch bei Schniewinds und Holleraths merkte man, wenn es am Monatsersten oder am Fühnfzehnten Geld gab – es gab extra, für jeden eine besonders dicke Scheibe Wurst oder Kuchen, und Frau Wieneken ging freitags morgens immer zum Friseur, weil am frühen Abend – nun du würdest sagen, der Venus geopfert wurde.«
»Was«, rief mein Vater, »du meinst **doch** nicht...« Er wurde rot und sah mich kopfschüttelnd an. (BA 182)

"Oh", dixen, "sobre o valor teórico e pedagóxico dunha educación dese tipo teño as cousas totalmente claras –pero xustamente, todo era teoría, pedagoxía, psicoloxía, química– e un tedio mortal. Onda os Wieneken sabía cando había cartos, os venres, tamén onda os Schniewind e os Hollerath se notaba cando había cartos a principios ou a mediados de mes –había algo especial, unha tallada particularmente gorda de salchichón para cada un, ou pasteis, e os venres pola mañá a señora Wieneken sempre ía ó perruqueiro, porque non serán –en fin, ti dirías que se sacrificaban a Venus."
"¿Qué?", berrou meu pai, "non **quererás dicir...**" Enrubesceu e mirou para min abaneando a cabeza. (BAÜ 171)

Für die Aufnahme des Beispiels (48) haben wir uns entschieden, weil sich hier die oben genannte Zweideutigkeit Deklarativ-/Interrogativsatz illustrieren läßt. Hätte Heinrich Böll auf das Fragezeichen verzichtet, wäre die suggestive Kraft des Appells von Marie an Schnier nicht verlorengegangen. Der interrogative Ton bliebe erhalten. Dies zeigt sich in der galicischen Übersetzung, deren Autor einen Deklarativsatz als Entsprechung eingesetzt hat. Aus der Verwendung einer verbalen Form des Futurs kann im Galicischen geschlossen werden, daß der Sprecher eine Zustimmung des Angesprochenen zu seinem interrogativen Deklarativsatz erwartet. Eine der Anwendungsregeln der sonst zum Ausdruck der Zukunft kaum verwendeten Form besteht im Ausüben eines Einflusses auf den Gesprächspartner. Über diese Intention des Sprechers besteht in dem Beispiel kein Zweifel, weshalb die folgende Behauptung begründet zu sein scheint:

> „*Futuridade e obrigatoriedade:* Úsase en casos en que o locutor pretende influí-la conducta do interpelado: Levarás *esta carta pola tarde ó correo*" (ARM [2]1989:372).

Der Sprecher, in diesem Fall Marie, äußert gleichzeitig eine Vermutung, die von Hans bestätigt werden sollte. Auf diese Nuance, die neben einer Folgerung häufig bei dieser Verwendung von *doch* auftritt, wird weiter unten eingegangen.
In Beispiel (49) wird die oben genannte Intention der suggestiven Einflußnahme

durch die eher perfide Verwendung der Form des Futurs erreicht, die in beiden Sprachen vorliegt. Der einzige Unterschied liegt darin, daß, während der deutsche Originaltext die Unterstützung von *doch* benötigt, wir in der galicischen Übersetzung keine Entsprechung für ein solches Element finden, das zielsprachlich offensichtlich für überflüssig gehalten wird. Der Sprecher, in diesem Fall die Mutter von Hans Schnier, will sich einfach mit ihrer Überzeugung behaupten. Daher handelt es sich bei ihrer Äußerung um einen deutlichen Deklarativsatz, ohne jeden interrogativen Charakter.

In Beispiel (50) erwartet die Sprecherin wiederum Zustimmung von Seiten der Gesprächspartnerin. Es wird um die Erlaubnis gebeten, etwas tun zu dürfen, ohne daß dies explizit in einer Frage formuliert würde. Der suggestive, interrogative Charakter der Behauptung ist jedoch markant genug, um dieses Beispiel unter die oben erwähnten Grenzfällen zu subsumieren. Diese Nuancen gehen in der zu wörtlichen, pragmatisch daher nicht äquivalenten Übersetzung verloren. Bei Verzicht auf die Übertragung des deutschen Modalverbs und Übersetzung von *können* durch die Form des Futurs, d.h. galicisch *poderei*, würde ein handlungsäquivalentes Translat vorliegen.

Bei (51) handelt es sich um einen spezifischen und daher besonders interessanten Fall. Der Sprecher, in diesem Fall Hans Schniers Vater, bringt den Satz nicht zum Ende. Die Pünktchen ersetzen hier eine Aussage, die weglaßbar ist, da sie auf dem gemeinsamen Wissen der Gesprächspartner beruht. Aus den deutschen Interpunktionsregeln kann nicht geschlossen werden, ob der Autor am Ende sich eines Fragezeichens bedient hätte oder nicht. U. E. wären hier - wie bei (48) - beide Möglichkeiten vorhanden gewesen, da eines klar ist: Der suggestive und interrogative Charakter kann in keiner der Optionen bezweifelt werden. Wie bei dieser Verwendung von *doch* üblich, finden wir den Gebrauch einer Form des Futurs im Galicischen. Aus den Interpunktionsregeln dieser Sprache ist im Gegensatz zu dem deutschen Originaltext evident, daß der Übersetzer den Satz für eine Deklarative gehalten hat.

Die mit der Darstellung der Dichotomie Tendenzfrage/Deklarativsatz verbundene Problematik erhellt besonders deutlich aus (52), wo das Galicische die Ausgangssprache bildet:

(52)

A bandeira é de Irlanda. Un irlandés americano. El fixo a tatuaxe. Máis tolo ca min. Puxo o que lle deu a gana. Eu díxenlle: ¿É bonita? ¡Pois pona, carallo! ¿Que máis ten unha ca outra? A rosa... ¿Va que está ben feita a rosa? Disque é a rosa de Tralee. Así lle chaman ás mulleres lindas. Unha rosa de Tralee. (RE 126)	Die Fahne ist die irische. Ein amerikanischer Ire. Er hat die Tätowierung gemacht. Noch verrückter als ich. Er hat tätowiert, wozu er gerade Lust hatte. Ich hab zu ihm gesagt: Ist sie hübsch, diese Fahne? Dann mach sie, verdammt! Ist **doch** wurscht, ob die eine oder die andere. Die Rose... Ist sie nicht gut gemacht, die Rose? Er sagte, das sei eine Rose aus Tralee. So nennen sie die hübschen Frauen. Eine Rose aus Tralee. (REÜ 142)

Für die galicische idiomatische Wendung hat die Übersetzerin u. E. eine sehr geeignete Übersetzung vorgeschlagen. Eine wörtliche Übertragung wäre an dieser Stelle sowohl grammatikalisch als auch semantisch sinnlos gewesen. In der Übertragung wird außerdem der umgangssprachliche Ausdruck des Matrosen Spiderman perfekt durch die Verwendung von Ausdrücken wie *wurscht* wiedergegeben. Auch wenn in dem galicischen Originaltext eine echte Frage mit Fragezeichen und Fragepronomen vorkommt, ist das Translat durch einen Deklarativsatz, der die MP *doch* beinhaltet, uneingeschränkt akzeptabel. Der Grund dafür liegt darin, daß der Sprecher eigentlich keine Ergänzungs-, sondern eine Art rhetorische Frage formuliert. Es wird keine bestimmte Antwort des Angesprochenen erwartet. Seine Zustimmung wird praktisch vorausgesetzt. Daß der Sprecher sich trotzdem an den Gesprächspartner wendet, muß jedoch berücksichtigt werden. Sonst hätte er sich dieses 'Feed-back' nicht gewünscht, hätte er dasselbe einfach behaupten und von vornherein jeden möglichen Einwand ausschließen können. Wenn man die deutsche Übersetzung isoliert liest, denkt man zum Beispiel an die Möglichkeit, das suggestive *doch* durch die Hinzufügung von *oder?* oder *nicht wahr?* zu unterstützen. Eine dieser sogenannten 'tag question' könnte sogar anstelle von *doch* auftreten. Wie Beerbom bemerkt:

„In der Partikelliteratur ist verschiedentlich bemerkt worden, daß *doch* wie ein angehängtes *ne?* oder *nicht wahr?* wirke [...]" (1992:184).

Das einzelne *doch* verleiht jedoch hier dem Deklarativsatz, in den es eingebettet ist, einen leicht interrogativen Charakter.

Die zustimmungsfördernden *doch*-Aussagen drücken manchmal eine Vermutung oder eine Folgerung aus. In solchen Fällen kommen Modalverben wie *müssen* und *können*, sowie Modalwörter bzw. Adverbien häufig vor (vgl. Beerbom 1992:185). Wie oben bei der Erläuterung vom Beispiel (48) bereits erwähnt, ist der MP (d.h. *doch*) eine Vermutung zuzuschreiben. Sie wird von dem Modalwort *irgendwie* und vom Vorkommen des Modalverbs *müssen* unterstützt. Dasselbe Modalverb in seiner inferentiellen Verwendung (vgl. Beerbom 1992:185) tritt auch in Beispiel (50) auf, bei dem wiederum neben dem indiskutablen interrogativen Charakter die Äußerung einer Vermutung zustande kommt. Auch unser Korpus kennt diese Verwendung von *doch*:

(53)
»Wenn du wirklich Hunger hast«, sagte sie, »dann weißt du **doch** hoffentlich, wo immer ein Töpfchen Suppe für dich auf dem Herd steht.« (BA 231)

"Se de verdade tes fame", dixo, "espero que lembres onde hai sempre no fogón unha potiña de sopa para ti." (BAÜ 215)

Es handelt sich in diesem Fall um eine Einladung, die von der Sprecherin, einer Freundin von Hans Schnier, nicht direkt ausgedrückt, sondern taktvoll, unter der Form einer Vermutung, angedeutet wird. Das Modaladverb *dann* und das

Modalwort *hoffentlich* begleiten hier die MP. Wie auch in vielen anderen Fällen gibt es für dieses *doch* keine formale Entsprechung im Galicischen.

Bisher haben wir uns hauptsächlich mit Standardfällen von *doch* in Deklarativsätzen auseinandergesetzt, auch wenn in einigen der angegebenen Beispiele ein eventuell exklamativer Ton nicht auszuschließen ist und viele der Anmerkungen auf einen solchen Satztyp übertragbar sind. Vor allem auf echte Exklamativsätze ist jedoch in den Punkten 4.2.2. und 4.2.3. der vorliegenden Arbeit einzugehen. Aus diesem Grund ist es, bevor wir uns ihnen und dem Satztyp Interrogativsatz widmen, u.E. äußerst wichtig, daß das sogenannte 'monologische *doch*' zunächst Berücksichtigung findet.

4.2.2.1.6. Das monologische *doch*

In der Partikelliteratur setzt sich nur Franck mit den von ihr so genannten 'monologischen *doch*-Varianten' (vgl. 1980:192ff) auseinander. Bei ihrer Behandlung der MP *doch* in Assertionen analysiert Hentschel Francks Ansichten, übt jedoch leichte Kritik an ihren Aussagen, indem sie auf Unvollständigkeit der Bearbeitung verweist und vorsichtig eigene Postulate bezüglich dieser Partikelverwendung andeutet (vgl. Hentschel 1986:132f). Die meisten Partikelforscher beschäftigen sich hauptsächlich mit den Vorkommensweisen von *doch* in dialogischen Segmenten. Es ist offensichtlich, daß es in den literarischen Passagen, die die gesprochene Sprache imitieren und alltägliche Situationen abbilden sollen, zu einer höheren Frequenz des Partikelgebrauchs kommt. Da das Korpus der vorliegenden Arbeit im großen und ganzen aus literarischen und in einem viel geringeren Prozentsatz aus ausgewählten Texten der Drehbücher einer Fernsehserie besteht, d.h. in beiden Fällen eben aus Mustern einer fiktiven, die Realität mimetisch imitierenden Sprache und nicht aus echt realisierten sprachlichen Segmenten, ist es u.E. für eine angemessene Darstellung unverzichtbar, speziell die monologischen Texte zu berücksichtigen. Dies ist insbesondere der Fall bei einer MP wie *doch*, die neben anderen wie *ja* und *eben* (deren Analyse den Rahmen der vorliegenden Arbeit sprengen würde) häufig als Indikator für den sogenannten 'inneren Monolog' oder 'erlebte Rede' gebraucht wird (vgl. Franck 1980:192f). Da es sich hierbei um eine Auseinandersetzung mit interdisplinärem Charakter handelt, halten wir es für angemessen, auf die wichtigsten Bemerkungen über die oben genannte erzählerische Perspektive einzugehen, die in der Regel in theoretisch ausgerichteten literarischen Abhandlungen vorliegen. In dieser Hinsicht läßt sich von der folgenden Feststellung Francks ausgehen:

> „Dabei leistet das DOCH [...] eine weitere Unterscheidung: die Identifikation des Schreibers/Sprechers mit einer der (in der 3. Person) genannten Personen.
> (57) Ottilie sagte, sie sei den ganzen Tag zuhause geblieben. Aber er hatte sie doch mit eigenen Augen auf der Donauterasse [sic] gesehen! Warum belog sie ihn nur?

Das DOCH ist immer aus der Perspektive des Sprechers oder Schreibers gesetzt, bzw. aus der Perspektive der Person, aus deren Sicht der dargestellte Sachverhalt erfahren oder repräsentiert wird. Das DOCH kann so eine subjektive Perspektive einer Person produzieren, unabhängig davon, ob die Person im Satz genannt wird oder nicht. Vgl. (58) Die Schublade war leer. Er hatte das Päckchen doch gestern noch hier liegen sehen!" (1980:193).

Auf die in dem obigen Zitat erwähnte 'Identifikation' wird in der *Theorie des Erzählens* von Franz K. Stanzel unter dem Terminus 'Ansteckung' eingegangen:

„Ein erstes Stadium der Modifikation einer auktorialen Erzählweise in Richtung zunächst auf ER [Erlebte Rede] und dann auf personale ES [Erzählsituation] wird greifbar, wenn der Bericht des auktorialen Erzählers von figuraler Rede „angesteckt" wird. Das folgende Beispiel aus den *Buddenbrooks* kann als klassischer Beleg dafür gelten, da es schon in früheren Arbeiten über ER zitiert wurde:
Frau Stuht aus der Glockengießerstraße hatte wieder einmal Gelegenheit, in den ersten Kreisen zu verkehren, indem sie Mamsell Jungmann und die Schneiderin am Hochzeitstage bei Tony's Toilette unterstützte. *Sie hatte, strafe sie Gott, niemals eine schönere Braut gesehen*, lag, so dick sie war, auf den Knien und befestigte mit bewundernd erhobenen Augen die kleinen Myrtenzweiglein auf der weißen moiré antique... Dies geschah im Frühstückszimmer" ([6]1995:247) [Klammer der Vf.].

Nach Francks Ansicht dehnt sich bei den monologischen Varianten des *doch* die konnektierende Funktion der MP über den ganzen Text aus. Bei dieser Verwendung stellt man eine innerliche Kohärenz zwischen den einzelnen Sprechakten fest:

„Hier soll unter 'monologisch' nicht ein Selbstgespräch verstanden werden, sondern ein längerer zusammenhängender Text eines Sprechers, den er über mehrere Sprechakte hinweg planen und ausführen kann und in dem intern ein Konnex zwischen den einzelnen Sprechakten besteht, der nicht nur linear von Sprechakt zu Sprechakt geht, sondern dem Plan und Ziel des ganzen Textes entspricht" (1980:192).

Im Unterschied zu allen bisher behandelten Erscheinungen und Bedeutungen dieser MP bleibt der Konnex des monologischen *doch* nicht auf eine unmittelbar produzierte oder zu produzierende Aussage eines eventuellen Gesprächspartners beschränkt. Wie bereits oben erwähnt und im Einklang mit Thurmairs Terminologie[43], läßt sich anführen, daß hier der Skopus der MP *doch* ein längeres Segment zusammenfaßt:

„Unter 'monologischen' Vorkommen verstehe ich hier Vorkommen, wo der konnektierende Bezug des DOCH nicht auf einen fremden Vorgänger- (oder Nachfolger-)Zug, sondern auf Teile des eigenen Zuges/Textes gerichtet ist" (Franck 1980:192).
Solche Behauptungen lassen sich mit den theoretischen Postulaten über die zu behandelnde 'erlebte Rede' problemlos im Einklang bringen:

---

[43] Siehe dazu Punkt 1.3. der vorliegenden Arbeit.

„Es liegt im Wesen des literaturwissenschaftlichen Verfahrens, daß das Phänomen ER nicht isoliert im Satz, sondern im Zusammenhang mit anderen, verwandten Erscheinungen der Erzählweise und innerhalb eines längeren Textes gesehen wird" (Stanzel [6]1995:248).

Francks Ausführungen lassen sich an folgenden Übersetzungsbeispielen exemplifizieren und erklären:

(54)

[...] und es kam immer ein Punkt, wo er mich wie ein heulender Hund ansah, und meistens kam gerade dann Sabine herein, schaute ihn verbittert an, weil sie wieder schwanger war. Für mich gibt es kaum etwas Peinlicheres, als wenn eine Frau ihren Mann verbittert anschaut, weil sie schwanger ist. Schließlich hockten sie beide da und heulten, weil sie sich **doch** wirklich gern haben. (BA 229)

[...] e sempre chegaba un punto no que no que vía para min coma un can ouveante, e case sempre era xusto daquela cando entraba Sabine e ollaba amargamente porque volvía estar encinta. Para min, a penas hai nada máis embarazoso ca unha muller que olla amargamente para o seu home porque está encinta. Finalmente, os dous quedaban alí sentados e choraban, porque en realidade **si** que se querían. (BAÜ 214)

(55)

Karl und Sabine fingen an, von den Büchern und Kalendern zu sprechen, in denen man nachsehen kann, wann eine Frau kein Kind kriegen kann. Und dann bekommen sie dauernd Kinder, und es fiel ihnen nicht ein, daß diese Erzählungen Marie und mich besonders quälen mußten, weil wir ja keine Kinder bekamen. Wenn Karl dann betrunken war, fing er an, Flüche nach Rom zu schicken, unselige Wünsche auf Kardinalshäupter und Papstgemüter zu häufen, und das Groteske war, daß ich anfing, den Papst zu verteidigen. Marie wußte noch viel besser Bescheid und klärte Karl und Sabine darüber auf, daß die in Rom in dieser Frage ja gar nicht anders können. Zuletzt wurden sie beide listig und blickten sich an, als wollten sie sagen: Ach, ihr – ihr müßt **doch** etwas ganz Raffiniertes anstellen, daß ihr keine Kinder kriegt, [...] (BA 230)

Karl e Sabine empezaban a falar dos libros e dos calendarios nos que se pode consultar cando unha muller non pode ter un fillo. E logo teñen fillos constantemente, e non se lles ocorría que, a Marie e a min, esas historias tiñan que nos atormentar especialmente, dado que non tiñamos fillos. Despois, cando Karl estaba bébedo comezaba a enviar maldicións a Roma, a amontoar infaustos desexos sobre as cabezas dos cardeais e as almas dos Papas, e o grotesco era que eu me puña a defender ó Papa. Marie estaba aínda máis informada e explicáballes a Karl e Sabine que os de Roma, nesta cuestión, non podían facer outra cousa. Finalmente, os dous se puñan suspicaces e ollaban o un para o outro como dicindo: Si ho, vós -vós **si** que sodes finos para arranxarvos e non ter fillos, [...] (BAÜ 214)

(56)

Er würde diese Nacht in seinem Konviktsbett kein Auge zutun, sich in Gewissensbissen hin und her wälzen und sich fragen, ob es richtig gewesen war, nicht zu mir zu kommen. Ich hatte ihm so viel sagen wollen: daß es besser

Esta noite non cerraría ollo na súa cama do convictorio, daría voltas dun lado a outro movido polos remorsos e preguntaríase se estivera ben non vir onda min. Eu quixera dicirlle tantas cousas: que para el sería mellor für ihn wäre, in Südamerika oder Moskau, irgendwo in der Welt, nur nicht in Bonn, Theologie zu studieren. Er mußte **doch** begreifen, daß für das, was er seinen Glauben nannte, hier kein Platz war, zwischen Sommerwild und Blothert, in Bonn war ein konvertierter Schnier, der sogar Priester wurde, ja fast geeignet, die Börsenkurse zu festigen. (BA 268)

estudiar teoloxía en América do Sur ou en Moscova, en calquera parte do mundo agás en Bonn. Tiña que comprender que aquí non había sitio para aquilo que el chamaba a súa fe, entre Sommerwild e Blothert, en Bonn, era un Schnier convertido, que mesmo se facía cura [sic], case axeitado para estabiliza-las cotizacións da Bolsa. (BAÜ 251)

Bewußt haben wir Beispiele (54) und (55) angeführt. Damit werden wir mit einem gewissen Thema – in diesem Fall 'Kinder haben oder nicht' – konfrontiert, das in mehreren Textabschnitten innerhalb Bölls Roman *Ansichten eines Clowns* behandelt wird. Beim ersten Beispiel wird aus der Perspektive des Erzählers ein subjektives Gefühl einer dritten Person - die 3. Person Plural in diesem konkreten Fall – geschildert. Dabei kann die oben genannte Identifikation des Sprechers/Erzählers nachvollzogen werden. Es kann bei der konnektierenden Funktion der MP *doch* hier kein direkter Bezug auf eine vorhergehende Aussage festgestellt werden. Mehrere Elemente und Segmente des Romans scheinen durch *doch* verbunden zu sein.

U. E. können jedoch im Zusammenhang mit dieser schwer definierbaren Konnexionsfunktion nicht nur explizite sprachliche Realisierungen im Laufe eines jeden Romans von dem Sprecher/Erzähler hervorgerufen werden. Dieser Sprecher/Erzähler/auktorialer Erzähler kann sich auf Geschehnisse und Worte beziehen, die bis zu dem Punkt, da er sie für den Leser bekannt macht, für diesen nicht zugänglich gewesen waren. Der Bezugspunkt der MP kann eventuell aus der aktuell geschilderten kommunikativen Situation erschlossen werden. Außer der bereits erwähnten Identifikation des Erzählers mit einer 3. Person mittels MPn gehört es zu einer der schwierigsten Aufgaben der Partikelforschung, diesem *doch* eine überzeugende Interpretation zuzuschreiben. U. E. kann allgemein in literarischen Texten der Versuch des Sprechers/Erzählers, Handlungen und Worte anderer eine besondere Betonung zu verleihen, belegt werden. In Beispiel (55) gelingt es Hans Schnier, dem Sprecher/Ich-Erzähler anhand einer fiktiven indirekten Rede die von ihm vermuteten Gedanken der 3. Personen wiederzugeben. In der Tat ist festzustellen, daß Literaturwissenschaftler die 'erlebte Rede' mit der direkten und indirekten Rede in der Diskussion über dieses Phänomen in Zusammenhang bringen und deshalb auch für die Unentbehrlichkeit einer Zusammenarbeit verschiedener Disziplinen zur Abgrenzung einer solchen Erzählsituation von anderen plädieren:

„Erlebte Rede ist ein grammatisches und ein literarisches Phänomen. Es ist daher kein Zufall, daß bei ihrer Erforschung sprach- und literaturwissenschaftliche Bemühungen zusammentreffen. Dabei wird auch sichtbar, wie die beiden Disziplinen ein und dieselbe Erscheinung jeweils aus ihrem spezifischen Fachhorizont heraus zu erklären versuchen. Für die Grammatiker ist ER ein Phänomen, das mit direkter und indirekter Rede im Konkurrenz steht. Die Unterschiede zwischen diesen drei Formen werden im wesentlichen mit Hilfe der Satzgrammatik beschrieben. Wechsel des Personalpronomens, Tempusversetzung, syntaktische Abhängigkeit bzw. Unabhängigkeit des Satzes oder Satzteiles mit indirekter Rede oder ER" (Stanzel [6]1995:247)

Die Angabe eines solchen Zitats soll als Anregung zu einem besseren Verständnis der erlebten Rede und zu weiteren Überlegungen verstanden werden, und nicht als Einführung in die Theorie der Literatur, da eine Vertiefung literaturwissenschaftlicher Ansätze den Rahmen der vorliegenden Arbeit sprengen würde.

Franck definiert mit guten Argumenten die Erscheinung der MP *doch* in Beispielen wie (55) als 'dialogische'Art des Vorkommens in Monologen mit indirektem Zitat (vgl. 1980:192).

Die oben erwähnte Betonung, die durch *doch* in (54) und (55) vermittelt wird, spiegelt sich in den jeweiligen galicischen Übersetzungen wider. In beiden kommt die Emphase durch die Verwendung von *si que* zustande. Auf *doch* als Entsprechung für die betonte 'Antwortpartikel' bzw. das 'Satzäquivalent' ist bereits bei der Darstellung *si que* in der vorliegenden Arbeit eingegangen worden (vgl. Punkt 4.2.1.). Als Äquivalent des unbetonten monologischen *doch* kann durchaus die genannte Partikelkombination verwendet werden, in der das Affirmationsadverb mit Nachstellung der Konjunktion *que* und einer Verbalphrase als einheitliches Mittel zur Betonung fungiert und keine ihrer individuellen Funktionen für sich erfüllt.

In Zusammenhang mit dem Beispiel (56) muß darauf hingewiesen werden, daß an mehreren Stellen des Romans der Ich-Erzähler Hans Schnier seine Differenzen mit der katholischen Kirche sowie mit der Konvertierung seines Bruders Leo zum Ausdruck gebracht hat. In dieser Hinsicht wirkt begründet und logisch, daß am Ende des Romans der Erzähler wiederum auf diese Situation verweist und auf eine Identifikation seiner Ansicht mit der seines Bruders hinweist. In seinem Eifer und aus der Überzeugung, in der Lage zu sein, einen besseren Weg für seinen Bruder außerhalb des Studiums der Theologie in Bonn vorschlagen zu können, löst er die Grenzen zwischen sich und seinem Bruder. Eine Betonung der subjektiv beurteilten Wahrhaftigkeit seiner Ansichten, die mit denen seines Bruders übereinstimmen sollten, wird hier durch die Verwendung von *doch* erreicht. Wie in vielen anderen Fällen findet auch in diesem Beispiel *doch* keine formale Übersetzung im Galicischen.

Bei der Analyse eines ihres Erachtens schwer zu beurteilenden Beispiels stellt Hentschel gewisse Unvollständigkeiten der Postulate von Franck fest. Darüber hinaus präsentiert sie vorsichtig den bisher nicht erkannten neuen Typus eines gemischten *doch*, und zwar eines 'monologisch-erinnernden', und begründet die Existenz dieses Verwendungstyps mit Beobachtungen, die überzeugen und daher hier weitergeführt werden sollen:

„Satz (10) "Ich hab' doch hier irgendwo meine Schere hingelegt." scheint [...] etwas schwieriger zu interpretieren zu sein. Es ist nicht zu entscheiden, ob hier nach FRANCK ein "erinnerndes" oder ein "monologisch" [sic] doch angenommen werden müßte. Für ersteres führt FRANCK ausschließlich solche Beispiele auf, in denen der Sprecher andere an etwas erinnern will [...]; dies muß aber in (10) keineswegs der Fall sein. Es ist möglich, daß jemand diesen Satz äußert, der

-sich alleine in einem Raum befindet (Selbstgespräch)
-einem anderen Anwesenden den Grund für sein Suchen erklären will
-einen anderen indirekt auffordern will, bei der Suche nach der Schere zu helfen oder sich daran zu erinnern, wo sie hingelegt wurde.

Da der Satz im Selbstgespräch geäußert werden kann, könnte man annehmen, daß er somit unter die Kategorie des 'monologischen' doch zu rechnen wäre. Aber leider gibt FRANCK hierfür nur Beispiele an, in denen entweder indirekte oder 'erlebte Rede' vorliegt [...] Aber bevor ein neuer doch-Typus, etwa der des monologisch-erinnernden doch, postuliert werden soll, liegt es nahe, zunächst einmal zu untersuchen, was hier durch doch ausgedrückt wird.

Wie oben gezeigt wurde, kann (10) in unterschiedlichen Situationen und mit unterschiedlichen Intentionen (z.B. Erklärung, Bitte um Hilfe) geäußert werden. Diese Faktoren ergeben sich aus der konkreten kommunikativen Situation und können folglich nicht oder höchstens sekundär als Leistung von doch angesehen werden. Stets gleichbleibende Bedingung für die Äußerung von (10) ist demgegenüber, daß der Sprecher seine Schere – bis zum Zeitpunkt erfolglos - sucht und daß er sich zu erinnern glaubt, sie am Ort seiner Suche hingelegt zu haben. Mit Hilfe von doch wird nun abermals ein Widerspruch ausgedrückt: der Widerspruch zwischen dem bisherigen Mißerfolg der Suche und der Erinnerung an den Aufbewahrungsort. Die Aussage 'Ich habe meine Schere irgendwo hingelegt' (These) steht somit im Widespruch zu der unausgesprochenen, aber mitgedachten und durch die Handlung verdeutlichten Aussage 'Ich kann meine Schere nicht finden' (Antithese). Im Unterschied zu den zuvor untersuchten Gebrauchsweisen nimmt doch hier also nicht Bezug auf eine vorausgegangene Äußerung des Gesprächspartner, sondern auf einen eigenen Handlungs- oder Gedankenzug" (1980:133).

Wir schließen uns Hentschel an und halten es für sinnvoll und sachlich angemessen, das Spektrum des monologischen *doch* zu erweitern. U.E. ist es jedoch angebrachter, unter dem 'monologischen *doch*' die Fälle von Selbstgespräch und Selbsüberlegungen eines Sprechers/Ich-Erzählers zu subsumieren und nicht von einem 'erinnernden-monologischen *doch*' zu sprechen, denn, wenn auch in manchen Gelegenheiten die Komponente des Erinnerns präsent ist, kann bei *doch* in vielen anderen nur die Emphase eines geäußerten Gedankes festgestellt werden, wie aus den folgenden Beispielen ersichtlich ist:

(57)

Ich stand da im Laden und blickte auf die frischen Morgenzeitungen, auf die die meisten Männer so verrückt sind. Mich interessieren Zeitungen nur abends oder in der Badewanne, und in der Badewanne kommen mir die seriösesten Morgenzeitungen so unseriös wie Abendzeitungen vor. Die Schlagzeile an diesem Morgen lautete:

Púxenme alí de pé na tenda a ve-los xornais da mañá que acababan de saír, polos que tanto suspiran a meirande parte dos homes. A min, os xornais só me interesan no serán ou na bañeira, e na bañeira os máis serios xornais da mañá parécenme tan pouco serios coma os xornais do serán. O titular daquela mañá rezaba: "Strauß: ¡a coherencia ante

»Strauß: mit voller Konsequenz!« Vielleicht wäre es **doch** besser, die Abfassung eines Artikels oder der Schlagzeilen einer kybernetischen Maschine zu überlassen. Es gibt Grenzen, über die hinaus Schwachsinn unterbunden werden sollte. (BA 57)

todo!" Se cadra sería mellor deixar que fose unha máquina cibernética a que redactase os editoriais ou os titulares. Máis alá de certas fronteiras debería frearse a imbecilidade. (BAÜ 59)

(58)
Sie sollten sich nur einmal anhören, was Kellner und Zimmermädchen sich von Flitterwochen und Hochzeitsreisenden erzählen. Da flüstert **doch** jeder miese Vogel im Zug, im Hotel, wo sie sich auch zeigen, hinter ihnen her: »Flitterwochen«, und jedes Kind weiß, daß sie die Sache dauernd machen. (BA 223)

Deberían escoitar unha vez o que contan os camareiros e as camareiras das lúas de mel e dos que están en viaxe de vodas. Calquera desgraciado anda a murmurar viaxe de vodas tras eles no tren, no hotel, onde queira que estean, e mesmo un neno sabe que andan a face-la cousa continuamente. (BAÜ 208)

In Beispiel (57) äußert der Ich-Erzähler seine Meinung und verleiht ihr Emphase durch die Verwendung von *doch*. Es handelt sich bei dieser monologischen Verwendung der MP um kein erinnerndes Element. Der Erzähler bringt einen mentalen Prozeß zum Ausdruck. Vielleicht hat er sich in anderen Fällen Gedanken über die Möglichkeit, die Redigierung von Pressetexten maschinell zu verarbeiten, gemacht, ist allerdings zu dem Schluß gekommen, die Arbeit eines Menschen sei hier angesagt und unersetzlich. Da er die Inhalte vieler dieser Zeitungen mit einer großen Auflage für töricht hält, könnte aus der oben angegebenen Äußerung erschlossen werden, er widerspreche sich selbst, vertrete jetzt die gegenteilige Meinung. Anhand des literarischen Textes sind wir nicht in der Lage, einer solchen grundsätzlich möglichen Interpretation zu folgen oder sie gar zu beweisen. Deswegen scheint es auf der Grundlage des vorliegenden Abschnittes nur gerechtfertigt, bei *doch* von einer besonderen Betonung auszugehen. Diese wird in die galicische Sprache sprachlich nicht transferiert, da in der Zielsprache in diesem Fall grundsätzlich die Intonation des Satzes genügt, um dieselben Nuancen zu vermitteln.

In Beispiel (58) werden wir wiederum mit den eigenen Gedanken des Sprechers/Ich-Erzählers konfrontiert bzw. mit seiner Überzeugung über seine Wahrhaftigkeit. Nachdruck wird durch die MP verliehen, wobei in der galicischen Übersetzung auf ein entsprechendes sprachliches Mittel verzichtet wird.

Die MP *doch* erweist sich in diesen Fällen quasi als wichtiges Element der deutschen Sprache, das dazu dient, in einem Selbstgespräch – sei es authentisch oder literarisch – etwas Gedachtes zu betonen, sein Eintreffen für wahrscheinlich darzustellen und jeweils einen Gesprächspartner oder Leser auf diese Einstellung aufmerksam zu machen.

4.2.2.1.7. *Doch* in Exklamativsätzen. *Doch* in emphatischen Assertionen

Es wird unter diesem Punkt die MP *doch* in beiden Satztypen behandelt, da es nicht immer sehr einfach ist, beide Typen zu unterscheiden, insbesondere in Fällen, in denen das Verb die Zweitstellung einnimmt. Das entscheidende Kriterium, um einen Satztyp von dem anderen abgrenzen zu können, ist, Hentschel zufolge, das semantische. Immer wenn die Komponente des 'Erstaunens' festgestellt wird, was allerdings recht schwer sein kann, wenn die Intonation, beispielsweise – wie dies natürlich bei den literarischen Segmenten der vorliegenden Arbeit ganz eindeutig der Fall ist – fehlt, haben wir es mit einem Exklamativsatz zu tun (vgl. Hentschel 1986:142). Zur Unterscheidung lassen sich aus den deutschen Texten unseres Korpus folgende Beispiele nehmen und aufgrund der Übersetzungen ins Galicische interpretieren:

(59)

Meine Mutter antwortete nicht. Und da fing ich an, ihr zu erzählen, was ich von London gehört hatte. Wie es wirklich stand mit dem Krieg. Was im besetzten Ausland alles geschehen war. Von den Konzentrationslagern... "Du hörst Feindsender!", sagte sie. "Ich lasse dich allein, und du hörst Feindsender. Woher weißt du überhaupt... Ich verbiete dir das". Ich sagte, dass sie mich nicht mehr daran hindern könne. "Die lügen **doch**!", rief sie. "Die lügen!" (KE 114)

Miña nai non contestou. E eu empecei a contarlle o que oíra de Londres. En que estado estaba en realidade a guerra. Todo o que ocorría nas zonas ocupadas do extranxeiro. Os campos de concentración... -¡Escoitas emisoras inimigas! – dixo-. Déixote soa e escoitas emisoras inimigas. ¿De onde sacas ti...? Prohíbocho. Díxenlle que ela xa non me podía ocultar nada máis sobre estes temas. -¡É **seguro** que eles menten! – berrou -. ¡Menten! (KEÜ 129)

(60)

"Danach fragt man nicht", wollte Maurice sie zurechtweisen und Gertrud war ärgerlich geworden. "Fragt man nicht, fragt man nicht. Was für feine Leute sind wir eigentlich, dass man danach nicht fragt? Ist **doch** wichtig. Weil, wenn sie tatsächlich gebetet hat, dann ist ja was rausgekommen. Bei mir nie.[...] (KE 147)

-Iso non se pregunta –quixo reprendela Maurice, e Gertrud anoxouse. -¡Non se pregunta, non se pregunta! ¿El e . seica somos xente tan fina para non podel preguntar? É importante. Porque se é que rezou, algo tirou con iso. E eu non, [...] (KEÜ 163)

In Beispiel (60) geht man von einer Zweitstellung des Verbs aus, da ein Pronomen *es* als elliptisches Subjekt, das in der Umgangssprache häufig nicht explizit erscheint, angenommen werden kann.

Wie Hentschel anhand anderer Beispiele erklärt, liegt der Unterschied zwischen den beiden *doch*-Sätzen, wie den oben angegebenen, darin, daß in einem Exklamativsatz wie (59) ein Widerspruch zwischen den Erwartungen des Sprechers – der Sprecherin in diesem Fall – und dem geäußerten Sachverhalt feststellbar ist (vgl. Hentschel 1986:143). Die Sprecherin bringt hier ihre Überraschung zum Ausdruck über die Informationen, die ihre Tochter durch die Radiosender bekommen und ihr unmittelbar vor ihrer Exklamation vermittelt hat. Es liegt also ein Verstoß gegen die Erwartungen vor. Es geht dabei um Erwartungen, die eventuell von beiden Gesprächspartnern aus dem allgemein bekannten Kontext (gesellschaftliche Normen und Regeln, beispielsweise) inferiert werden können oder, wie im zitierten Textsegment, auf einer subjektiven Veranlagung basieren (vgl. Hentschel 1986:143). Die Übersetzung ins Galicische erfolgt durch das attributive Adjektiv *seguro*, das eher als das Erstaunen über das vorher Gesagte, der eigenen Behauptung Glaubwürdigkeit verleiht und sie damit unterstützt. Dem Übersetzer es ist in diesem Fall nicht gelungen, die Komponente der Überraschung wiederzugeben.

In Beispiel (60) handelt es sich im Gegensatz zu Beispiel (59) um eine emphatische Assertion, da hier die Abweichung und der Widerspruch zwischen der gemachten Äußerung und den unmittelbar vorhergehenden Verhaltensweisen oder Äußerungen des Gesprächspartners zum Ausdruck kommen. Einer der Gesprächspartner, Maurice, wirft seiner Gesprächspartnerin vor, eine dritte Person gefragt zu haben, ob sie gebetet habe, und argumentiert dabei, daß man eine solche Frage nicht stellen dürfe. Dieser Einstellung und der ausgedrückten Äußerung steht die Behauptung der Gesprächspartnerin entgegen. Es scheint evident, daß hier kein Erstaunen ausgedrückt werden soll, aber doch eine bekräftigende Assertion. Das *doch* wird im Galicischen nicht wiedergegeben.

In diesem Zusammenhang vertritt Beerbom ähnliche Positionen, wenn sie sich mit den emphatischen Assertionen auseinandersetzt:

> „[...] Dieser Gegensatz besteht in emphatischen Assertionen zwischen dem Urteil des Sprechers und der beim Hörer entweder tatsächlich vorhandenen oder nur vermuteten gegenteiligen Meinung oder vorangegangenen verbalen oder nonverbalen Handlungen des Hörers. Der Gegenpol kann auch rein hypothetischer Natur sein: Für den Fall, daß jemand eine andere Meinung hat, hält der Sprecher ihm seinen Standpunkt entgegen. Der Äußerung wird also durch *doch* ein Gültigkeitsanspruch hinzugefügt [...]" (1992:189f.)

In dem oben kommentierten Beispiel handelt es sich um eine in der Tat existierende verbale gegenteilige Meinung des Hörers, gegen die die Sprecherin, die die Frage nach dem Beten formuliert hatte, ihre eigene Position vertritt, wobei sie dieser eigenen Meinung durch die Verwendung von *doch* Glaubwürdigkeit bzw. die von Beerbom erwähnte Gültigkeit zu verleihen beansprucht.

In bezug auf das in ihrer Konzeption formulierte 'emphatische *doch*', unter dem das *doch* in Exklamativsätzen zu verstehen ist, vertritt Franck die Ansicht – die weder von Hentschel (vgl. 1986:143) noch von Beerbom (vgl. 1992:187) geteilt wird –, daß es sich bei der Verwendung von *doch* in diesem Satztyp um negative Urteile handelt, die sich als spontane Reaktionen auf unmittelbar vorangegangene Geschehnisse entpuppen (vgl. 1980:187). Auch wenn sowohl Hentschel (vgl. *ibid.*) als auch Beerbom (vgl. *ibid.*) Beispiele anführen, die insofern das Gegenteil beweisen als die hier angenommene These und positive Wertungen über etwas

Vergangenes in Exklamativsätzen vorliegen, gibt es doch zahlreiche Beispiele in unserem Korpus, welche die These von Franck unterstützen. Folgende Beispiele, die recht auffällig sind, lassen sich hier anführen:

(61)

Plötzlich ließ er mich los, drehte sich um und verschwand. "Er hat dich einfach stehen lassen?", fragte Doris am nächsten Tag. "Und du musstest allein nach Hause gehen? Den ganzen weiten Weg? Das kann doch nicht wahr sein!" (KE 78)

De repente ceiboume, deu a volta e desapareceu. -¿Simplemente deixoute en paz? –preguntou Doris ó día seguinte-. ¿E tiveches que ir soa para casa? ¿Todo o camiño? ¡Non pode ser! (KEÜ 88)

(62)

"Das ist längst vorbei. Dein Vater war nicht der Schlimmste, und inzwischen ist er ja auch ruhiger geworden. Damals hatte er sowieso einen Rochus auf mich. Ich habe ihn mal erwischt, als er bei mir aus dem Stall ein Huhn holen wollte. Das konnte er nicht vergessen" [...] "Mein Vater klaut doch keine Hühner!, sagte ich (KE 64f.)

Iso pasou hai moito tempo. Teu pai non era dos peores e aínda se foi virando máis pacífico. Daquela tíñame ollo. Unha vez caceino na miña corte intentando roubar unha galiña. El non o puido esquecer. [...] -¡Meu pai non rouba galiñas! –exclamei. (KEÜ 73).

(63)

Os seus textos, con testemuños da represión, publícanse na prensa inglesa e mais na americana. Íanlle abrir un novo proceso. ¡Pero se xa ten cadea perpetua! Pois meteranlle outra. Por se resucita. (RO 133)

Seine Texte, mit Zeugnissen zur Repression, wurden in der englischen und auch in der amerikanischen Presse veröffentlicht. Sie würden ihm abermals den Prozeß machen. Aber er hat doch schon lebenslänglich! Dann bekommt er es eben noch einmal. Für den Fall, daß er wiederaufsteht. (ROÜ 153)

(64)

»Man muss sich wundern«, sagte Irrwitzer und fuhr fort den Kater zu kraulen,»man muss sich wirklich wundern, mit was für ordinärem Personal mein bisher so feines Tantchen sich neuerdings umgibt.« »Was?!«, kreischte der Rabe.»Jetzt haut's mir aber doch gleich den Stopsel hinaus! Wer is' hier ordinär? Das is' doch kein Spaß nicht, wenn einer in meinem Zustand durch Nacht und Sturm flattert, um seine Chefin anzumelden, und dann kommt er grad zum Abendessen recht, aber nicht, wo er was zum Schnabeln kriegt, sondern wo er selber auf der Speisekarte steht. [...] (ED 48)

-É ben estraño –dixo Malbicho e continuou facéndolle mimos ó gato-, é realmente ben estraño con que persoal tan ordinario se rodea ultimamente a miña tiña, que antes era tan fina. -¡¿Como!? –chirlou o corvo-.¡Per'agora si que me chega a paciencia ó curuto! ¿Quen é aquí ordinario? Non ch'é ningunha brincadeira, se un no meu estado revoa a través da noite e mais da tormenta p'ra anuncia-la súa xefa, e chega logo xusto p'ra cear, pero non onde lle dean algo p'ra levar ó peteiro, senón onde o mesmo está na carta de menú. [...] (EDÜ 35f.).

In Beispiel (61)[44] werden wir mit einer negativen Wertung konfrontiert, die jedoch nicht auf etwas unmittelbar vorher Geschehenes Bezug nimmt. In der galicischen Übersetzung findet man für *doch* keine Entsprechung. Textsegment (62) ist ein Beispiel für die Schwierigkeit, Exklamativsätzen von emphatischen Assertionen mit Sicherheit abgrenzen zu können. U.E. kann ein Faktor des Erstaunens nicht ausgeschlossen werden. Der exklamative Charakter spiegelt sich in der galicischen Übersetzung wider, in der das Verb *exclamar* vorkomnmt. Die Sprecherin bringt ein Gefühl der Überraschung zum Ausdruck. Die Beschreibung ihres Vaters, die sie zu hören bekommt, steht nicht in Einklang mit ihrem eigenen Bild. Die Erwartungen, die sie hat, entsprechen ihren Erinnerungen an einen sehr respektablen, würdigen Vater. Es kann daher in diesem Sinne ein Widerspruch zwischen Erwartungen und ausgedrücktem Sachverhalt festgestellt werden. Dennoch sind gleichzeitig gegenteilige Meinungen feststellbar, ausgedrückt durch ein *doch*, dessen sich die Sprecherin bedient, um ihren Behauptungen Glaubhaftigkeit zu verleihen.

Bei Beispiel (63) besteht jedoch kein Zweifel daran, daß es sich um Exklamativsätze handelt. Die Komponente des Erstaunens ist evident. In dem galicischen Textsegment trägt die Kombination *pero se* dazu bei, die erwähnte Reaktion zu verbalisieren. Sehr richtig hat sich daher die deutsche Übersetzerin für die Einsetzung eines *doch* entschieden. Der emphatische Charakter, der *pero se* in vielen Fällen als Entsprechung von *doch* erweist, muß an dieser Stelle erwähnt werden[45].

In Beispiel (64) werden wir mit zwei höchst interessanten Fällen des exklamativen *doch* konfrontiert, da wir zwei unterschiedliche Translate in der galicischen Sprache feststellen können. Als galicische Entsprechung des ersten *doch* wird *si que*[46] eingesetzt. Unter 'refuerzos de sí' wird über *que* in Hinblick auf die spanische Sprache folgende Beobachtung von Cascón Martín gemacht:

> „Este *que* pospuesto aparece cuando sí actúa como modificador del verbo, aportando el carácter intensificador a que aludíamos"([2]2000:83).

Hier wird durchaus der ganzen Aussage Emphase verliehen und dadurch der Ärger des Sprechers über das vom Gesprächspartner unmittelbar vorher Gesagte ausgedrückt. Als Äquivalent des zweiten *doch* haben sich die Übersetzer für die Form des 'dativo de solidariedade' *che* entschieden. Die Intention des Sprechers, sich dem Adressaten anzunähern, wird durch den 'dativo de solidariedade' zum Ausdruck gebracht. Diese Behauptung ist von mehreren unserer Informanten bestätigt worden. Als Kommentierungen von Beispielen unseres ausgearbeiteten

---

[44] Siehe zu ähnlichen Beispielen den Kommentar in Punkt 4.2.2.11. der vorliegenden Arbeit.
[45] Siehe dazu Punkt 4.2.2.1.1. der vorliegenden Arbeit.
[46] Siehe dazu Punkte 1.7.2.2.1.2. und 4.2.1. der vorliegenden Arbeit.

Fragebogens[47], in dem sowohl Höflichkeits- als auch Du-Formen vorkommen, haben sie u.a. folgende angegeben:

> „Esta palabra [lle] só serve para achegar ó interlocutor á enunciación do falante (máis afectividade e coloquialidade)" [Eckige Klammer der Vf.]
> „ [...] unha maior afectividade e proximidade entre o falante e o interlocutor, pois o primeiro inclúe ó segundo na súa enunciación."
> „hai [...] proximidade ou cercanía con respecto ó receptor por parte do emisor."
> „Forma de achegamento".
> „Forma familiar".

Bei diesem konkreten Beispiel handelt es sich durchaus um eine recht adäquate Wiedergabe, da der Sprecher den Adressaten von der Wahrhaftigkeit seiner Argumentation überzeugen möchte. Bei diesem Kontext wird durch den Sprecher jedoch anhand von *che* keine Affektivität gegenüber dem Gesprächspartner zum Ausdruck gebracht. Die Implikation des Adressaten wird hier vom Sprecher beansprucht, wie dies in der deutschen Sprache bei der Verwendung des erinnernden *doch* der Fall ist (vgl. 4.2.2.1.9.), als zustimmungsheischendes Element, das potentiellen Einwänden ausweicht und somit den weiteren Verlauf des Gespräches bzw. die konversationellen Maximen garantiert.

Weitere Textsegmente, in denen emphatische Assertionen vorkommen, werden im folgenden angeführt:

(65)

Ich sah, wie Maurice erschrack. "Nein", sagte er. "Natürlich nicht. Ich meine, Zeit für eine bestimmte Sache. Manchmal natürlich auch für das Leben!" "Quatsch!", fuhr Gertrud ihn an, "Regine lebt **doch** noch, du Döskopp [...]" (KE 42)

Vin como Maurice se quedaba de pedra. -Non –dixo-, claro que non. Refírome a tempo para algo concreto. Ás veces, naturalmente, tamén para vivir. -¡Palabras! –contestoulle Gertrud-. Regine aínda está viva, cabeza de choupín [...] (KEÜ 48)

(66)

"Wenn's dir so peinlich ist, dann bitte nicht. Aber es gibt **doch** sicher Wege – ich meine Umwege, über Mauern klettern oder etwas Ähnliches, wie beim I.R.g. Ich meine, es gibt **doch** immer Lücken in so strengen Systemen" (BA 264)

Se che é tan embarazoso, non, por favor. Pero **digo eu** que deben existir camiños – quero dicir rodeos, escalar muros ou algo semellante, coma no I.R.g. Quero dicir que sempre hai fendas nos sistemas tan severos, ¿**non**?

(67)

»[...] Und deinem guten Maestro kannst du von mir ausrichten, er braucht mich ja nicht

[...] E ó teu bo *Maestro* pódeslle comunicar da miña parte, que non ten por que me mirar

---

[47] Siehe zu seiner Auswertung Kapitel 5 der vorliegenden Arbeit.

anzuschauen, wenn ihm meine lumpige Garderobe was ausmacht. Ich hab halt keine bessere nicht mehr«. Maurizio blickte zu Irrwitzer empor. »Sehen Sie, Maestro, also **doch** ein Notfall.« (ED 46f.)

se lle molest'a miña vestimenta farrapenta. Pois non teño ningunha mellor máis. Maurizio alzou os ollos cara a Malbicho. -Xa o ve, Maestro, **élle** un caso de emerxencia. (EDÜ 34f.)

In Beispiel (65) finden wir, wie üblich bei den emphatischen Assertionen, keine Wiedergabe des deutschen *doch* im Galicischen. Einen anderen und daher recht aufschlußreichen Fall stellt dagegen Beispiel (66) dar. Beim ersten *doch* hat der Übersetzer *digo eu* als Möglichkeit der Übersetzung gewählt. Unter den sogenannten 'autorreafirmativas propias, o expresiones directamente atribuidas al yo-hablante, sujeto real' subsumiert Vigara Tauste den Ausdruck *digo yo*. Im Gegensatz zu *te lo digo yo*, einem eher egozentrischen Sprecherausdruck, der auf der Wahrhaftigkeit des von ihm Behaupteten beharrt, zeige der Sprecher durch die Verwendung von *digo yo* Unsicherheit (vgl. Vigara Tauste 1980:47f.). Vigara Tauste bezieht sich jedoch auf ein am Ende der Aussage angehängtes *digo yo*. Die Plazierung dieses *digo eu* des Beispiels an der zweiten Stelle kennt in der Tat einen deutlich emphatischen Charakter. Der Sprecher erhebt sich als Autorität, die die Glaubwürdigkeit seiner eigenen Meinung bestätigen kann. Das zweite *doch* gibt uns berechtigten Anlaß, auf den dirckt nachfolgcnden Punkt zu verweisen, da es sich um einen diskussionswürdigen Grenzfall von emphatischer Assertion und Tendenzfrage ohne Inversion handelt. Diese fehlende Eindeutigkeit wird von der Übersetzung durchaus wiedergegeben. Durch die angehängte Zusatzfrage ¿*non*?[48] fordert der Sprecher seinen Gesprächspartner auf, seine Vermutungen zu bestätigen. Bei der Übersetzung des emphatischen *doch* vom Beispiel (67) ist von den Übersetzern insbesondere das Element der Partnerbezogenheit, die das *doch* hervorruft, übertragen worden. Das ist ihnen durch die Verwendung der Höflichkeitsform des 'dativo de solidariedade' *lle* gelungen.

4.2.2.1.8. *Doch* in Interrogativsätzen. *Doch* in Tendenzfragen

In dem oben kommentierten Beispiel konnte festgestellt werden, daß es in einigen Fällen recht schwierig ist, zwischen einer emphatischen Assertion und einem interrogativen Satz, und zwar bei einer Entscheidungsfrage ohne Inversion, die ebenfalls die Bezeichnungen 'Tendenzfrage' (Beerbom 1992:191), 'Intonationsfrage' (Hentschel 1986:136) oder 'Sekundärfrage' (Doherty 1985:31, apud Beerbom 1992:192) kennt, zu unterscheiden. Die zweitgenannte Bezeichnung bezieht sich primär auf Interrogativa, da die Intonation hier deutlich am Satzende steigt (vgl. Beerbom 1992:191). Bei 'authentischen Entscheidungsfragen', in denen das Verb an der ersten Stelle plaziert ist, wird die Präsenz eines betonten *doch*

---

[48] Siehe dazu Punkt 1.7.2.2.1.1. der vorliegenden Arbeit.

142

möglich; daher kann von einer MP im eigentlichen Sinne grundsätzlich nicht die Rede sein. Folgendes Beispiel läßt sich hier in bezug auf die oben erwähnte Schwierigkeit zur Abgrenzung der Satzypen anführen und erläutern:

(68)

Er fragte sie in Gegenwart der Funktionäre: "Aber Sie sind **doch** wirklich Katholikin", und sie wurde schamrot und sagte: "Ja, auch wenn ich in der Sünde lebe, bleibe ich ja katholisch" (BA 237)	Preguntoulle en presencia dos funcionarios: Pero vostede é realmente católica, ¿non si?", e ela enrubesceu e dixo: Si, aínda que viva no pecado non deixo de ser católica" (BAÜ 222)

Formal werden wir mit einem deutschen Deklarativsatz konfrontiert und nicht mit einem Interrogativsatz, da das Fragezeichen fehlt. Es handelt sich allerdings in diesem Fall um eine zustimmungsheischende Verwendung der MP. Der Sprecher, ein Professor der Theologie, richtet seine tendenzielle Aussage an die Angesprochene, Marie. Er erhofft sich von ihr eine Bestätigung der beiden bekannten Präsupposition. Durch die Einsetzung des *doch* macht er explizit, daß er sich über die Wahrhaftigkeit des Inhalts der Aussage vergewissert hat. Eine perfide Nuance kann u.E. bei der Verwendung dieses *doch* nicht ausgeschlossen werden: Eine Person versucht, eine andere in Verlegenheit zu bringen, sie zu blamieren. Man darf nicht vergessen, daß dieses *doch* der Aussage Emphase verleiht, in diesem Fall eben eine negative. Jede dieser Schlußfolgerungen kann anhand der Übersetzung nur bestätigt werden. Die angehängte Zusatzfrage *¿non si?* verleiht dem vorangegangenen Deklarativsatz einen interrogativen Charakter. Außerdem besitzt *¿non si?* eine zustimmungsheischende Funktion; wer eine solche Frage formuliert, erwartet vom Sprecher eine positive Antwort. Darüber hinaus kann, auch wenn wir bei der Analyse literarischer Segmente auf eine Berücksichtigung der begleitenden Gestik und Intonation verzichten müssen, folgendes bemerkt werden: Dasselbe Phänomen wie bei den Tendenzfragen, in denen die Intonation eine steigende Richtung aufweist, wird hier durch eine Zusatzfrage intendiert, deren zweiter Teil den Hauptakzent trägt. Die Partnerbezogenheit wird bekräftigt, in diesem Beispiel in einem negativen Sinn. Hätte der Professor auf die Zusatzfrage verzichtet, hätte er sicher diskreter agiert. Es kann behauptet werden, daß die Präsenz der MP *doch* wie der Zusatzfrage *¿non si?*[49] der Befriedigung anderer subtiler Vorhaben des Sprechers dient. Beerbom bemerkt dazu:

„Der durch *doch* signalisierte Gegensatz besteht also zwischen der vermuteten Kenntnis des Sachverhalts und der Tatsache, daß der Sprecher überhaupt fragt" (1992:192).

Da die Antwort in dem geteilten gemeinsamen Wissen der Gesprächspartner zu finden wäre, kommt für den Angesprochenen die gestellte Frage unerwartet und

---

[49] Siehe dazu Punkt 1.7.2.2.1.1. der vorliegenden Arbeit.

überraschend. Je nach dem Kontext, in dem sich das Gespräch abspielt und verankert ist, können auf diese Weise unterschiedliche Reaktionen auf Seiten des Sprechers angestift und ausgelöst werden. Diese, aber auch andere Nuancen von *doch* in Tendenzfragen spielen in folgenden Beispielen eine Rolle:

(69)

Ich sagte: "Gut, Leo, vielen Dank – bring mir doch eine Schachtel Zigaretten mit, wenn du herkommst". Ich hörte ihn hüsteln, keine Antwort und fragte: "Du hörst mich **doch**? Wie?" Vielleicht war er gekränkt, daß ich mir gleich von seinem Geld Zigaretten mitbringen ließ. (BA 263)

Dixen: "Ben, Leo, moitas gracias –por favor, tráeme un paquete de pitos cando veñas". Oín como tusía polo baixo sen contestar, pregunteille: ¿Oes, **ho**?" Se cadra estaba ofendido porque eu aproveitara para pedirlle que me trouxera pitos poagados cos seus cartos (BAÜ 246)

(70)

"Du meinst Wieneken?"
"Ja", sagte ich. "Du erinnerst dich **doch** noch an Edgar? [In Köln habt ihr euch <u>doch</u> bei uns getroffen, und zu Hause spielten wir <u>doch</u> immer bei Wienekens und aßen Kartoffelsalat", I.S.]
"Ja, natürlich", sagte er, "natürlich erinnere ich mich, [...]" (BA 266)

"¿Queres dicir de Wieneken"
"Quero, si", dixen. "**Lembrarás** aínda a Edgar, ¿**non**?". [En Colonia atopástesvos na nosa casa, e de pequenos sempre xogabamos onda os Wieneken e comiamos ensalada de patacas, ¿<u>lémbraste</u>?", I.S.]
"Claro que me lembro", dixo, "claro que si, [...]" (BAÜ 249)"

In Beispiel (69) handelt es sich um ein Telefongespräch, d.h. in der beschriebenen Situation fehlen die nonverbalen Begleitselemente, und zwar die Mimik, die Gestik und minimal-responsive Äußerungen. Aus den Geräuschen, die er hört, schließt der Sprecher, Hans Schnier, aus, daß sein Bruder Leo immer noch am Telefon ist. Um sich zu vergewissern und die phatische Funktion zu garantieren, formuliert er eine Tendenzfrage mit *doch*. Die steigende Intonation und die Einführung eines Elements *doch* tragen dazu bei. Einerseits erwartet er eine positive Antwort auf diese Frage – eine Bestätigung - , andererseits gilt dieses *doch* gleichzeitig als Aufforderung an den Bruder, sich über das besprochene Thema zu äußern. Als Entsprechung für die zwei Fragen: "Du hörst mich *doch*? Wie?" kommt im galicischen Text *ho* vor. Unsere Informanten weisen auf die starke Partnerbezogenheit, auf die Familiarität und das Vertrauen, die das angehängte *ho* hervorruft; dies ist nicht verwunderlich, da es sich hier um Brüder handelt. Außerdem wird ihres Erachtens *ho*[50] zur Aufforderung, rasch eine Antwort zu geben, eingesetzt. Es kann daher auch eine gewisse Ungeduld zum Ausdruck bringen.
In Beispiel (70) werden wir mit einem *doch* konfrontiert, das seinerseits Teil einer Tendenzfrage ist und gleichzeitig eine erinnernde Funktion aufweist, auf die im Punkt 4.2.2.1.9. ausführlich eingegangen wird. Die Semantik des Verbs *sich*

---

[50] Siehe dazu Punkt 1.7.2.2.1.3. und Kapitel 5.2. der vorliegenden Arbeit.

erinnern und der allgemeine Kontext, in den *doch* eingebettet ist – in Klammern stehen zwei erinnernde *doch*, die oben bereits behandelt wurden – bilden an dieser Stelle die Verbindung zwischen der Bestätigungsfrage und dem expliziten Verweis auf das gemeinsame Wissen; dadurch wird in besonderem Maße die Präsenz hervorgehoben und intensiviert.

Folgende Feststellungen Beerboms lassen sich in diesem Zusammenhang in Erinnerung bringen:

> „Es ist zwar häufig, aber nicht notwendigerweise der Fall, daß der Sprecher die erwarterte Antwort zugleich gegenüber der gegenteiligen Antwort präferiert; wenn der Sprecher keine Präferenzen hat, signalisiert er mit Hilfe von *doch* lediglich eine Wahrscheinlichkeitsvermutung (vgl. Franck 1980:186). Sofern die Frage keine Negation enthält, erwartet der Sprecher eine affirmative Antwort, anderenfalls eine negative" (1992:192f.).

> „Fragen mit *doch* [...] sind ein beliebtes Mittel, um die Konversation zu steuern und den Gesprächspartner im Sinne des Fragenden zu beeinflußen" (1992:193).

In der Tat kann, wie Beerbom richtig bemerkt, der Sprecher durch dieses *doch* den weiteren Verlauf der aktuellen Konversation von vornherein bestimmen und eventuell auch beschränken. In extremen Situationen könnte dieser Rekurs des Sprechers bis zur Ausübung der Manipulation reichen, wie dies bei der oben geschilderten 'perfiden' Verwendung der Fall war. Der Versuch, jemanden zu beeinflussen, kann sich jedoch natürlich in Interesse des Gesprächspartners verwirklichen, z.B. anhand von höflichen Aussagen, wie: "Sie übernachten *doch* bei uns, wenn sie in die Stadt zum Besuch kommen?" (vgl. Beerbom 1992:193). In diesem Zusammenhang läßt sich folgendes Beispiel anführen:

(71)

"Oh", sagte Sommerwilds Stimme, "ich habe Sie **doch** hoffentlich nicht bei einem doppelten Salto gestört." "Ich bin kein Artist", sagte ich wütend, "sondern ein Clown – das ist ein Unterschied, mindestens so erheblich wie zwischen Jesuiten und Dominikanern – und wenn hier irgend etwas Doppeltes geschieht, dann höchstens ein Doppelmord." (BA 136)	"Oh", dixo a voz de Sommerwild, "espero non telo molestado nun dobre salto." "Non son ningún acróbata", dixen furioso, "senón un pallaso – esta é unha diferencia polo menos tan considerable coma a que hai entre os xesuítas e os dominicos – e de pasar aquí algo dobre, será como moito un dobre asasinato." (BAÜ 131)

Obwohl es sich hier um einen Deklarativsatz handelt, weist dieser einen starken interrogativen Charakter auf. Oberflächlich gesehen, versucht der Sprecher, höflich zu sein – die Hinzufügung eines Adverbs wie *hoffentlich* trägt dazu bei -. Gleichzeitig (durch die Verwendung von *doch...nicht*) zeigt sich, daß der Sprecher eine negative Antwort präferiert. Es erfolgt somit eine Beschränkung des Fortgangs der Diskussion. Anscheinend steuert Sommerwild die Konversation, indem er von

Anfang an Vorwürfen wegen einer möglichen Störung ausweicht. Die Antwort entspricht jedoch weder den Erwartungen noch den Voraussetzungen. Der Angesprochene bringt eigentlich seine Wut zum Ausdruck. Und das, weil, wie aus der Antwort geschlossen werden kann, es sich bei der einleitenden Proposition um keine Höflichkeitsformel, sondern eher um raffinierte Ironie handelt. Wiederum liegt hier eine subtile Methode vor, die dazu dienen kann, mit der Sprache Manipulation zu betreiben. In diesem Fall wird *doch* ins Galicische formal nicht übersetzt.

Wie oben dargestellt, äußert der Sprecher durch die Kombination *doch nicht* seine Präferenz für eine negative Antwort. In dieser Art von Fragen wird jedoch deutlich, daß der Sprecher eigentlich eine positive Antwort als Bestätigung befürchtet (vgl. Beerbom 1992:193), wie auch die folgenden Beispiele dokumentieren:

(72)
"Ihr Mann ist wohl nicht zu Hause?"
"Nein", sagte sie, "er kommt erst in ein paar Tagen zurück. Er hat Wahlreden in der Eifel".
"Was?" rief ich; das war wirklich eine Neuigkeit, "**doch** <u>nicht</u> für die CDU?"
"Warum nicht", sagte sie [...] (BA 88)

"¿O seu home non estará na casa?"
"Non está, non", dixo, "non voltará ata dentro dalgúns días. Está a pronunciar discursos electorais no Eifel".
"¿Como?", berrei; "iso era realmente unha novidade, "¡non **será** para a CDU!"
"¿E por que non?", dixo [...] (BAÜ88)

(73)
"Du hättest sie heiraten sollen", sagte Sabine leise, "ich meine – ach, du weißt, was ich meine".
"Ich weiß", sagte ich, "ich wollte ja, aber dann kam heraus, daß man diesen verfluchten Schein vom Standesamt haben muß und daß ich unterschreiben, verstehst du, unterschreiben mußte, die Kinder katholisch erziehen zu lassen."
"Aber es ist **doch** <u>nicht</u> daran gescheitert?" fragte sie.[...]
"Ich weiß nicht", sagte ich [...] (BA 232)

"Deberías ter casado con ela", dixo Sabine en voz baixa, "quero dicir – boh, ti xa sábe-lo que quero dicir".
"Seino", dixen, "se eu quería, pero resultou que hai que ter ese maldito certificado do Rexistro Civil e que eu tiña que asinar, entendes, asinar que educaría a meus fillos no catolicismo."
"¿Pero **non sería** esa a causa do fracaso?", preguntou.
Non o sei, dixen, [...] (BAÜ 216)

In Beispiel (72) dient das Futur zur Wiedergabe von *doch*. Da dieses Tempus, genau wie im Deutschen, Vermutung und Wahrscheinlichkeit ausdrücken kann, ist es – neben den angehängten Zusatzfragen - ein beliebtes Mittel der Übersetzer, um gewisse Nuancen von *doch* in den Interrogativsätzen zu vermitteln. Ähnliche Möglichkeiten der Übersetzung belegt Beerbom in ihrer Studie zum Sprachenpaar Deutsch-Spanisch (vgl. 1992:196).
Wie schwach die Grenze zwischen emphatischen Assertionen und Tendenzfragen ist, zeigt sich auch in Beispiel (73), da in der Übersetzung, trotz der Nachstellung der Verbform *preguntou*, keine formelle, mit Fragezeichen versehene Frage

wiedergegeben wird.

Die Befürchtung kommt im Galicischen durch die Verwendung des *condicional* zustande. Es handelt sich um eine recht adäquate Übertragung, da der Sprecher sich dieses Tempus bedient, um eine zu direkte Frage zu vermeiden. Der Sprecher wünscht eine negative Antwort, hat jedoch Angst, eine affirmative zu bekommen. Um diese gemischten Gefühle zu versprachlichen, benötigt der Sprecher – in diesem Fall eine Frau – eine gewisse Distanz. Daher gebraucht sie das Tempus, das zur Formulierung von Hypothesen dient, aber auch in subtilen bzw. höflichen Vorschlägen und Aufforderungen verwendet wird. Auch Beerbom hat bei ihren Textanalysen vergleichbare Beobachtungen gemacht:

> „Befürchtungen und Hoffnungen stellen Sonderformen der Vermutung dar" (1992:195).

Unter die 'Tendenzfragen' subsumiert Beerbom die 'Suggestivfragen' mit *doch nicht* oder *doch nicht etwa*, anhand derer man Äußerungen des Gesprächspartners und damit verbundene Implikationen zurückweist (vgl. 1992:194). Diesen Gebrauch der Partikel *doch* dokumentiert das folgende Textsegment:

(74)

"Herrgott noch mal, Schnier", rief er, "Sie können **doch** von mir als katholischem Priester *nicht* verlangen, daß ich eine Frau darin bestärke, im Konkubinat zu verharren." "Warum nicht?", sagte ich (BA 139)

"Pero santo Deus, Schnier", berrou, "*non* **irá** esixir de min, coma sacerdote católico, que anime a unha muller a perseverar no concubinato". "¿Por que non?", dixen.[...] (BAÜ 134)

In der Übersetzung wird wiederum eine Form des Futurs eingesetzt (*non irá esixir*).

4.2.2.1.9. Das erinnernde *doch*

(75)

"Du meinst Wieneken?" "Ja", sagte ich. ["Du erinnerst dich **doch** noch an Edgar?, I.S."] In Köln habt ihr euch **doch** bei uns getroffen, und zu Hause spielten wir **doch** immer bei Wienekens und aßen Kartoffelsalat". "Ja, natürlich", sagte er, "natürlich erinnere ich mich, [...]" (BA 266)

"¿Queres dicir de Wieneken" "Quero, si", dixen. ["Lembrarás aínda a Edgar, ¿non?, I.S."]. En Colonia atopástesvos na nosa casa, e de pequenos sempre xogabamos onda os Wieneken e comiamos ensalada de patacas, ¿lémbras- te?". "Claro que me lembro", dixo, "claro que si, [...]" (BAÜ 249)"

Die Thematik wird hier, anders als üblich, bereits mit einem Beispiel eingeleitet, und zwar mit dem zweiten Teil des unter (70) schon teilweise analysierten Textsegmentes. Der Grund dafür liegt darin, daß wir diesen Abschnitt für besonders geeignet halten, uns mit dem erinnernden *doch* auseinanderzusetzen. Die Funktion, die hier die zwei *doch* erfüllen, wird von der Semantik des Verbs selbst (*sich erinnern*) getragen, und die MP unterstützt und bekräftigt diese Intention. Bei einer solchen Verwendung von *doch* versucht der Sprecher, den Adressaten an etwas zu erinnern, ihm etwas präsent zu machen, das ihm wahrscheinlich bekannt ist; es ist trotzdem notwendig, daß diese Inhalte aktualisiert werden (vgl. Franck 1980:181f.). In diesem Beispiel versucht Hans Schnier, seinem Bruder Leo die Bekanntschaft eines gewissen Edgar Wieneken ins Bewußtsein zu bringen, an sie zu erinnern. Es ist wahrscheinlich, daß er präsupponiert, daß Leo sich an diese Person tatsächlich erinnert. Er verwendet die MP *doch* deshalb, weil es ihm dadurch gelingt, mehr als das einfache Erinnern zu evozieren. Der aktuelle Sprecher oder Erzähler erreicht damit das Ziel, das Interesse des Hörers auf sich zu lenken und nicht unterbrochen zu werden. Diese Beobachtung wird durch Francks Analysen bekräftigt:

> „Der aktuelle Sprecher, der Erzähler, hat das Recht und Interesse daran, bis zum Ende seiner Erzählung oder seiner Argumentation am Wort zu bleiben, wenn die Erzählung begonnen und der Beginn akzeptiert wurde. Außerdem muß der Sprecher, will er nicht das Interesse der Hörer verlieren, an jeder Stelle seiner Erzählung glaubhaft machen, was er sagt. Ob ihm das gelingt, wird vom Hörer durch Mimik, Gestik oder minimal-response-Äußerungen angedeutet. Wenn etwas Ungewöhnliches ohne weitere Erklärung behauptet wird, könnte die Glaubhaftigkeit beeinträchtigt werden und der Hörer mit einer Zwischenfrage unterbrechen. Der Sprecher kann dies aber vorsorglich antizipieren und den gedachten Einwand entkräften. [...]" (1980:182).

Da die galicische Sprache über keine so prägnante Partikel wie *doch* beim oben behandelten Beispiel verfügt, um eine Erinnerung zu intensivieren, hat der Übersetzer die einzig mögliche Lösung gewählt, die in der Nachstellung einer Zusatzfrage besteht. Diese dient explizit dem Zweck, Erinnerungen wieder zu beleben und sie ins Bewußtsein des Gesprächspartners zurückzurufen. Die Bedeutung des Verbs *lembrar* bringt die Nuancen zum Ausdruck, die das erinnernde *doch* auszeichnen.

Ein weiteres Beispiel läßt sich zum Abschluß dieses Punktes anführen:

(76)

"Mißverständnis", sagte ich, "ich brauche Drohmert <u>nicht</u> zu konsultieren".	"Malentendido", sagte ich, "non necesito consultar a Drohmert".
"Du sagtest **doch**: Herz" (BA 159)	"**Pero** ti dixeches: o corazón" (BAÜ 152)

Hier weist *doch* eigentlich eine doppelte Funktion auf: eine erinnernde in bezug auf eine vergangene Aussage und eine erwidernde in bezug auf das vom Gesprächspartner unmittelbar zuvor Gesagte. Durch die Behandlung dieser Beispiele soll darauf aufmerksam gemacht werden, daß einer zu abstrakten und überzeichnenden Klassifikation in vielen Fällen die Textverwendung entgegensteht, deren Auslegung oft nicht so eindeutig vorgenommen werden kann, wie dies wünschenswert wäre, denn *doch* kann vielfältige Nuancen auf der Ebene eines einzigen Textes beinhalten, und die Hermeneutik führt nicht in allen Fällen zu allgemeingültigen Ergebnissen.

4.2.2.1.10. *Doch* in Imperativsätzen. Das auffordernde *doch*

Bei der imperativischen Verwendung von *doch* wird allgemein akzeptiert, daß die MP einen Gegensatz bzw. Widerspruch zwischen der geforderten Handlung und der aktuellen Situation, in der die Aufforderung ausgedrückt wird, signalisiert (vgl. Hentschel 1986:139; Beerbom 1992:203). Die illokutive Kraft von *doch* in Imperativsätzen ist schwach und läßt sich schwer definieren (Beerbom 1992:203). Da der oben erwähnte Widerspruch praktisch jedem Imperativsatz unterliegt (und nur durch seine Äußerung explizit wird), kann behauptet werden, daß *doch* nur zusätzlich dazu beiträgt, den Gegensatz zu thematisieren (vgl. Hentschel 1986:139). Der in der aktuellen Situation feststellbare Widerspruch bleibt durch *doch* in der Tat in dem vorhandenen Kontext verankert. Die MP bekräftigt die Verbindung zwischen der Äußerung und dem genannten Kontext (vgl. Hentschel 1986:139). Frank verweist auf die Tatsache, daß die Handlung in verneinten Imperativsätzen üblicherweise schon vollzogen ist oder zumindest bereits vor dem Moment begonnen hat, in dem die Äußerung gemacht wird (vgl. 1980:189). Franck betont ebenso die Situationsbezogenheit dieses *doch* (1980:188). Sowohl nach Beerboms (vgl. 1992:204) als auch nach Hentschels Auffassung (vgl. 1986:139) bildet eben der konkrete Kontext den entscheidenden Anhaltspunkt, um die illokutive Rolle von *doch* zu determinieren; dadurch wird weitgehend vermieden, daß allgemeine Äußerungen im Hinblick auf die imperativische Verwendung von *doch* formuliert werden können. Beide Linguistinnen beziehen sich in diesem Zusammenhang auf die gegenteiligen Behauptungen von Partikelforschern wie Franck und Bublitz und stellen sich diesen kritisch gegenüber. Franck vertritt die Ansicht, daß verneinte Imperative mit *doch* ausschließlich als Ausdruck des Vorwurfs oder des Tadels gelten (vgl. 1980:188ff., apud Hentschel 1986:139), und betont die Verstärkung der Aufforderung, sowie die Vermittlung eines drängenden und ungeduldigen Tons durch die Präsenz von *doch* (vgl. Franck 1980:188, apud Beerbom 1992:204). In bezug auf die Thesen von Bublitz wird negativ bewertet, daß er *doch* unter MPn klassifiziert, denen er eine mildernde und abschwächende Funktion, die beispielsweise Befehle zu Bitten oder Ratschlägen abschwächt, zuschreibt (vgl. Beerbom 1992:204). Außer der angegebenen Situation, weist Beerbom auf die Präsenz anderer sprachlicher Elemente hin. Wie die Partikelforscherin zutreffend bemerkt, sind gewisse Kombinationen von *doch* mit anderen MPn und Adverbien ausschlaggebend für die Bestimmung verschiedener Sprechereinstellungen:

> „Die Kombination *doch mal* deutet gewöhnlich auf einen Ratschlag, Vorschlag oder eine Bitte – also auf einen 'abgeschwächten' Sprechakt – hin; noch eindeutiger ist die Verbindung mit *bitte*. *Doch endlich* hingegen fungiert als Indikator für einen Vorwurf oder zumindest für Ungeduld des Sprechers, denn *endlich* impliziert, daß die geforderte Handlung schon längst hätte ausgeführt werden sollen bzw. das Resultat hätte eintreten müssen. *Endlich* läßt vermuten, daß die Aufforderung bereits zum wiederholten Male

ausgesprochen wird" (1992:204).

Zu *doch mal* und *doch bitte* lassen sich folgende Beispiele anführen und erläutern:

(77)

Er versuchte sich zu erinnern, wie die berühmte Kater-Arie weiterging, als Jakob plötzlich schnarrte: "He, komm **doch mal** her!" (ED 108)	Tratou de lembrar como continuaba a famosa Aria do Gato cando Xacobe correou de súpeto: -¡Eh, ven aquí! (EDÜ 83)

(78)

"Weil der Punsch doch all unsere guten Wünsche ganz wörtlich erfüllt hat, verstehsu? Er hat nichts umgekehrt." "Woher willsu das wissen?" "Na", sagte die Tante, "da schau uns **doch ma'**an. Hicks! Sin'wir vielleicht kein Beweis?" (ED 228)	-Porque o ponche cumpriu totalmente ó pé da letra tódolos bos desexos, ¿entensti? Non invertiu nada. -¿Como o ques saber? -Pois –dixo a tía-, mira **ben** p'ra nós. ¡Hip! ¿Non zomo nós unha proba? (EDÜ 169)

(79)

Tyranja tätschelte ihm die Wange und schniefte: "Wein **doch bitte** nicht so, mein Herzblättchen, du brichs mir ja noch das Hicks. [...]" (ED 227)	Tirania acaricioulle as meixelas e soprou: -Non chores azí, **por favor**, miña folliña do corasón, que me vas rompe-lo hip.[...] (EDÜ 169)

Bei Beispiel (77) handelt es sich deutlich um eine Bitte, die keine Entsprechung in der galicischen Übersetzung hat. Im Gegensatz zu diesem Textsegment steht unter (78) ein Vorschlag, der in der deutschen Sprache – usuell - durch die Kombination *doch mal* zum Ausdruck gebracht wird und im Galicischen u. E. zutreffend mit dem Adverb *ben* wiedergegeben wird. Durch *ben* gelingt es dem Sprecher, die Aufmerksamkeit des Gesprächspartners aufrecht zu halten und damit dem Vorschlag förderlich zu sein. An dieser Stelle muß Bublitz erwähnt und folgende auch für die obige Textstelle zutreffende Behauptung von ihm über *doch* angeführt werden:

„Zusätzlich kann ein mitverstandener Appell an den Hörer erschlossen werden, der Aufforderung zu folgen" (1978:111).

Bei Beispiel (79) wird die Bitte eindeutig verstärkt und dadurch explizit gemacht, daß *bitte* zur Intensivierung *doch* nachgestellt wird. In der galicischen Sprache, in der keine allgemeingültige Äquivalenz für die MP *doch* vorhanden ist und auch keine Kombinierbarkeit ähnlicher Elemente vorliegt, wird natürlich, wie in einer solchen Situation üblich, die explizite Bitte durch ein zusätzliches *por favor* realisiert, das zwischen Kommata an die negative Form des Imperativs angehängt wird. Darüber hinaus besteht Einigkeit über die konversationellen Eigenschaften des imperativischen *doch*. Es ist reaktiv – deutlicher als Fragen beispielsweise -, da mit dieser MP Bezug auf eine verbale oder non-verbale Handlung oder Unterlassung der vorangegangenen fremden Handlung genommen wird (vgl. Beerbom 1992:203; Franck 1980:189). Wie die meisten Partikelforscher festgestellt haben, wird durch *doch* sehr häufig, wenn auch nicht immer, Kritik an einer Handlung bzw. an deren Unterlassung geübt oder die Gesprächshandlung zurückgewiesen. Folgende Beispiele lassen sich zu einem besseren Verständnis der illokutiven Komponente dieses *doch* und der reichhaltigen Möglichkeiten seiner Wiedergabe hier anführen:

(80)
"Wie lange soll sich mein Feind über mich erheben? Schaue **doch**, und erlöse mich, Herr, mein Gott", las die Bäuerin, [...] (KE 136f.)

"¿Ata cando se ha de erguer contra min o meu inimigo? ¡Mira, e aténdeme, señor, meu Deus!"- lía a aldeá, [...] (KEÜ 152)

(81)
"Komm **doch** mit", sagte er. "Komm mit zu mir. Keiner merkt das. Komm mit. Ich muß doch wieder weg. Wir haben so wenig Zeit." (KE 77)

-Ven comigo –dixo-. Vamos á miña casa. Non o ha notar ninguén. Ven comigo. Teño que marchar axiña de novo. Temos tan pouco tempo..." (KEÜ 87)

(82)
Auch Maurice war blass und aufgeregt. Er brüllte den Hund an, der zur Begrüßung an ihm hochspringen wollte, und aß kaum etwas zum Abendbrot, obwohl Gertrud immer wieder sagte:
"Nu iss **doch**. Hungern kannste noch im Frieden." (KE 111)

Tamén Maurice estaba pálido e excitado. Berroulle ó can cando este intentou saltar para saudalo, e case non probou bocado na cea, por máis que Gertrud lle repetía unha e outra vez:
-¡**Pero** come! ¡A ver se en paz te nos vas morrer de fame! (KEÜ 125)

(83)
Er sagte immer:»Bedenken Sie **doch**, der Junge ist noch keine elf.«(BA 27)

Dicía sempre: "**Pero** teñan en conta que o rapaz non ten nin once anos." (BAÜ 31)

(84)
»Bedenken Sie **doch**«, sagte sie, »alle Kritiker sind dumm, eitel, egoistisch.«
Ich seufzte.»Wenn ich das glauben könnte«, sagte ich, »wäre mir besser.«
»Glauben Sie's **doch** einfach«, sagte sie, »einfach glauben [...]«(BA 193)

"**Pero** teña en conta", dixo, "que tódolos críticos son parvos, vaidosos, egoístas."
Suspirei: "Se puidese crer iso", dixen, "sentiríame mellor."
"**Entón**, simplemente créao", dixo, "trátase de crer, simplemente [...]" (BAÜ 180)

(85)
»Schnier«, sagte er, »lassen Sie **doch** das Vergangene vergangen sein. Ihre Gegenwart ist die Kunst.«
»Vergangen?«fragte ich, »versuchen Sie sich **doch** vorzustellen, Ihre Frau ginge plötzlich zu einem anderen.«(BA 99)

"Schnier", dixo, "o pasado, pasado está, déixeo. O seu presente é a arte."
"¿Pasado?", preguntei, "intente **logo** imaxinar que de súpeto a súa muller anda con outro." (BAÜ 97)

(86)
»Aber versteh mich **doch**«, flehte er.
»Verflucht«, sagte ich, »ich verstehe dich ja.
Nur zu gut.« (BA 268)

"Pero intenta comprenderme, **ho**", implorou.
"Maldita sexa", dixen, "claro que te comprendo. Demasiado ben." (BAÜ 250)

(87)
[...] Ich sagte: »Es hat mir aber geholfen.«
»Wobei?« fragte er.
»Seelisch«, sagte ich.
»Quatsch«, sagte er, »lassen Sie **doch** die Seele aus dem Spiel. [...]« (BA 121f.)

[...]Dixen: "Nembargantes, axudoume."
"¿En que?", preguntou.
"Animicamente", dixen.
"Parvadas", dixo, "deixe a alma fóra disto, **ho**. [...]" (BAÜ 117)

(88)
»Ich nehme an, daß du in ziemlicher Verlegenheit bist. Sag **doch** was.« (BA 159)

"Supoño que estarás bastante apurado. **Pero** di algo, **ho**." (BAÜ 152)

(89)
»Und wenn du zu spät kommst«, sagte ich, »wirst du dann exkommuniziert?«
»Ach, laß das **doch**«, sagte er gekränkt. (BA 263)

"¿E se chegas demasiado tarde", dixen, excomúgante?"
"Boh, <u>non te pases</u>", dixo ofendido (BAÜ 246)

(90)
»Was weiß ich nicht«, rief ich, mein Gott, Leo, sprich **doch** deutlich«. (BA 265)

"¿Que é o que non sei?", berrei, "meu Deus, Leo, ¿**por que** non falas claramente?" (BAÜ 248)

Bei Beispiel (80) werden wir mit der Lektüre der Heiligen Schrift, mit einem Flehen und nicht mit einem Dialog konfrontiert. Die Partnerbezogenheit ist hier rein hypothetischer Natur. Die MP findet in diesem, wie auch in anderen Fällen keine Entsprechung in der galicischen Übersetzung. So ist es auch in Beispiel (81), auch wenn die vorhandene Partnerbezogenheit eine Äquivalenz hätte verursachen können. Die Wiederholung der Bitte macht eine besondere Verstärkung des Aufrufs im galicischen Text (*ven comigo*) unnötig. Sowohl in Beispiel (82) als auch in (83) versucht der Sprecher durch die an der Unterlassung einer Handlung geübte Kritik beim Gesprächspartner zu erreichen, daß er sich korrigiert und die Handlung tatsächlich vollzieht. Der Versuch, an den Adressaten einen Appell zu richten und ihn zu überzeugen, spiegelt sich in den entsprechenden galicischen Aussagen in der Verwendung eines initiierenden *pero* wider.Über das Vorkommen der adversativischen Konjunktion *pero* in solchen Fällen sagt Vigara Tauste im Hinblick auf die spanische Sprache, daß es sich um „una partícula expletiva, sin valor de oposición" handelt (vgl. 1980:72). Sie fügt noch dazu hinzu, daß:

„En realidad, la partícula conserva de su valor original un matiz, si no exactamente adversativo, sí de contraste, que se produce con su sola aparición inesperada en el conjunto hablado" (1980:73).

Cascón Martín unterscheidet zwischen einem *pero inicial* und einem *pero intensivo*. Vom ersten bemerkt er zutreffend folgendes:

> „La conjunción *pero* suele aparecer al comienzo de la intervención de los hablantes como signo de una reacción, fuerte o atenuada, frente a las palabras o la actitud del interlocutor o, incluso, ante una situación determinada.[...]" (²2000:147)

In Beispiel (84) handelt es sich bei dem ersten *doch* um ein sehr ähnliches Beispiel wie bei (83) bzw. um eine auch formal identische Übersetzung im Galicischen. Was das zweite *doch* betrifft, finden wir durch die Einsetzung von *entón* eine völlige andere Äquivalenz. Durch die konsekutive Konjunktion wird der Bezug auf die Aussage, auf das vom Gesprächspartner Gesagte, explizit gemacht. Die Verankerung in dem situativen Kontext, die *doch* verstärkt, findet hier ihr Äquivalent in dem verbindenden Element *entón*. Ähnliches kann wiederum beim zweiten *doch* in Beispiel (85) beobachtet werden, mit dem einzigen Unterschied, daß anstatt *entón* das gleichwertige Element *logo* vorkommt. Für das erste *doch* des Textsegments wird jedoch keine Übertragung im Galicischen erwartet.

Die drei Beispiele, die folgen, sind nur ein Teil der zahlreich belegbaren Textsegmente, in denen auf Galicisch ein angehängtes *ho* vorkommt. Bei (86) handelt es sich um eine sehr intensive Bitte, um Flehen. Durch *ho* werden die oben erwähnte Partnerbezogenheit sowie der mitverstandene Appell hergestellt. Beim Gebrauch von *ho* wird normalerweise eine gewisse Familiarität zwischen den Gesprächspartnern vorausgesetzt, wie dies hier der Fall ist. Über 'proximidade e confianza entre os falantes' haben unsere Informanten Auskunft erteilt. *Ho* verleiht hier der Aufforderung einen ungeduldigen bzw. drängenden Ton, entspricht Eigenschaften, die Franck dem *doch* in Aufforderungen zuschreibt (vgl. 1980:188). Anhand eines bestimmten Beispiels verweisen unsere Informanten auf 'Insistenz in einer Frage' und 'Ungeduld' als expressive Züge des Sprechers gegenüber seinem Gesprächspartner.

Das Vorkommen von *ho* in Beispiel (87) scheint im Widerspruch zu der oben erwähnten Familiarität und einem Vertrauensklima zu stehen. U.E. kann jedoch eine solche Entscheidung des Übersetzers gerechtfertigt werden auf der Grundlage, daß in den Machtverhältnissen, die diesem Dialog zugrunde liegen, durch den Gebrauch eines der Situation nicht angepaßten familiären sprachlichen Elements der Sprecher seine Verachtung seinem Gesprächspartner gegenüber zum Ausdruck bringt. Zu dieser Sprechereinstellung trägt auch das Erscheinen dessen bei, was Beerbom (1992:203) 'mißbilligende Interjektionen und Anredeformen' nennt; dazu gehört in diesem Ausschnitt *Quatsch* "parvadas"; weitere Beispiele finden sich bei Beerbom (vgl. 1992:203f.). Ein Vertrauensklima zwischen Gesprächspartnern, die gleichberechtigt sein sollen, wird allerdings bei Beispiel (88) vorausgesetzt. Als geeignete Übertragung von *doch* finden wir hier zwei kombinierte Elemente, und zwar ein einleitendes *pero* sowie ein angehängtes *ho*. Durch das gleichzeitige Auftreten beider Elemente wird der Aufdringlichkeit und Ungeduld des Sprechers, die der deutsche Ausgangstext erahnen läßt, besonderer Nachdruck verliehen. Zum Schluß haben wir zwei völlig verschiedene Verfahren zur Wiedergabe des *doch* ausgewählt. Bei (89) wird die Aufforderung dem Adressaten, anders zu agieren, und zwar durch Unterlassung der unmittelbar vorher gezeigten Haltung, durch eine negative Imperativform wiedergegeben. Der Übersetzer hat sich zutreffend für sie entschieden, weil damit der Befehl – dank der Voranstellung einer Interjektion zu einer heftigen Warnung gemildert – explizit gemacht wird und somit eine potentielle Weiterentwicklung der oben genannten Haltung von vornherein ausgeschlossen bleibt. Bei dem zuletzt angegebenen Beispiel werden wir in der galicischen Übersetzung mit einer lexikalischen Einheit konfrontiert, und zwar mit *¿por qué non...?*, die in der vorliegenden Arbeit als Wiedergabe der Höflichkeitsvariante von *doch* ermittelt werden kann. U.E. wirkt die an den Gesprächspartner gerichtete Frage mit *¿por qué?* eleganter und weniger hart als der klare deutsche Befehl. Da die Fokussierung auf der Exklamation 'meu Deus' als Entsprechung von 'mein Gott' liegt, wird die eventuelle Verwendung eines initiierenden *pero* beeinträchtigt. Um die Emphase dieses *doch* sowie den mitverstandenen Appell zu bewahren, hat sich der Übersetzer u. E. für die einzige Möglichkeit entschieden, die noch übrig blieb. Ein angehängtes *ho* hätte auch kaum ein adäquates Translat dargestellt.

Es ist gerade von uns die Existenz einer Höflichkeitsvariante von *doch* angedeutet worden. Ihr Vorhandensein wird auch von Franck bestätigt (vgl. 1980:191); es geht dabei grundsätzlich um Aufforderungen, in denen „die kritisierende Komponente unter bestimmten Bedingungen eine positive Umdeutung erfahren" (Beerbom 1992:205) kann. Die häufig durch *doch* ausgedrückte Kritik verwandelt sich so zu einem Angebot oder einer Erlaubnis. In solchen Fällen wird das Interesse unter den Gesprächspartnern verteilt, in einer Art solidarischen Verhaltens, wie Beerbom zutreffend formuliert hat:

> „Der Sprecher fordert den Hörer zu einer Handlung auf, die in dessen Interesse liegt, und erweckt somit den Eindruck, als läge sie auch in seinem Interesse" (1992:205).

Folgende Beispiele unseres Korpus bestätigen diese Auffassung:

(91)

Ich nahm mit dem rechten Zeigefinger die beiden Tränen weg und sagte: »Ich wußte nicht, daß du so gut Chopin spielen kannst. Spiel die Mazurka **doch** noch einmal«. (BA 62)	Co índice dereito sequei as dúas bágoas e dixen: "Non sabía que tocases tan ben a Chopin. **¿Por que non** volves toca-la mazurca?" (BAÜ 63)

(92)

Er sagte: »Aber wenn du Lust hast, komm **doch** wieder zum Fußballspielen.« (BA 41)	Dixo: "Pero se tes ganas, **non deixes de** vir xogar ó fútbol" (BAÜ 46)

In Beispiel (91) werden wir ganz eindeutig mit einer höflichen Aufforderung konfrontiert. Der Sprecher versucht, die Angesprochene zu trösten, da sie sich in einem Zustand der Traurigkeit befindet, indem er ein Lob mit einem netten Angebot verbindet. Darüber hinaus gelingt es ihm, sofort ein Vertrauensklima herzustellen. Das kommt in der deutschen Aussage durch die Verwendung von *doch* zustande. Die galicische Sprache verfügt über keine auch nur annähernd äquivalente Partikel; daher hat der Übersetzer durch einen höflichen Vorschlag in Form einer Frage (mit *por que non*) seinen Satz eingeleitet. Es handelt sich um eine überzeugende Option des Übersetzers, weil mit einer solchen Formulierung eine höfliche Aufforderung zum Ausdruck gebracht werden kann. Eine andere eventuelle Möglichkeit der Wiedergabe wäre 'Volve toca-la mazurca, anda' gewesen. Auch wenn die imperativische Form des Verbs *andar* ein adäquates Mittel sowohl in der galicischen als auch in der spanischen Sprache bildet, um Aufforderungen familiär zu formulieren und ihnen in der Regel einen liebenswürdigen und sanften Unterton zu verleihen, bleibt durch den Imperativ immer eine gewisse Aufdringlichkeit erhalten, die bei dem vorliegenden Beispiel, in Anbetracht des geistigen Zustands der Angesprochenen, besser vermieden werden sollte. Die Suggestivität, die die Frage mit *por que non* verleiht, ginge bei dieser Option sicher verloren.

In Beispiel (92) werden wir wiederum bei der galicischen Übersetzung mit einer geglückten kommunikativen Äquivalenz konfrontiert. Die Formel *non deixar de + Infinitiv* wirkt besonders höflich und elegant und gehört einem gehobenen Stil der Sprache an.Es muß betont werden, daß anhand dieses Ausdrucks die Aufforderung an den Gesprächspartner zur Nicht-Unterlassung - in diesem Fall einer zukünftigen, eventuellen Handlung – explizit geäußert wird. Darüber hinaus muß betont werden, daß selbstverständlich von der begleitenden Intonation abhängt, ob es sich dabei um ein echtes oder nur schmeichelhaftes und heuchlerisches Angebot handelt.

4.2.2.1.11. *Doch* in selbständigen Sätzen[51]

Doch kommt in selbständigen emphatischen Assertionen und Exklamativsätzen vor, die idiomatische Wendungen bzw. feste Ausdrücke bilden. Lichtenberg bezeichnet sie als *Routineformeln* bzw. *Schematismen* (vgl.1989:669). Folgende Beispiele verdeutlichen diese Verwendung:

(93)

»Laut sagen?« krächzte er. »Damit dein Chef alles hört? Du bist ja gelungen.« »Mein Maestro weiß sowieso alles.« »Was?!«, schnappte der Rabe. »Hat er's

-¿En voz alta? –grallou-. ¿Para que o oia todo o teu xefe? Ti estás na horta. -O meu *Maestro* xa o sabe todo. -¡¿Que?! –aquexou o corvo-. ¿Descubriuno

---

[51] Beerbom (1992:221ff.) setzt sich bei der Behandlung der selbständigen Sätze ausschließlich mit Konditional-, *daß*- Sätzen, *wo-doch*-Sätzen sowie mit Sätzen mit einem konjunktivischen Verb in Spitzenstellung auseinander. Mit dem Titel '*Doch* in selbständigen Konditional- und *daß*- Sätzen' beschränkt sich Hentschel (1986:140ff.) jedoch nicht nur auf diese Satztypen, sondern sie berücksichtigt auch idiomatische Wendungen mit *doch*, welche aufgrund ihrer Einzigartigkeit u.E. eine detailliertere Behandlung verdienen.

rausgekriegt?«
»Nein«, sagte Maurizio, »ich habe ihn in die
Sache eingeweiht.«
Dem Raben blieb der Schnabel offen.
»Das darf **doch** nicht wahr sein«, stieß er
schließlich heraus. »Das pustet mich glatt
vom Ast! Sag das noch mal!« (ED 55f.)

(94)
»Ich musste es einfach tun«, erklärte
Maurizio mit wichtiger Miene. »Es wäre
nicht ritterlich gewesen, ihn noch länger zu
hintergehen. Ich habe festgestellt, er ist ein
edler Mensch und ein wahres Genie und
unseres Vertrauens würdig. Obwohl er sich
heute ein wenig komisch benimmt, das gebe
ich zu. Aber mich jedenfalls hat er die ganze
Zeit behandelt wie einen Prinzen. Und das
zeigt **doch**, was für ein gütiger Mann und
Wohltäter der Tiere er ist.«
Jakob starrte Maurizio bestürzt an.
»<u>Das gibt's nicht</u>! So dämlich kann ein
einzelner Kater nicht sein. [...]« (ED 56)

(95)
»Weißt du«, fuhr Maurizio nach einer Weile
mit bebender Stimme fort, »ich kann einfach
nicht glauben , was du da vorhin gesagt hast.
Wie kann denn einer einen so großen Katzen-
Künstler wie mich so gut behandeln und auf
der anderen Seite ein gemeiner Schurke sein?
Das gibt es **doch** nicht.« (ED 60)

el?
-Non –dixo Maurizio-. Púxeno eu ó tanto do
asunto.
Ó corvo quedoulle o peteiro aberto.
-Non pode ser verdade –soltou por fin-. ¡Iso
faime caer directamente da póla! Repíteo
outra vez (EDÜ 41).

-Non tiven máis remedio que facelo –
explicou Maurizio cunha expresión
importante-. Non sería cabaleiresco mantelo
enganado por máis tempo. Observeino e
examineino longo tempo e comprobei que é
un home nobre e un verdadeiro xenio e digno
de nosas confianza. Aínda que hoxe se
comporta dun xeito un pouco raro, teño que
admitilo. Pero a min en todo caso tratoume
todo o tempo coma a un príncipe. E iso
mostra como é un home bondadoso e un
benfeitor dos animais.
Xacobe chantoulle os ollos a Maurizio,
consternado.
-¡Non é posible! Tan parvo non pode ser un
gato só [...] (EDÜ 41f.)

-¿Sabes? –continuou Maurizio despois dun
anaco con voz tremente-. Non podo crer
realmente o que dixeches hai un anaco. ¿Pois
como pode tratar tan ben a un grande gato-
artista coma min e por outra banda ser un
malandrín miserable? Non é posible. (EDÜ
45).

Diese drei Beispiele unseres Korpus eignen sich besonders gut für eine Erklärung,
da in ihnen zwei idiomatische Wendungen enthalten sind (eine in zwei Varianten)
und da sie demselben Kapitel eines einzigen Werkes, nämlich *Der Wunschpunsch*
von Michael Ende, entnommen worden sind. Hier sind die selbständigen Sätze mit
doch in einem konkreten Kontext gut verankert, was zu einem besseren Verständnis
des Gebrauchs der MP führt. Die Gegenüberstellung der Beispiele (94) und (95)
beweist, daß ein solcher feststehender Ausdruck bezüglich der Satzstellung
unveränderlich bleibt. Die Nichtakzeptanz ähnlicher Ausdrücke, welche eine
Inversion mit dem Verb an der ersten Stelle aufweisen, nämlich *'Gibt es das nicht'
bzw. 'Gibt es das *doch* nicht', hängt nicht mit dem Vorkommen des *doch*, sondern
mit dem ihnen inhärenten Charakter einer Redewendung zusammen. Diese Ansicht,

die ebenso für 'Das darf *doch* nicht wahr sein'[52] in Beispiel (93) gilt, wird von Hentschel in bezug auf andere gleichwertige idiomatische Wendungen wie 'Das ist *doch* die Höhe!' und 'Das ist *doch* das Letzte!' vertreten (vgl. 1986:142). Wie bereits im Kapitel 4.2.2.1.7. der vorliegenden Arbeit dargestellt, ist es in der Regel besonders schwer, emphatische Assertionen und Exklamativsätze voneinander abzugrenzen, besonders bei Zweitstellung des Verbs. Da in den Beispielen (93) und (94) jedoch der Rabe seine Aussagen direkt an diejenigen anschließt, die vom Gesprächspartner Maurizio unmittelbar vorher zum Ausdruck gebracht worden sind, wird der Widerspruch zwischen der Äußerung des Raben und denen Maurizios deutlich, so daß nach diesem Kriterium bei den zwei Beispielen von emphatischen Assertionen gesprochen werden kann. Die Komponente des Erstaunens, die Hentschel eindeutig den Exklamativsätzen zuschreibt, darf nicht als Reaktion des Raben auf die gehörten Äußerungen des Gesprächspartners angeschlossen werden. Darüber hinaus wird die semantische Komponente des Erstaunens durch die Beschreibung der Reaktion des Raben untermauert. Bei Beispiel (93) bleibt ihm der Schnabel offen, und erst nach einer Weile ist er in der Lage, etwas hervorzubringen. Bei Beispiel (94) starrt der Rabe Jakob bestürzt an. Es handelt sich also um ganz eindeutige Hinweise auf einen psychischen Zustand der Verwirrung, nämlich auf Erstaunen/Überraschung. Auch Vorwurf und Ärgernis können aus dem Kontext geschlossen werden. Im Gegensatz dazu können im Beispiel (95) diese drei semantischen Komponenten von vornherein ausgeschlossen werden. In diesem Fall wendet sich der Sprecher Maurizio an seinen Gesprächspartner Jakob und trägt seine Argumente vor, die im Unterschied zu denen des Gesprächspartners eine positive Wertung des Maestro beinhalten. An eine an sich selbst gerichtete rhetorische Frage, bei der diese Widersprüche wiederum explizit gemacht werden, schließt er die emphatische Assertion mit *doch* an.

Es besteht Einigkeit darüber, daß es eine der schwersten Aufgaben eines jeden Übersetzers ist, eine adäquate Übersetzung für idiomatische Wendungen zu finden. Die 'Intensität' des deutschen Ausdrucks geht grundsätzlich bei dem Prozeß der Wiedergabe in der galicischen Sprache verloren. U.E. wären *non pode ser* oder *non estou ouvindo ben* bzw. *non oio ben* kommunikativ gelungenere Äquivalenzen als das vorgeschlagene 'non é posible' gewesen.

Bei Beispiel (93) wäre eine Übersetzung wie 'non cho creo' weniger wörtlich, aber dafür partnerbezogen und kommunikativ natürlicher gewesen. Ein *non é certo* stände dem Ausgangstext näher und wäre gleichzeitig kommunikativ äquivalent. Nicht immer, aber häufig werden die Modalverben – wie in diesem Fall *dürfen* - ins Galicische bzw. ins Spanische übertragen, da diese Sprachen im Bereich der Modalverben über kein so differenziertes System verfügen, wie dies in der deutschen Sprache der Fall ist. Dementsprechend werden die Modalverben auch seltener verwendet. Folgende Behauptung läßt sich in diesem Zusammenhang

---

[52] Unter dem Punkt 4.2.2.1.7. der vorliegenden Arbeit ist im Beispiel (61) der äquivalente Ausdruck 'Das kann *doch* nicht wahr sein!' zu finden.

anführen:

> „Resumindo as principais diferencias entre o alemán e o galego podemos dicir que en alemán o falante ten máis posibilidades de precisa-la súa opinión ou actitude a través dos verbos modais" (Montero Küpper 1999:736).

Doch tritt auch in sogenannten *wo-doch-* Sätzen auf, in denen das Verb die Endstelle einnimmt (vgl. Beerbom 1992:216). In manchen Fällen leitet die Konjunktion *wo* einen Nebensatz ein[53] (vgl. Beerbom 1992:215). In anderen jedoch kommen solche Konstruktionen als selbständige Exklamativsätze vor und dienen dazu, den Sprecher sein Erstaunen ausdrücken zu lassen (vgl. Beerbom 1992:216). Diese Verwendung dokumentieren die folgenden Beispiele:

(96)
»Hättest du übrigens was dagegen, wenn ich mich mal kratze? Mich juckt's schon die ganze Zeit.«
»Aber bitte sehr!«, erwiderte Maurizio mit einer großzügigen Pfotenbewegung.» Wo wir **doch** Kollegen sind.« (ED 54)

»¿Terías algo en contra se me rañase? Estam'a picar desde hai tempo.
-¡Pero por favor! –respondeu Maurizio cun xeneroso movemento da pata-. Por algo somos colegas. (EDÜ 40)

(97)
Algúns veciños tíñanme preguntado por que deixara de ir á escola.
-Tanto como che gustaba ler.
-Tan boa memoria que tiñas...
-Xa deprendín todo. Non hai máis para onde ir –dicíalles eu en xolda para que calasen. (NM 82)

Die Leute aus dem Dorf haben mich immer wieder gefragt, warum ich nicht mehr zur Schule ginge.
»Wo du **doch** so gern liest.«
»Wo du **doch** so ein gutes Gedächtnis hast.«
»Ich habe schon alles gelernt. Es gibt nichts mehr, weshalb ich noch zur Schule gehen müßte«, gab ich scherzhaft zur Antwort, um sie zum Schweigen zu bringen. (NMÜ 43)

Bei Beispiel (96) möchte Maurizio, nachdem er sich nach einer Streiterei aufgrund von Meinungsunterschieden mit dem Raben Jakob versöhnt hat, bei der Antwort auf die Frage seines Gesprächspartners besonders höflich wirken. Daher schließt er einen *wo-doch-* Satz an, in dem Höflichkeit und Familiarität konnotiert sind, gebraucht also eine Höflichkeitsfloskel. U.E. kann allerdings diese Floskel auch als ironische Verwendung interpretiert werden. Außer Höflichkeit sowie eventuell Ironie bringt Maurizio trotz der fehlenden Ausrufezeichen auch sein Erstaunen darüber zum Ausdruck, daß der Gesprächspartner um Erlaubnis bittet. Gegen die Annahme des Sprechers, es bestehe zwischen ihnen ein Vertrauensverhältnis, ist durch eine unübliche Bitte verstoßen worden (vgl. Beerbom 1992:216).

---

[53] Siehe dazu Punkt 4.2.2.1.12. der vorliegenden Arbeit.

Charakteristisch für die *wo-doch*-Exklamativsätze ist – wie Beerbom ermittelt hat (vgl. 1992:216) -, daß sie normalerweise nicht unmittelbar nach einem Sprecherwechsel, sondern nach einer vom Sprecher selbst produzierten Äußerung vorkommen. Das ist auch hier der Fall. Bei der gelungenen Übersetzung kommt die sonst selten zum Ausdruck der Finalität gebrauchte Präposition *por* vor. 'Unter Kollegen sollten die gesellschaftlichen Normen nicht so streng eingehalten werden', könnte eine eventuelle Paraphrasierung lauten, die den Sinn der galicischen Version wiedergibt. In der Regel können, wie bei *por* in diesem Fall, in der galicischen sowie in der spanischen Sprache vergleichbare Elemente als Entsprechung für *wo* gefunden werden, nicht aber für *doch*. Mögliche Übersetzungen, in denen die semantische Komponente zur Geltung kommt, sind die emphatischen Fragen: *¿Acaso non somos colegas?; ¿Somos colegas ou que?'*. Als Entsprechung für die galicischen Strukturen *tanto como...* und *tan...que* hat sich die Übersetzerin sehr treffend für die selbständigen *wo-doch*-Exklamativsätze entschieden. Wie bereits oben gesehen, muß man davon ausgehen, daß sowohl im Galicischen als auch im Deutschen die aktualisierten Strukturen an unmittelbar vorangehende Aussagen desselben Sprechers direkt angeschlossen werden. Das besondere besteht darin, daß die Aussagen – in diesem Fall Fragen – in der indirekten Rede (vom ich-Erzähler) dargestellt werden.

Tanto...como und *tan...que* sind im Galicischen, wie im Spanischen, unterbrochene Strukturen, die zum Ausdruck der Emphase und des Erstaunens verwendet werden können. Bei „Tan boa memoria que tiñas..." wird die Unterbrechung durch die Interpunktion deutlich gemacht. Der Sprecher beschränkt sich darauf, den Gesprächspartner an etwas zu erinnern und gleichzeitig in einem exklamativen Ton zu bedauern. Er braucht daher nicht den ganzen Satz zu formulieren. Dieses Phänomen kann auch in der spanischen Sprache beobachtet werden, wie dies Cascón bemerkt:

> „Se trata de un hecho, muy abundante en la lengua coloquial, consistente en un corte de la secuencia oracional, que no llega a desarrollarse formalmente por completo.[...]
> b) Interrupción voluntaria. El hablante no estima necesario completar la oración porque está seguro de que van a entenderlo, y de este modo la expresión se torna más enfática y sugerente" ([2]2000:115).

In Beispiel (97), welches bereits als Beispiel (43) angeführt wurde (siehe Punkt 4.2.2.1.3.), erfolgt durch die *wo-doch*-Sätze eine perfekte Wiedergabe des Erstaunens. Außerdem wird von den Sprechern der Widerspruch zwischen ihren Erwartungen und dem Faktum, daß ein so braves und intelligentes Kind mit der Schule aufgehört hat, nachdrücklich betont. Unter den Emphasestrukturen als Entsprechung von *wo-doch*-Ausrufen behandelt Beerbom *con + bestimmter Artikel + Adjektiv + que* und *con lo que + Verb* (1992:425). Es handelt sich dabei wiederum um eine unterbrochene Struktur, die als Äquivalenz zu *tanto como* und *tanto...que* bezeichnet werden kann. Auch im Galicischen können anhand solcher Strukturen diejenigen, die in den Beispielen enthalten sind, wie folgt ersetzt werden:

'- **Co que** che gustaba ler'
'- **Coa boa** memoria **que tiñas**'

U.E. wirken jedoch in einer hypothetischen Emphaseskala sowohl *tanto como* als auch *tanto...que* einfach aufgrund der Länge der phonischen Sequenz stärker. Darüber hinaus werden in der Regel unter den selbständigen *doch*-Sätzen Konditional- und *daß*-Sätze mit einem Verb im Konjunktiv an der letzten Stelle behandelt. Wie häufig bei *doch* der Fall, wird von der MP eine gewisse Adversativität hervorgehoben. In solchen selbständigen Sätzen besteht typischerweise ein Gegensatz zwischen dem Wunsch des Sprechers und der Wirklichkeit (vgl. Beerbom 1992:211). In von *wenn* eingeleiteten Konditional- bzw. Wunschsätzen kommen häufig ein konjunktivisches Verb in Spitzenstellung vor, sowie die MP *doch*, die jedoch mit anderen MPn wie *bloß* und *nur*[54] austauschbar oder kombinierbar ist. An dieser Stelle läßt sich folgendes Beispiel unseres Korpus anführen:

(98)

E ben se notaba a benéfica presencia do mudo en todo, incluso no falar, que se lles fixo a todos máis calmo e profundo. ¡Falar ben non costa un carallo! ¡Se non fora por este fodido tempo! (RE 99)	Und die wohltuende Gegenwart des Stummen wirkte sich in allem aus, selbst im Sprechen, das bei allen ruhiger und ernsthafter wurde. Gut reden kostet keinen Deut! Wenn bloß das Scheißwetter nicht wäre! (REÜ 109f.)

Im Grunde werden wir, sowohl was den galicischen Text als auch seine deutsche Wiedergabe betrifft, mit einer Variante der bereits oben erwähnten unterbrochenen Strukturen konfrontiert. Der Sprecher formuliert einen irrealen Konditionalsatz, so daß der Nebensatz wie ein selbständiger Satz erscheint, und verzichtet auf die explizite Formulierung des Hauptsatzes, weil er davon ausgeht, daß dessen Inhalt leicht verständlich für den Gesprächspartner formuliert ist. Dieser selbständige Exklamativsatz bedarf keiner Erweiterung, da eine gemeinsame Kenntnis auf Seiten beider Gesprächspartner vorausgesetzt wird. Das Vorkommen von *bloß* bzw. *nur* und/oder *doch* wirkt im Deutschen in dieser Hinsicht wie ein Appell und wie eine Erinnerung an die Basis. Im galicischen Ausgangstext gibt es kein Element, das eine Übersetzung mit *doch* rechtfertigen könnte. Dennoch bleibt festzuhalten: Während die Gestik und die Intonation in der galicischen Sprache ausreichen, um den Widerspruch zwischen dem nicht realisierbaren Wunsch und der Realität zu signalisieren, wird diese Aufgabe im deutschen Text von der MP *doch* übernommen. Somit hat die Übersetzerin eine treffende Äquivalenz gefunden.

---

[54] Siehe zu *bloß* und *nur* Kapitel 4.4. der vorliegenden Arbeit.

Beerbom und Hentschel weisen darauf hin, daß selbständige *daß*-Sätze zum Ausdruck eines Wunsches wesentlich marginaler und zu einem archaischen, in der Gegenwart nicht mehr verwendeten Sprachstil gehören. Nur in idiomatischen Wendungen leben die *daß*-Sätze weiter. Als Beispiel wird 'Daß dich *doch* der Teufel hole!' genannt (vgl. Beerbom 1992:212; Hentschel 1986:140). Merkwürdigerweise verfügt die galicische, im Unterschied zur spanischen Sprache, auch über ein solches Idiom, das der Sprecher jedoch in der Regel an sich selbst richtet und das als Rechtfertigung oder Beweis für den Wahrheitsgehalt des Selbstgeäußerten und/oder Erzählten fungiert. In solchen Fällen wird die Äußerung jedoch nicht unterbrochen. Sie wird bis zum Ende vollzogen, um auf dem oben erwähnten Wahrheitsgehalt zu bestehen, um Glaubwürdigkeit zu erreichen. Es handelt sich also um einen Ausruf bzw. eine Verwünschung, die eigentlich den Nebensatz eines Wunschhauptsatzes bildet, der lautet: 'Desexo', 'Quero'. Als Nebensatz kommt in solchen Fällen immer ein Konditionalsatz vor, wie dies auch die folgenden Beispiele belegen:

-¡Que o demo me leve se dixen mentira!
-¡Que o demo me leve se cousa tal dixen! [Beispiele der Vf.]

Wiederum kann festgestellt werden, daß in diesen selbständigen Sätzen die galicische Sprache über kein Element verfügt, das mit der MP *doch* formal vergleichbar wäre. Der Sprecher drückt mit einem solchen Exklamativsatz aus, daß die ausgerufene Verwünschung in Erfüllung gehen möge, wenn die formulierte Bedingung sich verwirklichen sollte. Der implizite Gegensatz besteht hier zwischen der Unterstellung des Gesprächspartners und der Beteuerung des Sprechers. Mögliche (aber unidiomatische) Übersetzungen für die oben angegebenen Beispiele könnten bilden:

*'Der Teufel soll mich **doch** holen, wenn ich gelogen habe!'
*'Der Teufel soll mich **doch** holen, wenn ich so was gesagt habe!' [Übersetzungen der Vf.]

Dabei handelt es sich natürlich um eher wörtliche Übersetzungen, da solche Idiome auf deutsch nicht existieren. Flüche an die 2. Person oder sogar – wenn auch seltener – an die 3. Person gerichtet, existieren durchaus als idiomatische Wendungen nicht nur im Deutschen, sondern auch im Galicischen, und werden durch die substantivische subordinierende Konjunktion *que* eingeleitet, wie folgendes Beispiel dokumentiert:

- ¡Que te parta un raio! [Beispiel der Vf.]

Viele andere negativ konnotierte Idiome werden jedoch entweder durch die Interjektion *ogallá* oder durch das Adjektiv *mal/mala* sowie durch das Adverb *así* eingeleitet:

- ¡Ogallá lle dea un infarto e morra!

- ¡Mala chispa te coma!
- ¡Mala chispa te dé!
- ¡Mal raio te parta!
- ¡Mala sombra te acompañe!
- ¡Así coma e revente! [Beispiele der Vf.]

Entsprechende Wendungen mit *ojalá*, *así* und *mal/mala* sind im Spanischen ebenfalls belegbar (vgl. Matte Bon [2]1995:269).
Selbständige Sätze mit Spitzenstellung eines konjunktivischen Verbs treten ebenfalls in unserem Korpus auf, wie die folgenden Beispiele zeigen:

(99)

E logo, señor, pasadas as xunqueiras do Anllóns por Ponteceso, seguiron cara a parte de Corme, ata a Pedra da Serpe. ¡Serpe con ás!, exclamou El-Rei. ¡Quen puidera ler nese libro de pedra! (RE 166)	Und dann, Señor, als sie die binsenbestandenen Ufer des Anllóns bei Ponteceso passiert hatten, setzten sie ihren Weg fort in Richtung Corme, zum Stein der Schlange. Schlange mit Flügeln! rief der König aus. Wer **doch** in diesem steinernen Buch lesen könnte! (REÜ 186)

(100)

Con licencia, Señor, ¡quen puidera catar un tinto Amandi en ánfora de Buño! (RE 24)	Mit Verlaub, Señor, könnte man **doch** einen edlen Amandi-Wein aus einer in Buño getöpferten Amphore kosten! (REÜ 26)

4.2.2.1.12. *Doch* in Nebensätzen

Wie die Partikelforscherin Hentschel (vgl. 1986:134ff.) zeigt, kann die MP *doch* in einem großen Spektrum verschiedener Nebensätze vorkommen. Hervorzuheben ist, daß häufig zwischen Haupt- und Nebensatz eine Beziehung von ganz anderer Natur festgestellt werden kann, auch wenn sie formal einer bestimmten Art zugeordnet werden. Es ist nichts Neues, daß in einem durch einen konkreten Kontext bestimmten Nebensatz mehrere Nuancen gleichzeitig erkennbar werden können. Wichtig ist jedoch zu signalisieren, daß dieses Faktum manchmal die Erscheinung eines *doch* bedingt. Das ist ganz eindeutig der Fall bei den temporalen Nebensätzen, in denen die Erscheinung eines *doch* nur akzeptiert werden kann, wenn die Relation zwischen Haupt- und Nebensatz nicht ausschließlich temporal ist. Hentschel verdeutlicht dies an der Gegenüberstellung eines ihrer Meinung nach unkorrekten Satzes:

„-*Als ich doch nach Hause kam, war das Essen schon fertig."
mit einem korrekt formulierten:
„-Nachdem er doch so viel gearbeitet hatte, konnte er guten Gewissens wegfahren"
(1986:135).

Beim zweiten Beispiel besteht ein kausaler Bezug zwischen Haupt- und Nebensatz, der die Verwendung der MP ermöglicht. Daher stellt sich Hentschel die Frage, ob *doch* möglicherweise gleichzeitig der Herstellung einer Kausalbeziehung und dem Ausdruck eines Widerspruchs dienen kann, um letzlich zu dem Schluß zu kommen, daß eine solche Kausalität auch ohne *doch* zustande gekommen wäre. Die MP schließt einen eventuellen Einwand gegen die im Hauptsatz enthaltene Äußerung von vornherein aus und untermauert damit den hergestellten kausalen Bezug. Anhand anderer Beispiele stellt Hentschel ebenfalls fest, daß in vielen Fällen, in denen der Nebensatz nicht konzessiv ist, dennoch Konzessivität zwischen Haupt- und Nebensatz besteht (vgl. 1986:135), wie dies auch ein Beispiel aus unserem Korpus belegen kann:

(101)

[...] da ich diese Nummer meistens im Zug noch einmal durchgehe (sie besteht aus mehr als sechshundert Abläufen, deren Choreographie ich natürlich im Kopf haben muß), liegt es nahe, daß ich hin und wieder meiner eigenen Phantasie erliege: in ein Hotel stürze, nach der Abfahrtstafel ausschaue, diese auch entdecke, einen Treppe hinauf- oder hinunterrenne, um meinen Zug nicht zu versäumen, während ich **doch** nur auf mein Zimmer zu gehen und mich auf die Vorstellung vorzubereiten brauche. (BA 8)

[...] dado que case sempre volvo repasar este número no tren (está composto de máis de seiscentos movementos e por suposto teño que sabe-la coreografía de memoria), é natural que de cando en vez sucumba perante a miña propia fantasía: que irrompa nun hotel buscando o taboleiro dos horarios de saída de trens, e o atope, que suba ou baixe correndo unha escaleira para non perde-lo meu tren, cando **en realidade** o único que teño que facer é ir ó meu cuarto e prepararme para a representación. (BAÜ 12)

Bei diesem Beispiel werden wir mit einem in der Form temporalen Nebensatz konfrontiert, der in einem konzessiven Bezug zum Hauptsatz steht und daher das Vorkommen des *doch* zulässt. Die MP kann jedoch nicht weggelassen werden, ohne daß der Ausdruck der konzessiven Beziehung beeinträchtigt würde. Da es sich hier eigentlich um ein monologisches *doch* handelt, trägt dieses Element beim Sprecher – Hans Schnier – dazu bei, sich gegen sich selbst bzw. gegen selbstgedachte oder formulierte Einwände gegen den im Nebensatz formulierten Sachverhalt zu verteidigen, womit die hergestellte konzessive Beziehung gestützt wird. Als zutreffendes Translat hat sich der Übersetzer für *cando* als Entsprechung für *während* und *en realidade* als Äquivalent für *doch* entschieden. *Cando* gilt in diesem Fall als konzessive Konjunktion. Bei einigen von Beerbom angegebenen Beispielen fungiert im Spanischen *cuando* ebenso als konzessive Konjunktion bei der Übersetzung von *wo-doch*-Sätzen (vgl. 1992:216). *En realidade* bzw. *o certo é que* spielen ganz eindeutig eine die Konzessivität stützende Rolle, indem sie zur Emphase beitragen. Durch die Anspielung auf die Wirklichkeit bzw. auf die Wahrheit bekennt sich der Sprecher in der galicischen Version zur Absurdität seines Verhaltens und schließt selbstgedachte bzw. selbstgeäußerte Gegenargumente nachdrücklich aus. In dieser Hinsicht scheint uns das folgende Beispiel unseres

Korpus besondere Relevanz zu besitzen; auch wenn hier keine hypotaktische, sondern eine parataktische Beziehung vorliegt, soll es als Anregung zur Überlegung aufgeführt werden:

(102)

»Komm, Käterchen«, flüsterte Jakob, »ich glaub, es ist besser, wir verdünnisieren uns hier. Die werden gleich kapieren, was los is', dann nimmt's **doch** noch ein böses Ende für uns.« (ED 222)	-Ven, gatiño –faloulle polo baixo Xacobe-. Coido qu'é mellor que nos evaporemos d'aquí. Os dous van comprender axiña o que pasou e entón aínda pode ter todo un mal final para nós. (EDÜ 165)

Trotz der oben erwähnten Parataxe ist eine gewisse Dependenz des formell temporalen Satzes von dem zuerst formulierten zu beobachten. Es kann ein konsekutiver Bezug zwischen den Sätzen festgestellt werden; *doch* trägt dazu bei, die Konsekutivität zu untermauern, aber wiederum bestimmt sein Auftreten nicht die konsekutive Nuance. Dieses Beispiel ist u. E. ein Beweis dafür, daß nicht nur Konzessivität das Vorkommen eines *doch* zulässt, sondern auch Konsekutivität, wie dies der obige Text dokumentiert.

Außer in temporalen und konzessiven kommt *doch* auch in kausalen und lokalen Nebensätzen vor, wie folgende Beispiele belegen:

(103)

Als sie in dem langen, dunklen Korridor mit den vielen Einmachgläsern angekommen waren, fragte Maurizio, der inzwischen nachgedacht hatte: »Wieso sagst du überhaupt dauernd Kollege zu mir?« »Heiliger Galgenstrick, weil wir's **doch** sind«, antwortete Jakob, »oder wenigstens waren wir's mal, hab ich gemeint.« (ED 53f.)	Cando chegaron ó longo e escuro corredor con tantos vasos de conserva, preguntou Maurizio, que mentres tanto reflexionara: -¿Por que me chamas arreo colega? -¡Pola santa soga do aforcado! Porque o somos –contestou Xacobe-, ou polo menos fómol'o un día, coideu eu. (EDÜ 39f.)

(104)

[...] »So was Beklopptes. Versteckt sich ausgerechnet zu Hause. Wo sie ihn **doch** zuallererst suchen.« (KE 135f.)	[...] ¡Que estupidez! Agacharse precisamente na súa casa. Aí é onde o buscan primeiro (KEÜ 151)

Im Beispiel (103) bringt Jakob durch das *doch* seine Bewunderung angesichts der von Maurizio gestellten Frage zum Ausdruck. Zugleich erinnert er seinen Gesprächs-
partner an die evidente und ihm anscheinend nicht präsente Tatsache, daß sie beide Kollegen sind. Die MP beruht auf einer vorausgesetzten bekannten gemeinsamen Basis, die durch ihre Verwendung aktualisiert wird. Die durch die Konjunktion *weil* eingeleitete Begründung bekommt durch *doch* eine zusätzliche Betonung.

Bei Beispiel (104) werden wir mit einem lokalen Nebensatz konfrontiert, der ebenso in einem lokalen und nicht in einem konzessiven oder konsekutiven Bezug zum

Hauptsatz steht, wie Hentschel für einige Fällen festgestellt hat (vgl. 1986:135). Daß es sich um einen rein lokalen Nebensatz handelt, zeigt die gelungene Option. Die Betonung liegt im deutschen Ausgangstext auf der Nicht-Adäquatheit des gesuchten Verstecks, das gegen das logische Faktum verstößt, nach dem verfolgte Menschen zunächst bei ihnen zuhause gesucht werden. Eine solche logische Annahme wird als Allgemeinwissen vorausgesetzt und durch *doch* aktualisiert. In der galicischen Übersetzung wird dem lokalen Aspekt Emphase verliehen und damit gleichzeitig die falsche Wahl des Ortes unterstrichen. Dem temporalen konjuktionalen Adverb *onde* wird *aí é* vorangestellt, d.h. durch die Präsenz eines Deiktikums und eines Kopulativverbs wird eine Identifizierung vollzogen, in der das Versteck als derjenige Ort definiert wird, an dem nach dieser Person als erstes gesucht wird. In diesem Zusammenhang soll darauf hingewiesen werden, daß sowohl diachronisch als auch synchronisch gesehen *doch* für eine in der Kommunikation verankerte Partikel gehalten werden kann (vgl. Hentschel 1986:48).

Bei ihrer Forschung zum Sprachenpaar Deutsch-Spanisch hat Beerbom feststellen können, daß mehr als die Hälfte aller *doch*-Erscheinungen in Nebensätzen, in Infinitivsätzen und in uneingeleiteten Nebensätzen mit indirekter Rede des Sprechers zu finden sind (vgl. 1992:214). Viele der aus unserem Korpus herangezogenen Beispiele entsprechen auch dem letztgenannten Typus. Darüber hinaus zählen zu unseren Textsegmenten auch durch die Konjunktion *daß* eingeleitete Subjekt- und Objektsätze zur Redewiedergabe, jedoch in einer dialogischen Sequenz:

(105)
»Weißt du es wirklich nicht?« -»Nein«, sagte ich, und sie sagte leise: »An nichts, ich denke an nichts.« Ich sagte, man könne **doch** gar nicht an nichts denken [...].« (BA 112)

"¿De verdade que non o sabes?" -"Non o sei", dixen, e ela dixo en voz baixa: "En nada, non penso en nada." Eu dixen que non se podía en absoluto pensar en nada [...]. (BAÜ 108)

(106)
Als ich mich mit der kirchlichen Trauung einverstanden erklärte, stellte sich heraus, daß wir auch standesamtlich getraut werden mußten– und da verlor ich die Geduld, und ich sagte, wir sollten **doch** noch etwas warten, jetzt käme es ja wohl auf ein Jahr nicht mehr an, [...]. (BA 78)

Ó declararme de acordo co casamento relixioso, resultou que tamén tiñamos que contraer matrimonio civil –e daquela perdín a paciencia e dixen que ó mellor aínda deberíamos esperar un pouco, agora xa non importaba un ano máis, [...]. (BAÜ 78)

(107)
»Was?«, fragte ich, »was hast du gesagt?« »Daß ich jetzt **doch** mit dem Auto fahren muß – bringst du mich?«. (BA 63)

"¿Que?", preguntei, "¿que dixeches? "Que agora **si** teño que ir en coche - ¿lévasme?" (BAÜ 64)

Bei Beispiel (105) kommt *doch* in einem uneingeleiteten Nebensatz vor, der zur

Redewiedergabe dient. Der Sprecher verweist auf eine mit seiner Gesprächspartnerin vorausgesetzte Kenntnisbasis und versucht, sie sich zu vergegenwärtigen. Die MP wird nicht ins Galicische übersetzt.

In Beispiel (106) handelt es sich wiederum um die monologische Verwendung der MP. Wie im vorhergehenden Beispiel kommt *doch* in einem nicht eingeleiteten substantivierten Nebensatz vor, in dem der Sprecher seine eigenen Worte in indirekter Rede wiedergibt. Eventuelle Einwände gegen seine Argumente von Seiten der Gesprächspartnerin werden von ihm ausgeschlossen. Diese feste Überzeugung, die sich von einer eventuell entgegengesetzten Meinung absetzt und an dem unmittelbar vorher vorsichtig suggerierenden *sollten* anknüpft, wird in der galicischen Version nicht richtig wiedergegeben, denn es findet eine Abschwächung statt. U.E. hat wahrscheinlich der Versuch des Übersetzers, unbedingt ein dem *doch* entsprechendes Element zu finden (*ó mellor*), das unmittelbar vor der treffenden Äquivalenz für *sollten* (*deberiamos*) plaziert ist, der ganzen Aussage einen zu vorsichtig suggerierenden Ton verliehen, der weder der MP noch der vorangehenden Anspielung auf den Verlust der Geduld zugeordnet werden kann.

Bei Beispiel (107) handelt es sich um einen durch die Konjunktion *daß* eingeleiteten Objektsatz, der Leo als Wiederholung seiner eigenen Worte dient, die von seinem Bruder Hans lediglich als ein 'vor sich Hinknurren'(vgl. BA 63) wahrgenommen worden waren. Hier wird *doch* vom Sprecher eingesetzt, um den Widerspruch zwischen dem in einer früheren Szene dargestellten abgelehnten Angebot, von seinem Bruder mit Mutters Auto gefahren zu werden, und der Meinungsänderung bzw. der aktuellen Bitte, doch gebracht zu werden, zu markieren. Durch das emphatisierende Affirmationsadverb *si* wird der erwähnte Widerspruch im Galicischen thematisiert und verdeutlicht.

Wie das folgende Beispiel zeigt, tritt *doch* auch in indirekten Fragen auf, die mit der Konjunktion *ob* eingeleitet sind:

(108)

Seine Frau ist auf jene Art hübsch, daß man nicht weiß, ob sie lebendig ist oder nur aufgezogen. Ich war die ganze Zeit über, während ich neben ihr saß, versucht, sie bei den Armen oder bei den Schultern zu packen, oder an den Beinen, um festzustellen, ob sie nicht **doch** eine Puppe war. (BA 203)

A súa muller é bonita dun modo que un non sabe se está viva ou se só lle deron corda ó seu resorte. Durante todo o tempo que pasei sentado á súa beira estiven tentado de collela polos brazos ou polos ombros, ou polas pernas, para comprobar se **non resultaría** ser unha moneca (BAÜ 189)

Hier gibt der *ob*-Satz als monologische Redewiedergabe eine Art selbstgestellte rhetorische Frage wieder, in der eine Vermutung geäußert wird. Diese Frage hätte in direkter Rede etwa: 'Ist sie *wohl* eine Puppe?' lauten können. Oder auch: 'Sie ist *doch* eine Puppe?' In seiner Redewiedergabe markiert der Sprecher den ironischen Widerspruch zwischen seiner Kenntnis, die versichert, daß eine Frau nur ein Lebewesen und kein Spielzeug sein kann, und dem Gedanken, daß eine solche hölzerne statische Schönheit in der Tat eine Puppe sein kann. Die ironisch-witzige Hypothese, die dahinter steckt, ist vom Übersetzer sehr überzeugend wiedergegeben worden. Das Negationsverb *non* erfüllt hier keine negierende, sondern eine emphatische Funktion[55], durch die der vorher erwähnte Widerspruch hervorgehoben wird. Die Entscheidung für die lexikalischen Einheiten *resultaría ser* ist u.E. sehr treffend. Die Semantik von *resultar* deutet auf das Ergebnis eines längeren Prozesses hin, in diesem Fall auf die Gedankengänge, die sich im Kopf des Sprechers möglicherweise abspielen: 'Ist sie eine Puppe?' oder 'Ist sie es nicht?' Die hypothetische Komponente, die Vermutung in diesem mentalen Prozeß, kommt in der Verwendung des *condicional* zum Ausdruck.

---

[55] Siehe dazu Punkte 1 7.2.2.1. und 1.7.2.2.1.1. der vorliegenden Arbeit.

4.3. *mir* **und** *dir* **als ethische Dative: eine weitere Charakterisierung**
Spezifische Darstellung von *mir* **als ethischer Dativ**

In Anlehnung an Thurmair (1989) bzw. Wegener (1985, 1989) und im Anschluß an Punkt 1.7.2.2.3. halten wir die ethischen Dative *mir* und *dir*, wie bereits dargestellt, für Modalpartikeln, da solche sprachlichen Einheiten dieselben Eigenschaften aufweisen wie die traditionell als MPn bezeichneten Einheiten.

Nach Wegeners Ansicht handelt es sich bei *mir* und *dir* um zwei unterschiedliche Arten des Ethicus; dabei ist die erste nur durch *mir* und die zweite durch *dir* oder *mir* realisierbar (Wegener 1989:62).

Der *Ethicus 1* bzw. *Aufforderungs-Ethicus* kommt in Satztypen vor, die - wie aus dem Namen selbst geschlossen werden kann – dem Ausdruck von Aufforderungen und Wünschen dienen. In dieser Hinsicht erwähnt Wegener folgende Möglichkeiten des Vorkommens:

- -in Imperativsätzen (a)
- -in Verb-Erst-Sätzen (b)
- -in Verb-Zweit-Sätzen (c)
- -in selbständigen Verb-Letzt-Sätzen, die mit *daß, wenn* oder auch *ob* eingeleitet sind (d)
- -in unpersönlichen Passivsätzen (c)
- -in Aufforderungssätzen, die ein Modalverb enthalten (f)
- -in Verb-Erst- und Verb-Letzt-Wunschsätzen (g)

Infinite Hauptsatzstrukturen, sowie unselbständige Verb-Letzt-Sätze könnten jedoch keinen *Ethicus* enthalten (h,i) (vgl. 1989:62):

(a) Sei **mir** bitte nicht hinterhältig! [Beispiel der Vf.]
(b) Wirst du **mir** dein Zimmer sauber machen? [Beispiel der Vf.]
(c) Du wirst **mir** die Hausaufgaben ordentlich machen! [Beispiel der Vf.]
(d) Daß du **mir** hier ganz schön ruhig sitzen bleibst! [Beispiel der Vf.]
    Wenn du **mir** nur vorsichtig bist! [Beispiel der Vf.]
    Ob du **mir** wohl gleich ins Bett gehst! (Wegener 1989:62)
(e) Jetzt wird **mir** aber aufgestanden! (Wegener 1989:62)
(f) Du darfst **mir** nicht so frech sein! [Beispiel der Vf.]
(g) Kämst du **mir** doch einmal pünktlich nach Hause! (Wegener 1989:62)
(h) Alle (***mir***) mal kurz aufstehen! (Wegener 1989:63)
(i) Mir liegt daran, daß du (***mir***) pünktlich nach Hause kommst (Wegener 1989:63).

Der *Ethicus 2*, auch *Ausrufe-Ethicus* genannt, kann unter der Realisierung *mir* oder *dir* in folgenden Exklamativsätzen vorkommen:

- -in Verb-Erst-Sätzen (j)
- -in Verb-Zweit-Sätzen, auch mit unpersönlichem Passiv und mit *man*-Subjekt,

und

- -in rhetorischen Fragen (k, l)
- -in W-Verb-Letzt- sowie *daß*-Verb-Letzt-Sätzen, die Empörung zum

Ausdruck bringen können (m)
Fraglich sei jedoch seine Akzeptanz:
    -in W-Adj-Verbzweit-Sätzen (n) und W-Verbzweit-Adj-Sätzen (o)
sowie
    -in allen *Was für ein*-Sätzen (p)
Ungrammatisch sei der ethische Dativ in Konstruktionen ohne finites Verb (q), in unselbständigen Verb-Letzt-Sätzen (r) und in denjenigen Ausrufen, die nicht zum Ausdruck der Verwunderung, sondern des Bedauerns dienen (s) (vgl. Wegener 1989:63f.):

(j) War der **dir** lästig! [Beispiel der Vf.]
(k) Du bist **mir** so naiv!/Da wurde **dir** hart gearbeitet!/Da hat man **dir** richtig gearbeitet! [Beispiel der Vf.]
(l) Wer ist **mir** denn schon wieder zu spät nach Hause gekommen? (= Du bist **mir** schon wieder zu spät nach Hause gekommen) [Beispiel der Vf.]
(m)Daß der **dir** aber auch schon wieder getrunken hat! (Wegener 1989:63)
(n) ?Wie gut erzogen bist du **mir**! [Beispiel der Vf.]
(o) ?Wie bist du **mir** gut erzogen! [Beispiel der Vf.]
(p) ?Was für ein hübsches Kind bist du **mir**!/?Was **mir** diese für eine erwünschte Reise ist! [Beispiel der Vf.]
(q) *Was **mir** für eine bereichernde Erfahrung! [Beispiel der Vf.]
(r) *Ich sage dir, daß der **dir** wieder unpünktlich sein wird! [Beispiel der Vf.]
(s) *Ist **mir** das aber schade/dumm/traurig! (Wegener 1989:64)

Der *Ethicus 2* muß nach Wegeners Ansicht die Form der 1. Person einnehmen, wenn das Subjekt des Satzes ein Pronomen der 2. Person ist und umgekehrt. Es gilt also die Regel, daß Subjektperson und *Ethicus* unterschiedlich sein müssen (vgl. Wegener 1989:64). An dieser Stelle muß jedoch darauf hingewiesen werden, daß Wegener eine Abweichung von dieser allgemeinen Regel bei süddeutschen Sprechern, insbesondere in Österreich und Schwaben (Raum Augsburg), feststellt, da, wie sie anmerkt,

„[...] diese Sprecher auch Sätze mit Koreferenz zwischen Subjekt und Ethicus akzeptieren [...] und sie als synonym mit den nicht-koreferenten [...] bezeichnen" (Wegener 1989:69f.).

Eine andere Regel lautet, daß *mir* und *dir* als ethische Dative weder in Ergänzungs- noch in Entscheidungsfragen akzeptabel sind. In diesem Zusammenhang und im Gegensatz zu den formulierten Regeln läßt sich jedoch eine polemische Fragestellung, die im folgenden gründlich beantwortet wird, nicht vermeiden: Handelt es sich bei den angegebenen Beispielen des Gebrauchs in Exklamativ-, wie auch enunciativen bzw. Entscheidungsfragesätzen, in denen *mir* in Kookkurrenz mit einem Personalpronomen in der 1. Person als Subjekt vorkommt, sowie *dir* in Kookkurrenz mit einem Personalpronomen in der 2. Person als Subjekt erscheint, nicht auch um ethische Dative? Es stellt sich die Frage, welche Funktion im Vordergrund steht, wenn folgende Sätze in Dialogen gebraucht werden oder wir selbst als Sprecher solche Formen verwenden:

(A) Ich bin **mir** sicher!
(B) Bist du **dir** sicher?
(C) Ich habe es **mir** gut überlegt!
(D) Ich sehe schon, daß du es **dir** wirklich gut überlegt hast.
(E) Hast du es **dir** wirklich gut überlegt? [Beispiele der Vf.]

Schon vor Wegener hat sich Abraham (1973) mit 'Constraints of Reference' in Hinblick auf den ethischen Dativ beschäftigt und folgende Behauptungen aufgestellt:

> „Once the person category of the subject is chosen the person category of the dative object (pronoun) is determined as well. The relation is an exclusive one, that is to say, the person categories must be different. [...] excluding the following combinatory relations between subject and object elements: *ich/mir, ich/uns, wir/uns, du/dir, du/euch, ihr/dir, ihr/euch.* [...]" (Abraham 1973:15f.)

Abraham wagt jedoch keine kategorische, allgemeingültige Äußerung. Anhand eines literarischen Zitats von Goethe, nämlich „Da lob ich mir mein Leipzig", stellt er die Produktivität einer solchen Struktur bei einem Beispiel wie „Da lob ich mir schon meine eigenen Kartoffeln" fest und stellt sich selbst und anderen Linguisten als Anregung die Frage, ob man in einem solchen Fall es tatsächlich mit einem *Ethicus* zu tun hat.

Ausgehend von Wegeners Überzeugung, die auch Abrahams Zögern zumindest teilweise erklärt, scheint es folgerichtig, sich der von López-Campos vertretenen Auffassung anzunähern; seines Erachtens ist genau der ethische Dativ das einzige Mittel, das die bereits oben erwähnte Kookkurrenz ermöglicht (vgl. 1993:257). Als Beispiele gibt er ähnliche Sätze wie die von uns unter (A) bis (E) angegeben, und zwar:

> „-ich bin mir bewußt.
> -ich bin mir sicher" (López-Campos 1993:257)

und bemerkt:

> „En ellas, como se observa, concurren dos elementos –sujeto en nominativo y objeto indirecto en dativo- con referencia a una misma persona" (López-Campos 1993:257).

An dieser Behauptung ist kritisierbar, daß dem Dativ *mir* die syntaktische Funktion des *objeto indirecto* zugesprochen wird. Genau eine solche Rolle kann ein ethischer Dativ auf keinen Fall spielen. Es ist erstaunlich, daß es zu einer solchen fehlerhaften Präzisierung kommen konnte. Sie kann aufgrund der terminologischen Verwirrung und Uneinheitlichkeit, die bezüglich dieses Punktes unter den spanischen Forschern herrscht, und der Tatsache, daß in den letzten Jahren einige von ihnen nur von *complementos indirectos*, andere dagegen nur von *dativos* sprechen (vgl. Gutiérrez Ordóñez 1999:1860), auch nicht gerechtfertigt werden. Die zwei Bezeichnungen werden letztlich stets auseinander gehalten, und als allgemein gültig wird folgende Auffassung vertreten:

> „Una vez que se generaliza la visión funcional, muchos gramáticos tradicionales aplican indiferentemente los términos 'complemento indirecto' y 'dativo' para referirse a la función objetiva, mientras que los tradicionales valores marginales ('ético', 'simpatético', 'de interés'...) se asocian indisolublemente al término 'dativos' (a los que Bello (1847) apellidaba magistralmente 'superfluos')" (Gutiérrez Ordóñez 1999:1860).

Im Anschluß an diesen Kommentar kann also behauptet werden, daß *dativo* im Sinne von *dativo ético* und *objeto* bzw. *complemento indirecto* Termini sind, die sich ausschließen. Wir teilen jedoch die sonstigen Beobachtungen, die ebenfalls auf unsere Beispielsätze anwendbar sind, daß *mir* (auch bei *dir* festellbar) nicht im Vorfeld stehen kann, sowie die betonende Funktion des ethischen Dativs und daß es sich bei seiner Verwendung um ein eher umgangssprachliches Phänomen handelt (vgl. López-Campos 1993:257).

Die Tatsache, daß bei den von uns oben angegebenen Beispielen *mir* und *dir* nicht erststellenfähig und weder betont noch betonbar sind, und daß sich zwar nicht die Grundbedeutung, aber doch die Ausdruckskraft, die Emphase ändert, sind u.E. überzeugende Motive, um sie für ethische Dative und damit für MPn zu halten, ohne daß der Bedarf entsteht, eine neue Kategorie des Dativs für solche Elemente zu schaffen. Das ist es jedoch, was Wegener tut, nicht im Zusammenhang mit dem Ausdruck *sich sicher sein*, sondern mit den Verben *sich etwas anschauen, anhören, einbilden, vorstellen, ansehen, ausdenken, betrachten, erträumen*, u.a. Es handelt sich um Verben, die aktive Wahrnehmung bezeichnen, unter denen sich auch *sich überlegen* befindet. Diesen Dativ, der nur pronominal und nur referenz-identisch mit dem Subjekt auftritt, nennt Wegener *nur-reflexiver Dativ*. Dieser Dativ wird ihres Erachtens hauptsächlich bei Verben gebraucht, die ein Nehmen im weiteren Sinne zum Ausdruck bringen, in einem eher 'geistigen Sinn', wie gerade gesehen, sowie im 'physischen Sinn' von 'Zu-sich-nehmen', der sich in umgangssprachlichen Ausdrücken für 'essen' und 'trinken' widerspiegelt (vgl. Wegener 1985:100f.). Die semantischen Felder der Körperbehandlung und des Verlierens sind in dieser Gruppe von Verben auch vertreten (vgl. Wegener 1985:102).

Da das kontrastive Verfahren im Kern dieser Untersuchung liegt, möchten wir einen Vergleich mit der galicischen und abschließend mit der spanischen Sprache ziehen, der u.E. sehr nützlich zur Erörterung dieser komplexen Frage sein kann.

Folgende Bemerkung von Wegener soll dabei als Ausgangspunkt unserer Überlegungen dienen:

> „Per definitionem kann dieser Dativ nur pronominal und nur referenz-identisch mit dem Subjekt auftreten, was jedoch trivial ist: dies gilt für alle nur-reflexiv gebrauchten Pronomen 'echter' Reflexivverben. [...]" (1985:100)

Nach der DUDEN-Grammatik sind *nur reflexive Verben* diejenigen, die ausschließlich als *echte reflexive Verben* mit dem Reflexivpronomen im Akkusativ und im Dativ vorkommen (vgl. DUDEN [5]1995:108), und das trifft nicht auf jedes der angegebenen Verben aus der Gruppe der Wahrnehmungsverben zu. Daher erscheint es angebracht, sich mit jedem der von Wegener oben erwähnten und aufgelisteten Verben im einzelnen zu beschäftigen, da diese u.E. unterschiedlicher Natur sind. Bei *betrachten* und *erträumen* handelt es sich um schwache transitive Verben, die primär keine reflexiven Verben sind, weder nur-, noch Teil- oder unechte reflexive Verben. Man kann natürlich außer einem Gegenstand oder einer anderen Person sich selbst im Spiegel betrachten (vgl. DUDEN-Wörterbuch [3]1999:568), man darf jedoch nicht von einem reflexiven Verb *sich betrachten* ausgehen. Unter dem Eintrag *betrachten* des DUDEN-Wörterbuchs wird auf das Beispiel „ich habe **mir** die Gegend betrachtet" verwiesen. U.E. handelt es sich bei *mir* hier ohne Zweifel um ein weglaßbares, nicht obligatorisches Element. Wegener behauptet:

„Als Teil des Verbs betrachte ich dagegen den Dativ, der nur als Reflexivpronomen realisiert werden kann" (1985:100).

Bei dem oben genannten Beispiel darf *mir* auf keinen Fall als Teil des Verbs betrachtet werden. Indem ein Sprecher diese Form des Dativs in einem Dialog verwendet, bekommt die sonst nüchterne Mitteilung eine zusätzliche Betonung, und es erfolgt eine Miteinbeziehung des Sprechers. In diesem Fall plädieren wir für die Bezeichnung *ethischer Dativ*. Das Bewußtsein der oben erwähnten Weglaßbarkeit spiegelt sich bei einem sehr ähnlichen Fall wider, und zwar bei dem Verb *erträumen*. Unter diesem Eintrag wird ein Beispiel angegeben, bei dem *mir* in Klammern erscheint (vgl. DUDEN-Wörterbuch [3]1999:1102). Unter *anschauen* sind die Ausdrücke „sich im Spiegel anschauen" und „lass dich mal anschauen!" neben anderen wie „ich habe *mir* die Stadt angeschaut" zu finden (DUDEN-Wörterbuch [3]1999:241). U.E. sollte man bei 'ich habe *mich* im Spiegel angeschaut' und 'ich habe *mir* das Dorf angeschaut' nicht über ein und dasselbe Reflexivpronomen sprechen. Bei dem ersten Beispiel handelt es sich um ein Element, das referenzidentisch mit dem Subjekt ist und das wirklich einen Teil des Verbs bildet und als solches unentbehrlich ist, beim zweiten Beispiel jedoch nicht. Es handelt sich wiederum um ein Element, dessen Präsenz nicht mit dem Verb, sondern mit dem ganzen Satz oder gar der Aussage in Verbindung steht, vergleichbar den anderen MPn, die Satzskopus haben. Dasselbe gilt natürlich auch für *ansehen*. Das Verb *anhören* weist ein ganz anderes Verhalten auf. Sätzen wie „das hört sich aber hässlich, nach Zank an", „es hört sich an, als ob sie stritten" (DUDEN-Wörterbuch [3]1999:221) kann eine ganz andere Bedeutung als „ich hörte *mir* die Pläne meines Freundes geduldig an" oder „heute Abend höre ich *mir* [im Radio] ein Hörspiel an" zugeschrieben werden. Bei *[bereitwillig], aufmerksam hören* oder *zuhören* scheint die Präsenz eines

Reflexivpronomens im Dativ die Regel zu sein (vgl. DUDEN-Wörterbuch [3]1999:221). Hier entsteht quasi die dativische Form als unterscheidendes Merkmal, das zwei verschiedene Bedeutungen eines Verbs abgrenzen läßt. Unter dem Eintrag kommt jedoch ein literarisches Zitat vor, das uns in eine andere Richtung bei dieser komplizierten Frage führen könnte:

> „So hören Sie **mich** doch zu Ende an", sagte ich leise (Seghers, Transit, 70)" (DUDEN [3]1999:221). [Hervorh. der Vf.]

Bei diesem Beispiel kommt kein dativisches Reflexivpronomen vor. Der Grund dafür kann darin liegen, daß die Kopräsenz beider Pronomen in einem Satz, der wie folgt lauten würde: '*So hören Sie *sich mich* doch zu Ende an', nicht akzeptabel ist. Außerdem kann beobachtet werden, daß bei Partnerbezogenheit das Akkusativobjekt in der Regel aus einer Nominalphrase + Genitivergänzung besteht. Ein Akkusativobjekt aus einer Nominalphrase mit Possessivadjektiv + Substantiv ist bei dem behandelten Beispiel mit der Kookkurrenz eines dativischen Pronomens vorstellbar. Derselbe Satz lautete dann etwa: 'So hören Sie *sich* meine Worte doch zu Ende an'.

Bei *sich einbilden* und *sich vorstellen*, die sich als Verben der Wahrnehmung in ihrer Semantik sehr nah stehen, handelt es sich ganz eindeutig um echte reflexive Verben, deren reflexive Pronomina in der 1. und 2. Person eine dativische Form aufweisen. Im Unterschied dazu sind diese Pronomina bei den Verben *ausdenken* und *überlegen*, die ebenfalls semantisch untereinander sehr ähnlich sind, nicht obligatorisch. Man kann einen Plan ausdenken oder genau überlegen. Üblich in der Umgangssprache ist jedoch, daß man sich einen Plan ausdenkt oder sich genau überlegt. In diesen Fällen wird ein fakultatives Element eingesetzt, das zur Betonung der eigenen Worte beiträgt und somit auf die aktive Teilnahme des Gesprächspartners am Gesagten zielt.

In diesem Zusammenhang läßt sich hier ein illustratives Beispiel aus unserem Korpus anführen:

(109)

»Und wenn ich **mir**'s überlege« fuhr er dann fort, »gefällt mir der Name Moritz eigentlich nicht so übel, im Gegenteil« »Nein, ich meine, weil ich doch überhaupt kein berühmter Sänger bin.« (ED 136)

-E se **cho** penso ben –continuou despois-, no fondo non **che** me disgust'o nome Amaro, ó contrario. -Non, refírome ó feito de que non son un cantor famoso (EDÜ 103f.)

Offensichtlich ist den Übersetzern bewußt geworden, daß es sich bei *mir* um einen ethischen Dativ handeln kann, und so haben sie folgerichtig für den galicischen *dativo de solidariedade*, also *che* – hier in der mit dem *obxecto directo* zusammengesetzten Form *cho* (=*che*+o) - optiert. Es handelt sich u.E. um eine überzeugende Option. Die Absicht des Sprechers – der Romanfigur - , die Aufmerksamkeit des Gesprächspartners auf ihre Worte zu lenken, ihn sozusagen für eine aktive Teilnahme an dem von ihm Gesagten zu gewinnen, wird in beiden Sprachen durch die gebrauchten Formen realisiert. Hätte der Schriftsteller auf den ethischen Dativ verzichtet, wären ein sachliches, kaltes 'Und wenn ich es überlege' und eine gleichwertige Äquivalenz 'E se o penso ben' entstanden. Der Unterschied zwischen beiden Formen liegt darin, daß auf deutsch der Bezug auf eine erste Person, die mit dem Sprecher identisch ist, erfolgt, während auf galicisch die zweite Person die typische Form des *dativo de solidariedade* ist[56]. In Hinblick auf das Beispiel muß auf ein zweites *che* verwiesen werden. Es handelt sich um eine - in Anbetracht des Ausgangstextes – hinsichtlich der Originalversion nicht motivierte und nicht gerechtfertigte Entscheidung, die trotzdem insgesamt zu dem gesamten geschaffenen Klima der solidarischen Mitteilung sehr gut paßt. Das Galicische kennt die Form *me* eigentlich nur als *dativo de interés*, wie bei 'Non *me* volvas tarde a casa'. Ungrammatisch ist auf galicisch ein Satz wie: '*Mirei*me as fotos da voda', aber 'Mirei*che* as fotos da voda' [Ich habe *mir* die Hochzeitsphotos angeschaut] ist so grammatisch wie 'Mirei as fotos da voda'. Folgende Beobachtung von Álvarez zur Kontrastivität des Kastilischen mit dem Galicischen ist hier von Relevanz:

> „Téñase en conta que en galego non existen os reflexivos de interese (coma os do español *me comí la manzana* → *me la comí*, nin o uso dos reflexivos en construccións factitivas ou similares (español *me hice un traje* → *me lo hice*), se non é por castelanismo" (Álvarez 1994:264).

Aufschlußreich ist an dieser Stelle der Vergleich mit der spanischen Sprache deshalb, weil in diesem Bereich wesentliche Unterschiede zwischen der galicischen und der spanischen Sprache sowie einige Ähnlichkeiten zwischen der zuletzt genannten und der deutschen Sprache festgestellt werden können, wie dies die folgenden Sätze bestätigen:

(a) Aquí te dejo las fotos. Te las miras con tranquilidad y después me dices de cuáles quieres copia.
(b) „Bueno, en Madrid te digo que te ves a las mujeres vestidas con un gusto como en tu vida lo has visto por los pueblos" (SJ 18)
(c) Me he comido yo sola todas las empanadillas.
(d) Me lo he estado pensando bien y ya he tomado una decisión al respecto.
(e) „Pues luego, me salía yo a la calle, [...] y me iba a darme un paseo por la Gran Vía (SJ 84)
[Beispiele der Vf.]

Es handelt sich von (a) bis (d) um transitive Strukturen, bei (e) um eine intransitive. Im Unterschied zu anderen Autoren weist Gutiérrez Ordóñez darauf hin, daß solche

---

[56] Die Gründe dafür sind im Punkt 1.7.2.2.3. und im Kapitel 5.1. der vorliegenden Arbeit erörtert worden.

Dative auch bei intransitiven Verben vorkommen können:

> „Algunos autores (Strozer 1978, Nishida 1994) consideran que el tipo de *se* que vemos en
> (204) sólo aparece en estructuras transitivas, hecho que contradicen ejemplos con verbos
> intransitivos como [...]: *Ándeme yo caliente...*, *...porque te vas a morir* [...], *conque se
> marcha usted*" (Gutiérrez 1999:1911)

Aus einer formellen und funktionellen Sicht werden alle hier angegebenen Dative als *dativos concordados* oder *reflejos* bezeichnet (vgl. Gutiérrez 1999:1909). Hier wird also, wie bei Wegener, auf die Reflexivität verwiesen. In der Tat bilden diese Dative ein reflexives Paradigma, nämlich *me, te, se, nos, os, se,* das sie mit den reflexiven Konstruktionen sowie mit den pronominalen Verben (*quejarse, arrepentirse, ocuparse...*) und einigen *construcciones inagentivas* (*El jarrón se rompió*) gemeinsam haben. Diese Art von Dativen wird also differenziert, und nicht als Teil eines bestimmten Verbs betrachtet, sondern deutlich von den reflexiven Verben abgesondert. Erhebliche Schwierigkeiten hat man jedoch, will man eine motivierte Bezeichnung für sie finden. Strozer beispielsweise klassifiziert diese Dative unter den *dativos de interés* im allgemeinen, ohne sie weiter zu benennen. In der spanischen Tradition ist *dativo de interés* der Oberbegriff für alle nicht obligatorischen Dative, unter ihnen auch für den ethischen Dativ (vgl. Gutiérrez Ordóñez 1999:1860). In diesem Zusammenhang muß an das Merkmal des Interesses erinnert werden, das Thurmair (1989) dem ethischen Dativ im Deutschen zuschreibt[57].

Diese Dative können, im Unterschied zu den obligatorischen pronominalen Dativen, weggelassen werden, ohne daß irgendwelche syntaktische Funktionen davon betroffen wären. Aus diesem Grund haben sowohl die *dativos concordados* als auch alle anderen nicht obligatorischen Dative die Bezeichnung 'superfluos' 1847 von Bello bekommen (vgl. Gutiérrez Ordóñez 1999:1909f.). In der Tat trifft diese Behauptung auf alle Dative unseres Korpus zu. Sie kommen jedoch stets in der gesprochenen Sprache vor, und bei ihrer Eliminierung gingen eine Reihe von Nuancen verloren. Diese Auslegung wird auch durch andere Textanalysen gestützt:

> „Introducen un factor de realce o enfatización que afecta a toda la secuencia. Cumple "un
> papel afectivo, enfático, expresivo"" (Alarcos 1980:161, apud Gutiérrez 1999:1910).

Satzskopus, Expressivität und Affektivität sind Termini, die traditionell mit den MPn in Zusammenhang gebracht worden sind. Diese und andere Merkmale (wie der schon erwähnte, an den Gesprächspartner gerichtete Appell) stehen im Vordergrund folgenden Zitats:

> „Muchos de estos caracteres son interpretaciones contextuales, inferenciales, realizadas a
> partir de su valor lingüístico. Los dativos reflejos son marcadores de la función

---

[57] Siehe dazu Punkt 1.7.2.2.3. der vorliegenden Arbeit.

comunicativa 'foco', 'realce', o 'énfasis'. Tienen por finalidad llamar la atención del interlocutor sobre algún segmento del discurso" (Gutiérrez 1999:1911).

Für diesen Funktionsbereich, der in den sprachwissenschaftlichen Analysen noch immer kontrovers diskutiert wird, weil weithin terminologische Verwirrung und Uneinheitlichkeit herrschen (vgl. Gutiérrez 1999:1860 bzw. 1908), plädieren wir für den Gebrauch der Bezeichnung *dativo ético* für alle angegebenen Beispiele. Nur Beispiel (b) bedarf einer anderen Erläuterung. In seiner kritischen Studie über den Roman *El Jarama* von Rafael Sánchez Ferlosio behauptet Darío Villanueva folgendes anhand dieses und ähnlicher Beispiele:

> „De igual forma se nos ofrecen numerosos casos [...] de *dativos éticos* o "dativos de participación", que convierten al oyente en espectador interesado del acontecimiento que se le relata" (Villanueva 1993:166).

Diese Bemerkung entspricht jedoch nicht ganz der Realität des Textes. U.E. erfolgt hier der Bezug nicht nur auf den Gesprächspartner, sondern auf den Sprecher selbst und auf weitere eventuelle Hörer, weil es sich hier eigentlich um ein generisches, unpersönliches *te* handelt. An Stelle dieses Pronomens hätten wir auch '*uno ve a unas mujeres*' bzw. '*se ve a unas mujeres*' haben können. Bezüglich der deutschen Sprache hat Wegener auch vor dem Irrtum gewarnt, den *Ethicus* mit einem solchen Pronomen zu verwechseln:

> „Insofern unterscheidet sich der Ethicus *dir* auch vom generischen *dir* bzw. *du*, das auf keinen bestimmten Hörer referiert, sondern durch *einem/man* ersetzbar ist [...] und bezeichnenderweise keinen Plural bilden kann [...]
> [...] *Der gibt dir sein letztes Hemd, wenn de'n drum bittest.*
> [...] *Vom Funkturm siehste ganz Berlin!*" (Wegener 1989:69).

Eines der von Wegener angegebenen Argumente, den ethischen Dativ unter den MPn zu subsumieren, ist seine Ersetzbarkeit durch eine MP[58]. Dabei bestehen natürlich Beschränkungen, wie dies Wegener selbst anführt:

> „*Mir* kann durch *bloß, nur*, mit Bedeutungsänderung auch durch *aber, auch, doch* und betontes *ja* ersetzt werden [...]; *dir* kann durch unbetontes *ja, aber, aber auch* und *vielleicht* ersetzt werden" (1989:60).

Diese Beobachtung wird auch durch das nachfolgende Textsegment gestützt:

(110)
»Man muss sich wundern«, sagte Irrwitzer und fuhr fort den Kater zu kraulen, »man muss sich wirklich wundern, mit was für

-É ben estraño –dixo Malbicho e continuou facéndolle mimos ó gato-, é realmente ben estraño con que persoal tan ordinario se rodea

---

[58] Siehe dazu Punkt 1.7.2.2.3. der vorliegenden Arbeit.

ordinärem Personal mein bisher so feines Tantchen sich neuerdings umgibt.«
»Was?!«, kreischte der Rabe. »Jetzt haut's mir aber <u>doch</u> gleich den Stopsel hinaus! Wer is' hier ordinär? Das is' **doch** kein Spaß nicht, wenn einer in meinem Zustand durch Nacht und Sturm flattert, um seine Chefin anzumelden, und dann kommt er grad zum Abendessen recht, aber nicht, wo er was zum Schnabeln kriegt, sondern wo er selber auf der Speisekarte steht. [...] (ED 48)«

ultimamente a miña tiñía, que antes era tan fina.
-¡¿Como?! –chirlou o corvo-. ¡Per'agora si que me chega a paciencia ó curuto! ¿Quen é aquí ordinario? Non **ch'é** ningunha brincadeira, se un no meu estado revoa a través da noite e mais da tormenta p'ra anuncia-la súa xefa, e chega logo xusto p'ra cear, pero non onde lle dean algo p'ra levar ó peteiro, senón onde el mesmo está na carta de menú. [...] (EDÜ 35f.)

'Das is' *mir* kein Spaß!', hätte der Exklamativsatz lauten können. Die Übersetzung durch den 'dativo de solidariedade' *che* wird zum zusätzlichen Beweis dafür, daß es sich bei diesem *doch* um eine Äquivalenz des ethischen Dativs *mir* handelt. Damit gelingt es in beiden Sprachen, den Versuch eines Sprechers, die Aufmerksamkeit eines Gesprächspartners auf seine Behauptungen zu lenken, kommunikationsadäquat zu verbalisieren.

Wie alle anderen MPn auch, weisen sowohl der *Ethicus 1* als auch der *Ethicus 2* eine illokutionsindizierende Funktion auf, die sie jedoch nur zusammen mit der jede Äußerung begleitenden Intonation erfüllen können. Der Illokutionstyp wird durch sie präzisiert (vgl. Wegener 1989:65). Die Gestik spielt auch, insbesondere was die galicische Sprache betrifft, eine wesentliche Rolle, die nicht vernachlässigt werden darf.

4.4. *Bloß* und *nur*

Da *bloß* und *nur* häufig austauschbar sind, scheint es sinvoll, beide MPn gemeinsam zu behandeln. Sie weisen mehrere Homonyme in anderen Wortklassen auf. *Bloß* kann als Adjektiv mit der Bedeutung von 'nackt', 'entblößt' vorkommen oder als Adverb mit der Bedeutung von 'nur', 'lediglich', 'nicht mehr als' (vgl. Franck 1980:227 bzw. Weydt/Harden/Hentschel/Rösler 1985:161). Franck bemerkt (vgl. 1980:227), daß allen *bloß*-Formen eine gemeinsame Bedeutungskomponente zugrundeliegt und daß in einem Satz wie 'Spring *bloß* einmal ins Schwimmbad!' diese lexikalische Einheit verschiedene Interpretationen ermöglicht, die jeweils den möglichen Nuancen entsprechen. *Nur* kann – wie bereits oben angedeutet – als einschränkendes Adverb mit der Bedeutung 'nicht mehr als' fungieren (vgl. Weydt/Harden/Hentschel/Rösler 1987:168). Darüber hinaus hält Thurmair – in Anlehnung an Altmann – eine quantifizierende oder eskalierende Gradpartikel *bloß* für eine homonyme Form der MP *nur* (vgl. Thurmair 1989:178). Ihres Erachtens können *bloß* und *nur* in Ergänzungsfragen, *w*-Exklamativsätzen, Wunschsätzen sowie in Imperativsätzen nachgewiesen werden.

Bei den Ergänzungsfragen dienen *bloß* und *nur* dazu, die Illokution der Äußerung, den Sprechakt des Fragens selbst zu intensivieren. Nach Thurmairs Ansicht soll bei dieser Funktion den beiden MPn das Merkmal ‹VERSTÄRKUNG› zugeschrieben werden. Um diese Annahme deutlich zu machen, stellt sie u.a. die *w*-Frage 'Wann kommt sie *bloß*?' der Frage 'Wann kommt sie?' gegenüber (vgl. Thurmair 1989:179). Durch die Verwendung von *bloß* und *nur* unterstreicht der Sprecher sein subjektives Interesse an der erfragten Information (vgl. Franck 1980:227; Thurmair 1989:179). Einen Beweis für die Einstellung des Sprechers sieht Thurmair sehr treffend in der Tatsache begründet, daß das Auftreten von MPn in denjenigen Fragen unmöglich ist, die lediglich die phatische Funktion der Sprache gewährleisten, ohne daß der Sprecher großes Interesse an der Antwort zeigt. In einer alltäglichen 'small-talk'-Kommunikation, bei einer Frage wie 'Wie geht's?' beispielsweise, wäre die Nachstellung eines *bloß* unvorstellbar (vgl. Thurmair 1989:180). Eine Ergänzungsfrage mit *bloß* bzw. *nur* kann von einem Sprecher an einen Gesprächspartner oder an sich selbst gerichtet werden. Thurmair stellt sich jedoch entschieden gegen die Annahme Bublitz', Fragen mit *bloß* und *nur* seien gerade hauptsächlich Fragen, die der Sprecher sich selbst stelle und deren Antwort weder er noch der Angesprochene kenne (vgl. Thurmair 1989:179). Eine solche Ansicht kann mit einer anderen in Zusammenhang gebracht werden, nach der *bloß* und *nur* Rhetorizität verstärken und somit eine Frage in eine rhetorische Frage verwandeln können (vgl. Thurmair 1989:180). Zur Unterstützung dieser These werden Beispiele wie das folgende angeführt:

„-Was ist das *nur* für eine Gesellschaft, die es sich leisten kann, intelligente und hochschulgebildete Menschen auf Halde zu legen?" (Meibauer 1986:202, apud Thurmair 1989:180).

Wie Thurmair zutreffend bemerkt, handelt es sich allerdings bei diesem Beispiel nicht um eine rhetorische Frage, sondern um einen *w*-Exklamativsatz. In diesem Zusammenhang läßt sich als Anregung zur Überlegung folgendes Beispiel unseres Korpus anführen:

(111)

-¡Que será do neno!	»Was mag **bloß** mit dem Kleinen los sein?«
-¿Cairía do río? (NM 23)	»Ob er in den Fluß gefallen ist?« (NMÜ 8)

Bei dem treffenden Translat hat sich die Übersetzerin für eine Ergänzungsfrage als Entsprechung für den galicischen Exklamativsatz entschieden. Aus der Analyse können im Grunde die Lebendigkeit der Sprachverwendung festgestellt und folgende mögliche Interpretationen herangezogen werden: einerseits werden wir beim galicischen Ausgangstext, formal gesehen, mit einem Exklamativsatz konfrontiert, der jedoch einen stark interrogativen Charakter aufweist. Andererseits kommt als Übersetzung dafür ein Interrogativsatz vor, der seinerseits exklamativ wirkt. Es ist ohne Zweifel eine schwierige Aufgabe, eine Bezeichnung für einen solchen Satz zu finden, denn es kann auch nicht von vornherein ausgeschlossen werden, daß es sich dabei in der Tat um eine rhetorische Frage handelt. In diesem Beispiel richtet die Sprecherin eher eine Frage an sich selbst, kennt und erwartet eher keine Antwort und bringt eher ihre Ratlosigkeit zum Ausdruck; es handelt sich eben um eine Nuance, die Beerbom bei solchen Konstruktionen herausgearbeitet hat (vgl. 1992:410). Sie nennt sie 'deliberative Fragen' und behauptet: „[...] eher als um Fragen handelt es sich um Mußmaßungen [sic; lies: Mutmaßungen], ob der im Satz ausgedrückte Sachverhalt zutrifft" (1992:408). Eine solche Kategorie sei in beiden Sprachen des Paares ihrer kontrastiven Studie, und zwar im Spanischen und im Deutschen, zu finden. Die Vermutungen bzw. die oben bereits erwähnten Mutmaßungen würden in der behandelten romanischen Sprache durch das 'futuro de probabilidad', in der deutschen durch das Futur, aber häufig anhand der MPn *bloß* und *nur* (vgl. Beerbom 1992:408) wiedergegeben. Im vorliegenden Beispiel kann ebenfalls die Verwendung des Futurs zum Ausdruck der Vermutung beobachtet werden. Der monologisierende Charakter, den das angegebene Beispiel aufweist, wird im Deutschen in der Regel dank der Modalverben *mögen, sollen* oder *können* verstärkt, wie dies das nachfolgende Beispiel verdeutlicht:

(112)

Heribert hat abfallend gewählt – das erweist sich als Nachteil, wenn die kleine Marie anfangen wird, mit Bällen zu spielen, immer rollen die Bälle auf des Anliegers Hecke zu, manchmal durch diese durch in den Steingarten, knicken Zweige, Blumen, überrollen empfindliche, kostbare Moose und machen verkrampfte Entschuldigungsszenen	Heribert elixiuno descendente – iso resulta ser unha desvantaxe para cando a pequena Marie comece a xogar con pelotas, as pelotas sempre rodan cara ó valado do veciño, ás veces atravésano ata o xardín adornado con pedras, creban ramas, flores, rodan por riba de sensibles e valiosos musgos e fan necesarias forzadas escenas de desculpas. "¿Como

notwendig. »Wie kann man **nur** einem so entzückenden kleinen Mädchen böse sein? Kann man nicht.« (BA 225f.)

se pode estar enfadado cunha cativiña tan encantadora e pequena? Non se pode". (BAÜ 210)

Bei der deliberativen Frage in erlebter Rede wird durch *nur* das Erstaunen über die mögliche Realisierung einer Hypothese ausgedrückt. Der Übersetzer hat in diesem Fall keine Äquivalenz für die MP gefunden. U.E. hätte man durch die Voranstellung von *pero*, mit dem Ergebnis 'Pero ¿como se pode estar enfadado cunha cativiña tan encantadora e pequena?', am besten das Erstaunen vermitteln können. Dieses zuletzt genannte Gefühl, sowie die oben bereits erwähnte Ratlosigkeit werden auch im Spanischen häufig durch *pero* zum Ausdruck gebracht (vgl. Beerbom 1992:320). An dieser Stelle läßt sich ein weiteres Beispiel aus unserem Korpus anführen:

(113)
Unha vez miña nai rifoume moito e eu díxenlle que algún día marcharía con Joselito. Quedou toda estrañada, como dicindo que cousas ten na cabeza esta nena. (RE 42)

Einmal hat meine Mutter sehr mit mir geschimpft, und da habe ich ihr gesagt, daß ich eines Tages mit Joselito fortgehen würde. Sie war ganz verwundert, als fragte sie sich, was hat dieses Mädchen **nur** im Kopf. (REÜ 47)

Die Übersetzerin, die ein kommunikativ adäquates Translat für die im Galicischen ausgedrückte Frage in indirekter Rede gefunden hat, hat sich für die Einsetzung von *nur* entschieden, auch wenn im Ausgangstext kein formal entsprechendes Element als Motivation für diese Option ausgemacht werden kann. Hier wird von der Erzählerin das Gefühl der Verwunderung bei ihrer Mutter beschrieben. Um es in einem Interrogativsatz zu fassen – der hier eigentlich auch einen exklamativen Charakter aufweist - , scheint es in der deutschen Sprache unerläßlich, auf die MP *nur* bzw. *bloß* zurückzugreifen. Der einzige Unterschied zwischen beiden MPn ist diastratischer Natur, da *bloß* wohl umgangssprachlicher ist. Beerbom (vgl. 1992:410), Franck (vgl. 1980:227f.) und Thurmair (vgl. 1989:180) sind sich darüber einig, daß *bloß* bzw. *nur* der vom Sprecher gestellten Frage einen dringlicheren Ton verleihen. Damit wird dem Angesprochenen deutlich gemacht, daß von ihm auf die mitunter verzweifelt formulierte Frage eine baldige Antwort erwartet wird, wie dies auch aus dem folgende Beispiel deutlich wird:

(114)
»Lassen Sie doch diesen Unsinn, Schnier. Was haben Sie **nur**?« (BA 102)

"Pero déixese de parvadas, Schnier. ¿Que lle pasa, **ho**?" (BAÜ 99)

Das angehängte *ho* ist das sprachliche Mittel, worüber das Galicische verfügt, um den dringlichen Charakter des an den Gesprächspartner gerichteten Appells zum

Ausdruck zu bringen[59]. So ist dem Übersetzer sicher die bestmögliche Lösung gelungen. Zusammenfassend kann also behauptet werden, daß das 'futuro de probabilidade' zur Übersetzung von deliberativen Fragen mit rethorischem/exklama-Charakter in Frage kommt. Darüber hinaus sollten Monologe, die erlebte oder indirekte Rede enthalten und welche im Deutschen mit Modalverben sowie mit den hier behandelten MPn konstruiert werden, durch ein emphatisierendes *pero* eingeleitet werden. Bei den meisten Übersetzungen kommt dieses Element jedoch nicht vor. Hierzu muß allerdings betont werden, daß in unserem Korpus zu wenige Beispiele nachgewiesen werden können, um eindeutige Schlußfolgerungen aus den Translaten der Übersetzer ziehen zu können. Es muß ergänzend daran erinnert werden, daß ein nachgestelltes *ho* den besonders dringlichen Charakter von Fragen mit starker Partnerbezogenheit überträgt.

Wie bereits oben erwähnt, ist das Vorkommen von *bloß* und *nur* auch in *w*-Exklamativsätzen nachweisbar. Im Unterschied zu den Fragen erwartet der Sprecher durch die Ausrufe keine Antwort, aber doch eine Reaktion von Seiten des Sprechers. Hier wiederum dienen die MPn *bloß* und *nur* der Verstärkung der Illokution (vgl. Thurmair 1989:181), wie dies das nachfolgende Textsegment dokumentiert:

(115)

»Wenigstens das Elixir Nummer 92 müsste heute unbedingt noch fertig werden«, murmelte er, »wenigstens das. Wenn mir **nur** nicht der verdammte Kater wieder dazwischen kommt« (ED 9f.)	-Polo menos tería que acabar de elaborar hoxe sn falta o elixir número 92 – murmurou -. Polo menos iso. Esperemos que o condenado do gato non se volva meter polo medio. (EDÜ 7)

Aus der genauen Lektüre des deutschen Textes und aus der Übersetzung läßt sich ableiten, daß wir mit einem Grenzfall des Exklamativ-/Wunschsatzes konfrontiert werden, da hier eine Hypothese formuliert wird, deren Realisierung der Sprecher sich nicht wünscht. Trotz dieser Tatsache und trotz des Fehlens der Ausrufezeichen kann angesichts des kommunikativen Kontexts der exklamative Charakter der Aussage nicht in Frage gestellt werden. Darüber hinaus wird bei der galicischen Übersetzung durch die Verwendung der 1. Person Plural der Angesprochene solidarisch miteinbezogen, während im Originaltext der Sprecher durch die Verwendung des *Dativus incommodi mir* den Ausruf an sich selbst richtet. Sicherlich wurde die Entscheidung von dem unmittelbar vorher erscheinenden unpersönlichen Ausdruck *müßte...fertig werden* geprägt. Trotzdem wäre u.E. eine Übersetzung wie 'Se (é que) o condenado do gato non se me volve meter polo medio' adäquater gewesen. Bei ihr wird durch das weglaßbare 'é que' die intensivierende Funktion von *nur* in der kommunikativen Situation des galicischen Textes treffend wiedergegeben.

Bei Wunschsätzen wirkt die Präsenz von *bloß* und *nur* nicht nur verstärkend; die beiden Partikeln sind quasi obligatorisch bei einem solchen Satztyp und sichern

---

[59] Siehe dazu Kapitel 5.2. der vorliegenden Arbeit.

somit das Erkennen des Wunschsatzes (vgl. Thurmair 1989:182). In dieser Hinsicht läßt sich an das Beispiel (98) der vorliegenden Arbeit erinnern. Es lassen sich hier weitere Beispiele anführen:

> „-Ach, hätte ich meiner Tochter **nur** geglaubt!
> -»Es ist ja zum Verzweifeln«, sagte sie, »wären wir **bloß** zu Hause geblieben!« (Ke, 176)
> (Thurmair 1989:182). [Hervorh. der Vf.]

Abgesehen von den diastratischen Beschränkungen läßt sich jedoch die Austauschbarkeit von *bloß* und *nur* in den Imperativsätzen nicht realisieren. Durch *bloß* wird eine Aufforderung derart verstärkt, daß sie sogar zu einer Drohung oder einer Warnung vor gewissen Konsequenzen werden kann, die aus der Nichterfüllung der Aufforderung folgen können (vgl. Thurmair 1989:182; Franck 1980:227). Franck bemerkt, daß die oben erwähnten Konsequenzen häufig im darauffolgenden Satz, durch *sonst* eingeleitet, konkretisiert werden (vgl. 1980:227). Da sich durch die Präsenz von *bloß* eine nüchterne Aufforderung in eine Warnung oder sogar eine Drohung verwandeln kann, schreibt Franck hier *bloß* eine illokutionsmodifizierende Funktion zu (vgl. 1980:228). Den Positionen dieser Partikelforscherin liegt hier also das Konzept der Illokutionsmodifikation bzw. – transformation zugrunde. Im Rahmen der Relevanztheorie geht man dagegen davon aus, daß ein solches transformatives Verfahren nicht stattfinden kann und daß der Sprecher eher von vornherein sich für die Formulierung jeweils einer Drohung oder einer Warnung entscheidet, sowie für den Einsatz der notwendigen und relevanten sprachlichen Elemente, die zu einem solchen Zweck führen[60]. Nicht nur bei einer solchen Annahme der Illokutionsmodifikation lassen sich Unterschiede feststellen, zwischen diesen MPn und den übrigen, die eher - wie in der vorliegenden Arbeit ausgeführt – einen illokutionsindizierenden Charakter aufweisen. Auch bei dem Merkmal der Unbetonbarkeit weicht die MP *bloß* in den Imperativsätzen von den meisten anderen MPn ab, da *bloß* bei dieser Verwendung meistens den Satzakzent trägt. In dieser Hinsicht läßt sich folgendes Beispiel anführen:

(116)
»Hau **bloß** ab, du Tellerlecker, sonst mach ich ein Päckchen aus dir und schick dich heim zu deiner niedlichen Schmusekätzchenfami-lie!« (ED 58)	¡Desaparece, lambepratos, senón fago de ti un paquetiño e mándot'á túa casa onda a túa graciosa familia de gatiños mimados! (EDÜ 43)

Hier erhebt sich, wie meist bei Aufforderungen mit *bloß*, eine sich für sanktionsberechtigt haltende Autoritätsfigur, wobei die Sanktion, die aus der Nichtbefolgung der warnenden Aufforderung entsteht, konkretisiert im unmittelbar folgenden und durch

---

[60] Zu einer Auseinandersetzung mit der Relevanztheorie, siehe Punkt 1.3. und Kapitel 5.3. der vorliegenden Arbeit.

sonst eingeleiteten Satz auftritt. *Bloß* ist hier ein inhärentes Element einer solchen Drohung, das im Galicischen keine formale Äquivalenz kennt, da in dieser Sprache die Intonation als ausreichend zum Ausdruck der Drohung empfunden wird. Ein nachgestelltes *dunha vez,* bzw. *axiña, agora mesmo* oder *pero xa,* alles Ausdrücke, die dringlich wirken, wären als Translat ebeso gut vorstellbar gewesen.

Eine Drohung kann in negierten Imperativsätzen auch mit *nur* ausgedrückt werden. Man geht davon aus, daß *nur* dem Satz einen weniger starken und weniger intensiven Ton verleiht. Im Unterschied zu Weydt/Harden/Hentschel/Rösler 1985:161,168), die von der Unbetonbarkeit von *nur* in allen Fällen ausgehen, schreibt Thurmair auschließlich dem betonten *nur* den erwähnten drohenden Charakter zu. Die Betonung sei hier das entscheidende Kriterium, um interpretieren zu können (vgl. 1989:183). Diese Auffassung belegt auch ein Beispiel aus unserem Korpus:

(117)

»Ich weiß jedenfalls eins«, antwortete der Rabe, »nämlich dass das ganz schlicht und einfach der gerupfte Wahnsinn ist! Und glaub **bloß** nicht, dass ich bei so was auch noch mitmach.« (ED 146)	-Sei en todo caso unha cousa – respondeu o corvo – e é que iso non che é máis cunha tolemia desplumada. E non **vaias pensar** que vou participar nunha cous'así. (EDÜ 112)

Bei dieser treffenden Übersetzung wird die Warnung des Ausgangstextes, die durch *bloß* und den negativen Imperativ ausgedrückt wird, durch die negierte Verbalperiphrase *non ir + Infinitiv* wiedergegeben. Somit läßt sich der Satz als deutliche Warnung interpretieren. Es wird dem Angesprochenen der warnende Rat gegeben, er solle eine eventuelle, gegenteilige Handlung des Sprechers am besten von vornherein ausschließen. Bei einem Translat wie 'E non penses que vou participar nunha cousa así' gingen solche Nuancen verloren. Eine Übersetzung wie 'E nin se che ocorra pensar /E que non se che pase pola cabeza que vou participar nunha cous'así' hätte der deutschen Aufforderung (dem Imperativsatz vielleicht nicht ganz entsprechend) einen zu intensivierenden Ton verliehen.

In affirmativen Imperativsätzen sind *bloß* und *nur* deutlich voneinander abzugrenzen. Das unbetonte *nur* verleiht so einem Satz einen abschwächenden Ton und wirkt tröstlich, mildernd und beruhigend (vgl. Thurmair 1989:183; Weydt/Harden/Hent-
schel/Rösler 1985:168). Solche Nuancen seien nach Meinung der Fachliteratur bei *bloß* von vornherein auszuschließen. In gewissen Fällen können Aufforderungen mit *nur* ebenfalls als Ermunterungen interpretiert werden, wie die folgenden Beispiele zeigen:

(118)

»Ich bin nicht böse«, sagte ich, »du weißt es. Sag mir **nur**, daß du's weißt.« (BA 83)	"Non estou enfadado", dixen, "ben o sabes que non. Dime que o sabes, **ho**" (BAÜ 82)

(119)

No salón, Raúl descorchaba unha botella entre risas. Pasa, pasa. Marga empurraba suavemente a Dombodán. (RU 42)	Im Wohnzimmer öffnete Raúl lachend eine Flasche. Geh **nur**, geh. Marga schob Dombodán sanft weiter. (RUÜ 78)

In Beispiel (118) zeigt sich der Sprecher seiner Gesprächspartnerin gegenüber höflich. Er versucht, ein Mißverständnis zu klären und eine Versöhnung zu erreichen. Zu diesem Zweck fordert der Sprecher in einem sehr milden Ton die Angesprochene auf zu bestätigen, daß sie von seinen echten Gefühlen und Absichten wisse. Mit Zärtlichkeit animiert er sie zu einer bestätigenden Antwort. Dem Übersetzer ist es im Text gelungen, all diese Nuancen, die in der MP *nur* inbegriffen sind, auf galicisch wiederzugeben, und das durch ein angehängtes *ho*[61]. Damit wird eine Annäherung des Sprechers an die Angesprochene gewährleistet, und der Appell ist so gesichert. Diesem *ho* kann ein weniger deutlicher Dringlichkeitston zugesprochen werden. Der Sprecher besteht natürlich darauf, eine Antwort zu erhalten. Die hier geschilderte Situation hat jedoch kaum etwas mit den Nuancen gemeinsam, die beim nachgestellten *nur* und beim entsprechend angehängten *ho* bei Ergänzungsfragen herangezogen werden können.

Beispiel (119) ist insofern interessant, als in der deutschen Übersetzung die MP *nur* als Entsprechung für einen galicischen affirmativen Imperativ vorkommt. Im Galicischen sowie im Spanischen zeugt es von Höflichkeit und Respekt, wenn man bei der Aufnahme einer Person und bei der Aufforderung, die Arbeits- oder Privatsphäre zu betreten, die affirmative Form des Imperativs – beim Siezen genauso wie beim Duzen – einmal wiederholt und sie mit oder sogar ohne Pause zwischen beiden Formen – als Zeichen von mehr Familiarität und Freundlichkeit – und mit einer besonderen Intonation realisiert. Die Nichtwiederholung wirkt zu direkt und unhöflich und wird sonst eigentlich nur dann verwendet, wenn man das Gegenteil dessen ausdrücken möchte, was hier beschrieben worden ist, und zwar, wenn man auf jemanden böse oder eventuell nicht gut gelaunt ist. Die Übersetzerin hat sich also treffend für *nur* entschieden. U.E. wäre jedoch einfach mit 'Geh *nur*!' der Sinn des galicischen Textes richtig wiedergegeben worden. Die Wiederholung der Imperativ-

form ist hier ohne Zweifel auch auf deutsch möglich, aber nicht unentbehrlich, wie sie es unter den beschriebenen Umständen auf galicisch und spanisch ist.

Folgendes Beispiel scheint den bereits erwähnten abgeschwächten und abgemilderten Charakter von *nur* in affirmativen Imperativsätzen eindeutig zu widersprechen. Es lautet:

(120)

»Komm **nur** her, du!«, krakeelte er. »Du fettes Muttersöhnchen, du schlapper Wohlstandssack! [...]« (ED 57)	-¡Ven aquí! – vociferou - ¡Graxento meniño mimado! ¡Saco frouxo de benestar! [...] (EDÜ 43)

---

[61] Siehe dazu Kapitel 5.2. der vorliegenden Arbeit.

Diese sehr aggressive Äußerung, die sich durch mehrere Schimpfwörter auszeichnet, leitet der Sprecher durch eine in der Form anscheinend höfliche Forderung ein. Der Sprecher droht mit negativen Sanktionen in unmittelbarem Anschluß an der Befolgung der Aufforderung. Solche Sanktionen werden hier nicht explizit gemacht, können jedoch anhand der Beschimpfungen vermutet werden. Ein solches Phänomen fällt natürlich in den Bereich der Ironie, wie Bublitz treffend auch anhand von 'Komm nur her!' bemerkt hat (vgl. 1972:71f.). Der angehängte Appell an den Angesprochenen – durch *du* realisiert - trägt dazu bei, den hier natürlich falschen höflichen Ton zu verstärken. Eine kommunikativ adäquate Entsprechung im Galicischen, mit der die Ironie richtig wiedergegeben werden könnte, wäre folgende Übersetzung gewesen: '¡Ti ven, ven!'. Hier kommt wiederum die Wiederholung zum Ausdruck der – hier heuchlerischen - Höflichkeit vor. In einer solchen Situation ist die Nachstellung von 'que xa verás' bzw. 'que vas ver o que é bo', also von Ausdrücken, die die Existenz einer Drohung konkretisieren, üblich. Die deutsche Entsprechung wäre in diesem Fall 'Dann kannst du was erleben!' (vgl. Thurmair 1989:183).

Daß *nur* auch mit anderen MPn kombiniert werden kann, zeigt das folgende Beispiel:

(121)

»Weißt du, Jakob«, meinte der Kater und strich sich den Schnurrbart, »von jetzt an solltest du mich vielleicht doch lieber wieder Maurizio di Mauro nennen. Das passt doch eigentlich besser zu mir, glaubst du nicht auch? Hör <u>doch</u> **nur** <u>mal</u>!« (ED 221)	-¿Sabes, Xacobe? –opinou o gato, pasando a pata polo bigote-. De agora en diante sería mellor que me volveses chamar Maurizio di Mauro. Este nome vai mellor comigo, ¿non che parece? ¡Escóitame **ben**! (EDÜ 165)

Die verstärkende Funktion von *nur* wirkt hier durch die Kombination mit *doch* und *mal* noch markanter. Deshalb ist auch die Erscheinung des Adverbs *ben* neben der Imperativform im Galicischen eine treffende Lösung.

4.5. *Wohl*

Die MP *wohl* weist als Homonym das Adverb *wohl* auf. Neben dieser allgemein akzeptierten Homonymie darf jedoch nicht unerwähnt bleiben, daß Meibauer (vgl. 1994:230) in seiner Klassifikation hierbei die Wortklassen Konjunktionaladverb und Adjektivadverb unterscheidet und in manchen Fällen *wohl* auch als Adjektiv betrachtet. Weydt/Hentschel betrachten das Vorkommen des 'alten Adverbs' in gebräuchlichen Wendungen als Nebenform zu *gut* und halten ebenfalls *wohl* für einen Teil der zweiteiligen Konjunktion *wohl...doch*, die jedoch veraltet sei (Weydt/Hentschel 1983:17). In Verbindung mit *ja* bildet *wohl* das Affirmationsadverb *jawohl*, das als verstärkte positive Antwort gilt (vgl. Weydt/Hentschel 1983:17). In diesem Zusammenhang läßt sich folgendes Beispiel anführen:

(122)

E agora, Gengis, dixo o doutor Da Barca mudando o ton coma un comediante, imos bañar esas castañas con crema de chocolate, á maneira francesa, **si, señor**. (RO 71)	Und jetzt, Dschingis, sagte Doktor Da Barca in verändertem Ton, wie ein Schauspieler, werden wir diese Kastanien mit Schokoladencreme übergießen, nach französischer Art, **jawohl**. (ROÜ 76)

Das galicische Affirmationsadverb *si*, dem durch die Nachstellung von *señor* Emphase verliehen wird, wird von der Übersetzerin durch das Affirmationsadverb *jawohl* treffend wiedergegeben. Da diese Gebrauchsmöglichkeit in den oben angeführten Studien unerwähnt bleibt, scheint es uns hier interessant, folgendes Beispiel unseres Korpus anzuführen, in dem im deutschen Zieltext *wohl* zutreffend mit dem Adjektiv *wahr* kombiniert als Wiedergabe des im Galicischen nachgestellten Affirmationsadverbs *si* vorkommt:

(123)

¿Cando foi iso? Aló polo 1948. Eran tempos de fame. Eran, si. (RE 120)	Wann war das? So etwa 1948. Das waren Hungerzeiten. Das waren sie, **wohl** <u>wahr</u>. (REÜ 134f.)

Da uns in diesem Kontext – aus Gründen, die wir im folgenden klären werden - die adverbiale Homonymie im Sinne von Satz- und nicht von Affirmationsadverbien am meisten interessiert, setzten wir uns im folgenden zunächst nur mit dem oben genannten Adverb auseinander. Es handelt sich dabei um eine akzentuierte Form, die normalerweise das Mittelfeld und selten das Vorfeld besetzt. Ein Widerspruch zu einer vorangegangenen Negation wird durch ihre Aufhebung hergestellt (vgl.. Thurmair 1989:139; Meibauer 1994:229); weil sich in unserem Korpus für den beschriebenen Fall keine Okkurrenz nachweisen läßt, greifen wir auf die Aussagen Thurmairs zurück:

„[...] "Das habe ich nicht gewußt!" schrie sie a tempo. A tempo schrie er zurück: "Das haben Sie sehr <u>wohl</u> gewußt" (Si, 519)" (1989:139).

Die anhand des Beispiels zu beobachtende Modifizierung des Adverbs durch ein anderes Adverb, nämlich *sehr*, erfolgt auch beim unbetonten *wohl* in Assertionssätzen (vgl. Meibauer 1994:231). Eine solche Gemeinsamkeit mit der adverbialen Form spricht gegen die Annahme, daß es sich beim unbetonten *wohl* um eine MP handelt. Da andere Fakten jedoch für eine solche Klassifizierung sprechen, ergeben sich bei der Bemühung um eine deutliche Charakterisierung Schwierigkeiten, die sich auch in den unterschiedlichen Positionen der bedeutendsten Partikelforscher widerspiegeln. Die von Meibauer verwendete Überschrift 'Probleme mit WOHL' scheint für den fehlenden Konsensus sehr illustrativ zu sein (Meibauer 1994:229), wie zusätzlich aus der Analyse des nachfolgenden Beispiels erhellt:

(124)

Ich bin **wohl** nicht feinsinnig und nicht Künstler, vor allem nicht christlich genug, als daß ein Prälat zu mir sagen würde: Schnier, hätten Sie's doch beim Konkubinat gelassen.« (BA 138).

Supoño que non son suficientemente agudo nin artista, sobre todo non son abondo cristián como para que un prelado me diga: Schnier, ¿por que non o deixou en concubinato? (BAÜ 133).

Wohl kann beim zitierten Aussagesatz mit 'vermutlich' bzw. 'ich vermute' paraphrasiert und somit den Satzadverbien zugeordnet werden (vgl. Thurmair 1989:139; Bublitz 1978:84; Meibauer 1994:231). Beerbom ordnet diese Elemente unter die Modalwörter ein (vgl. 1992:409). Gerade die Wiedergabe des letzterwähnten Ausdrucks, nämlich 'ich vermute', hat der Übersetzer für den galicischen Zieltext ausgewählt und damit einen Beweis für die Korrektheit einer solchen Umschreibung geliefert. Anhand eines Beispiels zeigt Meibauer jedoch, daß bei der erwähnten Prozedur nicht immer eine sinnvolle Paraphrasierung entsteht (vgl. 1994:230f.). Bei der Analyse der semantischen Kriterien läßt sich bei dem vorgelegten, wie bei anderen ähnlichen Beispielen auch, seitens des Sprechers eine Einschränkung der Gültigkeit der Proposition beobachten, indem dieser eine Vermutung über das Zutreffen des Inhalts zum Ausdruck bringt. Im Gegensatz zu den MPn befindet sich diese Bedeutung jedoch nicht auf der Illokutions- sondern auf der Darstellungsebene (vgl. Thurmair 1989:139). Die syntaktischen Kriterien sprechen allerdings für die Klassifizierung dieses *wohl* als MP. Im Unterschied zu den Satzadverbien kann *wohl* keine Antwort auf eine Entscheidungsfrage bilden (vgl. Thurmair 1989:140; Meibauer 1994:231; Beerbom 1992:409). Ungrammatisch wäre also '*Wohl' als Erwiderung auf die Frage: 'Bin ich nicht feinsinnig und nicht Künstler?' Gemeinsam mit den MPn besitzt *wohl* auch die Nicht-Vorfeldfähigkeit (vgl. Thurmair 1989:140; Meibauer 1994:231). Der Satz '*Wohl* bin ich nicht feinsinnig und nicht Künstler' ist demnach nicht korrekt. Nach Meibauers Ansicht könnte bei einem solchen Beispiel jedoch *Sehr wohl* das Vorfeld besetzen. Durch die Voranstellung des Adverbs *sehr* verwandele sich allerdings die MP *wohl* in das betonte homonyme Adverb *wohl,* und beide Elemente bildeten einen synonymischen Ausdruck für *sehr wahrscheinlich.* Meibauer postuliert den Bedarf weiterer intensiver Forschungen in dieser Richtung (vgl. Meibauer 1994:231). Weydt/Hentschel stellen sich keinerlei Fragen zu diesem Thema und gehen davon aus, daß es sich bei *wohl* in Assertionssätzen um eine – gemäß ihrer Terminologie – Abtönungspartikel handelt. Beerbom argumentiert gegen diese Annahme und ordnet *wohl* trotz seiner Nicht-Erfragbarkeit in die Kategorie der Modalwörter, d.h. der Satzadverbien ein (vgl. 1992:409). Thurmair entscheidet sich für eine Kompromißlösung und behauptet:

> „Bei *wohl* ist also in Aussagesätzen ein Übergangsbereich anzusetzen zwischen der Modalpartikel-Funktion und der Satzadverb-Funktion" (1989:140).

Trotz der Uneinheitlichkeit und der Schwierigkeit, dieses Element bei Assertionssätzen eindeutig unter die MP zu subsumieren, halten wir es für angebracht, uns mit diesem Phänomen zu beschäftigen.

Wie bereits oben, bei der semantischen Erläuterung zu *wohl,* erwähnt, bildet das Konzept der 'Vermutung' einen zentralen Punkt. Das ist sowohl bei Thurmair (siehe oben) als auch bei Weydt/Hentschel der Fall (vgl. 1983:17). Diese und ähnliche Bezeichnungen häufen sich bei den Partikelforschern, auch wenn sie sich unterschiedlicher Terminologien bedienen. Als kleine Zusammenfassung eignet sich in diesem Zusammenhang folgender Überblick von Meibauer:

> „Die bestehenden Vorschläge zur Bedeutungscharakterisierung von *wohl* laufen darauf hinaus, daß der Sprecher durch den Gebrauch von *wohl* die Einstellung des Vermutens signalisiert. Zum Beispiel nimmt Abraham [...] einen epistemischen Funktor VERMUT an, der eine Eigenschaft oder einen Zustand des Vermutens beim Sprecher denotiert [...]. Doherty [...] sagt, daß *wohl* als 'Hypothesenfunktor' die Funktion habe, "eine Aussage durch den Bezug zu einem bestimmten (evidenzreichen) Hintergrund als Hypothese zu kennzeichnen" [...]" (Meibauer 1994:231).

Den Gebrauch von *wohl* in Assertionssätzen dokumentieren die folgenden Korpussegmente:

(125)
Es war Frau Kinkel, die sagte: »Ich glaube, Odilo, wir können das Gebet sprechen. Heribert kommt **wohl** heute nicht.« (BA 94)

Foi a señora Kinkel a que dixo: "Creo, Odilo, que podemos reza-la oración. **Coido** que Heribert non vai vir hoxe." (BAÜ 93)

(126)
Ten partículas de tristeza. Como respirar a brétema dun mar antigo.
 ¡Un lamazal, **dirás**, un pantano de néboa! (RE 139f.)

Sie hat Traurigkeitspartikel. Als würde man den Dunst eines alten Meeres einatmen.
 Ein Sumpf, meinst du **wohl**, ein Nebelmorast! (RE 156)

(127)
»Sie können eine Frau auch lieben, ohne mit ihr zusammenzuleben.«
»So?« sagte ich, »jetzt fangen Sie **wohl** von der Jungfrau Maria an.« (BAU 141)

"Tamén pode amar a unha muller sen vivir con ela."
"¿E logo?", dixen, "**supoño** que agora empe-
zará co da Virxe María" (BAÜ 135)

(128)
[...] Und außerdem – entschuldige, daß ich so offen spreche – hasse ich, wie du **wohl** noch weißt, jede Erscheinungsform der Schlamperei.« (BA 155)

[...] E ademais –perdoa que che fale tan abertamente- odio, como **supoño** que aínda **saberás**, calquera forma de desleixo." (BAÜ 149)

(129)
Habería algo máis que comida, dixo Don Xil, algo incrédulo a respecto das historias do barbeiro Paradela e das súas amizades (RE 121)

Es wird doch **wohl** etwas mehr als Essen gegeben haben, sagte Don Xil, ziemlich ungläubig angesichts der Geschichten des Barbiers Paradela und seiner Freunde. (REÜ 135)

Für alle in den Beispielen (125) bis (129) enthaltenen *wohl* gilt die bereits oben erwähnte Bemerkung Thurmairs: Durch Einsetzung eines solches Elements schränkt der Sprecher die Geltung eines Sachverhalts ein. Diese Einschränkung wird aus verschiedenen Gründen vollzogen, nämlich aus mangelnden Evidenzen, um das Zutreffen des genannten Sachverhalts mit völliger Sicherheit zu behaupten, oder aus übernommenen Erfahrungen oder Meinungen (vgl. Thurmair 1989:140). In (125) schließen die ersterwähnten fehlenden Evidenzen bei der Sprecherin eine eventuelle kategorische Behauptung über das Nicht-Ankommen von Odilo aus. In (126) versucht der Sprecher auf eine ironische Weise und aufgrund seiner Erfahrung und Kenntnis des vom Gesprächspartner Erwähnten, diesem eine richtige Interpretation seiner Meinungen anzubieten. Auf Erfahrung und Kenntnissen beruhen ebenfalls die *wohl*-Verwendungen in (127), (128) und (129). Diese können teilweise vom Sprecher beim Gesprächspartner aufgrund seiner Bekanntschaft und Beziehung vorausgesetzt werden. Das ist der Fall in Beispiel (127), bei dessen Lektüre interpretiert werden kann, daß die Gesprächspartner sich selbst und ihre Argumente und Gedankengänge gut kennen, sowie bei Beispiel (128), in dem *wohl* als konsensusheischendes Element verstanden werden kann, da der Sprecher sich auf eine gemeinsame Kenntnisbasis bezieht.

Was die Möglichkeiten der Übersetzung betrifft, so finden wir anhand dieser Beispiele eine vollständige Dokumentation. In dieser Hinsicht ist in Beispiel (125) vom Übersetzer treffenderweise das Verb *coidar* vorgeschlagen worden, das kein Synonym des unter (124) analysierten *supoñer* darstellt, sondern sich semantisch zwischen der Bedeutung des letzterwähnten Verbs und *crer* befindet. Neben *supoñer* drückt das sogenannte *futuro de probabilidade* im Beispiel (126) ausschließlich Vermutung aus. Insofern ist die Verwendung von *wohl* im Zieltext als treffend zu betrachten. Bei den unmittelbar folgenden Beispielen, nämlich (127) und (128), werden beide Prozeduren kombiniert – was in der galicischen Sprache durchaus üblich ist -, und zwar das Verb *supoñer*, dessen Semantik die Vermutung eines Sprechers zum Ausdruck bringt, und das *futuro de probabilidade* in den substantivierten Nebensätzen. 'Futur der Vergangenheit' wird auch traditionell das Tempus *condicional* genannt (vgl. Matte Bon [2]1995:44), das zum Ausdruck einer Vermutung bezüglich der Vergangenheit verwendet wird. Deswegen ist die Wiedergabe mit *wohl* im Beispiel (129) die einzig mögliche und richtige. Wie Thurmair richtig bemerkt, gibt der Sprecher durch *wohl*, im Unterschied zu MPn wie *eben*, dem Hörer freien Raum. Die Einsetzung von *wohl* ermöglicht, daß eine Behauptung vom Gesprächspartner bestätigt oder widerlegt wird (vgl. 1989:141). Somit wird die konversationelle Grundmaxime der Kooperation gewährleistet. Aufgrund der dargestellten Bedingungen, die das Auftreten von *wohl* schafft, kann dieses Element für Fragehandlungen besonders gut verwendet werden (vgl. Thurmair 1989:141). Während Thurmair hier über 'tentative Behauptungen' spricht (vgl. *ibid.*), bezeichnet Beerbom solche Konstruktionen als 'deklarativ-interrogative Äußerungen' (vgl. 1992:445). Bei diesen Aussagen wird häufig etwas über den Angesprochenen ausgesagt. In solchen Fällen ist der Hörer umso mehr verpflichtet, dem Sprecher eine Antwort zu geben (vgl. Thurmair 1989:141), wie folgende Beispiele unseres Korpus zeigen:

(130)

»Ihr Mann ist **wohl** nicht zu Hause?« »Nein«, sagte sie, »er kommt erst in ein paar Tagen zurück. Er hält Wahlreden in der Eifel.« (BA 88)

"¿O seu home non **estará** na casa?" "Non está, non", dixo, "non voltará ata dentro dalgúns días. Está a pronunciar discursos electorais no Eifel." (BAÜ 88)

(131)

Ich hörte, daß meine Mutter aufschrie, dann seufzte sie auf eine Weise, die mir deutlich machte, wie alt sie geworden ist. Sie sagte: »Das kannst du **wohl** nicht vergessen, wie?« Ich war selbst nahe am Weinen und sagte leise: »Vergessen? Sollte ich das, Mama?« (BA 32f.)

Oín como miña nai lanzaba un berro, logo suspirou dun xeito que me fixo ver claramente o vella que vai. Dixo: "Non hai forma de que esquezas iso, ¿non?" Eu mesmo estaba a piques de chorar e dixen en voz baixa: "¿Esquecer? ¿Debería facelo, mamá?" (BAÜ 36)

(132)

Er lachte. »Schnier, Schnier«, sagte er, »ich mache mir ernsthaft Sorgen um Sie. Sie sind **wohl** nach Bonn gekommen, um uns allen telefonisch Feindschaft anzusagen?« »Habe ich Sie etwa angerufen«, sagte ich, »oder Sie mich?« (BA 136)

Riu. "Schnier, Schnier" dixo. "Vostede preocúpame seriamente. **¿Pero é que** veu a Bonn para anunciarnos a todos por teléfono a súa inimizade?" "¿Chameino eu", dixen, "ou chamoume vostede?" (BAÜ 131)

(133)

»Nein«, sagte ich, »Ihr Vater ist **wohl** nicht zu sprechen?«
»Er will nicht gestört werden, aber für Sie störe ich ihn gerne.« (BA 97)

"Non", dixen, "¿non se pode falar con seu pai?"
"Non quere que o molesten, pero para vostede molestareino con moito gusto" (BAÜ 95)

In allen obigen Beispielen wird in der Tat der Dialog fortgesetzt. Der Hörer/Angesprochene gibt eine Assertion als Antwort auf die deklarativ-interrogative Frage oder stellt eine Gegenfrage, wie bei den Textsegmenten (131) und (132). Beim Beispiel (130) kommt als bereits bekannte Möglichkeit der Wiedergabe im Galicischen das *futuro de probabilidade* vor. Beim Beispiel (131) wird an die Aussage mit *wohl* der 'tag question' *was?* angehängt. Durch die Nachstellung dieser und ähnlicher Ausdrücke wird, wie Thurmair (vgl. 1989:141) sehr treffend signalisiert, die Frage-Interpretation garantiert. In diesem Fall findet man im galicischen Zieltext eine Entsprechung für *was?* in der Form eines angehängten *¿non?*. Es handelt sich um die beste Lösung, um eine Antwort auf Seiten des Sprechers zu provozieren. Bei ihrer Analyse der Ausdrucksmittel der Modalität im Spanischen kann folgende Bemerkung Beerboms hervorgehoben werden, die ein Phänomen beschreibt, das große Ähnlichkeit mit der Situation in der galicischen Sprache aufweist:

> „Das vielleicht häufigste Mittel zum Ausdruck einer Antworterwartung im Spanischen sind Refrainfragen wie *¿verdad?*, *¿no?*, *¿no es así?* etc., die einer formal deklarativen Äußerung hinzugefügt werden" (Beerbom 1992:446).

Bei Beispiel (132) kommen zur Markierung, Akzentuierung und Verstärkung der formulierten deklarativen Frage die Ausdrucksmittel der Emphase *pero* sowie *é que* hinzu. Bei ersterem darf eine leichte Adversativität auf Seiten des Sprechers als erstaunliche Bestätigung des Widerspruchs zwischen dem, was er erwartet, und dem Verhalten von Schnier nicht ausgeschlossen werden. Dadurch wird der Appell deutlich an den Gesprächspartner gerichtet und seine Aufmerksamkeit auf die Frage als solche in der Erwartung einer Antwort gelenkt. In Beispiel (133) schließt die Präsenz des Modalverbs *poder* jedes andere Ausdrucksmittel der Modalität aus, das *wohl* entsprechen könnte.

Unter dem Abschnitt 'tentative Behauptungen' mit *wohl* spricht Thurmair über die negativen abgeschwächten Bewertungen, die man an den Gesprächspartner oder sogar an eine dritte Person richtet, wie beispielsweise 'Du spinnst *wohl*!' oder 'Du hast *wohl* einen Vogel!'. Ihre mögliche Erweiterung durch 'tags' betrachtet die Partikelforscherin als deutliches Indiz für ihre Subsumierung unter diese Gruppe (vgl. Thurmair 1989:142).

Die MP *wohl* kommt – ohne jeden Vorbehalt – in Entscheidungssätzen und in *w*-Fragesätzen, d.h. in Ergänzungsfragesätzen vor. Die Frequenz des Auftretens beim erstgenannten Satzmodus ist jedoch sehr gering. Aus diesem Grund ist in unserem Korpus kein einziges Beispiel dafür zu finden. Folgende Textsegmente von Thurmair, bei denen die *ob*-Fragesätze als häufige Realisierung der Entscheidungsfragen vorkommen, lassen sich anführen:

> „ [...] *Ein Ehepaar kommt nach Hause. Beim Aufsperren der Tür sagt sie: Ob die Kinder wohl aufgespült haben?*
> [...] *Ob ich wohl diesmal die Prüfung bestehe?*
> [...] *Denkst du wohl noch an mich?*" (Thurmair 1989:143).

Höfliche wie drohende Aufforderungen können durch Entscheidungsfragen ausgedrückt werden, wie Thurmair (1989:143f.) in ihrer vollständigen Charakterisierung zeigt.

Ergänzungsfragen richtet der Sprecher an sich selbst, und auch, wenn er vom Gesprächspartner beansprucht, daß dieser die Vermutung teilt, erwartet er jedoch keine sichere Antwort (vgl. Thurmair 1989:144). Es handelt sich also um eher rhetorische Fragen, von denen folgende Beispiele aus unserem Korpus als Muster ausgewählt worden sind:

(134)

Espatolado, duro, con cabeza chuchona, hóspede farto de sangue quente da miña nena, mira como patexa que ata se lle ven as pinzas. ¿Será femia? ¿Como **farán** estes para facelo? (RE 77)	Flach, hart, mit dem Saugkopf, überfressener Gast des warmen Blutes meiner Tochter, sieh, wie sie strampelt, man sieht sogar ihre Zangen. Ob es ein Weibchen ist? Wie die es **wohl** anstellen, um es zu machen? (REÜ 87)

(135)

¡Porca!, berrou Matacáns. ¿Por que **fará** isto? (RE 103)	Diese Schlampe! Rief Matacáns aus. Warum tut sie das **wohl**? (REÜ 115)

(136)

[...] und ich fragte sie flüsternd: »Was hast du denn gemacht?« Sie sagte:»Was soll ich **wohl** gemacht haben, ich habe die Wäsche ausgewaschen. (BA 51)	[...] e pregunteille susurrando: "¿Pero que fixeches?" Ela dixo: "Que ía facer, lavei a roupa da cama" (BAÜ 54)

Als zutreffende Wiedergabe der galicischen rhetorischen Fragen der Beispiele (134) und (135), in denen als Ausdruck der Vermutung und der Rhetorizität selbst das *futuro de probabilidade* vorkommt, hat sich die Übersetzerin für die MP *wohl* entschieden.

Trotz des fehlenden Fragezeichens werden wir im Beispiel (136) mit einer rhetorischen Frage konfrontiert, die als Reaktion auf die unmittelbar vorher gestellte Frage fungiert. Dem Sprecher – in diesem Fall der Sprecherin – gelingt es dadurch, die mögliche Antwort dem Gesprächspartner als bekannt zu unterstellen. Auch wenn sich bei dem zitierten Beispiel das intensive Gefühl des Ärgers der Sprecherin in der Wiederholung der ganzen Frage widerspiegelt, ist bei solchen dialogischen Situationen die Formulierung einer verkürzten Frage üblich. So hätte die Frage im (136) etwa wie folgt lauten können: 'Was *wohl*?' (vgl. Thurmair 1989:145).

Es läßt sich abschließend die begründete Behauptung formulieren, daß das *futuro de probabilidade* in den meisten Fällen als galicische Äquivalenz für die MP *wohl* vorkommt. Sehr häufig belegbar in unserem Korpus ist jedoch auch die Kombination dieser Prozedur mit einem Verb des Vermutens. Als Beweis für beide Bemerkungen gelten die kommentierten Textsegmente, bei denen Deutsch die Ausgangssprache ist, sowie diejenigen, bei denen Deutsch Zielsprache ist. Wenn der Sprecher den Appell an den Gesprächspartner aufgrund des Verlangens auf eine Antwort besonders intensiv machen möchte, kann er sich in beiden Sprachen einer angehängten 'tag question' bedienen.

5. Die galicischen Ausdrucksmittel der Modalität *o complemento de solidariedade* **ou** *dativo de solidariedade***, ho und ihre Varianten,** *seica/disque* **und** *e logo***. Ihre Wiedergabe im Deutschen. Beschreibung auf der Grundlage von Übersetzungen des Galicischen ins Deutsche**

5.1. O *complemento de solidariedade* **ou** *dativo de solidariedade*[62]

5.1.0. Vorbemerkungen

Da es sich bei diesem Punkt um eine vertiefende Behandlung einer Reihe sprachlicher Elemente handelt, mit denen wir uns zum Teil bereits in Kapitel 1.7.2.2.3. der vorliegenden Arbeit auseinandergesetzt haben, werden gewisse Termini bzw. Ausdrücke und Realisierungen des zu behandelnden Phänomens als bekannt vorausgesetzt.

5.1.1. Der Ursprung. Der Anwendungsbereich

Die Herkunft des galicischen *complemento de solidariedade* wurde bisher nicht eindeutig abgeklärt. Álvarez wagt die Hypothese, daß es sich um einen Fortsetzer des lateinischen ethischen Dativs handelt (1997:41). Es wird bis in die Gegenwart als Charakteristikum der galicischen Sprache empfunden; die Sprecher des Galicischen sind von dieser Meinung überzeugt, die sowohl auf sprachlichen Fakten wie auch auf ihrem Sprachgefühl basiert. In dieser Hinsicht lassen sich folgende Bemerkungen anführen:

> „Hoxe non sabemos da súa existencia fóra das nosas fronteiras lingüísticas, e nin os gramáticos nin os dialectólogos portugueses o mencionan [...]" (Álvarez 1997:41).
> „[...] un risco que tódolos galegos sentimos como moi de noso, moi vencellado á expresión da nosa afectividade [...]" (Álvarez 1997:37).

Es wird hier in erster Linie auf das Schweigen in der lusitanistischen Grammatik verwiesen. Wie bereits in Punkt 1.7.2.2.3. sowie in Kapitel 4.3. der vorliegenden Arbeit festgestellt, findet man in der Form dt. *dir*, d.h. in einer der Realisierungen des deutschen ethischen Dativs, eine formale Parallele zum galicischen *dativo de solidariedade* (im folgenden: DS). Es bestehen jedoch Grenzen bei diesem Vergleich, da hinsichtlich des *uso* und der Produktivität der galicische Dativ vom deutschen abweicht. Der *Ethicus* dt. *dir* wird, synchronisch gesehen, nicht oft gebraucht und nur im Süddeutschen akzeptiert;

---

[62] Unter dem Punkt 1.7.2.2.3. der vorliegenden Arbeit ist *pronome de solidariedade* die übliche Bezeichnung für dieses Phänomen. In ihrer Form, allerdings nicht in ihrer Funktion, handelt es sich dabei um Personalpronomen. Das Bewußtsein dieser Tatsache bzw. die Erkenntnis, daß es sich dabei um nicht obligatorische Dative handelt, erklärt die zunehmende Bevorzugung der Termini *complemento de solidariedade* sowie *dativo de solidariedade*.

er wird vornehmlich im Bairischen und Österreichischen gebraucht. Das Bewußtsein, daß es sich dabei um ein isoliertes und alles in allem begrenztes Phänomen handelt, manifestiert sich in Behauptungen wie der folgenden, in der ihre Präsenz in gewissen Sätzen sogar als Abweichung von der Regel bezeichnet wird:

> „[...] none is to be rejected as altogether unacceptable. The key to an understanding of these 'deviations' from the rule lies in the colloquial speech of Austria and its dialectal usage" (Abraham 1973:17).

Im Gegensatz dazu kann im Galicischen eine gegenteilige Entwicklung beobachtet werden. Erst in den sogenannten 'séculos escuros' (16. bis 18. Jh.) kommt der *dativo de solidariedade* in Texten vor, doch ist er besonders intensiv ab den ersten schriftlichen Texten des 19. Jh. zu finden. Heutzutage lebt er im gesamten galicischen Sprachraum weiter und wird sehr häufig gebraucht (vgl. Álvarez 1997:41). Dieses Faktum beweist jedoch nicht, daß das vorliegende sprachliche Phänomen nicht bereits im Mittelalter bestanden hat. Álvarez führt einen sehr plausiblen Grund für die Abwesenheit des *complemento de solidariedade* in mittelalterlichen Texten an und argumentiert wie folgt:

> „[...] pode deberse a que xurdiu posteriormente ou a que, ó se teren que dar unhas condicións de comunicación moi concretas, non achou o modo de incorporarse á lingua escrita do momento, pouco receptiva á espontaneidade dos diálogos" (Álvarez 1997:41).

In der Tat, und dies erhellt auch aus der vorliegenden Arbeit, ist die Ablehnung der spontan gesprochenen Sprache und somit ihre Ausgrenzung aus der literarischen Sprache ein allgemein beobachtbares Phänomen, das auch die deutsche sowie die spanische Sprache betrifft und erst Ende der 60er Jahre eine merkliche Änderung erfahren hat. Die hohe Frequenz des Gebrauchs des *complemento de solidariedade* wird bereits Ende des 19. Jahrhunderts zum Gegenstand der Grammatiker, die, wie Carballo, der Galicien als kleine rurale, von einem starken solidarischen Gefühl geprägte Gemeinschaft definiert[63], ihre Argumente mit soziologisch-psychologischen Theorien untermauern. In dieser Hinsicht läßt sich eine Bemerkung von Saco y Arce anführen, der über den 'carácter afable' der Galicier spricht und behauptet, daß diese die Charaktereigenschaft besäßen,

> „a establecer cierto grado de benevolencia ó cariño entre los interlocutores" (Saco y Arce 1868:165, apud Vázquez 1994:290).

Auf diese für die Galicier angenommene Affektivität führen mehrere Sprachwis-

---

[63] Siehe dazu Punkt 1.7.2.2.3. der vorliegenden Arbeit.

senschaftler den Gebrauch des *complemento de solidariedade* zurück. So spricht
z. B. Lugrís über den „carácter agarimoso do noso idioma" (vgl. Lugrís 1922:90,
apud Vázquez 1994:290). Zusätzlich lassen sich in diesem Zusammenhang
folgende Bemerkungen anführen:

> „para implica-lo interlocutor nos feitos que se narran ou nas opinións que se expresan,
> ós que en principio era alleo, procurando a súa solidaridade, a súa complicidade ou
> simplemente unha maior **aproximación afectiva** entre el, a mensaxe e o emisor"''
> (Álvarez 1986:174, apud Vázquez 1994:291). [Hervorh. der Vf.]

> „Os de solidariedade empregan-se só en contextos coloquiais da fala (ou cando se
> respresenta esta), de maneira opcional, caso de o falante querer atrair a atención do
> ouvinte, implicando-o no que expresa o emisor e denotando certa afectividade"
> (Costa/González/Morán/Rábade 1988:96).

Wie bereits oben erwähnt, könnte der Grund für die Abwesenheit des *dativo de
solidariedade* in mittelalterlichen Texten darin bestehen, daß die nicht sehr
prestigebehaftete spontane Sprache in geschriebenen Texten nicht akzeptiert
wurde. Im Gegensatz dazu finden wir einige Belege in der Zeit der 'séculos
escuros', beispielsweise bei Sarmiento. Besonders intensiv pflegen jedoch die
Autoren die Verwendung des *complemento de solidariedade* erst ab dem 19. Jh.,
und zwar als Versuch, ihre Werke mit einem markant populären Charakter zu
prägen (vgl. Álvarez 1997:41). Man darf nicht vergessen, daß der Anfang der
Wiederbelebung des Galicischen als literarische Sprache nach ihrer
Unterdrückung und Eliminierung als Kultursprache (16.-18. Jh.) mit dem Krieg
gegen Frankreich zu Anfang des 19. Jhs. zeitlich zusammenfällt. Aus diesem
Anlaß sind patriotische Schriften entstanden. Bochmann schildert die Situation
in dieser Zeit mit folgenden Worten:

> „O século XIX é dunha importancia decisiva na historia da cultura galega. O galego
> volve ser utilizado na escrita logo de tres séculos de silencio. Entre 1863, ano da
> publicación de *Cantares gallegos* de Rosalía, e a década dos oitenta dese mesmo
> século ten lugar o Rexurdimento, logo duns tímidos titubeos literarios das décadas
> precedentes" (1992:231).

Darüber hinaus hebt Bochmann hervor, daß bereits in der ersten Hälfte des 19.
Jhs., konkreter in den revolutionären Perioden 1804-1814, 1820-1823, 1840-
1842, so wie 1846, Texte in Zeitungen veröffentlicht werden, deren literarisch
wenig interessanter Inhalt eher als politisch zu bezeichnen ist (vgl. 1992:231).
Unter den von Bochmann als repräsentativ für den zuerst genannten Zeitraum
ausgewählten Texten möchten wir Bruchstücke zweier 1813 erschienener
Artikel – bei denen es sich eigentlich jeweils um einen Leserbrief und um einen
von einem anonymen Leser unter vier Bauern geführten reproduzierten Dialog
handelt –, anführen; sie zeichnen sich durch die Präsenz mehrerer Formen des
dativo de solidariedade aus:

„Eu solle Xán de Mingucho, que vivo no lugar dos Abruños, é escríbolle esta po lo que levo dito, a mais porque oín decer que moitos levan correspondenza con bustede sin verse. [...]
[...]
Elle tanto o que lle me alegra oir os seus discurrimentos da Gaceta" ("Artículo comunicado" in *Gaceta Marcial y Política de Santiago* (29. September 1813:859-860), apud Bochmann 1992:232ff.). [Hervorh. der Vf.]

„a Rexencia pasada quiría ternos os ollos fechados, é que vivisemos decote coma negros escravos, é esto tiñalles bo conto: os frades pra pasearse, encherse, regalarse, beber bo viño, comer bo pan branco (e nos broa escarolada) e que no nos arregrasen; ¡mamá frade! E como chese rerirían dos canonegos que quedaron sin o voto. E a moitos dos sinores pra vivir coma sánganos, arreando en nosoutros coma besta de bagaxê, ou coma si nos tuveran comprados, sendo que agora po la Constitusón todos somos iguales" (Dialog ohne Titel in *Gaceta Marcial y Política de Santiago* (1. April 1813:318-324, apud Bochmann 1992:236f.). [Hervorh. der Vf.]

Bochmann hält für fraglich, daß ein Text wie der zuerst angeführte in der Tat von einem Bauern aus armen Verhältnissen entstammen kann und fragt sich, ob man als Autor nicht einen Liberalen vermuten soll, der den Text mit propagandistischer Absicht zu einer Zeit verfaßt hat, da für die Bauern grundsätzlich der Analphabetismus vorgeherrscht hat. Eine eventuelle Ausbildung wäre außerdem nur im Kastilischen denkbar, der einzigen Sprache, die damals gelehrt wurde. Hinter den zahlreichen populären Elementen und Ausdrücken glaubt er jedoch letztendlich eine echte Volksstimme erkennen zu können (vgl. Bochmann 232ff.). Die relativ hohe Frequenz des DS kann u.E. als Beweis in beide Richtungen interpretiert werden. Entweder ist der Autor in der Tat ein Bauer, der sich schriftlich genauso wie mündlich ausdrückt, im Gegensatz zu der oben erwähnten Ablehnung gegen die Aufnahme der spontanen Sprechweise in schriftlichen Texten, oder es handelt sich um einen ausgebildeten Menschen, der vorhat, in seinem fiktionalen umgangssprachlichen Ton die Bauern anzusprechen. Bezüglich des zweiten Beispiels sieht Bochmann einen Zusammenhang mit ähnlichen revolutionären Texten aus der Zeit, als in Italien beispielsweise ähnliche Texte mit dem Ziel der politischen Ausbildung der einfachen Schichten zum Vorlesen verfaßt wurden. In einem solchen Kontext würde sich wiederum von sich selbst erklären, daß solche Texte von den Adressaten als glaubwürdige und sogar authentische Schriften empfunden werden sollten. Dazu gehören natürlich sprachliche Elemente wie die behandelten DS. Inwiefern solche Texte von politischer und sprachlicher Bedeutung sind, läßt sich aus folgenden Bemerkungen herauslesen:

„Creo que estes exemplos chegan para concluír que os primeiros textos modernos en galego tiñan por fin único a instrución política e o achegamento das capas máis populares non castelán falantes nas accións políticas da Guerra da Independencia e da primeira revolución española. Calquera outra interpretación que quixese ver en todo isto un signo prematuro do Rexurdimento sería moi aventurada. Queda ben claro que os movementos da guerra antinapoleónica e as revolucións de 1808-1814 e 1820-1823 espertaron unha conciencia rexional tamén en Galicia [...]. Con todo, semella aínda lonxe unha conciencia lingüística galega. O problema da lingua non aparece como tema nos escritos da rexión; non acompaña ningún comentario ó respecto nin ningunha xustificación a estes primeiros textos. Son textos redactados *para* a xente humilde e ignorante (raramente *por* xente humilde), sen a máis mínima intención de facer do uso público do galego unha norma. A marxinalización do galego reprodúcese pola marxinalidade social daqueles ós que van dirixidos estes textos. Son a expresión dunha política lingüística negativa aínda en relación co galego que non era admitido, alomenos esporadicamente, máis que coma un simple instrumento para a comunicación de ideas" (Bochmann 1992:237).

Heute kann behauptet werden, daß die geschriebene Sprache keineswegs die Belebtheit und Lebendigkeit, die das Ausdrucksmittel der gesprochenen Sprache bietet, adäquat wiederzugeben vermag (vgl. Álvarez 1997:42).

Sogar bei der Analyse des Werkes eines Schriftstellers, bei dem die populäre Sprache eine wichtige Rolle spielt, stellt Álvarez fest, daß der *dativo de solidariedade* kaum verwendet wird:

„Con respecto ós usos propios do dativo, a análise dos mesmos indícanos que Cunqueiro non explotou suficientemente este recurso. En efecto, a pesar do marcado acento popular que aparenta te-la súa prosa, recurso coma o dativo de solidariedade, tan usado na lingua falada, apenas aparecen utilizados, e isto aínda que toda a súa obra está chea de diálogo e de situacións axeitadas pró seu uso. Unicamente anotamos sete exemplos deste uso do dativo, case todos da mesma obra:

"Son*che* xente de Igresia, que non gastan espada"(*Merlín*, 25),

"¡Agora estan*che* todos alá na colleita das rosas e quén pensa en cartas!" (*Simbad*, 128),

"A cousa e*che* peliaguda, e non *che* fago unha pregunta, senón dúas ou tres" (*Xente*, 11),

"*Elle* un corvo mui humano!"(*Xente*, 28),

"Home, un tesouro, un tesouro, non o é, pro ser, ser, e*che* un misterio!"(*Xente*, 29),

"Istes no *che* son tempos, Penediño!" (*Xente*, 70)

"Non *che* sei mui ben" (*Xente*, 175)" (Álvarez 1982:255).

Diese Tatsache kann anhand der literarischen Werke unseres Korpus zum Sprachenpaar Galicisch-Deutsch nur bestätigt werden. Die spärlichen Beispiele, die wir ermittelt haben, lassen sich in wenigen Zitaten zusammenfassen:

(137)

¿E a quen lle ía eu predicar, señor cura?, respondeu o paisano, aínda confundido pola historia oída. ¡Aquí non **lle** hai máis ca ratos! (RE 69)	Und wem sollte ich was ausposaunen, Herr Pfarrer? antwortete der Bauer, noch immer benommen von der gehörten Geschichte. Hier gibt es nichts als Verstorbene! (REÜ 78)

(138)

»Jakob«, sagte er ehrfürchtig, »Jakob Krakel, alter Freund, ich glaube, du bist wahrhaftig ein Genie. Das ist die Rettung! Ja, dafür kann ich mich ehrlich begeistern.«
»Schön wär's« schnarrte Jakob grämlich.
»**Bloß** gehen tut's nicht.« (ED 143)

-Xacobe –dixo cheo de admiración -, Xacobe Garabatos, vello amigo, coido que es verdadeiramente un xenio. ¡Esa é a salvación! Si, estou realmente entusiasmado coa túa idea.
-Bonito sería –correu Xacobe contrariado-. P'ro ir, non **che** vai. (EDÜ 110)

(139)

»Na, wer bitte schön soll die Glocken denn läuten?«
»Wer? Du natürlich! Du fliegst jetzt einfach zur Turmspitze hinauf und läutest. Das ist **doch** ein Kinderspiel.« (ED 144)

Pois, dime ti, ¿quen é o que vai toca-las campás?
¿Quen? ¡Ti, naturalmente! Voas agora sen máis ó cumio da torre e tocas. **Éche** un xogo de nenos. (EDÜ 110)

In Beispiel (137) findet die Höflichkeitsform des *complemento de solidariedade* keine Entsprechung im Deutschen. Bei (138) handelt es sich um eine freie, aber gelungene Wiedergabe. *Bloß* im Vorfeld kann nur ein Adverb mit der Bedeutung 'lediglich', 'nur', sein. Der deutsche Satz wirkt sachlicher, viel objektiver als die ansonsten äquivalente galicische Aussage, der die Verwendung des *che* die Familiarität verleiht, die nur in einem Vertrauensklima entstehen kann. Dem dargestellten Kontext kann jedoch ein ironischer Ton entnommen werden. Einerseits kommt der Sprecher dem Gesprächspartner näher, andererseits scheint er sich auch ein wenig über ihn lustig zu machen. Es handelt sich teilweise um dieselbe provozierende Haltung, die in Situationen vorkommt, in denen die Bedingungen für einen Vertrauensrahmen ungünstig sind und der Sprecher sich trotzdem die Verwendung des *complemento de solidariedade* leistet.

Unter (139) werden wir mit einer sehr treffenden Wiedergabe des *doch* in der Form eines *che* konfrontiert. Durch beide Elemente wird ein Konsens zwischen den Gesprächspartnern hergestellt. Anhand von *doch* erfolgt der Bezug auf eine gemeinsame Erfahrungs- und Kenntnisbasis, die somit vergegenwärtigt wird. Die Verwendung fördert auch eine gewisse Komplizität zwischen Sprecher und Angesprochenem. Durch *che* gelingt dem Sprecher dasselbe, nämlich den Hörer mit einzubeziehen. An dieser Stelle soll jedoch die perfide Komponente beider Elemente in der Kommunikation nicht vergessen werden. Immerhin versucht der Sprecher, den Hörer zu überzeugen, eine Handlung zu unternehmen, die beim Hörer Hemmungen provoziert. Die Argumentation des Sprechers kann also alles in allem auch als Versuchung interpretiert werden, wobei vorauszusetzen ist, daß dabei der Hörer von freundschaftlichen Gefühlen ausgeht, die der Text vermittelt.

Im Gegensatz zu der geringen Frequenz des *complemento de solidariedade* in unserem Korpus findet man zahlreiche Beispiele für seine Verwendung in allen

Varianten in dem Roman *Fortunato de Trasmundi* ([2]1991) von Darío Xohán Cabana, dessen Übersetzung nicht zur Verfügung stand. Im folgenden werden wir mehrere Beispiele dieses Werkes zur Dokumentation heranziehen:

> a) „Ai, Fortunato, meu fillo, non **che** podo con eles, e eles cando beben non poden comigo." (CF 10)
>
> b) „Eu téñoche alá unha filla, que casou cun de Melide. Teñen unha meniña xa moza, moi guapiña. Ó mellor coñécelos. (CF 80)
>
> c) „-[...] Ben **lle** coñezo na fala que non é de lonxe de alí. [...]" (CF 79)

Wegen der vorhandenen Parallele zwischen 'non podo' und 'non poden' eignet sich das Beispiel (a) sehr gut, um beobachten zu können, daß das Vorkommen von *che* eine reine Mitteilung in eine affektive Annäherung an den Hörer umwandelt. Somit wird gleichzeitig eine zustimmende Reaktion – verbal oder nonverbal – auf Seiten des Angesprochenen erwartet. Die Sprecherin in (b) bemüht sich sehr intensiv, ein Vertrauensklima mit einem Gesprächspartner herzustellen, den sie gerade kennengelernt hat. Die Tatsache, daß der letztgenannte am selben Ort wohnt wie die Tochter der Dame, mit der er redet, motiviert die Frau zur Mitteilung persönlicher Informationen, die Teil ihrer affektiven Welt sind und somit zur Herstellung einer ebenso affektiven Haltung dem Hörer gegenüber beitragen.

Neben den Formen des Duzens, die innerhalb der Satzstellung verschiedene Positionen besetzen, und zwar einmal nach der negativen Partikel und vor dem konjugierten Verb, ein anderes Mal als an die verbale Form klitisch angehängtes Element, haben wir im Beispiel (c) eine nach einem Adverb und vor eine konjugierte Form des Verbs gestellte Höflichkeitsform des *complemento de solidariedade*.

Diese drei Beispiele fungieren lediglich als Muster für die Vielfalt und Komplexität von Funktion, Realisierungsformen und Satzstellungen, die der *complemento de solidariedade* bzw. DS aufweist.

5.1.2. Funktion und Vorkommensweise

Bei der Beschreibung der syntaktischen Funktion, die der DS erfüllen kann, wird – wie bei Costa et alii – allgemein akzeptiert, daß es sich um ein fakultatives Element handelt, dessen Weglassung keine ungrammatischen Sätze verursacht:

> „en el diálogo es frecuentísimo juntar al verbo el dativo del pronombre de segunda ó tercera persona, (según que se dé el tratamiento de *ti* o *vostede* al interlocutor), aunque a éste no corresponde desempeñar ningún oficio ni directo ni indirecto en la oración" (Saco y Arce 1868:165, apud Vázquez 1994:290).

„axiña se ve que o pronome *che* non facía falla para que a frase estivese compreta" (Lugrís 1992:91, apud Vázquez 1994:290).

Beim *complemento de solidariedade* werden wir also mit Expletiva konfrontiert (vgl. Álvarez 1997:44; Vázquez 1994:290). Seine Verwendung erfüllt eine kommunikative Funktion, indem ein Sprecher eine besondere Teilnahme an seinen Äußerungen von Seiten seines Gesprächspartners verlangt, und das alles im Rahmen einer Situation, die vom traditionellen kommunikativen Schema deutlich abweicht: Der Empfänger der ermittelten Nachricht bei der Informationsübermittlung wird eigentlich zum betroffenen Teilnehmer (Partizipanz), auch wenn er es in Wirklichkeit nicht ist, nur weil der Sprecher es möchte, wie dies auch Álvarez andeutet:

„[...] se digo *Non che me dá pena* ningunha, estou narrando uns feitos nos que un participante (C, nin emisor nin receptor) esperta ou non determinados sentimentos en *A=emisor*, mais nos que *B=receptor* non participa, nin activa nin pasivamente; e así e todo, no enunciado construído está presente *che*, que é un pronome de segunda persoa, coma se fose – mais non sendo – un participante que recibe algún beneficio ou prexuízo" (1997:39).

Das syntaktische Verhalten des DS weicht von dem der anderen Personalpronomen ab. Im Gegensatz zu den unbetonten Formen des Personalpronomens läßt er weder eine Erweiterung durch die betonte Form des Personalpronomens, noch eine zusätzliche Koda zu:

„[...] o participante *A=emisor* está presente en forma de pronome átono, que ocupa o lugar do CI; por iso podo dicir tamén *A min non che me dá pena ningunha*. Pola contra, *che*, que nin se refire a un dos participantes nin ten un lugar na construcción sintáctica dese predicado, non admite ó seu carón a frase preposicional *a ti*, por iso non podo dicir *A ti non che me dá pena ningunha*. [...] ese *che* contradí por dúas razóns distintas o comportamento descrito [...] para as formas pronominais con función sintáctica: [...] non admite o esquema *che... a ti*" (Álvarez 1997:40).

Für die galicische Linguistin wird durch den Einsatz des *dativo de solidariedade* die phatische Funktion gewährleistet. Man kann Álvarez nur zustimmen, wenn sie dabei auf den Appell an einen Hörer verweist, von dem man Mitgefühl erwartet (vgl. 1997:40). Wir können ihre Position nicht gänzlich teilen, wenn sie die Meinung vertritt, daß der Angesprochene sich angesichts der ihm bekannten Einstellung des Sprechers bezüglich der erzählten Geschehnisse zu einer gewissen Solidarität mit dem Sprecher gezwungen fühlt (vgl. 1997:40). Sicher wird er bei seiner Antwort durch die Verwendung des *complemento de solidariedade* beeinflußt, indem explizit gemacht wird, daß er im solidarischen Bund mit dem Sprecher bestehen soll, allerdings wird er nicht unbedingt gezwungen, wie dies das erste Beispiel belegt. Es kann sich auch um Liebe, Mitleid oder Schmeichelei handeln, neben zahlreichen anderen Nuancen:

a) Non *che* me parece nada ben que andes por aí a esas horas ti soa.
b) Estíven*che* pensando o que che vou regalar polo teu cumpreanos.
c) Sínto*che* de veras que tiveras tan mala sorte.
d) Non *che* lembro ter visto rapaza tan guapa coma ti en moito tempo. [Beispiele der Vf.]

Die verschiedenen Nuancen werden jedoch von der ganzen Aussage abgeleitet und von den ethischen Dativen lediglich untermauert. Mit den MPn haben die *complementos de solidariedade* gemeinsam, daß sie illokutionsindizierende, jedoch keine illokutionsmodifizierenden Elemente sind. Der *dativo de solidariedade* kann in allen Satzarten vorkommen, und zwar in affirmativen und negativen Assertionssätzen (a, b) sowie in Interrogativsätzen, und zwar sowohl in Entscheidungs- als auch in Ergänzungsfragen (c,d). Meistens treten sie in Exklamativ- (e) und Imperativsätzen auf (f), wie dies die folgenden Beispiele dokumentieren:

a) Hoxe tíven*che* pouco traballo (Álvarez 1997:40)
b) Non *che* me gusta nada que chegues sempre tan tarde.
c) ¿Están*lle* tódolos nenos preparados para a viaxe?
d) ¿Cal dos rapaces é o que *vos* está maliño?
e) ¡Non *che* me poñas así, que aínda me vou ter que enfadar!
   ¡Estes rapaces son*lle* do melloríño da bisbarra, úfgollo eu!
   ¡Pra eso *che* fun a Vilar! (López 1953:142, apud Álvarez 1997:44)
   ¡Quen *che* me dera!
   ¡Vai*che* boa!
f) ¡Éra*che* moito mellor que me fixeras caso e que esperaras unha ocasión máis propicia! [Beispiele der Vf.]

Ausgehend von Beispiel a) und dem Zitat von López, das unter e) zu finden ist, weist Álvarez auf einen wichtigen Aspekt hin: Der Sprecher kann bei der Realisierung solcher Äußerungen einen Appell an einen Gesprächspartner gerichtet oder sie für sich selbst zum Ausdruck gebracht haben. Der Sprecher verweist auf sich selbst in einem imaginären Dialog, den er mit sich selbst führt. Unbewußt liegt solchen Assertionen und Exklamativsätzen das dringende Bedürfnis zugrunde, von jemandem gehört zu werden und nüchterne Fakten in demselben Maße wie Besorgnis und Klagen mit einem Gesprächspartner teilen zu können. Bei den Ausrufen '¡Quen *che* me dera!' und '¡Vai*che* boa!' sowie bei anderen wie ¡Éra*che* boa! handelt es sich um idiomatische Wendungen, die der Sprecher an einen Gesprächspartner oder an sich selbst richten kann. Der selbständige Satz '¡Quen *che* me dera!' dient dem Ausdruck eines Wunsches, dessen Verwirklichung für höchst unwahrscheinlich bzw. unmöglich gehalten wird, d.h., es handelt sich dabei um irreale Wunschsätze. Ein leicht verbitterter und gleichzeitig ironischer Ton liegt einem solchen Ausruf zugrunde. In diesem Fall erfolgt der Bezug auf die 1. Person, d.h. den Sprecher, durch *me*, ein Pronomen, das bei dem zuletztgenannten Ausruf eine Art *dativus commodi* darstellt, der auf eine 1. Person verweist, welche zum Adressaten des unerfüllbaren Wunsches wird. Es kann jedoch auch von einem Personalpronomen in der Funktion des *complemento indirecto* die Rede sein, wobei es in diesem Fall in einer unveränderlichen Redewendung verankert ist, bei der das transitive Verb auch kein *complemento directo* mehr zuläßt, und wobei die erwähnte syntaktische Funktion nicht mehr erkennbar ist. Im Gegensatz dazu handelt es sich bei der Erweiterung des selbstständigen Wunschsatzes '¡Érache boa!', nämlich '¡Éracheme boa!', eindeutig um einen *dativus commodi*. Dabei liegt ein positiver Satz vor, der jedoch ironisch formuliert und daher in einem entgegengesetzten Sinn zu entschlüsseln ist. In der wörtlichen Interpretation ist der durch *me* vertretene Sprecher derjenige, dem ein Vorteil in einem bestimmten Kontext zukommen soll. In der echten Interpretation ist jedoch der durch *me* erwähnte Sprecher ein *dativus incommodi*; er wird somit zum Betroffenen in Bezug auf eine negative Situation. '¡Vaiche boa!' und '¡Érache boa!' können außer verbittertem ironischen Ton je nach Kontext auch Erstaunen und/oder Vorwurf indizieren. Im Vordergrund steht immer der Gegensatz zwischen einer vom Gesprächspartner geäußerten Meinung oder Situation, auf die angespielt wird, und der Wirklichkeit. Dieser Widerspruch kann ebenfalls im Zusammenhang mit einer Überlegung oder einem Gedankenzug des Sprechers hergestellt werden, wie dies die nachfolgenden Beispiele unseres Korpus zeigen:

1. -¿Pero ti sabes o que dis? Pero dime a verdade: ¿Ves a papá xubilado, en bata de casa ou xogando a partida no "Petróleo"? ¡Mátalo!
   -¿E que ten de malo estar xubilado? ¡Quen *me* dera a min! ¿non?
2. - [...] A nosa solteira máis cobisada, María Xesús Seoane, a ghran Pitusa, vai casar. E ¿quen é o afortunado? Desghrasiadamente, non é este servidor, ¡quen *che* *me* dera! Felisidades, Pitusa, e tamén para o home que te leva, don Anselmo, o noso druida. (*Mareas vivas*, Kapitel 74: "A decisión de Pitusa").

In Beispiel 1 kann das unbetonte Personalpronomen *me* in seiner Funktion als *complemento indirecto* durch die Koda *a min*, d.h. durch die betonte Form des Pronomens erweitert werden. Hier erfolgt, wie bereits oben gesagt, ein Bezug auf die Person des Sprechers, der auch als *dativus commodi* interpretiert werden könnte. In Beispiel 2 erfährt der Verweis auf die 1. Person keine Erweiterung und somit auch keine zusätzliche Betonung. Dafür setzt der Sprecher außer dem gerade behandelten *me* einen *dativo de solidariedade* gal. *che* ein. Da es sich dabei um einen Radiosprecher handelt, kann der Ausrufe- bzw. Wunschsatz in zwei Richtungen interpretiert werden. Insofern als es sich um keinen kommunikativen *face-to-face*-Akt handelt, ist das '¡quen *che* me dera!' rhetorischer Natur. Abgesehen davon, daß die geschilderte kommunikative Situation sich durch Einseitigkeit auszeichnet, da der Radiosprecher keine sofortige Antwort oder Gegenreaktion der Hörer bekommt – eventuell nur einen späteren telephonischen Anruf, der sich in eine andere Kommunikationskette einreihen würde -, kann trotzdem das Vorkommen eines Gesprächs – wenn auch besonderer Art – behauptet werden. Die physische Abwesenheit der Hörer sowie die Unmöglichkeit, daß nonverbale Begleitphänomene wie Gestik und Mimik von solchen empfangen werden können, werden vom Radiosprecher durch eine markante Intonation sowie durch den solidarischen Miteinbezug, der mit Hilfe des *che* stattfindet, ersetzt. Der Einsatz eines solchen sprachlichen Elements trägt dazu bei, den echten physischen Abstand mittels einer linguistischen Annäherung zu überwinden. Es darf jedoch gleichzeitig nicht vergessen werden, daß bei einer solchen festen Wendung das Bewußtsein der Existenz eines Partnerbezugs teilweise verlorengeht. Daß der Sprecher sich für ein '¡quen *che* me dera!' anstatt des nüchternen '¡quen me dera!' entschieden hat, spricht jedoch gegen eine solche Annahme. Darüber hinaus betrifft ein anderer Aspekt, der im folgenden behandelt werden soll, die Verwendung der Form *che* anstelle der erwarteten Form *vos*, wenn man sich an eine gewisse Anzahl von Hörern wendet. Dies ist hier logischerweise nicht der Fall, weil wir mit einer unveränderlichen Redewendung konfrontiert werden. Das ist aber auch eher der Normalfall, da die kommunikativen Sprechakte zwischen zwei Menschen überwiegen und auch, weil in Situationen, in denen ein Sprecher mit mehreren Gesprächspartnern kommuniziert, einer von ihnen in der Regel als Bezugsperson fungiert und somit die Form *che* auf Seiten des Sprechers ausgewählt wird.

5.1.3. Die Formen

Aus den in den vorangegangenen Punkten angegebenen Beispielen gehen die vier Erscheinungsformen des DS hervor, nämlich: *che/vos*, *lle/lles*, jeweils der Du- und der Sie-Anrede entsprechend. Die am häufigsten verwendete Form, die daher praktisch als Synonym für den DS gesehen wird, ist – wie bereits oben angedeutet – *che*, und das aus mehreren Gründen:
Wenn ein Vertrauensklima zwischen Sprecher und Empfänger in der Kommunikationskette hergestellt wird und es dabei kein Hindernis zur Entstehung einer gewissen Familiarität gibt, wird üblicherweise *che* gebraucht. Wie Álvarez (vgl. 1997:43) treffend präzisiert, ist die erwähnte Familiarität entweder vorhanden, oder sie wird angenommen, d.h., man geht davon aus, daß sie existiert. In dieser Hinsicht können beispielsweise große kulturelle Unterschiede zwischen der deutschen und der galicischen Sprache festgestellt werden, die sich auf die Verwendung oder Nicht-Verwendung der Höflichkeitsformen beziehen. Die Du-Anrede umfaßt ein viel größeres Spektrum von Anwendungsbereichen und –situationen im Galicischen als im Deutschen. Unter galicischen Arbeitskollegen wäre die Sie-Anrede eine fast undenkbare Sprachverwendung, die nur in einigen wenigen Fällen zwecks der Markierung der unterschiedlichen Hierarchie anwendbar ist, während sie in

Deutschland fast die Regel bildet. Wenn Unsicherheit bei der sozialen Beziehung herrscht und man infolgedessen bei der Auswahl der Anrede zögert, erfolgt die Entscheidung meistens zugunsten des Schaffens eines Vertrauensklimas, und somit wird die Du-Anrede zur Regel. In Deutschland gilt jedoch als sozial allgemein akzeptierte Konvention, daß man sich siezt, solange keiner der Sprecher explizit den Wunsch äußert, geduzt zu werden. Aber wenn man diesen Schritt macht, muß zwischen beiden Gesprächspartnern ein großer Konsens herrschen, damit es nicht zu Schwankungen in der Anrede kommt. In der deutschen Gesellschaft wird der Abstand sehr intensiv markiert und die Etablierung eines Vertrauensklimas viel enger mit der Tatsache des formalen Aspekts der Anrede verbunden als in Galicien. Deswegen wird *lle* im Galicischen viel häufiger als die *Ihnen*-Form im Deutschen eingesetzt. Ein weiterer Beweis dafür, daß man in Galicien Vorhandensein eines Vertrauensklimas und Du-Anrede sowie Nicht-Vorhandensein eines Vertrauensklimas und Sie-Anrede nicht gleichsetzen kann, ist die Sie-Anrede von Kindern ihren Eltern gegenüber. Auch wenn es im Zusammenhang mit unserer früheren Argumentation paradox scheint, ist es eine Tatsache, daß einige Leute im Alter von 30 bis 60 Jahren, vor allem in einer dörflichen Umgebung, ihre Eltern siezen, ein Brauch, der heutzutage in der neueren Generation verlorengegangen ist. In solchen Familien kann, trotz der Betonung der Erwachsenen als Respektfigur, ohne Zweifel ein Vertrauensklima vermutet werden. Dieses spiegelt sich jedoch nicht in der Anredeform, wohl aber in einer hohen Frequenz der Verwendung von *lle/lles* wider.

Che und *lle* weisen eine höhere Frequenz auf als *vos* und *lles*, weil eine kommunikative Situation mit einem einzigen Gesprächspartner bekanntlich häufiger eintritt als eine mit mehreren und auch weil im zuletzt geschilderten kommunikativen Kontext der Sprecher dazu neigt, den Appell an eine der Personen als Vertreter der anderen zu richten. Worin die genauen Gründe dafür liegen, wird von Álvarez folgedermaßen begründet:

> „[...] non é infrecuente que, habendo varios posibles interlocutores, o emisor dirixa as súas apelacións a garanti-la atención e a conformidade –tamén a solidariedade, a complicidade – do individuo que considera representativo do grupo, ou do que advirte máis interesado na mensaxe" (Álvarez 1997:43).

Die Form *lles* wird am wenigsten gebraucht, weil über die oben dargestellten Gründen hinaus die Opposition *lle/lles* in weiten Teilen des galicischen Sprachgebiets zugunsten der Form im Singular neutralisiert wird.

5.1.4. Satzstellung

Auch wenn nach dem Kriterium der Funktion der DS sich von den anderen Personalpronomen stark unterscheidet, unterliegt er bezüglich der Satzstellung als unbetonte Form denselben Regeln wie die anderen unbetonten Personalpronomen. Bei dieser Klassifizierung folgen wir den von ARM vorgeschlagenen Kriterien (vgl. ²1989:183ff.). In den folgenden Beispielen kommt der DS häufig in Verbindung mit anderen Pronominalformen vor, deren Kombinationsregeln in diesem Kapitel ebenfalls verdeutlicht werden. Das unbetonte Personalpronomen darf in keinem Fall die erste Position bzw. das Vorfeld einnehmen. Der DS sowie die anderen unbetonten Pronominalformen können dem Verb vorangestellt oder nachgestellt werden, wie folgende Beispiele zeigen:

-Non che teño máis cartos. [Phil. Übers.: Ich habe **dir** kein Geld mehr]
-Élles unha rapaza moi mentireira. [Phil. Übers.: Sie ist **Ihnen** eine richtige Lügnerin]
[Beispiele der Vf.]

Die Proklise sowie die Enklise bezüglich des Verbs erfolgen nicht arbiträr, sondern sind an festen Regeln gebunden, die im folgenden typologisch dargestellt werden:

5.1.4.1. Stellung des Pronomens in Abhängigkeit von einer finiten Verbalform

5.1.4.1.1. In selbständigen Sätzen. Im Hauptsatz bei der Hypotaxe.

Sowohl in einfachen Sätzen als auch im Hauptsatz der komplexen Sätze nimmt das unbetonte Personalpronomen in der Regel die Stelle vor dem Verb ein. Im Gegensatz dazu bildet in den subordinierten Sätzen die Enklise – abgesehen von einigen Ausnahmen - die übliche Position.

5.1.4.1.1.1. In Nicht-Assertionssätzen

Die vorliegenden Abkürzungen[64], die für verschiedene Wortklassen und syntaktische Funktionen stehen, werden nur in den ersten Beispielen zur Verdeutlichung verwendet. Später wird jedoch auf sie verzichtet, da u.E. seine Abwesenheit das richtige Verständnis der relevanten Information nicht beeinträchtigt.
Der DS kommt vor:

---

[64] Siehe dazu das Abkürzungsverzeichnis am Ende der vorliegenden Arbeit.

a) In Wunschsätzen, in denen das Subjekt vor dem Verb steht; es ist nicht relevant, ob der Satz von der Konjunktion *que* eingeleitet ist oder nicht: stets wird das Pronomen dem Verb vorangestellt; es besetzt also das Mittelfeld:

<blockquote>
-<u>Quen</u> che me dera. [phil. Übers.: Schön wäre es!]
Sux. DS CI Verbo
-<u>Deus</u> che me libre. [phil. Übers.: Gott bewahre!] [Beispiele der Vf.]
Sux. DS CD Verbo
</blockquote>

Wenn das Subjekt dagegen nach dem Verb steht, kommt das Pronomen in der enklitischen Position vor:

<blockquote>
-*Líbre*cheme <u>Deus</u>. [phil. Übers.: Gott bewahre!]
Verbo DS CD Sux.
-[...] E en galego *cóntan*che <u>as sílabas</u>, meu rulo, non as letras [...] [phil.
Verbo DS Sux. (CF 23)
Übers.: Und im Galicischen sind **dir** die Silben wichtig, mein Schatz, nicht die Buchstaben]
</blockquote>

b) In emphatischen Aussagen, in denen das Subjekt in den Mittelpunkt gestellt bzw. betont wird und somit das Vorfeld besetzt, wird der DS dem Verb vorangestellt:

<blockquote>
-<u>O meu fillo</u> che mo *dixo*. [phil. Übers.: Mein Freund, mein Sohn hat
Sux. DS CI+CD Verbo   es mir gesagt]
</blockquote>

Fehlt die emphatische Intonation, wird der DS dem Verb nachgestellt:

<blockquote>
-<u>O meu fillo</u> *díxo*chomo. [phil. Übers.: Mein Freund, mein Sohn hat
Sux.   Verbo DS+CD CI+CD   es mir gesagt]
                       [Beispiel der Vf.]
</blockquote>

c) Wenn ein Teil des Prädikats die 1. Stelle des Satzes zwecks Fokussierung einnimmt bzw. das Vorfeld besetzt, hat diese Tatsache Auswirkungen auf die gesamte Satzstellung der einzelnen Elemente. In einem solchen Fall wird die unbetonte Pronominalform und somit auch der DS dem Verb vorangestellt:

<blockquote>
-<u>Ganas</u> che me *deron* de matalo [phil. Übers.: Hör mal, ich habe wirklich
CD DS CI Verbo   Lust bekommem, ihn zu töten] [Beisp. der Vf.]
-E <u>no seu traballo</u> cho *prenderon*. (ARM [2]1989:184) [Adaptation der Verf.]
CCL   DS+CD Verbo
[phil. Übers.: Und an seiner Arbeit wurde er festgenommen]
</blockquote>

d) In Aussagen, die von einem Exklamativadverb oder –pronomen eingeleitet werden, wird das Pronomen dem Verb vorangestellt:

<blockquote>
-(Das als erstes oben angegebene Beispiel eines Wunschsatzes fällt auch mit der vorliegenden Regel zusammen; es handelt sich dabei um ein einleitendes Exklamativ- Relativpronomen).
</blockquote>

-¡Cantas che me *teñen* feito estes rapaces! (ARM [2]1989:184) [Adapt.d. Vf.]
Pron.excl. DS CI Verbo
[phil. Übers.: Meine Güte, was haben mir diese Kinder alles angetan!]

e) In Aussagen, die durch ein Interrogativpronomen oder –adverb eingeleitet werden:

-¿Como che me *puido* enganar desa forma?
Adv. interr. DS CI Verbo
[phil. Übers.: Wie konnte er mich nur auf diese Weise belügen?]

5.1.4.1.1.2. In negativen Assertionssätzen

In Aussagen, in denen ein Adverb (a), ein negatives Pronomen (b) oder eine negative Konjunktion (c) vor dem Verb stehen, nimmt jede unbetonte pronominale Form und so auch jeder DS die proklitische Stelle ein:

(a) –Non ho, non, non che *é* eso. É que elas son máis espilidas, [...]. (CF 19)
Adv. DS Verbo
[phil. Übers.: Nein, nein, das ist es nicht. Sie sind einfach klüger]

(b) -Ninguén che me *contara* nada.
Pron. neg. DS CI Verbo
[phil. Übers.: Niemand hatte mir was davon erzählt]

(c) -Nin che me *decatara* de que xa chegara.
Conx.neg. DS REF Verbo
[phil. Übers. ich hatte noch nicht einmal gemerkt, daß er bereits angekommen war]
[Beispiele der Vf.]

5.1.4.1.1.3. Vorkommen eines Indefinitpronomens

Wenn ein Indefinitpronomen vor dem Verb am Anfang einer Aussage steht, kann es zur Nachstellung des unbetonten Pronomens kommen. In diesem Zusammenhang muß jedoch zwischen denjenigen Indefinita, die in der Regel eine solche Position einnehmen, und denjenigen, die üblicherweise nach dem Verb erscheinen, aber auch manchmal eben vor ihm, differenziert werden:

a) *Ninguén, nada* e *ningún*, die alle drei negativ sind, wie bereits bei der obigen Regel erwähnt, verursachen die Voranstellung der unbetonten Formen, u. a. auch des DS:

-Ninguén che me *dixo* nada.
Pron. indef.neg. DS CI Verbo
-Nada che me *gustou* o que fixeches.
Pron.indef.neg. DS CI Verbo

-<u>Ningún</u> **che** me *fixo* ben.
Pron.indef.neg. DS CI Verbo [Beispiele der Vf.]

b) Wenn *algo, alguén, ambos, bastante, calquera, entrambos, mesmo* und *todo* vor dem Verb stehen, wird das unbetonte Personalpronomen immer dem Verb vorangestellt:

-<u>Algo</u> **che** lle *pasou* ó rapaz, que anda moi triste.
-<u>Alguén</u> **lle** mo *contou*, haberá dous ou tres días.
-<u>Ambos</u> **cho** *fixeron*, que son os dous ben fortes.
-<u>Bastante</u> **che** me *doeu* o que fixo esta rapaza.
-<u>Calquera</u> **che** mo *faría*, se eu llo pedise.
-<u>Entrambo</u>-los dous irmás **cho** *partiron*. ¡Non hai quen lles gañe a forza!
-<u>Mesmo</u> **che** me *sentín* parva de todo.
-<u>Todo</u> **lle** *intentou* para sair do problema, pero non lle sirveu de moito. [Beispiele der Vf.]

Diese Indefinita nehmen bei den vorangegangenen Beispielen die erste Position zwecks der Emphase ein und verursachen damit, daß auch der DS zu der Stelle vor dem konjugierten Verb rückt.

c) In Kookkurrenz mit *algún, outro, un, os máis, os demais, moito, moi, pouco, tal, tanto, tan, máis, menos* e *demasiado* werden die unbetonten Pronominalformen und somit auch der DS in der Regel nicht dem Verb vorangestellt:
-<u>Algúns</u> aniños *hei*che aguantar neste traballo, ti xa verás.
-<u>Outros</u> do pobo *contáran*cheme o que pasara daquela.
-<u>Un</u> *ten*lles as súas relacións (CF 52)
-<u>Os máis</u> *tivéron*lle moita sorte.
-<u>Os demais</u> *quedáron*che tan sorprendidos que non dixeron nin chío.
-<u>Moito</u> sal *éche* malo (ARM [2]1989:187).
-Un <u>pouco</u> limón *fái*chelle moito ó pastel.
-O <u>tal</u> Miguel *ven*che sendo o curmá de Alfonsina.
-<u>Tantas</u> pastillas *caéron*cheme mal ó estómago.
-<u>Tan</u> duro como traballa o seu fillo *vai*lle enfermar.
-<u>Máis</u> comida *vái*cheme facer mal.
-Ter <u>menos</u> fumes *érache* moito mellor.
-<u>Demasiadas</u> preocupacións *son*che a morte en vida. [Beispiele der Vf.]

Wie ARM treffend bemerken und anhand der angegebenen Beispiele festgestellt werden kann, erfolgt stets eine kleine Pause nach den Indefinitadjektiven und –pronomen, und intonatorisch gesehen handelt es sich um Assertativsätze ([2]1989:186). Die Indefinitadjektive bestimmen natürlich Substantive, die zwischen diesen Indefinita und dem Verb eingeschoben werden. Wenn bei ähnlichen Sätzen mit Indefinita im Vorfeld emphatische Intonation vorliegt, werden dagegen die unbetonten Pronomina und somit auch der DS dem Verb vorangestellt (vgl. ARM [2]1989:187). In diesen Fällen werden wir in der Regel mit Sätzen konfrontiert, in denen Indefinitpronomina und keine –adjektive vorkommen, wobei unmittelbar nach ihnen und vor dem Verb die Pronominalformen eingesetzt werden, wie folgende Beispiele zeigen:

-Algunha vos *vin*, certo que si.
-Outro che *prefiro*, que non sexa tan soberbio.
-E moito lle me *deu* que facer (ARM [2]1989:187).
-Pouca che *foi* a ganancia.
-Tal susto che *levou*, que non lle quedaron ganas de achegarse de novo á casa.
-Tan listo lle *era*, que xa con cinco anos sabía ler e escribir correctamente.
-Máis che *necesito*, pero non os atopo por ningures.
-Menos vos *precisei* para recuperame.
-Demasiado che me *preocupei* do rapaz cando aínda era pequeniño [Beispiele der Vf.]

d) Bei Auftreten von *cada*, *varios* und *certo* erfolgt stets die Nachstellung der Personalpronomina:
-Cada día éche o mesmo.
-Varias (das curmás) *felicitáron*cheme.
-Certas persoas *son*che dignas de admiración. [Beispiele der Vf.]

5.1.4.1.1.4. Mit Voranstellung von Numeralia

In solchen Fällen werden in der Regel die unbetonten Pronominalformen dem Verb nachgestellt. Die eventuelle Proklise wird durch die Besetzung des Vorfelds von einem Nominalsatz in der Funktion des Akkusativobjekts, der zwecks der Verleihung von Emphase diese erste Stelle einnimmt, begünstigt. In diesem Zusammenhang lassen sich folgende Beispiele anführen:

-Os dous *son*che igualiños ca nai.
-Tres che son moi poucas. Tés que comprar seis polo menos. [Beispiele der Vf.]

5.1.4.1.1.5. Mit Voranstellung eines Adverbs

Auch wenn in der Regel – im Einklang mit den bisher behandelten Elementen – die Tatsache, daß das Adverb die erste Stelle im Satz einnimmt, die Proklise der Pronominalformen auslöst, bestehen – je nach Art der Adverbien – mehrere Ausnahmen, die im folgenden zu differenzieren sind.

5.1.4.1.1.5.1. Adverbien, bei deren Präsenz die unbetonten Pronomina immer dem Verb nachgestellt werden müssen

Bei dieser Stellung im Satz behalten diese unbetonten Formen des Pronomens ihre natürliche Position, wie ARM (vgl. [2]1989:188) bemerken; dazu gehören die folgenden Adverbien:

a) *Hoxe, onte, mañá, antonte, trasantonte, o outro antonte, antes de antonte, pasadomañá, endoutro día, para o outro día, ó outro día.* Die folgenden Beispiele enthalten alle diese Temporaladverbien, sowie den DS:
-Hoxe *éra*vos bo día para ir á illa de Ons.
-Onte *comín*che unha ducia de sardiñas que me trouxera Carlos.
-Mañá *vou*vos ó médico á mañanciña.
-Antonte *fómos*che de voda (Álvarez [2]1989:188).
-O trasantonte *foi*che domingo de piñata (Álvarez [2]1989:188).
-Pasadomañá *inténto*che bati-lo récord.
-Endoutro día *tivémos*che ben labor (Álvarez [2]1989:188).
-Para o outro día *probámos*che aquelas botellas que tiñamos gardadas.
-Ó outro día *foi*che malo de raios. [Beispiele der Vf.]

b) *Antano, hogano* und *hoxe en día* bestimmen beim DS dieselbe Position, wie folgende Textsegmente zeigen:
-Antano *aniñában*che aquí moitísimos paxaros.
-Hogano a xuventude *fai*che sempre o que lle peta.
-Hoxe en día *tómo*che as cousas con moita máis calma. [Beispiele der Vf.]

c) *Antes, daquela, entón, entonces, (n)outrora, despois, ó pouco, de aquí a pouco, deica pouco* und *deica un pouco* sind weitere Temporaladverbien, bei denen die hier formulierte Regel angewandt wird, wie folgende Beispiele zeigen:
-Antes *éra*vos moi neno e non tiña sentidiño ningún.
-Daquela *nadába*che ata a pedra aquela e volvía a orilla nun abrir e pechar de ollos.
-Entón *éramos*che ben máis pobres e máis arrastrados (ARM [2]1989:188)
-Noutrora *tiñámos*vos tamén o noso divertimento (ARM [2]1989:189)
-Despois do traballo *durmín*che tres horas seguidas.
-Ó pouco *hóubo*che un rebumbio que a pouco máis toleo.
-Deica un pouco *saímos*lle todos ó camiño (ARM [2]1989:189). [Beispiele der Vf.]

d) Bei Adverbien, die Frequenz sowie unmittelbares Geschehen oder Distribution signalisieren, wie *a reo, seguido, de seguido, por veces, ás veces, de vez en cando, de cando en vez, de raro en raro, ó raro, de tempo en tempo, ós poucos, pouco a pouco, a cada pouco, a cada tanto* und *a miúdo*, wird der DS ebenfalls der finiten Form des Verbs nachgestellt, wie folgende Textsegmente zeigen:
-A reo *facía*che un xesto coa boca que era ben pavero.
-E seguido *poñía*che ó alcade a caldo.
-Por veces *víña*che moi zalameiro e pedía perdón polas súas arroutadas.
-Ás veces *dánche*me ganas de matalo.
-De cando en vez *está*che de moi bo humor.

-De raro en raro *aparéceche* un lote de zamburiñas na praza (ARM [2]1989:189).
-De tempo en tempo *ímoslles* pola casa (ARM [2]1989:189).
-Ós poucos *vaiche* aprendendo ben o oficio.
-A cada tanto *toléacheme* coas súas preguntas.
-A miúdo *danche* unhas sorpresas estes rapaces... [Beispiele der Vf.]

e) Bei Lokaladverbien wie *encima, arriba, enriba* (bei diesem letzgenannten Adverb, sowie bei der adverbialen Lokution *por riba* bzw. *inda por riba* ist auch eine Interpretation im übertragenen Sinn möglich), *derriba, abaixo, embaixo, debaixo, diante, adiante, dediante, atrás, detrás, arredor* und *ó redor* wird der DS ebenfalls dem Verb nachgestellt, wie folgende Beispiele belegen:
-Encima do vestido *poñíanche* un echarpe moi fino.
-Arriba *habíache* unha cama de cedro moi antiga.
-Enriba *contábavos* unhas troulas que eran incribles.
-Derriba *púxocheme* un xarrón, que na miña vida cousa máis fea vin.
-Embaixo *gardábamosche* unha chea de cousas (ARM [2]1989:189).
-Debaixo *tíñache* acochada unha morea de cartos.
-Adiante *vanche* os dirixentes coas pancartas, abrindo a marcha (ARM [2]1989:189).
-Atrás *víñanche* moitos máis, pero nós corriamos máis ca eles (ARM [2]1989:189).
-Detrás *estámoslle* poñendo un alpendre para o coche (ARM [2]1989:189).
-Arredor *ímoslle* poñer unha sebe (ARM [2]1989:189). [Beispiele der Vf.]

f) *Dentro, fóra* und *enfrente* gehören ebenfalls zu dieser Gruppe von Adverbien:
-Dentro *faiche* unha calor que morres.
-Fóra *venlle* un airiño que da gusto.
-Enfrente *abríronche* un supermercado novo. [Beispiele der Vf.]

g) Auch bei den Lokaladverbien *lonxe, preto* und *cerca* kann Nachstellung erfolgen:
-Non moi lonxe *tenche* a casa a prima de Eulalia.
-Preto *véndenche* mistos (ARM [2]1989:190)
-Cerca *collíache* o autobús tódolos días. [Beispiele der Vf.]

h) *Ó lado, ó carón, a rente(s), ó pe* und *a desmán*:
-Ó lado *sentóusecheme* un rapaz moi falangueiro.
-A carón *puxéronlle* a imaxe que doara a alcaldesa.
-A rente do chan *púxenvos* unhas táboas moi xeitosas.
-Ó pe da casa *chegouchenos* a auga perante as inundacións.
-A desmán *estábavos* todo alí, que nin adrede se pode construír tan mal unha casa.
[Beispiele der Vf.]

i) Die unbetonten Personalpronomina und der traditionell auch mit ihnen behandelte DS folgen ebenfalls nach dem Verb in Kookkurrenz mit Modal- und Temporaladverbien wie *de sotaque, de socato, de súpeto, de repente* und *de golpe, ó cabo* sowie *ademais* und *despacio*:
-De súpeto *saeuchenos* un tipo de entre as árbores.
-De repente *fíxovos* o petate e marchou sen dicir nada.
-Ó cabo *sentireicho* ben.
-Ademais *éche* ben tímido.

-Despacio *hei*lle ser capaz de rematar todo ben. [Beispiele der Vf.]

Wie ARM treffend bemerken, sind - wenn auch selten - emphatische Assertionen vorstellbar, in denen das Pronomen vor das Verb gestellt wird, wie beispielsweise in: ¡Lonxe **che** *vai* a rapaza! oder Cerca **lle** *anda* (vgl. [2]1989:190). Eine philologische approximative Übersetzung würde lauten: 'Das Mädchen ist schon weit weg!'; 'Er läuft hier herum/in der Gegend!' [Übersetzungen der Vf.]

5.1.4.1.1.5.2. Adverbien, bei deren Präsenz die unbetonten Pronomina immer dem Verb vorangestellt werden müssen

Bezüglich dieser Adverbien setzen sich ARM ([2]1989:190ff.) zunächst mit einer Gruppe adverbialer Elemente auseinander, unter denen sich einige befinden, die in der vorliegenden Arbeit als Ausdrucksmittel der Modalität behandelt werden:

a) Es gibt eine Reihe von Adverbien, die oft vor dem Verb stehen, die keine Pause nach sich zulassen und bei denen das Pronomen immer vorangestellt werden muß: *acaso, ata, case, disque, eis, igual 'se cadra', incluso, mesmo, quizais, seica, velaquí, velaí, xa* und *si*:
-Acaso che me *peta* facelo e o *fago*.
Bei diesem Beispiel kann beobachtet werden, daß die unbetonten Pronomina *me* und *o* wie der DS *che* jeweils vor den konjugierten Verben *petar* und *facer* stehen.
-Ata che me *entusiasmou* ver baila-los rapaciños. ¡Quen mo ía dicir a min!
Wiederum finden wir nach dem DS und vor dem Verb das Personalpronomen *me*, wie auch in einigen anderen Beispielen:
-Case lle houbo que avisar ós bombeiros.
-Disque che toleou, o home de Maruxa.
-Igual che me dan permiso e todo.
-Incluso lle fun á meiga aquela que vive alá no monte.
-Mesmo che son parva.
-Quizais che me lembre de onde as deixei, se penso un pouco.
-Seica che escapou con tódolos cartos da herdanza e agora andan os irmás buscándoo por todos lados.
-Velaquí chas teño, coidadiñas e como novas.
-Xa lle voltou da escola o rapaz. [Beispiele der Vf.]
-Ai, ese élle meu pai Asclepiodoto, o rei da Confederación de Trasmundi. ¡El si que lle *é* un bebedor de cervexa! (CF 59).

Als letztes Beispiel haben wir ein literarisches Zitat ausgewählt, das sich sehr gut eignet, die Voranstellung des DS darzustellen, die durch das Vorkommen des Affirmationsadverbs *si* verursacht ist. Am Anfang des Textsegmentes erscheint der DS *lle* nach dem Verb *ser*, während dieselbe Form des DS im Ausrufesatz durch die Präsenz von *si* und von *que*, dessen Einsatz zu einer noch intensiveren Betonung beiträgt, jetzt die Position unmittelbar vor dem Verb *ser* besetzt. Das eben genannte *que* und die graphische Markierung der Ausrufezeichen unterstreichen und verdeutlichen den emphatischen Charakter einer solchen Aussage. Aus den bisher behandelten Beispielen kann man folgern, daß die erwähnte Emphase dazu führt, daß im allgemeinen die unbetonten Personalpronomen zurückgezogenere Positionen, und zwar vor dem Verb, einnehmen. ARM sprechen in dieser Hinsicht von der durch das Verb ausgeübten 'Anziehungskraft' (vgl. ARM [2]1989:191).

b) Was im vorangegangenen Punkt angedeutet worden ist, bestätigt sich insbesondere beim Verhalten einer Gruppe von Adverbien; wenn diese vor dem Verb stehen, ziehen, wie gesagt, diese Adverbien die Pronomina an, und dadurch nehmen solche Elemente die Stelle vor dem Verb ein. Wenn im Gegensatz dazu die Adverbien nach dem Verb stehen, und zwar mit Auswirkungen auf den Grad der Emphase, bleiben die Pronomina hinter dem Verb. Es handelt sich um die Adverbien *aínda* bzw. *inda, axiña, en seguida* oder *de seguida*, sowie *sempre, só* und *tamén*. Diese Regel wird durch die folgenden Beispiele verdeutlicht:

-Aínda che me *lembraba* de todo, coma si non tivera pasado o tempo.
-*Lembrába*cheme de todo, aínda despois de tanto tempo.
-Axiña lle *aparece* o rapaz, xa verá, non se preocupe.
-Seguro, *aparéce*lle o rapaz axiña, vostede xa verá.
-En seguida che crin todo, enganáronme coma a un parvo.
-*Crin*che todo en seguida, sen parar siquera a pensar.
-Sempre lle foi boa persoa o pobre de Amancio, que Deus teña na groria.
-*Foi*lle sempre boa persoa o pobre do Amancio, que Deus teña na groria.
-Só che *fixen* o que tiña que facer, nin máis nin menos.
-*Fíxen*che só o que tiña que facer, nin máis nin menos.
-Tamén cho *pensara* eu, así que non foches o único.
-*Pensára*cho eu tamén, así que non foches o único. [Beispiele der Vf.]

c) Eine Gruppe von Adverbien besetzt in der Regel die Position nach dem Verb, kann jedoch aufgrund der Emphase die erste Stelle einnehmen und gleichzeitig die Umstellung der Personalpronomina vor dem Verb verursachen; diese Gruppe wird durch *algures, ben, cedo, igual 'do mesmo xeito', mal, mellor, peor* und *tarde* gebildet. Als Ausnahmen müssen hier *mellor* bzw. *ó mellor* und *peor* bzw. *ó peor* - wenn sie vor oder zwischen Pausen stehen - genannt werden, bei denen das unbetonte Personalpronomen und somit auch der DS immer in der enklitischen Position bleiben:

-*Atopára*cho en algures, non sei agora onde exactamente.
-En algures cho *atopara*, non sei agora onde exactamente.
-*Lémbro*cheme ben daqueles tempos.
-Ben che me *lembro* daqueles tempos.
-*Fun*che cedo da festa, que tiña sono.
-Cedo che *fun* da festa ,que tiña sono.
-*Dá*cheme igual, bonito ou feo.

-Igual che me *dá*, bonito ou feo.
-*Seríache* mellor non lle dar tantas voltas ó asunto.
-Mellor che sería non lle dar tantas voltas ó asunto.
-Mellor *facíavos* eu as cousas, moitísimo mellor.
-*Élles*, ó mellor, un rapaz moi tímido e por iso se comporta así.
-*Foi*che peor o que lle pasou a Andrés.
-Peor che *foi* o que lle pasou a Andrés.
-Ó peor, *tívo*che un accidenten, e por iso non chama.
-*Éra*che tarde, cando rematou a reunión.
-Tarde che *era*, cando rematou a reunión. [Beispiele der Vf.]

5.1.4.1.1.5.3. Adverbien, die vor dem Verb stehen, aber nicht in allen Fällen die Voranstellung der unbetonten Personalpronomina verursachen

Wenn diese Adverbien keine unmittelbar folgende Pause zulassen, wird das unbetonte Personalpronomen dem Verb vorangestellt. Es können intonatorische und semantische Unterschiede festgestellt werden, je nachdem, ob die Proklise oder die Enklise begünstigt wird oder nicht. Zu dieser Gruppe gehören insbesondere die folgenden Adverbien:

a) *Aquí, aí, alí, aló, alá, acó, acá* und *acolá* können vor oder nach dem Verb stehen. Im ersten Fall kann in der Regel eine Pause folgen. Wenn sie eintritt, bleibt das Pronomen dem Verb nachgestellt. Wenn sie dagegen nicht eintritt, wird das Pronomen vorangestellt, und in einem solchen Fall werden der deiktische Charakter markanter und die Intonation emphatischer. Wichtig ist hier der Standort, der fokussiert wird, während bei Enklise des Pronomens das Adverb nur als lokale Angabe neben der wichtigeren Information fungiert, die die Aussage enthält. Anhand ausgewählter Beispiele mit dem DS können diese Unterschiede aufgezeigt werden:
-Alí *estában*che todos misturados: homes, mulleres, pequenos e grandes.
-Alí che estaban todos misturados: homes, mulleres, pequenos e grandes.
In dem ersten Satz ist sogar der Einschub eines Ausrufs vorstellbar, der wie folgt lautet:
-Alí, ¡mi madriña!, *estában*che todos misturados: homes, mulleres, pequenos e grandes. [Beispiele der Vf.]

b) In Einklang mit den oben geschilderten Sachverhalten sind folgende Sätze mit unterschiedlichen Positionen des DS möglich:
-Así che é a vida.
-Así *é*che a vida (ARM [2]1989:192f).

c) Eine besondere Gruppe bilden die Adverbien, die auf *–mente* enden. Sie können die erste Stelle besetzen und vom Rest der Aussage durch eine deutliche, graphisch signalisierte Pause getrennt werden; innerhalb der Aussage können sie mit Kommata abgetrennt oder auch im Prädikat völlig integriert vorkommen. In der zuerst beschriebenen Situation bleibt das unbetonte Pronomen nachgestellt. Sonst wird die Proklise des Pronomens ausgelöst, wie folgende Beispiele zeigen:

-Verdadeiramente, *éche* unha ocasión inmellorable (ARM [2]1989:193).
-<u>Dificilmente</u> **lle** *podo* sentir a morte de Xan, despóis das que me fixo.
[Beispiel der Vf.]

d)   *Logo* und *agora* können beide die erste Stelle des Satzes einnehmen, wobei eventuell eine Pause folgen kann. Falls eine solche nicht vorhanden ist, wird üblicherweise das Pronomen oder hier der DS dem Verb vorangestellt. In solchen Fällen liegt bei den Adverbien die Bedeutung 'axiña' ("jetzt gleich, sofort") vor, wie auch die folgenden Beispiele zeigen:

-Marica estache enferma, <u>logo</u> che *morre* (Álvarez [2]1989:193)
-Houbo un par de diíñas bos, pero <u>logo</u> *fíxo*che un tempo ben malo.
-<u>Agora</u> che *vou*, ten un pouco de paciencia.
-<u>Agora</u> *pódo*che ir, máis tarde non, que teño que atende-lo bar.
[Beispiele der Vf.]

e)   *Sequera* hat in Kookkurrenz mit einem nachgestellten Pronomen vor einer Pause die Bedeutung "como mínimo, polo menos" ("mindestens"). Als Äquivalenz von "se como mínimo, se polo menos" ("wenn es zumindest, wenn es mindestens") tritt nach *sequera* keine Pause auf, und das Pronomen wird dem Verb vorangestellt, vgl.:

-<u>Sequera</u> *tívemos*che sorte co tempo.
-¡<u>Sequera</u> che *tiveramos* sorte co tempo...! [Beispiele der Vf.]

5.1.4.1.1.6. In der Parataxe

Zusammengesetzte Sätze, die in einer parataktischen Beziehung stehen, verhalten sich wie einfache Sätze. Falls zwei oder mehr koordinierende Teilsätze darüber hinaus in einer subordinierenden Relation zu einem Hauptverb stehen, wird ein eventuell auftretendes Personalpronomen bei jedem der Sätze nachgestellt. Es ist jedoch möglich, daß dies nur im ersten Teilsatz der Fall ist, während die anderen sich wie selbständige Sätze verhalten.

Es gibt für die disjunktiven Teilsätze mit der Konjunktion *ou* zwei Möglichkeiten: Wenn sich bei der Disjunktion die Elemente ausschließen, wird das Pronomen vorangestellt; wenn im Gegensatz dazu Ausgleich, Verbesserung/ Präzisierung oder Korrektur und keinesfalls eine ausschließende Relation hergestellt wird, wird das Pronomen dem Verb nachgestellt, wie dies die nachfolgenden Beispiele dokumentieren:

-<u>Ou</u> facía todo o que me pedía, <u>ou</u> che me *daba* cun pau na palma da man.
-Don Miguel éche mestre, ou *foi*che mestre, mellor dito. Agora xa leva anos xubilado.
[Beispiele der Vf.]

5.1.4.1.2. In abhängigen subordinierten Teilsätzen

Bei abhängigen Teilsätzen gilt die Regel, daß das unbetonte Pronomen dem Verb nachgestellt wird:

-Non penses que che *foi* moi doada a situación, máis ben todo o contrario.
-Aínda que lle é bo rapaz, a xente non confía nel.
-Se de verdade che me *fora* facer ben, seguiría o teu consello. [Beispiele der Vf.]

Eine zu lange Pause sowie Einschübe zwischen der subordinierenden Konjunktion und dem Verb können verursachen, daß das Pronomen in nachgesteller Position beibehalten wird. Beide Positionen, also sowohl die Enklise als auch die Proklise, werden akzeptiert, obwohl die letztere – in Einklang mit der oben formulierten Regel – grundsätzlich bevorzugt wird. Es besteht also die Möglichkeit, daß mit eingeschobenen Elementen bei den obigen Beispielsätzen doppelte Formulierungen entstehen, die wie folgt lauteten:

-Non penses que, aínda que che contara Alberte o que che contara, *foiche* (=che *foi*) moi doada a situación, máis ben todo o contrario.
-Aínda que, eu asegúrollo, que o coñezo dende hai ben anos, *élle* (=lle é bo rapaz), a xente non confía nel.
-Se de verdade, e mira que a min esas terapias novas danme medo, *fóracheme* (=che me *fora*) facer ben, seguiría o teu consello. [Beispiele der Vf.]

Wenn zwei oder mehr koordinierende Teilsätze von einem subordinierenden Nexus abhängig sind, besteht in der Regel Einheitlichkeit bezüglich der Stellung der Pronomen. Es ist jedoch durchaus möglich, daß der zweite und eventuell nachfolgende Teilsätze eine Enklise des Pronomens aufweisen, als ob es sich dabei um selbständige Sätze handelte, wie das die folgenden Beispiele verdeutlichen:

-Aínda que lle é bo rapaz e lle *axuda* moito na casa e nunca protesta por nada, a xente non confía nel.
-Non fun porque che *tiña* moito que facer e *íache* (=che ía) unha viruxe que tampouco non animaba nada. [Beispiele der Vf.]

Als Ausnahme für die angegebene Regel gelten diejenigen Konjunktionen, bei denen das Pronomen entweder voran- oder nachgestellt werden kann oder die nur die nachgestellte Position ermöglichen. Für diese Gruppe gilt:

a) In Kopräsenz mit *pois* wird das Pronomen stets nachgestellt. Der Grund dafür liegt darin, daß die Kausalsätze zwischen der Koordination und der Subordination stehen und traditionell die explikativen Kausalsätze, die von *pois* eingeleitet werden, unter die koordinierenden Teilsätze klassifiziert werden; die Regel wird durch folgendes Beispiel verdeutlicht:

-Eu apreciábacho moito, <u>pois</u> *érache* ben habilidoso e botaba unha man sempre que podía. [Beispiel der Vf.]

Möglich (wenn auch selten) ist, daß *pois* einen echten subordinierten Nebensatz einleitet und zwar mit demselben semantischen Wert wie *posto que*. In solchen Fällen wird das unbetonte Personalpronomen – in diesem Fall der DS – dem Verb vorangestellt:

-Tés que preparar as cousas pra ir á praia, <u>pois</u> che *ven* un anticiclón. [Beispiel der Vf.]

b) *Porque* läßt in einigen Fällen eine nachfolgende Pause zu. In solchen Fällen bleibt das unbetonte Personalpronomen in der üblichen Position, nämlich in der der Nachstellung. Wenn jedoch eine solche Pause nicht vorhanden ist, muß das unbetonte Personalpronomen oder hier der DS dem Verb vorangestellt werden. Von dieser letzten Bemerkung bleiben die oben bereits erwähnten explikativen Kausalsätze ausgeschlossen, da bei ihnen das Pronomen – hier der DS – immer enklitisch bleibt, wie das auch die folgenden Beispiele zeigen:

-Paseino moi, moi ben <u>porque</u>...*fái*cheme falla olvidarme do traballo de cando en vez.

-Non sigas insistindo niso, <u>porque</u> eu *sei*che ben como foron as cousas e estás moi enganada (ARM [2]1989:196).

-Déronnos unha pouca auga con arroz e pimento, porque aceite e diso *tíña*che pouco.

-Enfadouse <u>porque</u> che me *deu* por escoitar música cun chisco máis de volume do normal.

c) *Que* – insbesondere in kausaler und konzessiver Bedeutung – verursacht oft keine Voranstellung. Über den besonderen Charakter dieses Elements bemerken ARM:

„Téñase en conta que se trata dun nexo neutro, capaz de tomar no enunciado o valor que corresponda, e que en moitos casos pode ser sustituído pola conxunción *e* sen que a relación entre as dúas cláusulas e o significado do enunciado cambie sustancialmente. Con frecuencia, ademais, nin sequera é un nexo subordinante, senón que enlaza o enunciado que segue co dito anteriormente ou co pensamento do que fala" ([2]1989:197).

Bei kausalem *que* wird das unbetonte Personalpronomen – hier der DS - am häufigsten nachgestellt. So haben in der Regel Realisierungen kausalen und konzessiven Wert, wie im folgenden zu sehen ist:

-E máis paréceme unha xusticia ben feita, <u>que</u> terras *habí*alle poucas (ARM [2]1989:197).

-Ó final non fun quen de porlle a man enriba, <u>que</u> *merecí*ache unha labazada pero das boas. [Beispiel der Vf.]

Bei den Konsekutivsätzen besteht wie bei den oben behandelten Kausalsätzen keine Einigkeit darüber, ob sie zu den koordinierten oder den subordinierten Sätzen gehören. Die Nachstellung des Pronomens gilt bei den Konsekutiv- sowie bei den Kausalsätzen als allgemein häufig verwendetes Verfahren. Diese Gemeinsamkeit spiegelt sich in folgenden Beispielen wider:

-Estabamos tan preto do ecuador que alí *tiñámos*che sempre unha temperatura de cine.
-Era unha paisaxe tan fermosa que *sentín*che ben non ter levado a cámara de fotos. [Beispiele der Vf.]

Wenn die Konjunktion *que* eine 'completiva', d.h. einen sogenannten *daß*-Satz einleitet, ist gerade die Nachstellung am seltesten. Es muß jedoch darauf hingewiesen werden, daß man nach Sätzen wie *resulta que, é que* und *o conto foi que*, die oft als Füllwörter oder reine Unterstützung/Markierung des Erzählten fungieren, die so eingeleitete Aussage als selbständigen Satz empfindet. Somit wird die Enklise der unbetonten Pronominalformen – und hier des DS – begünstigt. Es kann in solchen Fällen in Frage gestellt werden, ob wir es überhaupt mit subordinierten Nebensätzen zu tun haben, wie auch die folgenden Beispiele zeigen:

-Penso que o rapaz llo *sabía* dende un principio, pero calou por encubrilo.
-Di que lle *hai* unha xente tan rara por alí, que non consigue levarse con eles.
-Resulta que *quedára*lle eu viuva había ben pouco tempo e...
[Beispiele der Vf.]

Wenn *que* als Relativpronomen fungiert, findet die Nachstellung des Pronomens bei Explikativsätzen statt, die einen expletiven Charakter aufweisen:

-Para iso tiñas que ir cabo do meu fillo, que *cánta*che ben, e mais che había contar bos contos (ARM [2]1989:1989).

In der Umgangssprache werden häufig sämtliche Artikel, Demonstrativadjektive sowie Präpositionen weggelassen, die das Relativpronomen bestimmen und begleiten. In solchen Relativsätzen wird das unbetonte Personalpronomen nachgestellt. Dieses Pronomen erklärt durch sein Vorkommen die Funktion des Relativpronomens. Bei den folgenden Beispielen kann die Funktion festgestellt werden, die diese Pronomen haben und die ebenfalls nachgestellte Position, die die eigeschobenen DS – in einigen Fällen mit den erwähnten unbetonten Pronomina zusammengesetzt - einnehmen:

-Falaron do veciño morto, que *considerában*cho todos un home de ben.
-Catro libros mercara, que *léra*chos todos nunha tarde. [Beispiele der Vf.]

d) Beim Vorkommen von *así que* wird das unbetonte Personalpronomen nachgestellt, wenn die konjunktivische Lokution einen temporalen Wert aufweist, nicht jedoch wenn ein konsekutiver Charakter festgestellt werden kann. In diesem Zusammenhang finden wir Sätze wie folgende:

-<u>Así que</u> **lle** remate o meu traballo, vou tomar unha semana de vacacións.

-Estou que boto chispas, <u>así que</u> *é***che** mellor calar a boquiña. [Beispiele der Vf.]

Bei Aussprache der vorangegangenen Sätze kann im zweiten Fall ganz eindeutig eine auftretende Pause festgestellt werden, die im ersten Satz völlig ausgeschlossen bleibt.

5.1.4.2. Stellung des Pronomens bei infiniten Verbalformen

Die Satzstellung der unbetonten Pronominalformen in Kookkurrenz mit den infiniten Formen des Verbs unterliegt besonderen Regeln, die von den oben beschriebenen abweichen oder ihnen sogar widersprechen.

5.1.4.2.1. Das Pronomen als Ergänzung einer Infinitivform

5.1.4.2.1.1. Der Infinitiv steht mit der finiten Verbalform durch kein Fügungselement in Verbindung:

a) Wenn der Infinitiv als Subjekt oder als Attribut fungiert oder in einer Apposition vorkommt, müssen die unbetonten Pronomina nachgestellt werden:

-Moito mellor sería *intentar***llo** outra vez.

-Pra min, amigo, vivi-la vida é *facer***lle** o que quero e cando quero. [Beispiele der Vf.]

Eine der Infinitivform vorangestellte Negationspartikel *non* läßt beides zu, sowohl die Proklise als auch die Enklise der unbetonten Formen des Pronomens:

-É ben estrano <u>non</u> **lle** *sentir* pena ningunha.

-É ben estrano <u>non</u> *sentir***lle** pena ningunha. [Beispiele der Vf.]

b) Wenn der Infinitiv als Teil des Ausdrucks *veña (a) + infinitivo* fungiert, bei dem keine Verbalperiphrase und keine hergestellte Dependenz-Relation zu der finiten Verbalform vorhanden ist, sondern bei dem das *veña* die Funktion eines Adverbs übernimmt, und zwar mit der Bedeutung einer hartnäckigen Wiederholung, werden der DS wie jedes unbetonte Personalpronomen dem Infinitiv nachgestellt:

-Xa ve vostede, toda a vida <u>veña traballar</u>**lle**, <u>veña traballar</u>**lle** noite e día, para que lle dean a un unha patada no cu. [Beispiel der Vf.]

c) Als allgemeine Regel gilt, daß, wenn der Infinitiv als *complemento directo* fungiert, die Nachstellung der unbetonten Pronomina erfolgt, so wie dies in folgenden Sätzen der Fall ist:

-Os meus problemas quero solucionarchos despacio, que as presas nunca foron boas. [Beispiel der Vf.]

Ausnahmen von dieser Regel bilden diejenigen Sätze, in denen als konjugierte Verbalform ein Verb der Wahrnehmung (*ver, oír*, usw.), ein kausatives Verb (*obrigar, mandar, facer, deixar, consentir, permitir*) oder ein Modalverb (*saber, deber, soer, poder, querer, tentar*) vorkommt. In solchen Fällen wird die unbetonte Pronominalform meistens der finiten Verbalform vorangestellt – an die finite Form angeschlossen oder zwischen der Negationspartikel *non* und der finiten Form -, auch wenn es an die infinite Form durchaus angehängt werden kann:

-Alá en California *vin*che partir unhas secuoyas de vinte metros de diámetro.

-Alá en California che *vin* partir unhas secuoyas de vinte metros de diámetro.

-*Deixo* ós rapaces estudiarche só o que eles consideren interesante.

-*Déixo*che ós rapaces estudiar só o que eles consideren interesante.

-*Quere* gañarche o campionato de tenis a toda costa.

-*Quére*che gañar o campionato de tenis a toda costa. [Beispiele der Vf.]

d) Wenn der Infinitiv als Teil einer Verbalperiphrase fungiert, wird ein solches Konstrukt denselben vorangegangenen Regeln unterworfen.

5.1.4.2.1.2. Der Infinitiv als Teil einer Präpositionalergänzung

Hier muß man zwischen dem Infinitiv als Teil einer Verbalperiphrase, als Kern eines Teilsatzes, als Verbalergänzung oder Substantiv- oder Adjektivergänzung unterscheiden. Im ersten Fall, d.h. als Verbalperiphrase, wird das unbetonte Pronomen entweder dem Infinitiv nachgestellt oder vor ihn plaziert, nämlich zwischen Präposition und den Infinitiv oder neben die infinite Verbalform:

- Eu non *hei* de sentircho moito.
- Eu non *hei* de cho sentir moito.
- Eu non cho *hei* de sentir moito. [Beispiele der Vf.]

In den übrigen Fällen nimmt der unbetonte DS folgende Positionen ein: entweder die Stelle nach dem Infinitiv oder diejenige zwischen der Präposition und dem Infinitiv:

- Espero que *de* virche bo tempo, mellores esa cara.
- Espero que *de* che vir bo tempo, mellores esa cara.
- Estou canso *de* aturarche a esta xente todo o santo día.
- Estou canso *de* che aturar a esta xente todo o santo día. [Beispiele der Vf.]

5.1.4.2.1.3. Konjunktionen als Fügungselemente zwischen der finiten und der infiniten Verbalform

Sollte der Infinitiv zu einer Verbalperiphrase gehören, können unbetonte Pronomina und somit der DS jede der beschriebenen Positionen besetzen, wie dies die folgenden Beispiele dokumentieren:

- Teño *que* meditárvos o asunto
- Teño *que* vos medita-lo asunto.
- Téñovos que medita-lo asunto. [Beispiele der Vf.]

Wenn keine Verbalperiphrase vorhanden ist, darf der DS dem Infinitiv nachgestellt werden oder die Stelle zwischen der Konjunktion und dem Infinitiv besetzen, keinesfalls jedoch darf der DS vor der infiniten stehen und an die finite Form angeschlossen auftreten:

- Estou contento así e non teño máis *que* facerlle.
- Estou contento así e non teño máis *que* lle facer.
- *Estou contento así e non *téñolle* máis *que* facer.
- Non sabía *que* facervos para saír daquela situación.
- Non sabía *que* vos facer para saír daquela situación.
- *Non sabíavos *que* facer para saír daquela situación. [Beispiele der Vf.]

5.1.4.2.1.4. Das Gerundium

Sollte das Gerumdium den verbalen Nukleus bilden, werden die unbetonten Formen, d.h. in unserem Fall der DS, auch der infiniten Form nachgestellt. Nur wenn das Gerundium nach dem Negationsadverb *non* oder nach der Präposition *en* steht, kann der DS auch direkt vor dem Gerundium stehen:

- Sentíndollo moito, teño que deixalo.
- *Non* facéndoche mal a propósito, pode un durmir coa conciencia ben tranquila.
- *Non* che facendo mal a propósito, pode un durmir coa conciencia ben tranquila.
- *En* vixiándovos o meu instinto salvaxe, xa teño sufrimento dabondo.
- *En* vos vixiando o meu instinto salvaxe,xa teño sufrimento dabondo. [Beispiele der Vf.]

Falls das Gerundium Teil einer Verbalperiphrase ist, besetzt der DS, eher als die dem Gerundium nachgestellte Position, eine Stelle um das finite Verb, was grundsätzlich auch zu erwarten ist:

- Pero se che *veño* facendo un gran esforzo dende hai tempo, qué hei de dicir para que mo creas.
- Pero se *véñoche* facendo un gran esforzo dende hai tempo, qué hei de dicir para que mo creas.

- Pero se *veño* fac**é**ndo**che** un gran esforzo, qué hei de dicir para que mo creas.
- Ós pouquiños *funche* tomando a infusión e empecei a atoparme mellor.
- Ós pouquiños che *fun* tomando a infusión e empecei a atoparme mellor.
- Ós pouquiños *fun* tom**á**ndo**che** a infusión e empecei a atoparme mellor. [Beispiele der Vf.]

Wenn das Gerundium von einem Verb abhängig ist, das als Hilfsverb fungieren kann, wird im Gegensatz zum vorangegangenen Fall die Enklise am Gerundium bevorzugt:

- Tiña tempo de sobra e *estiven* alí mir**á**ndo**che** as fotos.
- Tiña tempo de sobra e *est**í**venche* alí mirando as fotos. [Beispiele der Vf.]

5.1.4.2.1.5. Das Partizip

Der DS darf ebesowenig wie unbetonte Pronominalformen nie dem Partizip nachgestellt werden. Falls der Satz ein Voll- oder Hilfsverb enthält, soll das Pronomen die entsprechende Stelle neben ihm besetzen, vgl.:

- Non che *dou* feito, xa non sei como me hei de organizar.
- *Está*che todo o día botado enriba da cama, sen facer nada.[Beispiele der Vf.]

In der Inversion kann natürlich der DS nach dem Partizip vorkommen, jedoch darf er nicht der infiniten Form nach-, sondern muß dem Vollverb vorangestellt werden:

- Ben amolado che *estou* (ARM [2]1989:204)
- Rematadas che *teño* xa catro. [Beispiel der Vf.]

Anhand solcher Sätze wird die im Partizip enthaltene Information fokussiert. Es handelt sich aber um ein eher selten gebrauchtes emphatisches Mittel der Emphase.

5.1.5. Syntaktische Distribution. Kombinationsregeln in der Sequenz von Enklitika

Der DS kann, syntaktisch gesehen, mit allen anderen objektiven und freien Dativen, d.h. mit allen anderen unbetonten Formen, in denen Personalpronomen zu realisieren sind, kombiniert werden. Zur Dokumentation lassen sich am besten die von Álvarez gefertigte Liste mit den vielfältigen Kombinationsmöglichkeiten (vgl. 1997:45f.) sowie unsere Kommentare zu einzelnen Punkten anführen. Es können folgende Distributionsregeln unterschieden werden:

„DS-ACD: A min gracias que non *che me* mataron (Santalla-Begonte, Graña 1983:146);

e fíxo*chenos* ir ós dous (Ares-CO);

¡Deus *lle me* libre! (Blanco 1975:33).

DS-REF1: Cas*éichem'*eu –por andar regalada (Pérez 1979: II 202);

non *che nos* xuntamos (Lebesende-Queixeiro-Antas de Ulla-LU);

o que cómpre éche quer*érchese* ben todo o tempo (Matosiños-A Merca-OU);

pró caso crió*useche* alí (Arribada-San Pedro Fiz de Cangas-Pantón-LU);

é po-lo que oín de serto presentou*sevos* ó Xêneral Gomez (Anónimo 1836a:6).

DS-REF2: Eu vóu*cheme* retirando, que teño que traballar (Pérez 1979: II,28);

Mir' o que fás, Martiño / Que *che se* rín de tí por tod' a aldea... (Curros 1880:26);

Será mellor que *che nos* vaiamos (As Reixas-Os Vilares-Guitiriz);

i eu quedéi*lleme* com'unha vaca (Castro de Rei-LU);

esdentonces escaparon*seche* todos (Fernández 1810:28)."

(Álvarez 1997:46).

Wie aus der Beobachtung der angegebenen Beispiele ersehen werden kann, wird das Reflexivpronomen REF2 dem DS nur im letzten Fall vorangestellt. Es handelt sich dabei um eine dialektale Verwendung, die lediglich in einem Teil des östlichen Sprachgebiets belegbar ist, nämlich in der südlichen Hälfte der Provinz Lugo, einigen Orten der Provinz A Coruña, die an der Grenze liegen, sowie im Nordwesten der Provinz Pontevedra und der gesamten Provinz Ourense (vgl. Álvarez 1994:254).

„DS-REF3: esbarei na escada e dín*cheme* un golpe (Cruzul-Becerreá-LU)" (Álvarez 1997:46).

Nach unserer Kenntnis, die sich mit der Meinung der von uns befragten galicischen Sprecher deckt, kann die Akzeptanz dieses Satzes in Frage gestellt werden, da hier neben dem transitiven Verb *dar* – unmittelbar nach einem DS – das Reflexivpronomen *me* vorkommt. Auch ARM kennen Distributionsbeschränkungen:

„Unicamente pode darse un dativo reflexivo cando equivale a *para si* ou en construccións de reciprocidade: *resérvo*me o dereito de interpelalo (ou, preferiblemente, *reservo para min*...); *Dérons*e moitos golpes [...]" ([2]1989:179).

Als Beispiel für die grundsätzlich akzeptable reziproke Beziehung gibt Álvarez gerade einen Satz an, der das Verb *dar* enthält.
Die Übersetzung des Satzes im Spanischen lautet wie folgt:

-Resbalé en la escalera y *me* di un golpe. [Übersetzung der Vf.]

Wir haben es mit einem als grammatisch zu bewertenden Satz zu tun, bei dem ein echtes Reflexivpronomen, das auf die 1. Person bezogen ist, vorkommt. Es handelt sich dabei um ein notwendiges Element, um den Betroffenen der Handlung – die 1. Person in diesem Fall – zum Ausdruck zu bringen. Bei einer Weglassung entstände ein Satz mit ganz anderer Bedeutung, bei dem ein *complemento indirecto* nötig wäre, um einen vollständigen grammatischen Satz zu erhalten. Auch wenn wir uns oben auf einen von der Handlung Betroffenen bezogen haben, kann hier ein solches Element keineswegs für einen *dativo de interés* bzw. *dativus incommodi* gehalten werden. Es muß jedoch hinzugefügt werden, daß ein solches reflexives Konstrukt beim Verb *dar* im Spanischen äußerst selten auftritt und prinzipiell auf feste Ausdrücke wie folgende beschränkt ist: 'darse por satisfecho', 'darse por aludido', 'darse con un canto en los dientes'. Die zuletzt genannte Wendung wird im Galicischen nicht gebraucht. 'Darse por satisfeito' sowie 'darse por aludido' können dagegen u. E. akzeptiert werden. Außer in diesen Wendungen oder in den oben erwähnten reziproken Konstruktionen können reflexive Konstruktionen nicht akzeptiert werden. Daß sie trotzdem unter galicischen Sprechern belegbar sind, kann auf die diglossische Situation des Galicischen und die Interferenzen des Spanischen – die sogenannten *castelanismos* - zurückgeführt werden. Hier darf eine bereits (4.3.) gemachte Aussage wiederholt werden:

> „Téñase en conta que en galego non existen os reflexivos de interese (coma os do español *me comí la manzana* → *me la comí*), nin o uso dos reflexivos en construccións factitivas e similares (español *me hice un traje* → *me lo hice*), se non é por **castelanismo**" (Álvarez 1989:264) [Hervorh.der Vf.]

Der Einsatz des DS *che* vor dem Reflexivpronomen REF3 *me* trägt u.E. dazu bei, daß das Bewußtsein des Sprechers über die Nicht-Adäquatheit dieses Pronomens verloren geht.

Álvarez führt weiter aus und belegt dabei die Typologie teilweise mit historischen Textsegmenten:

> „DS-IND: -¿E que tal se dormía? / -Dormí*achese* malamente (Ferreiros de Balboa-Becerreá-LU);
> son obras municipales, non *se che* fan moi despacio (San Xulián de Cabarcos-Barreiros-LU);
> o que pasa no tal Noya non *se-vos* vé en moitas leguas da redor (Anónimo 1837:7).
> DS-DCI: non *che me* fai gracia ningunha;
> Mire, a min pasóu*lleme* un caso tamén, inda na miña vida crin neso, na miña... (Corbillón-Cambados-PO).
> e víñanche cantando e aturulando e botándo*chenos* canciós (Lebesende-Queixeiro-Antas de Ulla-LU);
> este que *che lle* chaman Minifalda (Begonte, Graña 1983:111);
> entrámos*chelles* na casa;

e maldícaro se non *lle nos* veu ós dous a un tempo (Viladonga-Castro de Rei-LU)

Dóe*llevos* moito a cabeza.

DS-DI: non *che me* anda nada;
non *lle me* anda nada;
e íbamoscho dicindo de mintiras e pará*chenos* o coche e preguntá*chenos* «¿e quereis que vos leve?» (Ferreiravella-Riotorto-LU)." (1997:46).

Die Präsenz eines DS in der syntaktischen Sequenz hat wichtige Konsequenzen für die Satzstellung und für die Position, die jedes Enklitikon einnehmen soll, da die Position der Klitika (vgl. Álvarez 1997:47ff.) für die Modalisierung entscheidend ist, wie auch aus den vier Regeln Álvarez' erhellt:

1. Regel:

Schema:

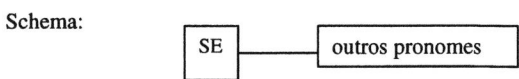

Bei jeder Funktion, die *se* erfüllen kann, nimmt dieses Element stets die erste Stelle ein, wie bei *Agora non se che me ocorre*. Eine Ausnahme von dieser Regel bildet jedoch gerade beim Einsatz des DS – wie bereits oben erwähnt worden ist – die dialektale Voranstellung des DS *che*, vgl.: *Agora non che se me ocorre*. Bezüglich dieses Phänomens bemerkt Álvarez (1994:254), daß heutzutage die Grammatiker eine solche Reihenfolge als vulgär bewerten. In Einklang mit der Einstellung der Grammatiker vermieden die Schriftsteller die Verwendung der Sequenz *che se*, während sie in der gesprochenen Sprache relativ frequent ist. Álvarez hält diese Hemmungen für Vorurteile, die auf den Einfluß des Spanischen zurückzuführen sind, einer Sprache, in der die Nachstellung des reflexiven *se* eindeutig als vulgär empfunden wird. Wie Álvarez feststellt, entspricht diese Ablehnung einer relativ neuen Tendenz, die im Gegensatz zur Berücksichtigung dieses Phänomens im 19. Jh. bzw. in der ersten Hälfte des 20. Jh. steht, als diese Konstruktion als konnotationsfrei galt. Dieses Charakteristikum der galicischen Sprache spiegelt sich in Werken wichtiger Autoren wie Fernández Neira, Pintos, Rosalía de Castro, Francisco de La Iglesia, Villar Ponte, Leiras, Risco, Blanco Amor und Cunqueiro wider. Álvarez sieht in der hohen Frequenz dieser Sequenz in der Belletristik vor dem Prozeß der Normierung der Sprache einen Beweis dafür, daß die gegenwärtige Ablehnung, *se che* zu gebrauchen, mit der Dominanz der spanischen Schriftsprache in Zusammenhang gebracht werden muß.

2. Regel:

Schema:

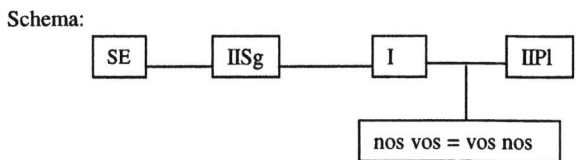

Die Personalpronomen in der 2.Person (II) kommen meistens vor denjenigen in der 1. Person (I) vor:

a) II Singular kommt immer vor I Singular und I Plural: *Déroncheme en casamento, No te me vas sen eles, Non te nos fága-la tola.*
Im ersten Beispiel handelt es sich bei *che* DS u. E. nur formal um ein Personalpronomen, da dieses *che*, was sein syntaktisches Verhalten betrifft, von den anderen Personalpronomen abweicht. Dabei handelt es sich um ein Ausdrucksmittel der Modalität.

b) II Plural wird der I Singular nachgestellt und mit I Plural frei kombiniert (siehe dazu die 4. Regel): *para me vos arrebatar, ofrecémosnosvos de corazón = ofrecémosvosnos de corazón.*

3. Regel:
   Schema:

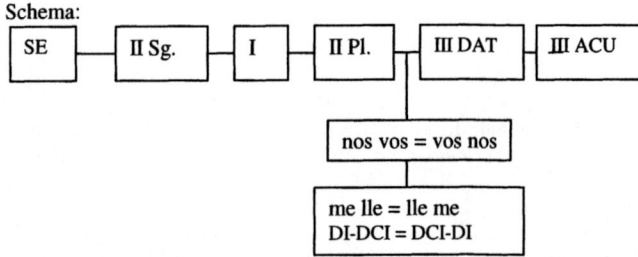

Die nicht-reflexiven Formen in der 3. Person (III) nehmen die letzte Position ein: *os ollos íansemelle para as mans.* Die Dativformen (DAT) kommen vor den Akkusativformen (ACU): *Non me llo leves.* Die Sequenz */me DI-lle DCI/*, bei der beide Reihenfolgen möglich sind, bildet hier die Ausnahme. Hier können also sowohl 'O traxe quedóu*melle* pequeno' als auch 'O traxe quedóu*lleme* pequeno' (eigene Beispiele) akzeptiert werden, obwohl man eine Bevorzugung der erstgenannten Sequenz beobachten kann.

4. Regel:
   Schema:

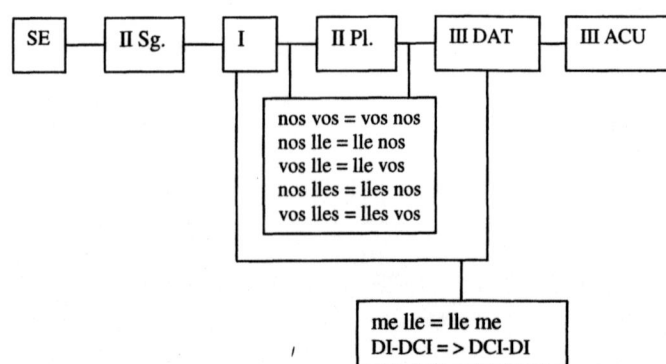

Die Pluralformen nehmen die letzten Positionen ein.
Wie bereits oben dargelegt wurde, lassen sich bei Einsatz eines DS Abweichungen von der dargestellten Regeln zur Satzstellung beobachten. Somit gelten folgende Anmerkungen:

Als erste Anmerkung darf festgehalten werden, daß, im Unterschied zur 1. Person Singular, die Kookkurrenz zweier Formen des Personalpronomens der 2. Person möglich ist. Ein solches Phänomen darf als eine Seltenheit bei den romanischen Sequenzen von Klitika angesehen werden:

a) *che* DS kann mit *vos* (sowohl in seiner syntaktischen , und zwar als CD oder CI, als auch in seiner pragmatischen Funktion, und zwar als DS) kombiniert werden:
/*che* DS - *vos* ACD/: *Non che vos viu*
/*che* DS – *vos* DCI/: *Mandoume o Rei de palacio / que che vos quitara a vida* (Pérez 1979: III, 261)
/*che* DS – *vos* DS/: Hái*chevos* moito que ver.

In Zusammenhang mit diesem Phänomen bemerkt Álvarez:
„Este feito afecta ás posibilidades de copresencia na cadea, e non á orde en si que xa contemplaba lugares diferentes para as formas de singular e plural da II persoa" (1997:49).

b) *che* DS kann mit einer Form des Personalpronomens *te* vorkommen, um die Kombination /*che* DS – *che* DCI/ zu vermeiden. *Che* DS kann mit einer Form des Personalpronomens in der 2. Person Singular (II) mit der syntaktischen Funktion (DCI) kookkurrieren. Daraus würde sich also die oben erwähnte Sequenz /*che* DS – *che* DCI/ ergeben. Da das Vorkommen zweier identischer Pronominalformen nebeneinander nicht akzeptabel ist, löst sich der Konflikt durch die Verwendung von *te* an Stelle von *che*. Aus dem Kontext kann abgeleitet werden, daß es sich bei einem solchen *te* weder um ein reflexives noch um einen CD oder ATR handelt: *birlóuchete*, *caéusechete*, *figuróusechete*. Die zweite allgemeine Regel wird also insofern modifiziert, als *che* einem Personalpronomen in der 2. Person Singular (II) vorangestellt werden kann. Als Beschränkung dafür gilt jedoch, daß in dem Fall die erste dieser Formen *che* DS ist, während die zweite *te* ist, die hier ausnahmsweise als DCI fungiert. Damit sieht das modifizierte Schema wie folgt aus:

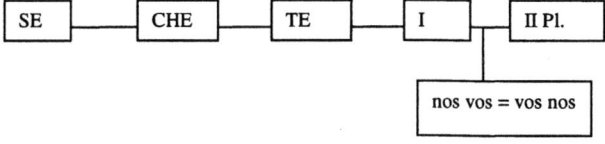

In dieser Hinsicht läßt sich ein aufschlußreicher Vergleich mit der deutschen Sprache ziehen. Als schlagender Beweis dafür, daß es sich beim *Ethicus* nicht um ein Dativobjekt handelt, darf die Feststellung von Wegener (vgl. 1989:59) bewertet werden, der zufolge der ethische Dativ neben einem Dativobjekt vorkommen kann, sowie ihre Feststellung, daß sogar die Möglichkeit besteht, daß zwei pronominale Dativ-NP (=Nominalphrase) im Satz kookkurrieren. Bei einer solchen Situation, bemerkt Wegener, soll der erste Dativ der *Ethicus* sein. Die Feststellung stimmt also mit der Regel des Galicischen bezüglich dieser Frage völlig überein. Als Beispiele dafür gibt Wegener folgende Sätze an:

a) Nun wasch *mir dir* endlich die Haare!
b) ? Nun putz *mir* doch endlich mal *mir* die Schuhe! (1989:59).

Zu dem zweiten Beispiel macht Wegener keine weitere Erklärung. Das Fragezeichen läßt jedoch gewisse Bedenken von Seiten der Germanistin erahnen, die bei der Kopräsenz von zwei Dativformen, die dazu noch identisch sind, wohl Akzeptabilitätsprobleme kennt und zögert, im ersten Dativ einen *Ethicus* und im zweiten einen *dativus commodi* zu erkennen (vgl. 1997:59).

Weiter ist zu bedenken: Laut der oben angeführten 3. Regel besetzt ein nicht reflexives Pronomen in der 3. Person Singular (III) die letzte Stelle. Durch das Vorkommen eines *lle* DS ergeben sich kleine Abweichungen von dieser Regel, da die Form des *dativo de solidariedade* meistens der Form *me* in verschiedenen syntaktischen Funktionen vorangestellt wird. Hier müssen folgende Aspekte differenziert werden:

a) Das Pronomen *lle* DS steht immer vor *me* ACD, REF und DI:
/*lle* DS – *me* ACD/: ¡Deus *lle me* libre! (Blanco 1975:33)
/*lle* DS – *me* REF/: Non *lle me* fixei ben... (Fole 1976:326)
/*lle* DS – *me* DI/: ¿Onde *lle me* vai a rapaza? (Popular)

b) Die Pronomen /*lle* DS – *me* DCI/ verfügen – im Unterschied zu den anderen – über eine große Beweglichkeit. Trotzdem wird die Voranstellung von *lle* bevorzugt: ¡A min pasó*lleme* un caso...!
Auffallend ist, daß Álvarez die Sequenz /*me* DCI – *lle* DS/ ausschließt. Sie präsentiert aus literarischen Texten herangezogene Beispiele. Auch wenn sie die Tatsache betont, daß es sich dabei um Texte prominenter Schriftsteller (Picaños, Leiras und Villar Ponte) handelt, scheint die Linguistin die Authentizität eines Beispiels wie des folgenden für weinig aussagekräftig zu erachten:
-¿E si aos torreznos o coiro / se lles quita, e es desalan?... / -Non me lle prestan tampouco; / que, non hai ben oito días, .../ (Leiras 1970:241).

c) /*me* DI – *lle* DCI/ ist bereits oben als Ausnahme von der dritten Regel angegeben worden. Wiederum werden wir mit einem Pronomen in einer spezifischen pragmatischen Funktion und einem anderen in einer syntaktischen Funktion konfrontiert:
„Semella que o DI non forza tanto a posición coma o DS, e que actúa en certo modo en sentido contrario: dunha banda, observamos tendencias opostas, dentro da realtiva liberdade, entre /*lle* DS –*me* DCI/ (onde *lle* DS modifica a posición para adiantarse) e /*me* DI – *lle* DCI/ = /*lle* DCI – *me* DI/ (onde *me* DI pode perde-la posición propia da primeira persoa para retrasarse); doutra, *me* DCI sempre antecede a *lle* CI. Finalmente, cómpre reparar en que cando se combinan dúas

funcións pragmáticas é constante a anteposición de /*lle* DS a *me* DI/.

d) In den übrigen Fällen ist die Reihenfolge immer *me lle*, also in Befolgung der allgemeinen Regeln, nach dem Schema SE – II – I - III.

In Einklang mit den allgemeinen Regeln, nach denen die Personalpronomen der 2. Person Singular (II) denjenigen der 1. (I) und 3. Person Singular (III) vorangestellt werden, weist der *dativo de solidariedade* gal. *'che'* ein identisches Verhalten auf. Im Gegensatz dazu – wie oben bereits erwähnt worden ist – weicht *lle* als DS davon ab und zeichnet sich durch seine Beweglichkeit aus. Entscheidend für ein solches Verhalten ist das Vorkommen der Funktion als DS, wie Álvarez signalisiert:

„[...] que *lle* DS non siga as regras xerais, que colocan *lle* nunha posición moito máis recuada, obriga a considera-la función DS como factor fundamental no ordenamento dos clíticos en secuencia. Non se nos oculta o feito de que cando é complemento de solidariedade *lle* é unha segunda persoa, mais iso acontece con tódolos *lle* de cortesía e non por iso deixan de segui-las regras xerais de posición dos pronomes de III. E non é unha particularidade atribuíble a tódolos clíticos, pois o complemento de interese non se comporta do mesmo xeito" (1997:50).

In bezug auf die Pluralform *lles* bemerkt Álvarez:

„Lles mantense sempre tras me, aínda sendo DS, de acordo coa preferencia das formas plurais pola derradeiras posicións: *Dóemelles moito a cabeza*. Tamén *vos* DS se mantén na súa posición posterior, de acordo coa regra enunciada anteriormente: *Dóemevos moito a cabeza*" (1997:50)

Als vollständiges Schema mit Vorkommen aller möglichen dativischen Formen ergibt sich damit folgende Darstellung (Álvarez 1997:51):

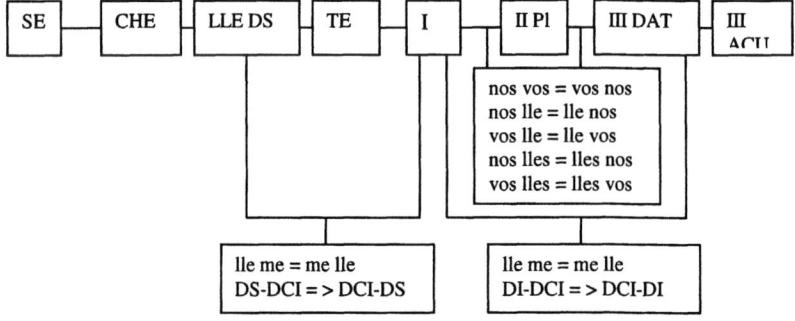

5.1.6. Die Interpolation

So wie es bei anderen unbetonten Pronomen auch der Fall ist, dürfen im Galicischen betonte Elemente zwischen dem DS und dem konjugierten Verb eingefügt werden. Wie ARM treffend bemerken, handelt es sich dabei um eine Prozedur, die in der Vergangenheit viel produktiver als heutzutage war:

> „A interpolación era moito máis frecuente na lingua antiga que na moderna, que prefire situa-lo pronome precedendo inmediatamente ó verbo. Hoxe dáse, anque minoritariamente [...]" (^{2}1989:205).

Die interpolierten Elemente können folgender Natur sein:

> „-Pronome suxeito: *canto che eu chorei* (Outeiro de Sanguñedo-Verea-OU).
> Suxeito nominal: *hoxe éche diferente, pero tamén che a xente anda doutra maneira* (Lebesende-Queixeiro-Antas de Ulla-LU).
> -Adverbio *non: Aquelo érache unha divertición, polo que che non era como hoxe* (Lebesende-Queixeiro-Antas de Ulla-LU)
> -Outros adverbios: ¡Quen ch'hoxe andivera fora!/C'a tripa toda valdeira/ (Rosalía 1982:170).
> -Atributo: *¡Ai!, quén ch'anduriña fora! / anduriña d'outra banda* (Pérez 1979:III, 36).
> -CD: *¡nunca ch'outras penas teña!* (Pérez 1979:III, 160)" (Álvarez 1997:51).

Wie Álvarez darlegt, kann die Interpolation eine Änderung in der Reihe von Enklitika verursachen, was eine Positionsänderung des DS im Satzbau bewirken kann:

> „a) *Nunca lle me a vaca se cura* (Guitiriz-LU).
> Durch die Interpolation wird die 1. Stelle, die unter normalen Bedingungen immer nur vom Pronomen *se* besetzt werden sollte, von *lle* in Funktion eines DS eingenommen; die Reihenfolge *lle me* DS – DCI (oder DI) wird dagegen beibehalten.
>
> b) *Nunca lles outra che viu coma esa* (Guitiriz-LU).
> Der DS besetzt nun die Position unmittelbar vor dem Verb. An der Stelle der Sequenz *che lles* DS – DCI hat man auf diese Weise die Abfolge *lles che* DCI – DS (vgl. Álvarez 1997:51f.).
> Somit wird gegen die Regel verstoßen, derzufolge der DS *che* vor anderen Formen die erste Stelle einnimmt, und gleichzeitig auch gegen diejenige Regel, nach der die Pluralformen die letzten Stellen besetzen.

5.1.7. Darstellung und Auswertung der Überlegungen einer Reihe von Informanten über den *DS* bzw. das *complemento de solidariedade*

5.1.7.0. Vorbemerkungen

Unsere Informanten bilden eine Gruppe von 13 Studenten von Santiago de Compostela, zwischen 18 und 25 Jahren, von denen 12 Spanier bzw. Galicier sind; einer ist ein Deutscher. Es muß hervorgehoben werden, daß eine Studentin unter den 12 Germanistik studiert. Bei den anderen handelt es sich überwiegend um Studierende der Romanistik, insbesondere der Galicisch-Portugiesischen und der Spanischen Philologie. Wir haben uns bewußt auf diesen kleinen Kreis von Studenten (überwiegend weiblich, da vor allem Frauen sich für philologische Studiengänge entscheiden) beschränkt, und zwar aus zwei verschiedenen Gründen: Einerseits verfügen die Informanten über mehr als durchschnittliche grammatikalische Kenntnisse, anhand derer sie auf adäquate Weise ihre deswegen nicht weniger spontanen Gedanken und Überlegungen richtig einordnen und darlegen können, wobei sie sich einer reichen Ausdrucksweise bedienen. Andererseits kam es uns nicht darauf an, eine umfangreiche Umfrage durchzuziehen, die statistisch gesehen selbstverständlich repräsentativer gewesen wäre, u. E. jedoch keineswegs aufschlußreicher als die aufschlußreichen Ergebnisse, die wir in so einem ausgewählten Kreis ausgesuchter Informanten erhalten konnten.

In unserem Verfahren haben wir den jeweiligen Informanten mit einem 'Cuestionario' konfrontiert, der sich als Anhang am Ende der vorliegenden Arbeit (pp. 356-358) findet. Zusammenfassend soll jedoch an dieser Stelle erwähnt werden, daß der Fragebogen aus zwei Teilen, nämlich A und B, besteht. Im Teil A wurden den Studenten literarische Textsegmente aus unserem Korpus vorgelegt, die ausgewählte Ausdrucksmittel der Modalität aufweisen, und zwar mit der Bitte, ihren eventuellen Einfluß auf die gesamte Aussage, in der sie erscheinen, zu kommentieren. In Teil B dagegen mußten sie ihre Meinungen bei der Gegenüberstellung identischer Textsegmente aus der Fernsehserie *Mareas vivas* sowie aus der Primärliteratur unseres Korpus darlegen, mit dem einzigen, aber sehr bedeutenden Unterschied, daß eines von ihnen kein, das andere jedoch ein Ausdrucksmittel der Modalität enthält.

5.1.7.1. Der *DS* bzw. *complemento de solidariedade* im Fragebogen: Textsegmente, Kommentare und Bewertung

Zur Bewertung des *DS* bzw. *complemento de solidariedade* ist im Teil A des Fragebogens ein Zitat aus dem galicischen Roman *En salvaxe compaña* (von Manuel Rivas) präsentiert worden. Das erwähnte Textsegment – in der vorliegenden Arbeit bereits angeführt - lautet wie folgt:

A.3.

¿E a quen ía eu predicar?, señor cura, respondeu o paisano, aínda confundido pola historia oída. ¡Aquí non lle hai máis ca ratos! (RE 69)

Es scheint uns unentbehrlich zu sein, die in der Regel sorgfältig formulierten Kommentare unserer Informanten wortwörtlich wiederzugeben; es wurde allerdings wegen Mangels an Relevanz auf die Angaben auf einen Fragebogen verzichtet. Es war unser Wunsch, die Anonymität der Informanten zu bewahren. Die meisten haben auf Galicisch, einige auf Spanisch gesprochen. Im folgenden werden die Antworten und Resultate summarisch zusammengefaßt:

1) Esta palabra só serve para achegar ó interlocutor á enunciación do falante (máis afectividade e coloquialidade).
2) Introduce o cura como (partícipe) ou afectado polo que se di.
3) La forma lle es una especie de pronombre enfático.
4) lle→ forma de achegamento
5) Dativo de solidaridade.
6) É un pronome de solidaridade: mediante unha referencia directa, tenta "implicar" ó interlocutor.
7) "Lle" é un pronome de solidaridade que serve para implicar o ointe no que se está contando.
8) En galego esta partícula coñécese como dativo de solidariedade, ten unha intención de acercamento do falante cara ó oínte.
9) "lle" –o falante achégase, implica na conversa ó interlocutor.
10) O "lle" indica certo respeito cara a persoa coa que se fala. É un pronome de cortesía.
11) Introduce ó receptor na oración, é o chamado "pronome de solidariedade"
12) "lle" é empregado nun ton solidario, é dicir, entre nós queda que aquí todos son uns ratos.

Zunächst kann bezüglich der verwendeten Bezeichnung für ein solches Element hervorgehoben werden, daß abwechselnd *dativo de solidaridade, dativo de solidariedade* bzw. *pronome de solidariedade* von unseren Informanten verwendet werden. Auffallend ist, daß keiner von ihnen den in der vorliegenden Arbeit ebenfalls erwähnten Begriff des *complemento de solidariedade* benutzt. Der Grund dafür liegt darin, daß traditionell in den Grammatiken nur von den anderen Bezeichnungen die Rede ist. Das Bewußtsein des besonderen und schwer zu klassifizierenden Charakters, den dieses Element aufweist, spiegelt sich in der Uneinheitlichkeit der Termini wider. Die Bezeichnung *pronome* geht langsam verloren zugunsten der Benennung *dativo*, da Einigkeit darüber besteht, daß dieses sprachliche Element sich nicht nur formal, wohl aber hinsichtlich seiner Funktion von Pronomen unterscheidet und daher als 'freier Dativ' zu betrachten ist. Die Bezeichnung *dativo*, die auf der Wortart beruht, wird mit der funktionalen des *complemento de solidariedade* in den einschlägigen Artikeln von Álvarez gleichgesetzt, die zwar diese Gruppe expressis verbis nicht aufführt, aber als speziellen Problemfall implizit kennt.

Darüber hinaus ist die Häufigkeit der Erscheinung von Ausdrücken wie *achegamento, acercamento, achegar* und *implicar* hervorzuheben. Es besteht also Einigkeit darüber, daß es dem Sprecher anhand der Form *lle* des *dativo de solidariedade* gelingt, dem Gesprächspartner einerseits näher zu kommen, andererseits ihn in die Aussage mit einzubeziehen. Diese allgemeinen Bewertungen erhalten in den Worten einiger der Informanten eine Präzisierung. Einer der Informanten bezeichnet den Hörer in dem geschilderten Gespräch, auch wenn in Vorsicht signalisierenden Klammern, als *partícipe* und *afectado*. Der Informant ist sich der Schwierigkeit bewußt, die Rolle des Gesprächspartners treffend zu bestimmen, und bringt dieses Zögern graphisch zum Ausdruck. In Wirklichkeit ist der Hörer kein Teilnehmer (=*partícipe*) des Gesagten – aus diesem Grund erklärt sich wahrscheinlich der Einsatz der Klammer- , er wird aber praktisch zu einem Betroffenen (=*afectado*) auf Wunsch des Sprechers verwandelt. Sehr interessant sind die Beobachtungen von zwei Befragten, die das Bewußtsein der besonderen Rolle, die solche Elemente spielen, zum Ausdruck bringen. Für einen der Informanten ist dieses *lle* ein *pronome enfático*. Dieses Element verleihe also dem Gesagten Emphase. Aufschlußreich ist bei den Ausführungen des ersten Informanten die Bemerkung zum Adverb *só* als Teil der Behauptung: 'Esta palabra *só* serve para achegar ó interlocutor á enunciación do falante'. Der Informant schreibt *lle* eine minderwertige Rolle zu, als ob er eine Anspielung auf eine eventuelle Weglaßbarkeit eines Elements, das in der Tat zwecks der Grammatikalität der Aussage nicht notwendig ist, zum Ausdruck bringen wollte. Es handelt sich jedoch keineswegs um ein verzichtbares Element in Anbetracht kommunikativer Anforderungen, aus denen sich der Einsatz ableitet. Das ist auch ein Faktum für den Informanten, der in Klammern auf den affektiven und umgangssprachlichen Charakter verweist, den der DS *lle* der gesamten Aussage verleiht. Wie ausführlich an verschiedenen Stellen der vorliegenden Arbeit gezeigt wurde, sind solche und ähnliche Bewertungen häufig auch bezüglich der deutschen MPn und spanischen Ausdrucksmittel der Modalität anzutreffen.

In Teil B des Fragebogens wurden die Informanten mit einem Beispielsatz aus der Grammatik von ARM konfrontiert, der zwei DS enthält, und zusätzlich über denselben Satz ohne die zwei Formen des DS befragt und darum gebeten, die Unterschiede zwischen beiden Formulierungen zu erklären.
Wie bei dem obigen Textsegment reproduzieren wir im folgenden ebenfalls sämtliche Kommentare aller 13 Informanten (2 auf spanisch) und ergänzen zusätzlich diese Aussagen durch unsere Bemerkungen:

B.2.

a)
Meu pai vai a peor, que a vellez non ten cura.

b)
Meu pai vaiche a peor, que a vellez non che ten cura (ARM [2]1989:174).

1) No segundo texto, nótase unha maior afectividade e proximidade entre o falante e o interlocutor, pois o primeiro inclúe o segundo na súa enunciación.

2) B pon en relación ó oínte coa situación do pai.

3) Se usan estos pronombres para aproximarse al receptor, son típicos del habla coloquial.

4) B –forma familiar

5) a) Aqui es como otro viejo b) Es mas de cariño

6) No segundo aparece un "che" de solidaridade que aporta esa cordialidade entre emisor-receptor.

7) A presencia, no 2° caso, do pronome de solidariedade busca unha implicación no destinatario que non existe no 1°.

8) O 2° fragmento presenta a intención do falante de implicar ó oínte no que di. Isto non aparece no 1° texto. Ademais, o 2° e propio de contextos con máis familiaridade e menos formais.

9) a) Fragmento que cumpre unha función meramente informativa-afirmativa.

b) Aquí emprégase un dativo de solidariedade con intención de personalizar o emisor o que se está a contar así como que o receptor se "solidarice" co que está a dicir.

10) Hai unha maior proximidade o interlocutor no segundo fragmento.

11) Na segunda frase hai un ton de familiaridade que dan os "che" que a primeira non ten.

12) No 2° caso é unha conversa "familiar", introduce ó receptor para acercalo ("pronomes de solidariedade").

13) No 1° non hai solidariedade nin proximidade ó falante mentres que na segunda se hai esa proximidade ou cercania con respecto ó emisor por parte do emisor [sic]

Zunächst muß betont werden, daß merkwürdigerweise und im Unterschied zu den bei dem anderen Beispiel angegebenen Kommentaren hier ein anderer Begriff am häufigsten verwendet wird, nämlich *familiaridade* als Substantiv sowie *familiar* als Adjektiv. Durch die Gegenüberstellung der zwei Sätze, bei denen die Präsenz eines Gesprächspartners ohne Zweifel vermutet werden kann, scheint die Entstehung eines Vertrauensklimas dank des Einsatzes von *che* sehr offensichtlich zu sein. Wiederum finden wir das Wort *cercanía* bzw. *proximidade*. Für einige Informanten ist es eindeutig, daß es dem Sprecher durch die Verwendung des DS gelingt, die Annäherung an den Hörer zu verwirklichen. Andere äußern sich vorsichtiger dazu und behaupten, der Sprecher versuche dies nur. In diesem Zusammenhang finden wir das Verb *buscar*, wo bei den anderen Kommentaren *tentar* aufgetreten ist, sowie das Substantiv *intención* ("Absicht"). Aus praktisch allen Bemerkungen ergibt sich die Erkenntnis, daß eine Beziehung zwischen den Gesprächspartnern von Seiten des Sprechers hergestellt wird. Das in Klammern geschriebene Verb *solidarizarse* signalisiert ebenfalls die existierende Verbindung. Neben *afectividade* wird jetzt auch *cordialidade* ein Begriff, der zur Beschreibung der Konnotationen dient, die als begleitende Nuancen der Aussage mit *che* empfunden werden.

Bezüglich der Frage, in welchen Anwendungsbereichen und Situationen der DS verwendet wird, beziehen sich unsere Informanten mit Recht auf informelle Kontexte sowie auf diejenigen Situationen, die den Gebrauch der Umgangssprache voraussetzen oder begünstigen.

Aufschlußreich bleiben auch die Bemerkungen des deutschen Studenten. Sie sind insofern von Bedeutung, als es sich bei ihnen um die Meinungen einer Person handelt, für die der galicische Kulturraum im weiteren Sinne und die galicische Sprache im engeren Sinne zunächst fremd sind. Er scheint jedoch ein ausreichendes Sprachgefühl entwickelt zu haben, um uns pertinente Überlegungen zu liefern. In einem gebrochenen Spanisch macht er sich trotzdem ohne Probleme verständlich und äußert eine interessante Beobachtung. Hierfür steht zunächst die Behauptung, ohne Auftreten der Form des DS *che* empfinde er den Text als Mitteilung eines Sprechers, der über seinen Vater spricht, als Äußerung eines alten Menschen; im Gegensatz dazu bringe der Sprecher seines Erachtens bei der Mitteilung mit *che* Liebenswürdigkeit zur Geltung. Hier wird also bezüglich der Verwendung des DS nicht von einer Affektivität ausgegangen, die sich an den Adressaten richtet, sondern von einer Affektivität, die aus dem Sprecher hervorgeht und sich an den Gegenstand seiner Aussage, in diesem Fall seinen Vater, richtet. Es handelt sich in der Tat um eine sehr treffende Beobachtung. Es wird in den Grammatiken nichts über diese doppelte Richtung der Gefühle gesagt, nur über diejenigen, an deren Ende der Gesprächspartner und somit seine Miteinbeziehung als Ziel stehen. Aber unter diesen Annäherungen läßt sich ein Einblick in die eigenen Gefühle des Sprechers gewinnen. In diesem Zusammenhang läßt sich auch an die Bemerkung eines der Informanten erinnern, der der Mitteilung ohne *che*, frei übersetzt, 'eine nüchterne informativ-assertative' Funktion zuschreibt. Der Sprecher bliebe also zu objektiv und zeige infolgedessen keine Gefühle.

Ergänzend soll noch ein literarisches Textsegment angeführt werden, das sich durch die hohe Frequenz der Verwendung des DS *che* von Seiten einer Sprecherin auszeichnet und somit die Produktivität eines solchen Ausdrucksmittel der Modalität beweist. Es soll außerdem als Anregung zur Überlegung über die Pertinenz aller Nuancen, die unter diesem Punkt behandelt worden sind, verstanden werden:

-É un nome ben bonito, por certo. ¿E logo, que lle pasou pra enfermar da columna?
-Os traballos, filliño, os traballos. Eu quedeiche viúva moi nova, con catro fillas pequenas, e déroncheme moito que criar. Traballeiche moito na vida, filliño. Repartinche no pan, andei a gañar un xornal polas veigas, e traballei na conserva cando me chamaban, que era fixa discontinua. Fomos saíndo adiante como puidemos.

E hai uns anos caín na fábrica e maqueime moito, e tívenme que retirar. Quedoume unha paga pequena, porque os cabróns, dispensando, deron mal o parte e retiráronme por enfermidade e non por accidente, que se non cobraba algo máis. Quedoume o cincuenta e cinco por cento do mínimo, e con iso e o que cobraba por viúva vouche tirando [...] (CF 81). [Hervorh. der Vf.]

Durch das wiederholte *che* wird sofort ein Vertrauensklima zwischen der Sprecherin und dem Adressaten geschaffen, da dieser in die Erklärungen der Frau mit einbezogen wird. Die soziale Distanz wird aufgehoben, und eine beiderseitige Sympathie verbindet somit beide Gesprächspartner. Der anscheinend nüchterne Einsatz eines solchen Ethicus hat also sehr bedeutende Auswirkungen auf den Diskurs.

An dieser Stelle sei noch auf ein sehr außergewöhnliches Beispiel verwiesen. Es handelt sich um ein Gedicht im Dialogform, in dem das lyrische Ich sich an jemanden wendet. Zu dieser Annäherung tragen zwei *che* in der Funktion eines DS wesentlich bei:

Eu son o que mora na memoria para reterte
non estou só en canto a túa ausencia me acompaña.

NUNCA CHE PUIDEN SER VRAN
coa morte conxurada
e o inverno no adentro
mais funche pedra quente
á idade das mentiras
artesa ou máis aló,
dentro do meu tempo
lonxe –cecais moi lonxe–
onde perdémo-los anos
auga queimada
recendo vexetal
de vapor namorado
toxicidade inocua
un algo así coma quen dis
nada, ou cumpridor inocente
no que die de min (Mendes Bujeiro 1996:41). [Hervorh. der Vf.]

Anhand der zwei Formen des galicischen ethischen Dativs wird hier die Brücke zwischen formeller geschriebener und informeller gesprochener Sprache geschlagen. Die ästhetische Übung gewinnt eine neue Dimension. Die Nähe zum Adressaten rückt in den Vordergrund und läßt uns Leser Zeugen eines intimen Dialogs werden, bei dem kein Zweifel über die besondere Verbundenheit zwischen Sender und Empfänger der poetischen Kommunikation bestehen kann.

5.2. *Ho* und seine Varianten

5.2.0. Vorbemerkungen

Im folgenden setzen wir uns mit einem Ausdrucksmittel der Modalität auseinander, das bereits in der vorliegenden Arbeit im Abschnitt 1.7.2.2.1.3. (Die dubitativen Adverbien; Os adverbios de dúbida) behandelt worden ist. *Ho* wurde u.a. punktuell als Äquivalenz für *doch* ermittelt (siehe 4.2.2.1.8., 4.2.2.1.10 und 4.4.). Unser Hauptanliegen besteht darin, die dargestellten theoretischen Grundlagen zu vertiefen und zu erweitern sowie gewisse Fragestellungen als Anregung zu formulieren. Darüber hinaus möchten wir anhand mehrerer Beispiele, uns auf die galicische Sprache beschränkend, eine gewisse Klassifizierung der Bedeutung und der Werte dieses und ähnlicher Elemente durchführen. Da die kontrastive Sicht im Zentrum unserer Arbeit steht, dürfen wir jedoch die Möglichkeiten der Übersetzung nicht vergessen, die unser Korpus bietet.

Schließlich werden die aufschlußreichen Überlegungen unserer Informanten dazu dienen, einerseits einige bestehende Thesen zu bestätigen, andererseits bereichernde Einblicke in neue Aspekte zu gewinnen.

5.2.1. *Ho* als Ausdrucksmittel der Modalität

Es besteht Einigkeit darüber, daß die Form *ho*, Apokope des Substantivs *home*, als Vokativ gebraucht wird[65]; dabei erfüllen die Voll- und die Kurzform eine appellative Funktion und sind Vertreter des Kasus der Anrede. Daß es sich bei *ho* jedoch um ein aus dem erwähnten Substantiv abgeleitetes und kein mit ihm austauschbares Element handelt, kann durch seine Gegenüberstellung mit folgenden Beispielen, die das Substantiv *home* enthalten, verdeutlicht werden:

(140)
[...]
-¿E que?, ¿que pasa?
-**Home**, non pasa nada, pero é que fai ela o traballo todo, Andrés. Fai os pedidos, leva as contas, fai a caixa, cosiña, limpa que queda todo como a patena... (*Mareas vivas*, Kapitel 27: "O Home de Portozás").

(141)
-E logo a vostede –preguntou Fortunato-, ¿deulle algunha vez queixas algún defunto? Polo xeito de enterralo, porque antes dixo que os de hoxe non se lle queixaran.
-**Home**, aquí en Pereiró non, que é un cemiterio moi ben ordenado e con moitos adiantos. Pero antes de vir pra Vigo, eu fun enterrador en Cotobade, e alá dábanse casos. E eu era moi novo daquela. (CF 113).

---

[65] Siehe dazu Punkt 1.7.2.2.1.3. der vorliegenden Arbeit.

(142)

-Foder, pois debeume caer a carteira cando me tirou a moto. Vouna buscar.

-**Home**, non –dixo Estanislao-, non fai falla, nós tamén levamos cartos abondo. Déixenos convidar a nós. (CF 113).

In allen drei Fällen besetzt *home* das Vorfeld. Das apokopierte *ho* kann dagegen nie die absolut erste Position einnehmen. Der Sprecher stellt seiner Argumentation den Vokativ *home* voran und nähert sich somit dem Gesprächspartner an. Bezüglich anderer Nuancen kann der dringende und ungeduldige Ton, der öfters der Realisierung von *ho* unterliegt, nicht bei *home* festgestellt werden. Im Gegenteil, die begleitende Intonation, die bei der Aussprache der dargestellten Fragmente vermutet werden kann, gilt als Zeichen der Gutmütigkeit und Geduld aller drei Sprecher, die sich dieses Vokativs zu folgenden Zwecken bedienen: in Beispiel (140) sowie in (141), um eine Erläuterung einzuleiten bzw. eine vorausgegangene Äußerung zu präzisieren, während es im zuletzt angegebenen Beispiel eher um den Versuch des Sprechers geht, dem Gesprächspartner vom Vollzug der dargestellten Handlung abzuraten. Eine Ersetzung von *home* durch *ho* in diesem abschließenden Beispiel hätte zu einer anderen Satzstellung geführt, nämlich: *-Non, ho –dixo Estanislao, non fai falla [...]*, und parallel auch zu einer ganz anderen Interpretation der formulierten Aussage auf Seiten des Hörers. Auch wenn die entsprechende Intonation eine wesentliche Rolle spielt, so wären auf jeden Fall die Ungeduld des Sprechers und ein verletzender Ton für den Gesprächspartner ganz eindeutig spürbar gewesen.

Hervorzuheben ist an dieser Stelle insbesondere die Nicht-Vorfeldfähigkeit, die *ho* mit den deutschen MPn gemeinsam hat.

Die Einigkeit, die unter den Linguisten hinsichtlich des appellativen Charakters des Vokativs *ho* besteht, herrscht in bezug auf ihre Begrenzung als Wortklasse nicht mehr. ARM zählt *ho* zu den Interjektionen, Carballo dagegen zu den Adverbien[66]. Offensichtlich stimmen ihre Grammatiken nur in einem Punkt überein, denn beide gehen davon aus, daß es sich bei *ho* um ein unflektiertes bzw. unflektierbares Wort handelt.

Gegen die Annahme von *ho* als Interjektion spricht die den Interjektionen zugeschriebenen Eigenschaft, es handele sich dabei um selbständige Elemente, um Autosemantika; gegen diese Voraussetzung würde *ho* verstoßen. Unsere Argumentation dagegen, die im Punkt 1.7.2.2.2. initiiert worden ist, wird an dieser Stelle durch die Gegenüberstellung von *ho* und der echten Interjektion *boh* bei ihrem gemeinsamen Auftritt im folgenden Dialog verdeutlicht:

---

[66] Siehe zu den von diesen Linguisten vertretenen Positionen Punkte 1.7.2.2.1.3. und 1.7.2.2.2. der vorliegenden Arbeit.

(143)
-Tes que vir comigo, Ladislao, que contigo gañamos a liga. É que sempre perdemos na última, **ho**.
-Non sei, non sei. É que aínda teño ben que facer coas abellas, e a vosa liga, **boh**, non me importa alá moito. ¿E cando a empezades? (CF 49).

Den Vorschlag, die Aufforderung des Sprechers, an der Fußballiga mit den anderen Spielern teilzunehmen, hätte der Hörer nur anhand von *boh* erwidern können. Durch eine solche Interjektion, die die Konnotation der Verachtung bzw. der emotionalen Abwertung in sich trägt, hätte der Hörer seine gesamte Argumentation, seine Suche nach einer Ausrede - die, wie es sich unmittelbar danach herausstellt, einfach auf seinem fehlenden Interesse und seiner Mißachtung basiert – zusammenfassen können. Im Gegensatz dazu ist für jeden galicischen Muttersprachler unvorstellbar, daß *ho* als selbständiges Element alleine vorkommt. *Ho* erscheint immer in Abhängigkeit, entweder als angehängte Zusatzfrage, oder, wie bei der vorliegenden Assertion, an eine Aussage angeschlossen. Als Zusatzfrage trägt *ho* eine gewisse Bedeutung, die im folgenden zu erläutern ist, die jedoch ausschließlich in Zusammenhang mit der vorangegangenen Frage und mit der gesamten begleitenden Intonation richtig interpretiert werden kann. In Aussagen wie der vorliegenden Sequenz verleiht *ho* stets der gesamten Sequenz Emphase. Die in dem Satz enthaltene Information bekommt eine zusätzliche Betonung. In diesem Fall wird eine Behauptung, die das Mitleid des Hörers erregen soll, damit dieser am Fußballturnier teilnimmt, durch das angehängte *ho* untermauert. Auch wenn der Anschluß dieses Elements die Regel bildet, kann in eingeschränkten Fällen *ho* auch zwischen zwei gleichwertigen Elementen als Einschub auftreten. In der Regel handelt es sich dabei um das affirmative Adverb *si* sowie das negative Adverb *non*, wie folgende Beispiele zeigen:

(144)
-Así dá ghusto, ¿eh? Menos mal que desidiron pasar a festa entre todos.
-Si, **ho**, si. Pero puideron armar unha boa. (*Mareas vivas*, Kapitel 25: "Celtas de Portozás")

(145)
-Seguro que lles trusgaban o ollo e se lles derretían os riles. ¡Rapaces de agora, que non pensan máis ca en moceos! Vólvense micos ó que ven unhas pernas sen pelo.
-Non **ho**, non, [...] (CF 19)

Die Zustimmung im ersten Fall und die Ablehnung im zweiten Fall erhalten durch die Einrahmung des *ho* mit zwei identischen Adverbien eine zusätzliche Verstärkung. Zwischen dem zuerst erwähnten Adverb und *ho* kann eine Pause erfolgen, wie dies Beispiel (144) zeigt, oder auch nicht, wie dies im Textsegment (145) der Fall ist.

Zwischen Pausen und zwei Negativindefinita im Sinne einer negativen Antwort
tritt im folgenden Beispiel *home* auf:

(146)
-Se vostede mo xura... Eu deso non sei, que auga non bebo. Vale, por probar. Ora que,
¿e se despois me envicio nela?
-Nada, **home**, nada. A auga non lle crea hábito, eso garántolle eu. [...] (CF 42)

Die Klassifikation und Zuordnung zu einer Wortklasse bleiben wegen der
zahlreichen möglichen Funktionen schwierig. Während die Bewertung von *ho*
bei zahlreichen Einzelbeispielen des Typs ARM diskutabel bleibt, kann die
Definition von Carballo als *adverbio de duda interrogativo*[67] für ungenau,
unpräzis sowie unvollständig angesehen werden; diese Einordnung ist auch
deshalb nicht ausreichend, weil bei der Verwendung von *ho* oft Assertivsätze
vorliegen. Alles im allem gestattet unser Korpus – in Abhängigkeit von
semantischen und modalen Kriterien – folgende Klassifikation von *ho*:

A. *Ho* als begleitendes Element einer Antwortpartikel

(147)
[...] ¿A xente de por aquí tamén segue o costume de ter nomes longos?
-Claro, **ho**, ¿logo pensas que somos da aldea? (CF 92)

(148)
-¿Non acaba de entrar aquí unha rapaza?
-¿Unha rapaza aquí? Qué va, **ho**, non, **ho**. (*Mareas vivas*, Kapitel 25: "Celtas de
Portozás")

(149)
-Manghüi é un bo mariñeiro. Aprendiu rápido.
-Si, **ho**. E o que lle quede por aprender xa o aprenderá comigho, perde coidado.
(*Mareas vivas*, Kapitel 27: "O Home de Portozás")

(150)
-Este é o mar do mundo que mellor arresende.
-É, **ho**. (*Mareas vivas*, Kapitel 76: "Non me mandes flores")

(151)
-O malo é que o xuis non os deu posto de acordo.
-Pois o día da festa vaise armar unha, como a [...]
-Si, **ho**. (*Mareas vivas*, Kapitel 25: "Celtas de Portozás")

(152)
-¿Como vai eso, Anselmo?
-Mal, así que vos deixo pra que sigades comentando o asunto.

---

[67] Siehe zu Carballos Position Punkt 1.7.2.2.1.3. der vorliegenden Arbeit.

-Non, **ho**. (*Mareas vivas*, Kapitel 75: "A revoda")

In Beispiel (147) gilt das Adverb *claro* als Antwortpartikel. Die Evidenz der Gültigkeit der in der Entscheidungsfrage enthaltenen Information wird durch *claro* zum Ausdruck gebracht und vom angeschlossenen *ho* unterstrichen. Die Funktion des *ho* besteht darin, die positive Antwort zu betonen. In Beispiel (148) werden wir dagegen mit einer negativen Antwort konfrontiert. Nachdem der Hörer in verkürzter Form die vom Sprecher gestellte Entscheidungsfrage wiederholt hat, antwortet er mit einem ablehnenden Ausrufsatz, der *ho* enthält; diesem Antwortsatz folgt *ho* in intonatorisch-assertativer Funktion. Um die negative Antwort zu intensivieren, verwendet der Hörer unmittelbar darauf, nach einer kurzen Pause, die Negationspartikel *non*, an die er wiederum *ho* anschließt. Der Hörer versucht damit, wie bereits erwähnt, seiner Antwort Emphase zu verleihen, indem er sich direkt an den Gesprächspartner wendet. Aus unserer Kenntnis des Kontextes, in dem der Dialog stattfindet, wissen wir, daß der Hörer lügt, da das Mädchen tatsächlich den Laden betreten hat. Umso überzeugender versucht also deswegen diese Person, die Frage zu erwidern. Zu diesem Zweck verstößt sie darüber hinaus gegen eine weitere Regel, da für den Gebrauch von *ho* eine gewisse Familiarität vorausgesetzt wird. Die Gesprächspartner sind sich zum ersten Mal begegnet, aber es besteht von Seiten des Hörers der Bedarf, ein Vertrauensklima zu schaffen, in dem seine Lüge eigentlich als glaubwürdige Erwiderung zu interpretieren ist. Es handelt sich dabei um sehr schnelle Entscheidungen, die jeder Sprecher in einer solchen Situation treffen muß.

Bezüglich der Textsegmente (149) bis (152) muß über *ho* als begleitendes Element von Antwortpartikeln gesprochen werden, die als Erwiderung einer Behauptung fungieren und somit als Satzkürzel, d.h. als Vertreter/Ersatz eines ganzen Satzes definiert werden können[68]. Es handelt sich um das Affirmationsadverb *si* und das Negationsadverb *non*. Eine Ausnahme davon bildet das Beispiel (150), das als Muster einer üblichen, typisch galicischen Antwort durch Wiederholung des Hauptverbs des vorangegangenen Satzgefüges zu verstehen ist. In den Beispielen (149) sowie in (150) und (151) bringt der Hörer seine Zustimmung zu der vom Sprecher unmittelbar vorher gemachten Äußerung zum Ausdruck. Durch das angehängte *ho* gewinnt die Erwiderung an Expressivität und Emphase. Es handelt sich syntaktisch - wie bei den MPn – um ein weglaßbares Element. Es bildet jedoch ein quasi unverzichtbares Element, wenn Vertrautheit zwischen den Gesprächspartnern vorhanden ist, wie dies in den obigen Textausschnitten der Fall ist. Wenn, im Gegensatz zu den genannten Textsegmenten, *ho* an ein Negationsverb angehängt wird (wie im Beispiel 152),

---

[68] Siehe dazu Francks Terminologie in bezug auf *doch* unter dem Abschnitt 4.2. der vorliegenden Arbeit.

liegen als wichtigste Nuancen die Ablehnung des Vorhergesagten und das Nicht-einverstanden-sein vor. Diese und andere Nuancen lassen sich insbesondere in den Textsegmenten des nächsten Sattypus feststellen, in dem *ho* vorkommt:

B. *Ho* in Assertionssätzen

(153)
[...]
-¿Como que non? Viña conmigo no coche, e baixou un momentiño. A min pareceume que viña cara aquí.
-Pareceulle mal, **ho**. Non, he, he... (*Mareas vivas*, Kapitel 25: "Celtas de Portozás")

(154)
-Florencio (mestre)[69]: -O caso é que os de Cormelle queren facer outra representación o mesmo día e á mesma hora.
-Celia (alcaldesa): -E andan contando por aí , que esa batalla gañárona eles.
-Andrés (xuiz): -Pois, francamente non, non entendo cal é o problema. Fanse as dúas representacións e listo, ¿non?
-Celia: -Outro que non entende.
-Couto (empresario): -E que non é de aquí, **ho**. (*Mareas vivas*, Kapitel 25: "Celtas de Portozás").

(155)
-Non é sorte só, ¡eh!
-Ai, ¿non?
-Teño un seghredo.
-Un seghredo. ¿Que seghredo?
-Non cho podo disir.
-Evaristo...
-Non podo, **ho**.
-Queda entre nós, eh. Xúrocho.
-Herbas. Unha pósima de herbas.[...]. (*Mareas vivas*, Kapitel 16: "O misterio do Curraxil")

(156)
-Si, pero tiñámoslles comida a moral. Desque fixeches o parvo daquela maneira, medroulles a forza e mallaron en nós como quixeron. Quedamos sentenciados coa túa saída. Ti non vales para capitán.
-Vaia, **ho**, logo vales ti. ¿E o mellor queres selo? (CF 22)

(157)
Por entre unhas ramallas asomou a face asustadiza de Ladislao, axexando para tódolos lados.
-Aquí estamos, **ho**, á beira do río (CF 131)

---

[69] Um ein besseres Verständnis zu ermöglichen und/oder wegen des Vorhandenseins mehrerer Gesprächspartner möchten wir die Namen und Berufe der Personen hinzufügen.

(158)
-Haberá que deixalo pra mellor ocasión. Será ben deitarse. Xa logo han de ir estender
as rúas, pra cando saian os máis madrugadores.
-¿Como dixo?
-É unha broma, ho. Un amigo meu di que ás veces madruga tanto que cando sae da
casa os obreiros do concello aínda andan estendendo as rúas. Non é máis ca un falar
(CF 55)

In Beispiel (153) handelt es sich um die Folge des Textsegmentes (148). Der
Hörer bemüht sich, ein Vertrauensklima herzustellen, das eigentlich zwischen
den zwei Unbekannten unter anderen Umständen nicht vorhanden wäre. *Ho*
verleiht hier wie bei der Gruppe A prinzipiell eine gewisse Emphase. Wenn
keine besondere Betonung vorliegt, kann in Beispiel (155) ein gewisses
Beharren von Seiten des Hörers festgestellt werden, der bereits ausgeführt hat,
daß die Frage nicht beantwortet werden kann. Die Person möchte durch den
Gebrauch von *ho* erreichen, daß der Gesprächspartner seine Bitte nicht
wiederholt, daß er mit der Sprechhandlung des Fragens aufhört. Solche Nuancen
können nur aus der Verwendung von *ho* in Kombination mit der Intonation
herangezogen werden. In Beispiel (154) wird vordergründig hervorgehoben, daß
das Unverständnis des Richters für die Feindseligkeiten, welche die Beziehung
der zwei nachbarlichen Dörfer bestimmen, auf der Tatsache beruht, daß der
Richter nicht aus der Umgebung stammt. Dies ist die von einem Unternehmer
des Dorfes Portozás geäußerte Meinung. *Ho* stellt sich an dieser Stelle als
zustimmungheischendes Element heraus. Die genaue Beobachtung, welche die
Fernsehserie zuläßt, zeigt uns, daß die Gestik und die Satzmelodie ebenfalls zum
Einverständnis bzw. zur Zustimmung des Gesprächspartners (i.e. der
Gesprächspartnerin) beitragen. Auch die deutschen MPn indizieren gewisse
Nuancen nur gemeinsam mit den erwähnten parasprachlichen Mitteln[70]. Es ist
wichtig hervorzuheben, daß in dem vorliegenden Beispiel eine Frau die
Empfängerin des geäußerten *ho* ist. Wie Carballo und ARM richtig
signalisieren, wird *ho* nicht mehr als Ableitung des männlichen Substantivs
home empfunden und somit – vergleichbar dem deutschen *mann* - in gleicher
Weise an Männer und Frauen gerichtet[71]. Diese sprachliche Verwendung, die
auf der Beobachtung der tatsächlichen Sprachverwendung galicischer Sprecher
basiert, ist geeignet, Einwände gegen folgenden Wörterbucheintrag zu
formulieren:

¡ho! (de *home*, por apócope). *interx.* Denota apelación, chamada de atención dirixida a
unha persoa de xénero masculino, xeralmente (*Diccionario Xerais da Lingua*
4 1993:477).

---

[70] Siehe dazu Punkt 1.3. der vorliegenden Arbeit.
[71] Siehe zu den Positionen der Linguisten bezüglich dieser Frage Punkt 1.7.2.2.1.3. der
vorliegenden Arbeit.

Selbst wenn die bei dem literarischen Textsegment vorstellbare Intonation auch *ho* erfassen könnte, ergibt sich in Beispiel (158) für *ho* doch eine gewisse Selbständigkeit: Die sonst schlichte informative Behauptung wird durch das angehängte *ho* zu einer vermittelnden, versöhnlichen Aussage, mit der der Hörer das Mißtrauen des Sprechers angesichts der nicht verstandenen Behauptung abzubauen bezweckt. Weitere eventuelle Mißverständnisse werden natürlich auch durch die genaue Erklärung des Sinnes des Vorhergesagten ausgeschlossen, aber der Gebrauch von *ho* trägt von vornherein wesentlich zur Situationsbereitlegung bei. Hier situiert sich der Hörer in einer vertraulichen Atmosphäre auf dem Niveau des Gesprächspartners, im Gegenteil zu der Situation, die die Textsegmente (156) und (157) betrifft. Hier kann von einer uneigentlichen Verwendung von *ho* gesprochen werden, durch die die vorhandene Familiarität mit dem Ziel der Ironisierung und der Abwertung des Gesprächspartners ausgenützt wird. In Beispiel (156) reagiert der Hörer beleidigt und sanktioniert die Worte des Gesprächspartners von einer gehobenen Position aus. Es kann dabei von der Existenz eines ironischen Untertons ausgegangen werden. Die Präsenz des öfters angesprochenen exklamativen *vaia* trägt ebenfalls wesentlich zu den dargestellten Nuancen bei. Neben der appellativen Funktion von *ho* in Beispiel (157) darf man auch die Ausbildung eines ironischen Untertons mit dem Element verbinden. Da die Beschreibung einer Person vorliegt, die ängstlich die anderen sucht, wird die vorgeschlagene Interpretation des Segmentes auch aus dem Kontext gestützt.
Sehr häufig ist das Vorkommen von *ho* in einem weiteren Satztyp:

C. *Ho* in Aufforderungssätzen[72]

Folgende Textsegmente unseres Korpus gestatten es, eine funktionale Klassifikation vorzunehmen:

(159)
-¡Crisóstomo, Crisóstomo Bocadouro, esperta, **ho**! ¡Veñen por fin! Seguro que atrasaron porque viñan bebendo todo o camiño! (CF 133)

(160)
-Érguete, **ho**, que non é pra tanto. Logo dás vergonza. ¡Poñerse así por unha broma! (CF 137)
(161)
O corvo pasou revoando por enriba deles.
-¡Chegou Fortunato, botádelle a barca!
-Cala, **ho**, que xa ma botaron. ¡E moitas gracias! Ven cando queiras ó queixo. (CF 136)

---

[72] Zum Vorkommen von *ho* als Entsprechung für die MP *nur* in Aufforderungssätze siehe Punkt 4.4. der vorliegenden Arbeit.

(162)
-Bueno, bueno, Belindiña, faime favor, por serto, mira, pon a radio, **ho**, que van a falar
aghora da selebrasión esta que... (*Mareas vivas*, Kapitel 62: "Rivalidades")

(163)
-¿E por que non agardas aquí, e convéncelos ti mesmo?
-Boh, total han de facer o que queira.
-*Pero* **ho**, queda, qué máis che terá –porfiou. (CF 123)

(164)
-Eu non penso nada. O que sei é que pró ano que vén quero gañar a liga, e o resto son
contos. Veña, meu pai, dáme a túa beizón e acabemos axiña.
-*Pero* **ho**, ¿a ti que máis che ten gañar ou perder? O caso é xogar (CF 29).

(165)
Paula: -Pero, xa sabedes o do traballo, ¿non? Que lle ofreseron un traballo en
Santiagho.
Petróleo: -¿Traballo en Santiagho? Non sabía nada.
Paula: -Para faser unhas prácticas nun xornal.
Petróleo: -¡Unhas prácticas nun xornal! Mira ti qué sorte, ¡eh!, o Chano. O que estou
pensando eu, que o rapas este, o rapas este non se adaptou moi ben ó ritmo de
Portozás.
Manghüi: -Déixao ir, **ho**. A ver si así che esquese tamén dunha ves.
Paula: -¿Que?
Manghüi: -Non, nada. Que quería disir que...
Paula: -¿Que querías disir?
Manghüi: -Nada, Paula, nada.
Paula: -A ver, ¡**ho**! ¿Pero por que me ten que esqueser? ¿Que lle fixen eu? (*Mareas
vivas*, Kapitel 25: "Celtas de Portozás")

(166)
Fortunato arrepuxou disimuladamente a bolsa co pé ata bater con ela na perna do
Crisóstomo, que espertou sobresaltado e se volveu controlar.
-A ver, **ho**, tente direito e non molestes a señora. (CF 82)

Als erste Schlußfolgerung aus der Betrachtung der vorausgegangenen
Aufforderungssätze kann folgende Feststellung getroffen werden: *ho* tritt,
bezüglich des Hauptverbs, in unterschiedlichen Positionen auf, je nach seinen
Kombinationsmöglichkeiten mit bestimmten sprachlichen Elementen. Auffällig
ist der Anschluß von *ho* an Imperativformen in der 2. Person Singular. Die
jeweiligen Befehle, Vorschläge und Ratschläge gewinnen durch das erwähnte *ho*
an Intensität und Ausdrucksstärke. Solche Nuancen können dank der Präsenz
oder Abwesenheit anderer Elemente in der Sequenz eine Verstärkung oder
Abschwächung erfahren. In Beispiel (159) drückt der erste Vokativ eine
deutliche Aufforderung aus, die an einen namentlich genannten Adressaten
gerichtet wird. Die Präsenz des *ho* in diesem exklamativen Aufforderungssatz
wird durch die Wichtigkeit der im Anschluß mitgeteilten und lange erwarteten

Nachricht begünstigt. Es besteht der Bedarf an einer solchen ausführlichen Erklärung um klarzustellen, daß sich nur aus der Kookkurrenz unterschiedlicher lexikalischer Einheiten die beschriebenen Folgen ergeben können. In den Beispielen (160) und (161) werden die sonst durch die Imperativa und mittels *ho* plakativ formulierten Befehle durch eine von *que* ergänzte Erläuterung vervollständigt und darüber hinaus abgeschwächt. In Beispiel (162) kann ganz eindeutig eine Nuance der Ungeduld konstatiert werden. Auch wenn in der Tat über den drängenden Ton des *ho* Einigkeit besteht, können in der vorliegenden Sequenz mehrere sprachliche Mittel beobachtet werden, die zur Steigerung der Ungeduld beitragen. Die Absicht der Sprecherin, die Aufmerksamkeit des Gesprächs auf ihren Vorschlag bzw. ihre Aufforderung zu lenken, zeigt sich durch das wiederholte einleitende Adverb *bueno*, das eine Zäsur in der Konversation bildet. Unmittelbar nach diesen Initiatoren häufen sich die von der Sprecherin gebrauchten Mittel; damit soll der Vollzug der erwähnten Aufforderung erreichet werden. So wendet sie sich an die Angesprochene mittels der diminuierten Form ihres Namens, um besonders affektiv zu wirken. Es folgen eine höfliche Floskel der Bitte sowie ein weiteres initiierendes Element, das die Aufforderung einleitet. Diese wird durch zwei Imperativformen explizit gemacht, nämlich ein desemantisiertes *mira*, das der Erregung von Aufmerksamkeit dient, und den Ausdruck, der auf die beabsichtige Handlung referiert. Wie bei den oben erwähnten Beispielen kommt auch hier eine zusätzliche Mitteilung hinzu: *Ho* dient dem Ausdruck der Ungeduld und schafft gleichzeitig ein besseres Diskussionsklima. In den Beispielen (163) und (164) wird das Vorfeld durch *pero* besetzt und *ho* vor das Hauptverb gestellt. *Pero* behält hier seinen adversativen Charakter, fungiert jedoch nicht als adversative Konjunktion, sondern als initiierender 'enlace coloquial'. Ohne trennende Pause folgt *ho*. Durch die Kombination beider Elemente wird die Handlung des Aufforderns bzw. des Vorschlagens zum Flehen. Daher ist die Frage, ob man hier aufgrund dieser Tatsache von Illokutionmodifikation sprechen kann, durchaus berechtigt. In Beispiel (163) greift der Sprecher auf diese der Insistenz dienenden sprachlichen Mittel zurück, nachdem er ratlos vor dem Versuch gestanden hat, den Gesprächspartner von der Notwendigkeit des Bleibens zu überzeugen. Das Adversative in *pero* gilt als Ausdruck des Gegensatzes zu den Argumenten des Gesprächspartners. Durch *ho* besteht der Sprecher auf der Affektivität, die zwischen den zwei Vertrauenspersonen existiert. Auch die im oralen Kode grundsätzlich annehmbare Intonation trägt wesentlich dazu bei, den flehenden Unterton zu unterstreichen. Das von Cabana ausgewählte Verb *porfiar* leistet die Verstärkung der Insistenz. Da die Imperativform nach den einleitenden *pero ho* steht und ihr ein deklarativer Interrogativsatz folgt, dessen Ziel es ist, den Gesprächspartner zu überreden, wird die Emphase, die in der Regel *ho* verleiht, abgeschwächt. In einem solchen Fall müssen wir eher von einem affektiven und auch zustimmungheischenden Element sprechen, während in Beispiel (164) anstatt einer imperativischen Form eine Ergänzungsfrage als abgeschwächter Versuch der Überzeugung auftritt. Im Gegensatz zu der oben erwähnten Affektivität fungiert das erste *ho* in Beispiel (165) als der Emphase dienender Begleiter der Aufforderung. In Anbetracht der erwartbaren Intonation kann man sogar von der Formulierung eines Befehls sprechen. Der Sprecher sanktioniert, beschuldigt quasi seine Gesprächspartnerin aufgrund ihres Verhaltens, wie dies im nachhinein angedeutet wird. In derselben Sequenz tritt ein ebenfalls nur schwach affektives zweites *ho* auf, das nach einem desemantisierten *a ver* steht. A *ver* fungiert häufig in der gesprochenen Sprache als Einleitung eines Wunschsatzes oder einer Absichterklärung, eine Handlung selber zu vollziehen oder von anderen vollziehen zu lassen. In diesem Fall soll der Gesprächspartner Auskunft über seine Intentionen geben. Nachdem die Sprecherin wiederholt versucht hat, diese zu bekommen, bevor sie die Fragen direkt formuliert, benutzt sie in ihrer gesteigerten Verärgerung den stereotypierten Ausdruck *a ver, ho*. Somit, sowie mittels einer möglichen Intonation, die die Widerspiegelung des erwähnten geistigen Zustands ist, wird direkt an den Gesprächspartner appelliert und eine deutliche Beantwortung bzw. Erklärung verlangt. Auch wenn *a ver* meistens in Zusammenhang mit *ho* quasi als feste idiomatische Wendung mit der oben signalisierten Funktion vorkommt, handelt es sich bei *ho* um ein verzichtbares Element, dessen Präsenz jedoch eine besondere Emphase und Expressivität zum Ausdruck bringt. Beide Elemente erscheinen ebenfalls in Beispiel (166), diesmal unmittelbar vor zwei Imperativen. Durch ihre Stellung am Anfang des Satzes gelingt es dem Sprecher, einen insistierenden Appell zu erteilen und gleichzeitig eine verbale Sanktion durchzuführen.

Unter den Aufforderungssätzen befinden sich Sätze deklarativen und exklamativen Charakters. Eine nähere Studie verdienen ebenfalls die Interrogativsätze:

D. *Ho* in Interrogativsätzen[73]

Die folgenden Beispiele dokumentieren, daß es sich bei der Rolle, die *ho* in den Fragesätzen spielt, nur um eine sekundäre handelt:

(167)
-¿A quen lla tes apalabrada [a venda], ho?
-A un de Cormelle. Xan Marsoa. (*Mareas vivas*, Kapitel 27: "O Home de Portozás")
[Klammer der Vf.]

---

[73] Zum Vorkommen von *ho* als Entsprechung für die MP *nur* in Interrogativsätzen siehe Kapitel 4.4. der vorliegenden Arbeit.

(168)
L2-asta a película taba mui ben, que era de gasters e asta era nova
L1-de qué, **ho**?
L2-de gansters
L1-ah! (Fernández Salgado 1992:71)

(169)
-A clase ten algo que che dicir [Xurxo, o mestre, sinala a Fito]. Empeza.
-¿O que, **ho**? ¿E logho por que teño que ser eu? ¿E este?
-Veña.
-Vaaale [...] (*Mareas vivas*, Kapitel 27: "O Home de Portozás") [Klammer der Vf.]

(170)
-Manghüi, teño moitas cousas que faser. Non teño tempo pra outra parvada das túas.
-Eh, eh, máis respeto, que estás falando con Manghüi, o terror do mundo submarino.
¿Que che parece?
-A ver, **ho**, ¿que che pasou?
-¿Que me pasou?... O mellor que me podía pasar. Petróleo, atende.
-Dalle, veña, que teño moito traballo, ¿que?
-Ese, ese, ese é o asunto. O curro. Eu tamén teño moitísimo curro.
-¿O que, **ho**?
-¡Coleghas, atensión: hai un par de meses mandei unha solicitude a unha compañía
inglesa que traballa no Mar do Norte [...] (*Mareas vivas*, Kapitel 4: "Lei e xente")

(171)
„¿es a filla do alcalde, **ho**? 'eres la hija del alcalde, ¿no?'" (Carballo Calero
[7]1979:331)

In Beispiel (167) verleiht *ho* der in der gestellten Frage eingeschlossenen und
immer noch nicht befriedigten Neugier einen drängenden Ton. Der Sprecher
duzt seinen Gesprächspartner, aber *ho* fungiert hier nicht als Zeichen des
Vertrauens, sondern eher der Ungeduld. Gestik und Intonation wären
ausreichend gewesen, um solche Nuancen zum Ausdruck zu bringen. Sie
bekommen jedoch durch *ho* eine zusätzliche Betonung.
In den Beispielen (168) sowie in (169) erfüllt *ho* eine andere Funktion. Die
Analyse dieser Beispiele gestattet es, *ho* die Funktion einer Gesprächspartikel
zuzuordnen. In Beispiel (168) handelt es sich um die phonetische Transkription
eines echten Dialogs, anhand dessen – unter anderen - Fernández Salgado das
korrektive Verfahren und die korrektiven Funktionen von *ho* in der
gesprochenen Sprache im Rahmen der Gesprächsanalyse zu erläutern versucht
(vgl. 1992:66). Dieses konkrete Beispiel ist für uns deshalb von Bedeutung, weil
es eine weitere, sonst nicht ausgewiesene Funktion von *ho* zeigt; zu diesem
Dialog bemerkt der Fernández Salgado:

> „L2 autocorrixe a pronuncia de *gasters* para *gansters* no turno 3 ante a instigación de
> L1 por medio do iniciador de corrección *de qué ho?* no turno 2, pronunciado cunha
> entoación de reprendemento" (1992:71).

Seine Analyse belegt auch, daß das Interrogativpronomen *qué* den Hauptakzent trägt (vgl. Fernández Salgado 1992:74). Gemäß der Terminologie Brinkers und Sagers liegt in Beispiel (168) also eine korrektive Sequenz vor, der ein Verhalten des einen Interaktanten im Gespräch vorausgeht, das von dem anderen als 'Zwischenfall' bewertet wird (vgl. Brinker/Sager 1989:87). Im vorliegenden Fall besteht der 'Zwischenfall', d.h. der Verstoß gegen die Regeln der rituellen Ordnung (vgl. Brinker/Sager 1989:87), in der falschen Aussprache des Fremdworts 'gangster' aufgrund einer gewissen Unachtsamkeit des Sprechers (vgl. Brinker/Sager 1989:87): Infolgedessen wird dem Sprecher der 'Zwischenfall' vom Gesprächspartner signalisiert. Für diesen gibt es die sogenannte 'Veranlassung', worunter ein Oberbegriff verstanden wird, der eine Äußerung in Form eines Vorwurfs, einer Vorhaltung, einer Anklage oder einer Beschwerde umfaßt (vgl. Brinker/Sager 1989:87). In Beispiel (168) wird die 'Veranlassung' durch eine Ergänzungsfrage geleistet, die zu dem Korrektivschritt *de gangsters* führt, d.h. zur Selbstkorrektur der falschen Aussprache durch den Sprecher. Abschließend fungiert in dieser korrektiven Sequenz die Interjektion *ah!* als positive Honorierung des anderen Interaktanten (vgl. Brinker/Sager 1989:87).
Fernández Salgado unterteilt die 'marcadores verbais de corrección' in zwei Gruppen. Interessant sind für uns seine Bemerkungen bezüglich der zweiten Gruppe:

„(b) Adverbios, conxuncións, interxeccións, como por exemplo *nó:*([3]) marcador por excelencia da corrección total, *bueno* ([5]) *que ho?*, ([7]), *ou:* ([2])." (1992:75)

Die lexikalischen Einheiten *nó* und *bueno* fungieren ohne Zweifel als Vertreter der Adverbien, während *ou* eine Konjunktion bildet. Wie bereits oben erwähnt, halten ARM *ho* für eine Interjektion. Verwirrend ist jedoch, daß weder *que ho?* noch die gesamte Sequenz des Beispiels *de que ho?* als Interjektionen zu interpretieren sind. Wie bereits oben erklärt, ist die Klassifikation von *ho* als Interjektion diskutabel. *Que* ist in dem dargestellten Kontext ein interrogatives Relativpronomen. Es ist nicht auszuschließen, daß Salgado die Abhängigkeit von *ho*, das nicht allein vorkommt, von anderen Elementen des Satzes unterstreichen möchte; doch bleiben seine Ausführungen unklar und die Frage offen, ob *ho* als 'Veranlassung', d.h. als 'marcador verbal de corrección' oder 'iniciador de corrección' in der galicischen Terminologie (vgl. Fernández Salgado 1992:65ff.) definiert werden kann. Eine Antwort fällt nicht leicht: Aus dem zuerst angeführten Zitat Salgados kann geschlossen werden, daß eine vorwurfsvolle Intonation die Aussage begleitet. U.E. trägt *ho* dazu bei, den Vorwurf zu indizieren und zu intensivieren. Wiederum ist seine Funktion also eine begleitende. Um dies zu bestätigen, haben wir Beispiel (169) ausgewählt. Es handelt sich dabei um eine korrektive Sequenz ohne Konsequenzen, da sie nicht über die Stufe der 'Veranlassung' hinauskommt. Der Schüler, der von dem

Lehrer als Vertreter aller Schüler gewählt wird, fühlt sich deswegen ungerecht behandelt. Er möchte nicht als solcher fungieren und versucht zu erreichen, daß der Lehrer seine Entscheidung korrigiert und so eine Änderung seines Verhaltens – genauer gesagt, des von ihm vorhergesagten – vornimmt. Der Schüler versucht, dies anhand einer Beschwerde zu erreichen, die in einem vorwurfsvollen Ton ausgesprochen wird. Sie lautet: '¿O que, ho?'. Daß es sich um keine perfekte korrektive Sequenz handelt, zeigen ebenfalls die anschließenden Fragen, durch die das Kind die Verantwortung des Vorsprechens auf einen Kommilitonen übertragen möchte. Der Lehrer begeht keine Selbstkorrektur, sondern beharrt auf der Intervention des angesprochenen Schülers. Die Rückfrage kann – auch wenn sie ohne Erfolg geblieben ist – durchaus als 'marcador' bzw. 'iniciador de corrección' bezeichnet werden. Dieser konversationelle Schritt wäre jedoch auch ohne die Präsenz von *ho* vollzogen, da *ho* hier dem Satz nur eine zusätzliche Emphase verleiht.

Als gegensätzliches Beispiel soll hier Nummer (170) hervorgehoben werden. Auch wenn die Frage, in der *ho* erscheint, formell identisch mit der vorangegangenen ist, hat der Sprecher hier eine andere Intention. Er beabsichtigt nicht, daß der Gesprächspartner irgendeine vorher vollzogene Handlung oder Aussage korrigiert, sondern daß er die letzte Handlung und die in ihr enthaltene Information präzisiert und zuende bringt. Einerseits möchte der Hörer seine Neugier befriedigt sehen, andererseits wissen wir aus dem geschilderten Kontext, daß dieser viel zu tun hat und daher Ungeduld angesichts der verspäteten deutlichen Antwort zeigt. Der insistierende Effekt, der derartige Fragen auszeichnet, wird durch *ho* betont und von der begleitenden Satzmelodie bestätigt. Es handelt sich außerdem um einen Gesprächsschritt des gemeinten Hörers, der den Höhepunkt einer Eskalation bildet, in der Elemente wie die oben bereits erwähnten *a ver, ho* oder Imperative wie *dalle* und *veña* sowie die Frage *¿que?* relevante Positionen einnehmen.

Neben diesen Verwendungsweisen von *ho* gibt es auch, wie Carballo Calero unterstreicht, den dem spanischen *¿no?* ähnlichen Gebrauch von *ho*, das als *adverbio de duda interrogativo* definiert werden kann. Diese spanische Charakterisierung wird der tatsächlichen Verwendung von *ou* gerecht, doch beweist sie noch nicht die Berechtigung, von *ho* als *adverbio de duda interrogativo* zu sprechen. Es handelt sich offensichtlich um die Verwechslung von *ou* mit *ho*, denn an dieser Stelle sollte eigentlich *ou* in einem Fragesatz stehen, der wie folgt lautet: '¿Es a filla do alcalde, *ou*?' Es handelt sich dabei um eine disjunktive Konjunktion, die jedoch nicht als solche fungiert, sondern als ein Element, anhand dessen der Sprecher eine bestätigende Antwort auf seine Frage von Seiten des Angesprochenen bewirken will. Eine weitere Auseinandersetzung über die Adäquatheit der Bezeichnung *adverbio de duda interrogativo* für *ou* in diesem Fall würde den Rahmen der vorliegenden Arbeit sprengen. Wichtig ist zu signalisieren, daß die Zusatzfrage *¿nonsi?* dieselbe

Funktion erfüllt. Die entsprechenden deutschen Zusatzfragen wären: *oder?* bzw. *doch!?* und *nicht wahr?* Zu der richtigen Verwendung von *ou* in dieser Funktion lassen sich folgende Beispiele anführen:

(171)
-Ben sei o que é Francia, que tamén en Trasmundi aprendemos algo de xeografía. Pero dime unha cousa: ¿ti saberás ler en francés, **ou**?
-Non por certo, que nunca tiven ocasión de estudialo a fondo. (CF 45f.)

(172)
[...] E dígame, ¿esas palabras que dixo eran un conxuro para abrilo, **ou**?
-Non, as palabras non fan falla ningunha, dígoas porque sempre queda bonito darlle un pouco de misterio ó asunto. [...] (CF 58)

Nachdem die prinzipiellen Satztypen, in denen *ho* vorkommt, behandelt worden sind, müssen noch verschiedene sekundäre Verwendungsmöglichkeiten in Betracht gezogen werden:

E. *Ho* neben Interjektionen

Ein Beispiel für diese Möglichkeit bietet uns unser Korpus an:

(173)
[...]
-Eh, un cráneo, ¿non?
-Oi, **ho**. Lagharto, lagharto. (*Mareas vivas*, Kapitel 27: "O Home de Portozás")

Hier steht *ho* hinter einer Interjektion. Anhand der Interjektion sowie des idiomatischen Fluches bringt der Sprecher einen Aberglauben zum Ausdruck, den die Erscheinung eines Schädels in seinem Acker ausgelöst hat. *Ho* fungiert primär als appellatives Element. Der Sprecher sucht das affektive Mitgefühl des Gesprächspartners, wodurch seine Angst eine besondere Emphase bekommt. *Oi* könnte als selbständiges Autosemantikon allein vorkommen. Es handelt sich eindeutig um eine Interjektion, die zum Ausdruck der Emotionen eines jeden Sprechers verwendet werden kann. *Ho* selbst kann dagegen eine solche Rolle nicht spielen, sondern nur zu ihrer Erfüllung beitragen.

F. *Ho* in idiomatischen Wendungen

Auffallend häufig liegen bei den verfügbaren Übersetzungen aus dem Galicischen ins Deutsche Beispiele vor, die das Vorkommen von *ho* in festen idiomatischen Wendungen belegen. In diesem Zusammenhang lassen sich folgende Textsegmente anführen und kommentieren:

(174)
¿A que altura traballabas ti?, preguntou Bento.
Polo menos, polo menos a trescentos metros.
¿Tres que? ¡Vai de aí, **ho**! (RE 104)

In welcher Höhe hast du gearbeitet? fragte Bento.
Mindestens, mindestens... dreihundert Meter.
Drei was? <u>Erzähl keinen Scheiß!</u> (REÜ 116)

(175)
¿A que non te atreves? Medo feliz. Alegre feliz. Pico puño. ¡Anda **ho**! Só ata alí, ata o muíño vello. Con volta. (RE 132)

Bestimmt traust du dich nicht. Glückliche Angst. Heitere Furcht. Schnabelfaust. Na komm! Nur bis dort, bis zur alten Mühle. Und zurück. (REÜ 149)

(176)
Podería, se queres, podería facer algo, dixo el cauteloso.
¡Vai de aí, **ho**! ¿Que has facer? (RE 157)

Ich könnte, wenn du willst, könnte ich irgendwas tun, sagte er vorsichtig.
Unsinn, **Mann**! Was willst du denn tun? (REÜ 176)

(177)
[...]
¡Como hai Deus que o fago!
¡Vai de aí, **ho**!
¿De que cor a queres?
Non me tomes o pelo, anda.
Pois plantarei flores. (RE 157)

[...]
Ich mach es, so wahr es einen Gott gibt.
<u>Du bist verrückt.</u>
Welche Farbe willst du?
Komm, mach dich nicht über mich lustig.
Dann werde ich eben Blumen pflanzen. (REÜ 177)

In Beispiel (174) kommt *ho* als begleitendes Element einer festen idiomatischen Wendung vor. Auch wenn es stimmt, daß *ho* in Verbindung mit diesem festen Ausdruck eine sehr hohe Frequenz besitzt, könnte an seiner Stelle genauso gut *anda* auftreten. Das Idiom *vai de aí* - wörtlich übersetzt *geh von dort weg*[74] -, bildet im übertragenen Sinn einen Ausdruck der Ablehnung. *Ho* verleiht diesem eine zusätzliche Emphase. Der Hörer glaubt überhaupt nicht, was der Sprecher behauptet hat, und bringt seine Ablehnung sehr deutlich anhand der zu

---

[74] Zum Ausdruck der Ablehnung wird im Dialekt von Saarbrücken der Ausdruck *Ach geh fort!* verwendet. Der Kabarettist Gerd Dudenhöffer bedient sich dieser dialektalen Besonderheit.

behandelnden idiomatischen Wendung zum Ausdruck. Dabei wirkt - trotz der oben gemachten Einschränkungen – *ho* an dieser Stelle idiomatisch. Die Übersetzerin hat sich sehr treffend für einen deutschen Ausdruck entschieden, der dem galicischen Konstrukt entspricht und dieselben Werte wie dieses vermittelt. Die deutsche Lösung wird im *DUDEN – Redewendungen und sprichwörtliche Redensarten* unter dem Eintrag 'Scheiße' nicht registriert (vgl. 1992:615), doch findet sich im *DUDEN-Deutsches Universal Wörterbuch* ein ähnlicher Ausdruck wie im deutschen Translat. Es läßt sich ein Teil des Eintrags zur Verdeutlichung anführen:

> „Scheiß, der; (salopp): etw., womit man nicht einverstanden ist, was man ablehnt oder für belanglos hält: was soll der S.?; viel S. reden; mach keinen S.!; [...] (^{2}1989:1310).

Diese Verwendung von *Scheiß* bildet eine uneingeschränkte Äquivalenz zum galicischen Textsegment.

Die Übersetzerin wurde mehrmals mit derselben galicischen Wendung konfrontiert und konnte dabei zeigen, daß unterschiedliche Optionen je nach dem Kontext angemessen sind. So bildet Beispiel (177) einen Beleg für die Behauptung, daß auch ein anderer Ausdruck den galicisch *vai de aí, ho* ersetzen kann. Es handelt sich beim galicischen Ausdruck um die Vermittlung der Ablehnung von Seiten des Hörers, aber auch der Überzeugung der Absurdität des vom Gesprächspartner Gesagten. In diesem Zusammenhang erweist sich die Option *Du bist verrückt* als geeignete Lösung, aber vielleicht wäre *Du bist doch verrückt* noch besser gewesen. In Beispiel (176) versucht der Angesprochene, den Gesprächspartner zu demütigen. Er zeigt durch die Verwendung des Ausdrucks, daß er nicht an seine Fähigkeit, etwas zu unternehmen, glaubt. Er ist mit dem vom Gesprächspartner Mitgeteilten nicht einverstanden. In der deutschen Übersetzung erfolgt die Abwertung des Gesprächspartners durch die Bewertung der Situation als absurd, unmöglich und unlogisch. Auf diese Weise rechtfertigt sich das Auftreten des Substantivs *Unsinn*. Darüber hinaus hat die Übersetzerin das Substantiv *Mann* als Äquivalent ausgewählt. U.E. sind ihr somit gute Lösungen gelungen. Wie bereits bekannt ist, kann *ho* sowohl in bezug auf Männer als auch auf Frauen angewandt werden. Dies ist auch der Fall in der deutschen Sprache, in der *Mann* ebenfalls sowohl an Frauen als auch an Männer gerichtet werden darf. Eine andere Möglichkeit der Übersetzung wäre natürlich auch das neutralere *Mensch* gewesen.

Es steht noch die Diskussion einer idiomatischen Wendung aus, die, im Gegensatz zu den oben behandelten, als Ausdruck des Animierens und der Aufforderung verstanden werden kann. Obwohl hier bereits einige Verwendungen von *ho* in Aufforderungssätzen abgehandelt wurden, hat dieser Gebrauch bisher deshalb keine Berücksichtigung gefunden, weil es sich um eine feste idiomatische Wendung handelt. Diese Verwendung ist verknüpft mit der Imperativform des Verbs *andar*, wobei *andar* die Funktion zukommt, eine

Handlung in Bewegung zu setzen. *Ho* leistet dabei – wie bei der obigen Redewendung - die Verstärkung der expliziten Aufforderung. Ein in mancherlei Hinsicht entsprechendes Element für die Imperativform *anda* ist das deutsche *komm*. Als Äquivalenz für *ho* hat sich die Übersetzerin für *na*, d.h. für eine Interjektion, entschieden, die hier als Gesprächspartikel fungiert. Ein solches Element geht einem eventuell verkürzten Satz voraus und bildet damit, wie im *DUDEN Universalwörterbuch* steht,

> „den emotionalen Übergang von etw., was als Geschehen, Gesprochenes od. Gedachtes vorausgegangen ist, zu einer daraus sich ergebenden Äußerung, die persönliche Gefühle, vor allem Ungeduld, Unzufriedenheit, Resignation, Ablehnung, aber auch Überraschung, eine Aufforderung, Zuspruch, Freude enthalten kann: na, na, na!; na [ja] gut; na schön; na, wenn du meinst?; na, warum eigentlich nicht?; na, dann mal los; na, so was![...]" ([2]1989:1049f.)

Bei der galicischen Aufforderung kann in der Tat die Nuance der Ungeduld festgestellt werden. Graphisch wird sie durch die Weglassung eines Kommas markiert, das in der Regel vor *ho* gesetzt gewesen wäre. *Anda ho* erweist sich als Ausdruck der Insistenz, wobei *ho* ein fakultatives Element ist, das eine zusätzliche Emphase leistet. Bei der deutschen Version handelt es sich um eine überzeugende Option der Übersetzerin, die dem im Galicischen vermittelten Sinn treu geblieben ist. Kleine Unstimmigkeiten zwischen Ausgangs- und Zieltext können jedoch aufgrund der unterschiedlichen Strukturen beider Sprachen signalisiert werden. Während *na* - wie bereits erwähnt – als Gesprächspartikel fungiert und einen Anschluß an die vorausgegangenen Sätze herstellt, ist dies bei *¡Anda, ho!* nicht der Fall, da dieser Ausdruck zwar in den Diskurs integriert ist, aber als unabhängiger und nicht als spezifisch verbindender Teil auftritt.

G. *Ho* in ironischen Ausdrücken

Ho kann natürlich auch das begleitende Element einer ironisch gedachten Äußerung sein und dabei eine entscheidende Modifikation seines ursprünglichen Wertes erfahren, wie die folgenden Beispiele zeigen:

(178)
-[...]Si, pero ti que dis, ¿eu na radio? [...]
-Pois eso, dar clases de palillar.
-Si, ho. Só de pensalo éntranme os nervios... (*Mareas vivas*, Kapitel 17: "O home dos paxaros")

(179)
-Pois 400.000 ptas. que cobran eses desnudistas, tamén perdía eu a verghonsa, ¡eh!
-¿Pero ti cando a tiveches, ho? (*Mareas vivas*, Kapitel 17: "O home dos paxaros")

In Beispiel (178) traut sich María überhaupt nicht, Unterricht im Radio zu geben und eine Aktivität auszuüben, zu der Paula sie zu animieren versucht. Daher ist das zustimmende *si, ho* von María nur ironisch gemeint, woran auch die bei der Lektüre auftretende Intonation keinen Zweifel aufkommen ließe. In Beispiel (179) stellt Berta keine ernst gemeinte Frage. Ihre Frage zeichnet sich durch Rhetorizität aus; so macht sich Berta über Currás, ihren Gesprächspartner, lustig. Sicher hätte die Frage bereits den kommunikativen Intentionen der Sprecherin genügt; doch wird durch *ho* der Frage ohne Zweifel eine gewisse Emphase verliehen.

5.2.2. Die Varianten von *ho*: *che, ne, aieu*; die Ausdrücke *meu* bzw. *meu home*

In der Einführung in unser Thema (Abschnitt 1.7.2.2.1.3. Die dubitativen Adverbien; Os adverbios de dúbida) wird auf ARM und auf die Appellativa *che*, *ne* und *aieu* verwiesen. Es handelt sich um keine austauschbaren Äquivalente von *ho*, das in allen möglichen Situationen, in denen eine gewisse Familiarität vorhanden ist, vorstellbar ist, sondern um sich auf konkrete Kontexte beschränkende sprachliche Einheiten. Wie bereits bekannt, wird *aieu* für die Sie-Anrede gebraucht und *ne* an Frauen und Kinder gerichtet (vgl. ARM [2]1989:474), da *ne* die Apokope des Substantivs *nena* darstellt. Ein Hinweis darauf ist im *Gran Diccionario Xerais da Lingua* unter dem Eintrag *ho* zu finden (2000:1064). Darüber hinaus wird in diesem Lexikon *ne* als Interjektion definiert und zusätzlich ausgeführt, daß es sich um die apokopierte Form eines exklamativen *¡nena!* handelt (2000:1354). Bezüglich der Distribution sind diese Formen nicht mit der Frequenz von *ho* vergleichbar. Nach *ho* findet sich *che* als häufigste Form, die jedoch ausschließlich zwischen Personen, die per du sind, benutzt wird. Ein Verstoß gegen diese Regel wird als Zeichen der Unhöflichkeit und der Mißachtung der sozialen Distanz interpretiert. *Che* weist als Homophone und Homographe das *che* in der Funktion des OI sowie das *che*, das als DS fungiert, auf. Es handelt sich in allen drei Fällen um eine Indizierung der 2. Person Singular. Damit kann auch die Homographie gerechtfertigt werden. Bei Kookkurrenz mehrerer Homographe ermöglicht der jeweilige Kontext das Disambiguieren eventuell möglicher Konfusionen. Folgende Textsegmente unseres Korpus lassen sich zur Erläuterung der bereits erwähnten und anderer wichtiger Aspekte – wie die funktionale Abgrenzung von *ho* und *che* -anführen:

(180)
-Mira que son tan pequeniños cando nasen, che.
-Ai, non, non todos. Ti non viste unha foto de Selso de bebito, ¿non? (*Mareas vivas*, Kapitel 77: "Nin cases nin embarques")

(181)
-Lindiña, qué. Mira o teu home, armador e patrón de barco, **che**. Miña nai querida.
(*Mareas vivas*, Kapitel 77: "Nin cases nin embarques")

(182)
[...]
-Que tiñas que vir ata o castro de Punta Zas, **che**.
-¿Que pasa?
-Porque teñen alí unha montada que mi madriña querida. (*Mareas vivas*, Kapitel 25:
"Celtas de Portozás")

(183)
Belinda: -Non vou contigo, Manuel.
Petróleo: -¡Máis claro augha, **che**!
Manuel: -Xa vale, Belinda, ven conmigo.
Belinda: -Non.
Petróleo: -¿Pero ti oes? ¡Acaba de disir que non vai contigo, **che**! (*Mareas vivas*,
Kapitel 25: "Celtas de Portozás")
(184)
-Vaia escándalo onte na voda.
-**Che**, miña nai querida, ¡eh! Mira que teño eu visto espectáculos e barbaridades no
mundo, un lotaso deles. Pero a que montou onte Evaristo, ¿oiches?, nunca tal vin eu na
miña vida, ho. (*Mareas vivas*, Kapitel 76: "Non me mandes flores")

(185)
-¿E que? Quédache máis tempo libre a ti.
-¿E pra que che quero o tempo libre, **che**? (*Mareas vivas*, Kapitel 27: "O Home de
Portozás")

In Beispiel (180) verleiht *che* der vorangegangenen Behauptung Emphase.
Dieselbe Rolle wird von *che* in Beispiel (181) übernommen. Der Sprecher
unterstreicht damit den Stolz, der aus seiner Aussage hervorgeht. Die Freude
und der Stolz, die er als Inhaber eines Schiffes empfindet, möchte er mit seiner
Frau teilen. Das wird explizit durch die Erwähnung der familiären Beziehung –
o teu home – so wie durch die Miteinbeziehung der Angesprochenen anhand von
che deutlich. Bemerkenswert ist, daß in beiden Beispielen eine Austauschbarkeit
von *che* mit *ho* nicht gegeben ist. Der Grund dafür kann darin liegen, daß es sich
dabei um positive Behauptungen handelt, die man mitzuteilen versucht. *Ho*
verleiht häufig einen nachdringlichen, insistierenden Ton, welcher jedoch in
diesen Sätzen nicht erkennbar ist. Darüber hinaus versucht der Sprecher nicht,
den Gesprächspartner von den eigenen Positionen zu überzeugen; gerade dieser
Akt, der öfters mithilfe eines *ho* erfolgt, unterstreicht eine Art solidarischer
Miteinbeziehung. In Beispiel (182) steht *che* als begleitendes Element einer
Aufforderung, die in einem milden Ton ausgesprochen wird und an einen
Menschen gerichtet ist, zu dem völliges Vertrauen besteht. In diesem Fall hätte
ebenfalls an der Stelle des *che* ein *ho* auftreten können. Dabei ist zu beachten,

daß im Gegensatz zu *ho*, *che* intensiver die Nuance des vorerwähnten bzw. grundsätzlich bestehenden Vertrauens vermittelt. Auffallend ist, daß in der Fernsehserie *Mareas vivas* der Idiolekt einer der Hauptpersonen, nämlich der des Barinhabers Petróleo, von diesem *che*, das er systematisch fast ausschließlich verwendet, mit dem Verzicht auf *ho* einhergeht. Es handelt sich um eine Person, die sich durch ihre Offenheit charakterisieren läßt und kontaktfreudig und unkompliziert ist, also Charakterzüge aufweist, die in Einklang mit dem Gebrauch eines solchen sprachlichen Elements stehen.

Ein Beispiel für den oben erwähnten Mißbrauch des *che* stellt die Gesprächssequenz (183) dar. Hier mischt sich Petróleo unvermittelt in die Konversation ein, die von einem Zuhälter und einer vor ihm geflohenen Dominikanerin, die dieser zur Prostitution gezwungen hatte, geführt wird. Er unterstützt diese Frau namens Belinda und zeigt seinen Zorn und seine Ablehnung gegenüber diesem Individuum, dem er erstmalig begegnet ist und zu dem überhaupt keine Vertrauensbeziehung besteht. In einem solchen Kontext verwandelt sich *che* zu einem Instrument der emotionalen Abwertung. *Che* wäre zur Durchführung desselben Zweckes grundsätzlich mit *ho* austauschbar gewesen. Es darf selbstverständlich dabei nicht vergessen werden, daß die Ablehnung und die Aversion auch durch Intonation sowie andere sprachliche Elemente geleistet wird bzw. grundsätzlich ausgedrückt werden kann.

Im Unterschied zu den behandelten Beispielen, in denen *che* die letzte Position im Satz einnimmt und, wie es bei *ho* der Fall ist, nach einem Komma an eine Behauptung, Frage oder an einen Ausruf angehängt wird, besetzt *che* in Beispiel (184) das Vorfeld. Eine solche Position nimmt *ho* nie ein. Bei diesem Textsegment dient *che* eindeutig der Erfüllung einer appellativen Funktion. Die Person – wiederum Petróleo – genießt es, im Mittelpunkt zu stehen, und pflegt phantastische und sehr übertriebene Geschichte zu erzählen, die aus ihrer Zeit als Seemann stammen. In diesem Moment vergleicht er einen Skandal, der den Abbruch einer Hochzeit verursacht hat, mit anderen außergewöhnlichen Taten, die er bezeugen kann. In Einklang mit seiner oben beschriebenen Persönlichkeit beabsichtigt er, die besondere Aufmerksamkeit seines Auditoriums zu wecken. So bedient er sich eines einleitenden *che*. Die Interjektion *¡eh!*, die den Satz abschließt, untermauert den Appell. *Che* weicht wesentlich von *ho* ab, da es sich um eine unabhängige lexikalische Einheit handelt. Es sind Situationen vorstellbar, in denen *che* allein, in Zusammenhang mit anderen Interjektionen wie hier *¡eh!*, in der Sequenz *¡eh, che!*, oder wiederholt in einem zwei- oder sogar dreigliedrigen *¡che, che, che!* als Vokativ vorkommt. Dies wird im folgenden Textsegment unseres Korpus dokumentiert:

(186)
Paula: -É que ten que ser xusto este sábado, é moi importante non para-lo seguimento.
Chano: -Claro, pobres animaliños.
Paula: -Pro ti podes ir con Manghüi. É igual que se foses comigo.

Chano:-Si, ighual, si.
Petróleo: ¡**Che, che, che, che**! Con Manghüi non contedes, ¿eh?
[...] (*Mareas vivas*, Kapitel 14: "Efectos navais").

Es kann also mit Recht, wie gerade angedeutet, *che* als Interjektion definiert werden, die meistens dem Ausdruck einer zensierenden Handlung dient. Anhand von *che* wird versucht, dem Angesprochenen von dem Vollzug einer Handlung oder Behauptung abzuraten, indem diese Möglichkeit negativ bewertet wird. Im selben *Turn* kann die Verwendung anderer Mittel beobachtet werden, welche die phatische Funktion gewährleisten. In diesem Zusammenhang sind ¿*oiches?* und das abschließende *ho* erwähnenswert. Da der Sprecher in seiner Behauptung ein Faktum betont, das Überraschung und sehr kontroverse Gefühle – eher negative Beurteilungen – unter den Einwohnern ausgelöst hat, setzt er *ho* an das Ende des Satzes.
Beispiel (185) ist sehr interessant, da in einem kurzen Satzwechsel alle drei *che*-Homographe vorkommen. Das erste *che* übt die grammatikalische Funktion des OI aus; das zweite *che* ist ein DS, und beim dritten handelt es sich um eine emphatisierende Interjektion.
Es bleiben in diesem Zusammenhang noch *meu* bzw. *meu home* zu besprechen, Elemente, die als reine Vokativformen in einer Appellfunktion vorkommen können. Folgender Dialog unseres Korpus eignet sich zu ihrer Analyse:

(187)
-Mira, **meu, meu**.
-Eh, un cráneo, ¿non?
[...]
-Si, pero, pero, e se estaba aquí, ¿que facía un morto na túa leira, eh?
-¿E preghúntasmo a min?, **meu home**. (*Mareas vivas*, Kapitel 27: "O Home de Portozás")

Es besteht eine Relation des Vertrauens zwischen den beiden Freunden, die das Gespräch führen. Eine solche Nähe und ihre Zusammengehörigkeit werden so wortwörtlich von einem Vokativ wie *meu home* perfekt wiedergegeben, und zwar mithilfe eines Ausdrucks, der aus dem Possessivadjektiv *meu* und aus dem Substantiv *home* besteht. Es kann jedoch eine Ellipse vorliegen und eine Reduktion des Appellativs auf *meu* erfolgen, das, wie beim obigen Beispiel, auch in reduplizierter Form erscheinen kann. Es lassen sich in diesem Zusammenhang das folgende galicische Textsegment und seine deutsche Übersetzung anführen:

(188)
Síntoo moito, **meu**. E o meu tío apertaba o gatillo. Preferiría non facelo, compañeiro. E entón o meu tío batía duramente coa estaca, un golpe certeiro na caluga do raposo atrapado no cepo. Entre o meu tío o trampeiro e a presa había o intre dunha mirada [...] (RO 21).

Es tut mir sehr leid, **Kumpel**. Und mein Onkel entsicherte für alle Fälle das Gewehr. Ich würde es lieber nicht tun, mein Freund. Und dann schlug mein Onkel heftig mit dem Stock zu, ein treffsicherer Hieb in den Nacken des in der Falle gefangenen Fuchses. Zwischen meinem Onkel, dem Fallensteller, und seiner Beute gab es den winzigen Moment eines Blickes [...] (ROÜ 20).

Hier liegt die Personifizierung eines Tieres vor. Der Erzähler gibt die Worte seines Onkels wieder. Dieser behandelt sein Opfer, und zwar einen Fuchs, als ob das Tier eine Vertrauensperson wäre. Der Sprecher richtet den Vokativ *meu* an den Fuchs. Wir werden mit der treffenden Äquivalenz *Kumpel* konfrontiert, mit einem Substantiv also, welches in kommunikativen Situationen eingesetzt werden darf, in denen eindeutig ein Vertrauensklima zwischen den Gesprächspartnern herrscht.

5.2.3. Auswertung der Urteile der Informanten

Anhand von zwei der Beispiele, die als Teil unseres Korpus im vorliegenden Abschnitt angeführt sind, haben wir versucht, das metasprachliche Wissen unserer bereits vorgestellten Informanten zu erforschen und mit unserem eigenen zu kontrastieren. Im ersten Teil der Umfrage handelt es sich, wie bereits bekannt, um die Erläuterung der Nuancen und Werte, die nach Meinung der Informanten *ho* in einem bestimmten Textsegment zum Ausdruck bringen kann. Das bereits bekannte Beispiel war folgendes:

A.1.
-¿A que altura traballabas ti?, preguntou Bento.
-Polo menos, polo menos a trescentos metros.
-¿Tres que? ¡Vai de aí, **ho**!
[...] (RE [3]1998:104)

Die befragten Informanten lieferten uns folgenden Kommentare:

1) «Ho» reforza a refutación, enfatizándoa.
2) ho, se utiliza para dar énfasis.
3) ho!→ indica incredulidade ante o que dixo a outra persoa.
4) Partícula que serve para establecer certa cordialidade entre os falantes. Máis proximidade.
5) "Ho" equivale a "home"; neste caso, usado exclamativamente.

6) "Ho" é unha interxección coa que o falante pretende chama-la atención do ointe. É moi frecuente na obra de Cunqueiro –nalgúns contextos parece abreviatura de "home"– con este mesmo uso.

7) ‹ho› - chamada de atención ó interlocutor.

8) "Ho" é unha partícula que denota familiaridade coa persoa coa que se fala.

9) Dá énfase á oración, faina coloquial.

10) "ho!" indica que o falante non cre en absoluto que o edificio teña unha altura de 300 metros.

11) ho!: trátase dunha interxección coloquial, sóese empregar sobre todo na zona de Lugo con intención de darlle maior énfase ó que se está dicindo.

12) Aporta un matiz coloquial, próximo ó da lingua oral, e enfatiza a expresividade dos falantes, amosando as súas emocións (sorpresa, contrariedade). Ten un significado "emotivo", de interxección.

Aus den vorangegangenen Behauptungen sollen zunächst bekannte Aspekte hervorgehoben werden, die nicht umstritten sind: Es handelt sich bei *ho* um ein umgangssprachliches bzw. der gesprochenen Sprache zugehöriges Element, und seine Verwendung ist als Zeichen der Familiarität, der Herzlichkeit bzw. der Nähe zu verstehen, die zwischen den Gesprächspartnern bestehen. Diese Nuancen werden ohne jeden Zweifel von *ho* hervorgerufen. Bezüglich der Zuordnung dieses Elements zu einer bestimmten Wortklasse werden wir mit verschiedenen Meinungen konfrontiert. Einige der Befragten definieren *ho* als Interjektion, andere als Partikel, und die meisten verzichten darauf, das behandelte Element irgendeiner Kategorie zuzuordnen. Es kann also daraus geschlossen werden, daß es sich nicht nur um ein von der traditionellen Grammatik vernachlässigtes, sondern auch um ein generell schwer zu klassifizierendes Element handelt. Darüber hinaus haben sich unsere Informanten zu den Funktionen und Nuancen ausgesprochen, die *ho* ihres Erachtens erfüllt. In diesem Zusammenhang zeigt sich ein breites Spektrum von Antworten. Es kann festgestellt werden, daß für viele von ihnen *ho* der Emphase dient. Durch *ho* soll die Expressivität der Gesprächspartner unterstrichen werden, indem gewisse Emotionen gezeigt werden. Die erste der angegebenen Beschreibungen definiert am besten die Rolle, die *ho* im Beispielsatz spielt: Wie der Informant betont, untermauert *ho* die explizite Ablehnung, indem es diese betont. Zwei Befragte heben die appellative Funktion von *ho* hervor. *Ho* diene dazu, die Aufmerksamkeit des Gesprächspartners zu erwecken. Für zwei der Interviewten ist *ho* ein Indiz der Unglaubwürdigkeit des Angesprochenen angesichts des vorher Gesagten. Über diese und weitere Aspekte wird im folgenden Punkt diskutiert. Interessant ist der Hinweis eines der Informanten, daß eine besonders hohe Frequenz dieses *ho* in Cunqueiros Werk vorliege. Bemerkenswert ist, daß der Schriftsteller anstelle des *ho* die Form *hom* verwendet:

„-¡Sari, escóitame, **hom**!¡Pídocho de favor!" (CS 305)
„-¡Ai, Sinbad, non creas nada, **hom**!" (CS 392)

„[...] Ruz, non te acativo, **hom**, ¡pro hai navegantes e navegantes! (CS 396)

Hierbei läßt sich ergänzend folgendes Beispiel aus dem Roman von Cunqueiro *As crónicas do Sochantre* anführen:

(189)

-A min o que máis me custa contar é de cando o verdugo de Rennes me fixo o nó na mesma noz. Era unha corda áspera e februda, de esparto de Tarragona,. Apertouna ben, e despoixas tivo que ciar o lazo, pra porme o nó na caluga, e roóume a barbadela e todo o pescozo. Medio afogado díxenlle: *¡A modiño, **hom**, que todos somos cristianos!* -¿I el qué dixo?, -perguntóu o sochantre. -Nada. Cuspíu nas mans e tiróu polo seguro da trampa (CA 184f.).

"Die größte Überwindung kostet es mich, wenn ich erzählen soll, wie der Henker von Rennes mir den Knoten direkt am Kehlkopf knüpfte. Es war ein rauher, faseriger Strick aus tarragonischem Espartogras. Er zog ihn fest zu, und dann mußte er die Schlinge lockern, um den Knoten in den Nacken zu schieben, und dabei streifte er mein Kinn und meinen ganzen Hals. Halberstickt sagte ich zu ihm: "Sachte, **Mensch**, wir sind alle Christen!" "Und was hat er gesagt?" fragte der Kantor. "Nichts. Er spuckte in die Hände und zog an der Sicherung der Bodenfalle." (CAÜ 34)

Wiederum tritt *Mensch* als treffende Übersetzung des galicischen *hom* auf. Nur in einem der von uns konsultierten Lexika ist *hom* als Eintrag zu finden:

„*Hom*, s.m. Apócope de home, familiar e amistoso. Var. *Ho*" (*Dicionário da língua galega* 1995:827).

In diesem Zusammenhang ist zu erwähnen, daß Saco y Arce über die 'interjección compuesta' *ai hom (ai home)* spricht, die mit einem ironischen Ton zum Ausdruck des Erstaunens diene ([2]1967:176). Als Beispiel – mit anschließender Übersetzung ins Spanische - gibt er folgendes: „*Ai hom, ¿tamén se che antoxaba?, ¿conque también se te antojaba?*" ([2]1967:176). In Einklang mit den unter dem Abschnitt F 'Ho mit Interjektionen' von uns angeführten Argumenten kann nur *ai*, aber auf keinen Fall *hom* für eine Interjektion gehalten werden. Darüber hinaus bleibt aussagekräftig, daß Saco y Arce weder *ho* noch *hom* auf seiner Liste der wichtigsten galicischen Interjektionen aufführt.

Was die Verwendung von *ho* betrifft, so sind einige Beobachtungen zu präzisieren. Es ist – wie bereits erläutert und gezeigt – kein äquivalentes Element von *home*, sondern in der Tat – und nicht nur hinsichtlich seiner Form, wie einer der Informanten behauptet - die Abkürzung des Substantivs, die sich jedoch von diesem absondert, und nur teilweise mit ihm austauschbar bleibt. Die Verwendung von *ho* beschränkt sich nicht auf die Provinz Lugo und kommt dort auch nicht in einer höheren Frequenz als in den anderen galicischen Provinzen vor.

Für den Vergleich zwischen zwei sprachlichen Sequenzen, von denen eine *ho* enthält, ist den Informanten ein bereits im vorliegenden Abschnitt angeführtes Beispiel präsentiert worden:

B.4.

a)-Eh, eh, máis respeto, que estás falando con Manghüi, o terror do mundo submarino. ¿Que che parece? -A ver, ¿que che pasou? (*Mareas vivas*, Kapitel 3:"O Santo")

b)-Eh, eh, máis respeto, que estás falando con Manghüi, o terror do mundo submarino. ¿Que che parece? -A ver, **ho**, ¿que che pasou? (*Mareas vivas*, Kapitel 3: "O Santo")

Folgende Bemerkungen sind aus der Beobachtung zu diesem Beispiel abgegeben worden:

1) b) é máis enfático. Parece que apura ó interlocutor a respostar.
2) ¡ho! es un uso enfático propio del habla coloquial.
3) ¡ho!→ xa insistiu na pregunta varias veces (impaciencia).
4) No segundo caso establécese certa cordialidade.
5) "Ho" penso que constitúe, tamén, unha forma de poder implicar ó oínte.
6) O 2° texto amosa máis familiaridade e confianza do falante co ointe. Ademais, é propio de contextos menos formais.
7) O falante amósase no segundo fragmento máis expresivo, quizáis por ter unha maior familiaridade co interlocutor.
8) O "ho" cumpre, en certo xeito, a mesma función que o "che" [hier als DS] do exercicio anterior: dá un ton de familiaridade. (Note der Verf.).
9) Cando introduce a partícula "ho" é máis coloquial, pero non varía o significado.
10) Na 2ª hai máis proximidade e confianza entre os falantes que na primeira.
11) Parece que esta partícula se emprega coa intención de imprimir no receptor un ánimo de máis confianza. A situación é mías coloquial que a anterior secuencia.
12) Aporta un matiz máis coloquial e familiar, e tamén máis exprexividade (sorpresa).

Für die meisten Informanten von Relevanz, daß *ho* dazu beiträgt, die vorgeschlagene Sequenz familiärer und herzlicher zu gestalten: Es herrsche durch die Verwendung von *ho* ein Vertrauensverhältnis zwischen den Gesprächspartnern vor. Darüber hinaus wird betont, daß *ho* charakteristisch für die gesprochene Sprache sei und Expressivität und Emphase verleihe. *Ho* wird von den wenigen Informanten, die sich zu seiner Klassifikation kurz geäußert haben, merkwürdigerweise als Partikel definiert. Anwort (9) ist besonders aufschlußreich, da hier darauf hingewiesen wird, daß durch die Präsenz von *ho* die gesamte Bedeutung keine Veränderung erfahre. Solche Bemerkungen sind auch bezüglich der MPn ausgedrückt worden. Außer diesen relativ allgemeinen Kommentaren wird bezüglich des konkreten Kontextes, in dem *ho* präsentiert wird, auf die Ungeduld eines Sprechers verwiesen, der seinen Gesprächspartner auf eine Antwort drängt. Solche Nuancen sind neben anderen bereits von uns signalisiert worden. Die metasprachlichen Aussagen unserer Informanten sind also als Bestätigungen der eigenen Interpretation von Relevanz, nicht jedoch in dem Maße aufschlußreich wie die bei den anderen Einzelproblemen gegebenen Erklärungen.

5.2.4. Fazit

Welcher Wortklasse können *ho* und *che* zugeordnet werden? Sind solche Elemente mit den deutschen MPn vergleichbar? Dies sind deshalb schwer zu beantwortende Fragen, weil sich nicht in Frage stellen läßt, daß *che* als Interjektion auftreten kann, die selbständig oder in Verbindung mit bestimmten sprachlichen Sequenzen gebraucht werden kann und ein autosemantisches Element darstellt. Abweichend davon – und darauf gründet sich unsere abweichende Klassifikation – kann *ho*, wie oben dargelegt, auf keinen Fall allein als Ausdruck irgendwelcher Emotionen oder Gefühle vorkommen. *Ho* drückt für sich selbst keinen solcher Werte bzw. Nuancen aus, ist also ein Satzmodalisator. *Ho* verleiht Emphase, die der Untermauerung des im jeweiligen Satz ausgedrückten Inhalts dient, unabhängig von der Zugehörigkeit zum einen oder anderen Satztyp. Es kann sich um eine ablehnende oder zustimmende Behauptung oder um eine Aufforderung, etc. handeln. Gerade *ho* als zustimmungheischendes Element kann mit MPn wie *ja* und *doch* verglichen werden. Diese Bemerkung wird von folgendem Beispiel unseres Korpus dokumentiert:

(190)

Ich sprach leise, erzählte noch einmal die Geschichte von dem Jungen, und sie drückte meine Hand, als wollte sie sagen: Ja, ich glaub'es dir ja. (BA 132f.)	Falei en voz baixa, contei unha vez máis a historia do rapaz e ela apertou a miña man coma se quixese dicir: Créocho, **ho**. (BAÜ 126f.)

Syntaktisch gesehen ist *ho* in solchen Sequenzen ein weglaßbares Element, genauso wie die MPn, denn diese tragen letztendlich 'nur' dazu bei, die vollständige, grammatikalisch richtige formulierte Aussage zu modifizieren. Wie den MPn kann jedoch auch *ho* eine zentrale Rolle zugeschrieben werden. Sie sind in einem besonderen Sinne bedeutungstragende Elemente, auf die man nicht ohne Verlust wichtiger Nuancen verzichten kann. *Ho* kann auch für ein illokutionsindizierendes Element gehalten werden. Wie in der vorliegenden Arbeit gezeigt und generell unter den Partikelforschern akzeptiert ist, erfolgt eine solche Illokutionsindizierung eigentlich nur in Zusammenhang mit der Intonation, der Gestik und der gesamten sprachlichen Realisierung von Mitteilungen beim sprachlichen Handeln[75].

---

[75] Siehe dazu Punkt 1.3. der vorliegenden Arbeit.

5.3. Seica und *disque*.

5.3.0. Vorbemerkungen

In diesem Kapitel befassen wir uns speziell mit einer Auswahl aus den lexikalischen Einheiten, die bereits in Abschnitt 1.7.2.2.1.3. (Die dubitativen Adverbien; Os adverbios de dúbida) der vorliegenden Arbeit behandelt worden sind. Im folgenden werden jedoch diese Elemente unter anderen Gesichtspunkten betrachtet; es liegt dabei in unserem Interesse, die traditionelle Subsumierung von Elementen wie *seica* und *disque* unter die dubitativen Adverbien, deren Voranstellung unentbehrlich ist, kritisch zu betrachten und eine angemessene Klassifikation im Rahmen der Relevanztheorie (Sperber und Wilson 1986 und [5]1994; Blakemore 1992) vorzuschlagen. Die als gelungen bewerteten Übersetzungen unseres Korpus dienen der Unterstützung der theoretischen Basis. In diesem Zusammenhang bilden *disque* und *seica* mit ihren Varianten eine Gruppe, von der *se cadra* (mit den im Punkt 1.7.2.2.1.3. behandelten Elementen *ó mellor* und *talvez*) auszuschließen ist. Gerade aufgrund ihres Vergleichs mit *seica* und *disque* und der festgestellten Unterschiede ergibt sich die Notwendigkeit, die erwähnte, allgemein akzeptierte gemeinsame Einordnung dieser Elemente zu korrigieren. Darüber hinaus wird das interrogative *seica* mit dem portugiesischen interrogativen *se calhar* kontrastiert, was, wie wir meinen, zu bemerkenswerten Schlüssen für die allgemeine Klassifikation dieser Elemente führt.

5.3.1. Seica und *disque* in Assertionen. Die Nuancen, die sie hervorrufen, und ihre deutschen Translate

Traditionell werden *seica* und *disque* in den galicischen Grammatiken als Adverbien bzw. als dubitative Adverbien definiert (vgl. u.a. Carballo[7]1979:250 sowie Saco y Arce [2]1967:108 und Costa Casas et al. 1988:251). Wie sehr an einer solchen Annahme festgehalten wird, zeigen Einträge der Lexika, die bis ins Jahr 2000 reichen:

„SEICA adv. Expresa dúbida ou inseguridade do falante; disque, ó mellor, quizá, quizais, quizabes, se cadra, tal vez (*seica* lles roubaron moitos cartos). [...]." (*Gran Diccionario Xerais da Lingua* 2000:1749)

„seica (de sei + ca). *adv.* Expresa dúbida: acaso, tal vez, quizais, disque ([...] ¡*seica* estás tolo!)." (*Diccionario Xerais da Lingua* [4]1993:839)

„DISQUE *adv.* Segundo parece, seica." (*Gran Diccionario Xerais da Lingua* 2000:709)

„disque (de dicir + que). *adv.* Dise que; din que; coméntase; óese; seica." (*Diccionario Xerais da Lingua* [2]1993:334)

„*seica*. Adv. Indica dúbida sobre aquilo do que se fala, pero con certas reservas, xa que é probable que sexa certo. *Sin.* **acaso; disque; ó parecer; segundo se di.** *Sin.* **seique** [...]." (*Diccionario Cumio da Lingua Galega* 1999:984)

In den Lemmata von *seica* und *disque* wird bei den Umschreibungen, die im folgenden zu analysieren sein werden, auf die zwei lexikalischen Einheiten gegenseitig verwiesen. Beide Elemente werden ebenso irrtümlicherweise mit anderen wie *tal vez, quizais* und *ó mellor*, u.a.m. gleichgesetzt. Aus dem zuletzt aufgeführten Eintrag geht hervor, daß neben dem Ausdruck des Zweifelns/Zögerns eine eventuell mitschwingende Gewißheit bei der Verwendung von *seica* und *disque* in Betracht gezogen wird. Ähnliche Formulierungen verwendet Montero Küpper, wenn sie das Vorkommen von *seica* und *disque* zum Ausdruck der epistemischen Modalität der Gewißheit bzw. des Zögerns/Zweifelns andeutet. Ihres Erachtens drückt der Sprecher anhand einer solchen Modalität eine Einschätzung der Gültigkeit der Aussage aus (vgl. 1999:727). Im Zusammenhang mit dieser Bemerkung gibt sie folgendes Beispiel an: „*Seica fala perfectamente chinés*" (1999:727). García Represas definiert einen Satz wie „Seica era", welcher als Antwort auf die Frage „¿Era sábado?" fungiert, als *Declarativa de opinión* (vgl. 1992:59f.). In Anlehnung an Rosales Sequeiros (1999:717ff.) können solche Behauptungen bestritten werden: Durch *seica* nimmt der Sprecher hier keine bestimmte Haltung bezüglich des Gesagten ein; es erfolgt weder eine Bewertung noch eine Einschätzung des Sachverhaltes. Er zeigt weder seine Zweifel noch seine Gewißheit gegenüber der gemachten Äußerung, sondern beschränkt sich darauf, die von ihm zum Ausdruck gebrachte Aussage einem Dritten zuzuschreiben. Erst in weiteren Schritten kann es zu einer pragmatischen Interpretation kommen, bei der die Gewißheit oder fehlende Gewißheit über die Wahrhaftigkeit des Sachverhaltes eine Rolle spielt (vgl. Rosales Sequeiros 1999:719; 725). Die Vermittlung solcher Nuancen gehört jedoch – wie bereits oben angedeutet - nicht zur primären Funktion eines Elements wie *seica*.

Mit logischen Argumenten gelingt es Rosales Sequeiros im Rahmen der Relevanztheorie, die theoretischen Grundlagen traditioneller Grammatiken wie der oben erwähnten in Frage zu stellen und neue zu entwerfen, welche eine ernsthafte, wenn auch stellenweise kritische Auseinandersetzung verdient haben. Carballo Calero setzt *seica* und seine Variante *seique* mit Ausdrücken wie *se cadra* oder *quizais* gleich, was sich prinzipiell als falsch herausstellen wird, und ordnet sie eindeutig und ohne weitere Erklärungen unter die *adverbios de duda* ([7]1979:250). Ebenso geht Costa Casas vor (vgl. 1988:251), aber im Gegensatz zu Carballo Calero umfaßt die Auflistung andere Elemente, nämlich: *acaso, dizque, igual, porventura, quizá, seica* und *talvez*. Rosales Sequeiros jedoch steht Costa Casas und ARM kritisch gegenüber. In bezug auf Costa Casas handelt es sich um eine gerechtfertigte Kritik, wobei sie nicht mit derjenigen vergleichbar ist, die sich an die Grammatik von ARM richtet. Wie im folgenden dargelegt wird, hätte er sogar die interessanten Bemerkungen der drei Linguisten zur Unterstützung seiner Interpretation von *seica* und *disque* als *adverbios interpretativos* (vgl. Rosales Sequeiros 1999:724) verwenden können, doch tut er dies nur teilweise (vgl. *ibid.*).

In den Augen von Rosales Sequeiros ist *adverbio de dúbida* nicht die korrekte Bezeichnung für *seica* und *disque* (vgl. 1999:717). Nach Ansicht von ARM handelt es sich bei den Ausdrucksmitteln der Modalität im allgemeinen um Elemente, die traditionell als Adverbien galten, auch wenn ihr syntaktisches Verhalten von dem der echten Adverbien stark abweicht (vgl. [2]1989:455). Deswegen verwenden ARM auch die Bezeichnung *marcas* und nicht *adverbios* für Elemente wie *seica* und *disque*. ARM bemerken folgendes:

> „*Seica* e *disque* indican que o falante non está certo da veracidade do enunciado que emite, pero que o dá como probable [...]" ([2]1989:466).

Hier wird wiederum davon ausgegangen, daß die Einstellung des Sprechers durch *seica* und *disque* zum Ausdruck gebracht wird.

Daß *seica* und *disque* keine Synonyme für lexikalische Einheiten wie *talvez*, *quizais* oder *acaso* bilden, wie dies die traditionellen Grammatiken und entsprechende Wörterbücher unterstellen, beweist Rosales Sequeiros anhand einfacher Substitutionsproben (vgl. 1999:718f.). In Anwendung dieses durchaus sinvollen Verfahrens möchten wir an dieser Stelle eine solche Probe auf ein eigenes Beispiel anwenden:

> A: -¿Sabedes por que non veu Xan a semana pasada á escola?
> B: -*Disque* estivo enfermo.
> C: -*Talvez/quizais/acaso* estivo enfermo.

Wenn man als Antwort auf die von Sprecher A gestellte Frage die Äußerung von Sprecher B bekommt, bildet die von einem dritten Gesprächspartner C ausgedrückte Erwiderung keineswegs eine synonymische Aussage. Sprecher C stellt die Wahrhaftigkeit des Sachverhaltes der Aussage in Frage. Im Unterschied dazu beschränkt sich Sprecher B darauf, die Aussage einer unbestimmten Quelle zuzuschreiben. Es besteht logischerweise die Möglichkeit, daß zu einer solchen Zuschreibung eine pragmatische – jedoch keine semantische - Interpretation herangezogen wird, bei der Ungewißheit über das Zutreffen des ausgedrückten Sachverhaltes herrscht. Dies ist jedoch nicht die primäre Bedeutung der Aussage (vgl. Rosales Sequeiros 1999:719 bzw.721). Eine solche Behauptung wird ganz eindeutig von einer Reihe von Bemerkungen, die bereits in der *Gramática galega* von ARM ([2]1989) zu beobachten sind, untermauert. Auch wenn zunächst eine Auflistung erfolgt, in der *seica* und *disque* neben anderen nicht-synonymischen Ausdrücken stehen (vgl. ARM [2]1989:465), werden beide lexikalischen Einheiten später gesondert. Darüber hinaus wird die Rolle der Zuschreibung, die *seica* und *disque* spielen, thematisiert:

> „ [...] emprégase [sic] moito para expresar xuícios que un oíu a outros, pero dos que non pode ou non desexa asegura-la certeza" (ARM [2]1989:466).

Die Umschreibungen, die ARM für *seica* und *disque* vorschlagen, sind ein Beweis für die Rolle der Zuschreibung, die diese Elemente ausüben:

> „A expresión *polo visto*, de sentido un pouco diferente ('polo que parece, polo que se bota de ver', pode achegarse á significación de *disque* e *seica*: Polo visto *non lle querían que casase que casase co Francisco; iso din, que eu non o sei.*" (ARM [2]1989:466).

Die Zuschreibung bleibt – wie bereits oben angedeutet – dadurch diffus, daß Ausdrücke wie die zitierten, deren Übersetzungen *angeblich* bzw. *anscheinend* bilden, meistens nicht auf eine konkrete Person oder Informationsquelle zielen, sondern eher im Bereich des Unpersönlichen verankert sind. Dies bestätigt ebenfalls die weitere Umschreibung *iso din, que eu non o sei*, bei der anhand der 3. Person Plural des Verbs *dicir* auf eine unbestimmte Quelle verwiesen wird. Anschließend distanziert sich der Sprecher explizit – *que eu non o sei* – von seiner eigenen Aussage. Er ist also lediglich als Überbringer einer Nachricht anzusehen, denn es findet keine Stellungnahme statt. Die Umschreibung auf Spanisch für *seica* von Carballo Calero ('parece que'; vgl. [7]1979:250) weist ebenfalls auf die beschriebene Rolle hin. Ähnliche Umschreibungen wie *ó parecer* oder *segundo se di* sind in den oben angeführten Wörterbucheinträgen zu finden, neben anderen wie *dise, cómentase, óese*, u.a.m. In "*Disque* a filla de Maruxa casou cun irlandés" stellt *disque* eine Zusammensetzung aus der 2. Person Singular des Verbs *dicir* (d.h. eines die Herkunft der Aussage kommentierenden Verbs) und der Konjunktion *que* dar, wie der Eintrag im *Diccionario Xerais da Lingua* ([2]1993:334) und die Aussage von Rosales Sequeiros (vgl. 1999:720) signalisieren. Anstatt der vorgeschlagenen hätten wir äquivalente Äußerungen wie folgende vorfinden können:

> -*Din que* a filla de Maruxa casou cun irlandés.
> -*Dise que* a filla de Maruxa casou cun irlandés.
> -*Cométase que* a filla de Maruxa casou cun irlandés.
> -*Óese que* a filla de Maruxa casou cun irlandés.
> -*Seica* a filla de Maruxa casou cun irlandés. [Beispiele der Vf.]

Bei diesen Umschreibungen handelt es sich fast ausschließlich um attributive, die Herkunft der Aussage kommentierende Verben. Einzige Ausnahme ist *seica*. Dieses Lexem besteht aus der 1. Person Singular des Verbs *saber*, welche mit der Konjunktion *que* eine Einheit bildet, wobei die Variante *seique* die einzelnen Bestandteile noch deutlicher hervortreten läßt als *seica*.

Wie Rosales Sequeiros (vgl.1999:720f.) vorschlägt, sind weitere morphosyntaktische Kriterien für die definitive Abgrenzung von *disque* und *seica* von der Klasse der dubitativen Adverbien entscheidend. Im Unterschied zu diesen können *disque* und *seica* ohne weiteres die zweite Position im Satz einnehmen, d.h. eine Stelle besetzen, die für *talvez, quizais* und *acaso* recht ungewöhnlich ist, da diese normalerweise an der ersten Stelle erscheinen. Das obige Beispiel läßt uns anhand einer Modifikation diese Behauptung belegen und Schlußfolgerungen ziehen:

(a) -A filla de Maruxa *disque* casou cun irlandés.
(b) -A filla de Maruxa *talvez/quizais/acaso* casou cun irlandés. [Beispiele der Vf.]

Bei (b) handelt es sich um einen grammatikalisch korrekten, wenn auch nicht sehr idiomatischen Satz. Durch die angegebenen Adverbien werden Zweifel bzw. Ungewißheit zum Ausdruck gebracht. Diese Nuancen hängen keineswegs von der Semantik von *disque* ab, im Gegenteil: Der Sprecher kann trotz Verweises auf eine gewisse Quelle sich des Zutreffens des realisierten Sachverhalts sicher sein.
Disque und *seica* dürfen nie mit verbalen Formen des *subxuntivo* kookkurrieren, im Unterschied zu den in Betracht gezogenen dubitativen Adverbien. Da der *subxuntivo* der Modus des Zweifelns schlechthin ist, sieht Rosales Sequeiros (vgl. 1999:721) in einem solchen Faktum ein weiteres Indiz dafür, daß es sich bei *disque* und *seica* nicht um dubitative Adverbien handelt. Zur Unterstützung dieser Bemerkungen läßt sich wiederum dasselbe Beispiel anführen:

-*A filla de Maruxa *disque* casase cun irlandés.
-A filla de Maruxa *talvez/quizais/acaso* casase cun irlandés. [Beispiele der Vf.]

In Zusammenhang mit dem galicischen *disque* ist es von großer Bedeutung, auf das äquivalente *dizque* hinzuweisen, ein Element, das im lateinamerikanischen Spanisch häufig verwendet wird. Es muß darauf hingewiesen werden, daß Freixeiro Mato ein *disque* gleichberechtigtes Element *dizque* berücksichtigt (vgl. 2000:511), während Costa Casas/González Refoxo/Morán Fraga/Rábade Castiñeira ausschließlich *dizque* schreiben (vgl. 1988:251). Unter den unpersönlichen Sätzen, bei denen ein Verb in der 3. Person Plural vorkommt, wird hervorgehoben:

„un amplio número de ejemplos que comparten una característica semántica: incluyen 'verbos que significan actos propios de personas o seres racionales' (en palabras de Bello 1847:468). Estos casos contienen afirmaciones que siempre aparecen introducidas por un verbo de lengua o pensamiento: *dicen* que...; *comentan* que...; *rumorean* que...; *hablan* de que...; *anuncian* que...; *piensan* que...,etc. [...]" (Fernández Soriano/Táboas Baylín 1999:1741f.).

Bezüglich dieser und der unpersönlichen Sätze, in denen das unpersönliche Pronomen *se* vorkommt und zusammen mit den zitierten Verben Ausdrücke wie *se dice que* oder *se piensa que* bilden, wird bemerkt, daß:

> „La frecuencia de uso de este tipo de oraciones es tal que en ciertas variedades del español ha llegado a desencadenar reducciones fonéticas en alguno de los casos citados, concretamente en *dicen que*. En Hispanoamérica, la forma *dizque* tiene un uso muy difundido, y se emplea en lugar de *dicen que* o *se dice que*. Del vigor de esta forma da constancia una amplia gama de variantes como *izque, es que, quizque* (< *que* + *izque*)...[...]" (Fernández Soriano/Táboas Baylín 1999:1741f.).

Wie im Galicischen werden wir also mit einer phonetisch reduzierten Form konfrontiert, die dieselbe attributive Funktion ausübt. In dem Roman *Pedro Páramo* des mexikanischen Schriftstellers Juan Rulfo findet sich ein Beispiel für diese sprachliche Besonderheit:

> „Se acordaba. Fue lo primero que le dijo el Aldrete, después que se habían estado emborrachando juntos, **dizque** para celebrar el acta [...]"(RP 130). [Hervorh. der Vf.]

Disque und *seica* bezeichnet Rosales Sequeiros als *adverbios interpretativos* (vgl. 1999:724). Bevor die Adäquatheit des Terminus *adverbio* diskutiert wird, bedarf die Entscheidung des Linguisten für das Adjektiv *interpretativo* einer Erklärung. Im Rahmen der Relevanztheorie, d.h. der Theorie der Kommunikation und Kognition von Sperber und Wilson (1986), bei der beide Linguisten auf die Griceschen Maximen kooperativer Konversation zurückgreifen und sie auf die eine Maxime der Relevanz reduzieren (vgl. König 1997:62), werden zwei unterschiedliche Verwendungen der Sprache berücksichtigt, nämlich eine deskriptive und eine interpretative. Oder mit den Worten von Sperber und Wilson:

> „Any representation with a propositional form, and in particular any utterance, can be used to represent things in two ways. It can represent some state of affairs in virtue of its propositional form being true of that state of affairs; in this case we will say that the representation is a *description*, or that it is used *descriptively*. Or it can represent some other representation which also has a propositional form – a thought, for instance – in virtue of a resemblance between the two propositional forms; in this case we will say that the first representation is an *interpretation* of the second one, or that it is used *interpretively*" (Sperber/Wilson [5]1994:228f.).

Für Sperber und Wilson ist die Rede- bzw. Gedankenwiedergabe der einzige allgemein anerkannte interpretative Gebrauch von Aussagen. Darüber hinaus wird die Verwendung einer Aussage als interpretativ bezeichnet, welche eine Annahme repräsentiert, ohne sie einer bestimmten Person zuzuschreiben (vgl. [5]1994:229). Durch *seica* und *disque* erfolgt in der Tat eine Art Redewiedergabe, und anhand der oben erwähnten Beispiele ist ebenfalls deutlich geworden, daß meistens die Quelle der Information nicht explizit genannt wird. Blakemore setzt eine Reihe sprachlicher Elemente, die sich durch ihre *reportative function* auszeichnen, in Verbindung mit dem Konzept des *interpretive use* von Sperber und Wilson. Es handelt sich um die sogenannten *hearsay particles*, die als explizite sprachliche Indikatoren des interpretativen Gebrauchs der Sprache zu betrachten sind (vgl. 1992:106f.); dabei signalisiert sie, daß:

> „[...] there is a wide variety of languages in which speakers use a *hearsay particle* whenever the information they are reporting is obtained from someone else" (Blakemore 1992:105).

U.E. könnte man *disque* und *seica* unter diese *hearsay particles* subsumieren. Trotz des adverbialen Charakters der galicischen Elemente, den Rosales Sequeiros ihnen aufgrund ihrer Beweglichkeit bezüglich der Satzstellung zuschreibt (vgl. 1999:720), empfiehlt es sich, die Bezeichnung *adverbio* zu vermeiden. In ihrer Funktion differieren diese Elemente stark von denen, die traditionell für *adverbios* gehalten werden. Daher wäre für sie *partículas interpretativas* oder englisch *hearsay particles* ein durchaus adäquater Terminus.

Laut Blakemore existieren Ausdrücke, die darauf hinweisen, daß der Sprecher seine Information der Aussage eines anderen Sprechers entnommen hat (vgl. 1992:105). Bei einer Assertion wie *Nigel is in town* hält Blakemore die vorangestellten Ausdrücke *Apparently, Evidently, I gather that, They say that* für *lexical devices* (vgl. 1992:105). Wir werden hier also mit Einheiten konfrontiert, die uns an die Umschreibungen von *disque* und *seica* 'polo visto', 'polo que se bota de ver', 'ó parecer', 'segundo se di', 'din' u.a. erinnern. Die Existenz von *hearsay particles* ist im Tuyuca, Slobin, Aksu, im Türkischen und anderen Sprachen festgestellt worden (vgl. Blakemore 1992:120). Es ist jedoch auf einen wesentlichen Unterschied zwischen den *hearsay particles* der zitierten Sprachen und den galicischen *seica* und *disque* hinzuweisen, wie folgende Bemerkung Blakemores über Palmer zeigt:

> „Palmer [...] analyses such particles as having an essentially modal function. That is, he sees their function in terms of the intention of the speaker to indicate his degree of commitment to the truth of the proposition expressed. [...]" (1992:105).

Das muß nicht unbedingt der Fall bei den galicischen Partikeln sein. Wie Rosales Sequeiros treffend bemerkt, gibt es Situationen, in denen überhaupt kein Zweifel über die beschriebene Situation bestehen kann. Zum Verständnis eines solchen metakommunikativen Kontextes führt Rosales Sequeiros die Beobachtung von Sanitätern bei einem Unfall an. In diesem Beispiel lautet die Aussage einer Person, die am Schauplatz eintrifft: „*Seica* houbo un accidente" (vgl. 1999:719). Die attributive Rolle von *seica* wäre hier jedoch schwer nachvollziehbar, es sei denn, man erkennt einen interrogativen und gleichzeitig zustimmungheischenden Charakter in dieser Assertion. Eine solche Interpretation scheint sehr plausibel zu sein und wird uns später beschäftigen. *Hearsay particles* werden zum Ausdruck von Ironie eingesetzt (vgl. Blakemore 1992:107). Eine interpretative Aussage sei nicht nur relevant, wenn sie darüber informiert, was jemand gesagt oder gedacht hat; sie sei es ebenfalls, wenn sie über Gedanken oder Aussagen einer anderen Person informiere, aber auch wenn bei der Übertragung solcher Gedanken oder Behauptungen (*reporting*) der Sprecher seine eigene Einstellung ihnen gegenüber zeige. Es handele sich in einem solchen Fall um eine *echoic utterance*. Unter verbaler Ironie werde der implizite Ausdruck einer gewissen Haltung bzw. Einstellung auf Seiten des Sprechers verstanden. Anhand einer solchen ironischen Aussage erfolge eine Dissoziation des Sprechers von der sogenannten *opinion echoed* (vgl. Blakemore 1992:107; Sperber/Wilson [5]1994:238f.). Ein solcher ironischer Gebrauch trifft insbesondere für das galicische *disque*, aber auch für *seica* zu, was ein zusätzliches Argument für die Bewertung dieser Elemente als *hearsay particles* ist. Folgende Gesprächssequenzen unseres Korpus lassen sich in diesem Zusammenhang anführen:

(191)
-Oe, Belinda adaptouse a esto bastante rápido, ¿non?
-Bastante, **disque**. Vai a todo 'filispín', che.
-¿A todo que?
-Vaia, quero disir, a todo 'filispín', que vai demasiado rápido, que é demasiado, xa.
(*Mareas vivas*, Kapitel 27: "O Home de Portozás")

(192)
[...]
-¿E que? Quédache máis tempo libre a ti.
-¿E pra que che quero o tempo libre, che?
-Non sei, pra...
-¿Pra?
-Eh, mira, xa atoparás algo para ocuparte.
-Atoparei, **disque**.
-Marcho.
[...] (*Mareas vivas*, Kapitel 27: "O Home de Portozás")

In beiden Fällen kann ein *Echo* festgestellt werden, das dadurch entsteht, daß der Angesprochene den Akzent auf einen für ihn wichtigen Teil des vorangegangenen Sprecherbeitrags setzt und diesen wiederholt. Nach einer kurzen Pause wird *disque* als ironische Partikel hinzugefügt. Im ersten Fall hält der Angesprochene die Einschätzung des Gesprächspartners der dargestellten Situation gegenüber den Umständen entsprechend recht mild. Aus diesem Grund distanziert er sich von der Behauptung des Partners. Die Dissoziation findet auf diese Weise statt. Ein verbitterter skeptischer Ton bzw. eine leicht vorwurfsvolle Haltung ist hier nicht auszuschließen. Gleiches gilt für das zweite Beispiel.

Diese und andere Nuancen können bei solchen *echoic utterances* explizit gemacht werden, da der Sprecher seine Einstellung „in a manifestly sceptical, amused, surprised, triumphant, approving or reproving way" (Sperber/Wilson [5]1994:239) ausdrücken kann. Implizit wird die Haltung eines jeden Sprechers durch paralinguistische Mittel wie Intonation, Gestik und Kinesik manifestiert, was bei der Schau der Filmabschnitte deutlich wird, auf welche Sperber/Wilson ebenfalls hingewiesen haben (vgl. [5]1994:239).

Eine solche ironische Verwendung ist auch beim lateinamerikanischen *dizque* feststellbar:

> „Eso había dicho cuando levantó el acta contra actos de Toribio Aldrete. Y terminó: "Que conste mi acusación por usufruto."
> [...]
> -[...] En fin, por lo que a usted respecta, ya cumplió con lo que le mandaron, y a mí me quitó de apuraciones; porque me tenía usted preocupado, lo que sea de cada quien. Ahora ya sé de qué se trata y me da risa. **Dizque** "usufruto". Vergüenza debía darle a su patrón ser tan ignorante. [...]" (RP 130f.).

Ein besonderer ironischer Gebrauch der Partikel *seica* allein durch ihre einfache Wiederholung wird jedoch von Alonso Estravís bemerkt:

> „**Seica**, adv. de dúvida. [...] **Seica, seica**: vaia, vaia.[...]." (*Dicionário da língua galega* 1995:1339).

In seiner Analyse der Adverbien im Gesamtwerk von Álvaro Cunqueiro weist Riveiro Costa auf die ironische Verwendung von *seica* von Seiten des Schriftstellers hin:

> „A forma *seica* ten un significado un tanto impreciso, desde 'quizá' a 'parece que' e case que sempre cun lene matiz irónico. Aparece por exemplo nestes versos: *Púñache os cornos seica a parenta / séguechos pondo postmorte, seica.* Pixiñas, 2 62)" (1992:176). [Hervorh. der Vf.]

Der ironische Unterton wird in den Versen des Beispiels durch den Einsatz von *seica* in der Mitte des Satzes oder in der üblicheren nachgestellten Position erreicht. Aus den Bemerkungen von Riveiro Costa kann ebenfalls geschlossen werden, daß die Bestimmung der eigentlichen Bedeutung von *seica* als schwierig angesehen wird.

Leider läßt sich unter den zahlreichen übersetzten Beispielen unseres Korpus kein Fall der ironischen Verwendung nachweisen. An der zuschreibenden Rolle von *seica* und *disque*, welche die vielfältigen deutschen Äquivalenzen widerspiegeln, besteht kein Zweifel:

(193)
Outros santos paseaban na procesión. San
Antonio, co seu meniño no colo; San
Roque, co seu can pequerrecho; o San
Román, que disque non naceu, ou chegou
ó mundo cando morrera a nai, ou algo así.
(NM 30)

Weitere Heilige zogen in der Prozession
vorüber. Der Heilige Antonius mit dem
Knaben auf dem Arm, der heilige Rochus
mit seinem Hund, der heilige Ramón, von
dem es heißt, daß er überhaupt nicht
geboren wurde oder aber erst auf die Welt
kam, als seine Mutter schon tot war, oder
so ähnlich. (NMÜ 13)

(194)
Disque os rapaces somos anxos. (NM 40)

Es heißt, die Jungen würden Engelchen.
(NMÜ 18)

(195)
Non tardaron en aparecer os xenerais.
Montando cabalos galloufeiros (disque lles
dan viño para que anden máis rufos), e
lucindo traxes rechamantes, tricornios,
botas, esporas. (NM 41)

Es dauerte nicht lange, da erschienen die
'Generale'. Auf tänzelnden Pferden
(denen, man, wie es hieß, Wein eingeflößt
hatte, damit sie sich feuriger bewegten).
Sie trugen farbenfrohe Kleider, Dreispitze,
Stiefel und Sporen. (NMÜ 20)

(196)
Na guerra mátanse uns ós outros sen saber
as máis das veces polo que.
Disque guindan casas, pontes, ¡e que sei
eu! (NM 48)

Im Krieg töten sie einander, meist, ohne
überhaupt zu wissen, warum.
Es heißt, sie würden Häuser, Brücken und
noch sonstwas in die Luft sprengen.
(NMÜ 23)

(197)
Meu pai tenme dito que no cine hai homes
e mulleres que un veos chorar, ou rir, ou
morrer, e que todo o fan de mentira.
Disque non choran, nin rin, nin morren.
(NM 44)

Mein Vater hat mir erzählt, daß im Kino
Männer und Frauen auftreten, die weinen,
lachen, sterben, aber das sei alles erlogen.
Sie weinen also nicht wirklich, sie lachen
nicht, sie sterben nicht. (NMÜ 21)

(198)
Disque cando un can ouvea, é porque
venta morte. (NM 64)

Es heißt, wenn ein Hund heult, wittert er
den Tod. (NMÜ 33)

(199)
A madriña decote me fala do inferno, onde
disque hai fornos que non se apagan
endexamais, e rodas de coitelos que pasan
tallando arreo nas almas da xente ruín que
vai para alí. (NM 69)

Die Großmutter erzählt mir immer wieder
von der Hölle. Dort soll es Öfen geben,
deren Glut nie ausgeht, und mit Messern
gespickte Räder, die in einem fort über die
Seelen der schlechten Menschen rollen.
(NMÜ 36)

(200)
Disque veu da montaña, fai moitos anos.
(NM 125)

Es heißt, er **wäre** vor vielen Jahren vom
Gebirge **heruntergekommen**. (NMÜ 71)

(201)
Disque don Leopoldo é amigo dos seus
fillos, e falan a eito de canto hai. (NM 111)

Es heißt, Don Leopoldo ist der Freund
seiner Kinder, und sie sprechen
miteinander über alles. (NMÜ 62)

(202)
Dentro había moedas de ouro e tamén
pedriñas de moito valer, iguais ás da ucha
do Montecristo – un señor moi rico que
disque anda nun libro que ten o Xudío -.
(NM 75)

Es waren Goldmünzen und wertvolle
Steine darin, solche wie aus der Truhe des
Monte Christo. Dieser steinreiche Señor
kommt in einem Buch vor, das der Ketzer
besitzt. (NMÜ 40)

(203)
Nun tempo **disque** falaban os animais.(NM
63)

Es **soll** eine Zeit gegeben haben, in der die
Tiere sprechen konnten. (NMÜ 32)

(204)
O padriño fixo a comparanza cun merlo
nunha gaiola. **Disque** podemos mantelo á
nosa maneira e facerlle asobiar o "tiroliro",
pero non se afai. (NM 59)

Der Großvater verglich sie mit Amseln, die
man in den Käfig eingesperrt habe. Zwar
könne man sie dressieren, bis sie ihr Tirili
so singen, wie es den Menschen gefällt,
doch sie werden sich nie vollkommen
umstellen. (NMÜ 30)

(205)
Na guerra **disque** morren homes coma
moscas. (NM 104)

Im Krieg sterben die Menschen wie
Fliegen, **heißt es**. (NMÜ 60)

(206)
Contoume que tamén ela fuxira unha
mañá. **Disque** a veu o papái, ruando cun
mozo, no resío, e mallou nos dous cunha
vara.(NM 141)

Sie erzählte mir, daß sie eines Morgens
auch geflohen war, Papa hatte sie am
Flußufer mit einem Burschen gesehen und
alle beide mit einem Stock verprügelt.
(NMÜ 81)

(207)
Ten corentesete anos. **Disque** estudiou
para cura en Santiago e interrumpiu os
latíns para casar. (NM 144)

Er ist siebenundvierzig Jahre alt, **man
erzählt sich**, er **wäre** in Santiago auf die
Priesterschule **gegangen**, **hätte** jedoch
seine Lateinstudien **aufgegeben**, um zu
heiraten. (NMÜ 83)

Als häufigste Wiedergabe für das galicische *disque* ist der deutsche Ausdruck *es
heißt* in den Beispielen (193), (194), (195), (196), (198), (200) sowie in (201)
und (205) als partielle oder vollständige Lösung zu finden. Es handelt sich dabei

um eine attributive Einheit, die in ihrer Bedeutung unpersönlichen Ausdrücken wie beispielsweise *man sagt* sehr nahe steht. In diesem Zusammenhang ist ein Teil der Übersetzung des Textsegmentes (207) hervorzuheben. Neben dem Ausdruck der Unpersönlichkeit durch *man erzählt* wird auch Reziprozität in den Vordergrund gestellt, indem das reziproke Pronomen *sich* nachgestellt erscheint. Auf jeden Fall wird der ursprüngliche Urheber des vom Erzähler im dialogischen Stil Gesagten nicht präzisiert. *Disque* und *es heißt* als entsprechender deutscher Ausdruck nehmen verschiedene Positionen im Satzbauplan ein. Meistens kommen sie am Anfang einer Äußerung vor, wie es der Fall in den vorliegenden Beispielen (194), (196), (198), (200) sowie (201) der Fall ist. Sie treten jedoch auch in mittleren Positionen auf, wie in Textsegment (193), und zwar als Teil eines Nebensatzes, genauer eines Relativsatzes, unmittelbar hinter dem einleitenden Relativpronomen; ebenso in Beispiel (205), in dessen galicischem Originaltext *disque* erst nach einer Lokal-temporalen Angabe vorkommt. Der Erzähler fokussiert somit einen Teil der zu vermittelnden zugeschriebenen Information, der ihm besonders wichtig erscheint. Diese im Gegensatz zu den meisten galicischen Sätzen stark nach rechts verschobene Position wird in der deutschen Version widergespiegelt, wo *es heißt* jetzt als separater zusätzlicher Ausdruck in der Inversion (*heißt es*) erscheint. Bezüglich der oben angegebenen Beispiele sprechen wir von *es heißt* insofern als partieller Lösung, als die Übersetzerin sich nicht nur auf den Einsatz eines solchen attributiven Ausdrucks als Äquivalent für *disque* beschränkt, sondern auch auf andere sprachlichen Mittel zurückgegriffen hat. So bedient sich die Übersetzerin des *Konjunktivs I* in den Translaten Nr. (194) sowie (196) und des *Konjunktivs II* in den Textsegmenten (200) sowie (207). In diesem letzten Beispiel jedoch ist *man erzählt sich* die Entsprechung für *disque*. In ihrer überzeugenden Option hat die Übersetzerin den Sinn des galicischen *disque* äquivalent wiedergegeben und damit gleichzeitig zur Unterstützung unserer Annahmen beigetragen, da es sich beim Konjunktiv um den Modus der Indirekten Rede bzw. Redewiedergabe handelt. Durch seine Verwendung ist es also durchaus möglich, von anderen formulierten Gedanken und Äußerungen zu reproduzieren, ein Verfahren, welches viele Gemeinsamkeiten mit der attributiven Rolle der galicischen *partículas interpretativas disque* und *seica* aufweist. In den Beispielen (194) und (196) werden wir eigentlich mit der eher informellen Umschreibung des Konjunktivs I konfrontiert, die durch den Einsatz von *würde/-n...Infinitiv* erfolgt. Auch dem eher umgangssprachlichen Ton des Kindes-Erzählers liegt wahrscheinlich die Entscheidung zugrunde, bei der erwähnten Umschreibung in Textsegment (194) auf den Infinitiv *sein* zu verzichten. Es muß auch darauf hingewiesen werden, daß *sein* ein Kopulaverb und daher semantisch abgeschwächt ist. Seine Weglassung ist in diesem Fall ohne weitere Konsequenzen möglich. In (196) dagegen kommt die vollständige Umschreibung *würden...sprengen* vor. In diesem Zusammenhang muß das

Beispiel (204) hervorgehoben werden. Hier wird ausschließlich eine reine Verbalform des *Konjunktivs I* – und nicht seine Umschreibung - als Entsprechung für *disque* eingesetzt, also *könne*. Da die Form des Konjunktivs I in der 1. Person Plural mit der des Indikativs Präsens zusammenfällt, hat sich die Übersetzerin treffend für das unpersönliche Pronomen *man* als Subjekt entschieden. Es wird dadurch eindeutig markiert, daß die zuschreibende Rolle des galicischen *disque* im Deutschen anhand eines solchen Vorgehens erreicht wird. In dieser Hinsicht muß an folgende Bemerkungen Engels erinnert werden:

> „Der Konjunktiv weist den Sekundärtext eindeutig einem anderen Urheber zu, überträgt diesem auch Verantwortung für die spezielle Formulierung. [...] der Sprecher vermeidet jegliche Stellungnahme [...]. Der konjunktivische Nebensatz indiziert wieder stärkere Zurückhaltung des Sprechers als der präsentische Nebensatz" (^{2}1998:115).

In Beispiel (200) folgt dem attributiven Ausdruck *es heißt* die Verbalform *wäre...heruntergekommen*, die in bezug auf eine vergangene Begebenheit verwendet wird. Das geschieht auch in Textsegment (207), mit den Formen *wäre...gegangen* und *hätte...aufgegeben*. Es scheint im Deutschen also wichtig, durch mehr als ein sprachliches Mittel die Zuschreibung des vom Sprecher Gesagten zu markieren. In anderen Fällen jedoch, wie in den Beispielen (198) und (201), wird das Translat mit dem für *disque* entsprechenden *es heißt* vollzogen. Im galicischen Originaltext (195) leitet *disque* einen Teil der in Klammern gesetzten zusätzlichen Erklärung eines Brauches ein. Auch wenn der Erzähler seine Aussage mit der Beschreibung des zuvor gefeierten festlichen Aktes initiiert – was sich auch in der Tempuswahl widerspiegelt – macht er im Anschluß daran eine allgemeine Bemerkung, die sich auf den jährlichen Brauch im weiteren Sinne bezieht. Daß die Übersetzerin dies vermutlich falsch interpretiert hat, hat den Einsatz des Imperfekts von *heißen* verursacht. Darüber hinaus ist hier am wichtigsten, daß als Entsprechung für *disque* der Ausdruck *es hieß* eine Erweiterung erfährt, und zwar durch eine attributive Partikel mit einem ähnlichen Wert wie die Präposition *nach* in einem Ausdruck wie *ihrer Meinung nach*, so daß *wie es hieß* entsteht. Ein solcher Ausdruck leitet die in Klammern stehende Bemerkung nicht ein, sondern wird in einen Relativsatz integriert, folgt unmittelbar auf ein Relativpronomen und ein unpersönliches Pronomen und wird zwischen Kommata gesetzt. In den Beispielen (199) und (203) greift die Übersetzerin auf das Modalverb *sollen* als Äquivalenz für *disque* zurück. Im Vordergrund steht hier die Absicht des Erzählers klarzustellen, daß nicht er, sondern eine andere Person Urheber der von ihm lediglich übermittelten Informationen bzw. Kommentare – in Beispiel (199) seine Patentante (nicht die Großmutter, wie die Übersetzerin schreibt) und in Textsegment (203) eine nicht bestimmte Person oder Personen – ist: Der Einsatz des deutschen Modalverbs *sollen* ist typisch für den Verweis auf bekannte oder unbekannte Quellen und deswegen in der Pressesprache – aber nicht ausschließlich in den Printmedien – festzustellen. Darin besteht die primäre Funktion von *sollen*, und nicht im Ausdruck des Zögerns bzw. Zweifelns eines Sprechers bezüglich der Wahrhaftigkeit des Gesagten, wie dies Montero Küpper behauptet:

> „No emprego epistémico dos verbos modais podemos distinguir dous significados principais:
> 1° Dúbida da certeza dunha información, expresada a través dos verbos modais *sollen* e *wollen*. Estes verbos non teñen correspondencia formal no sistema galego.
> [...]" (1999:728).

Aus den angegebenen Textsegmenten kann auf keinen Fall geschlossen werden, daß der Erzähler an dem Zutreffen der von ihm gemachten Äußerungen zweifelt. Im Gegenteil, er könnte sogar von ihrer Wahrhaftigkeit fest überzeugt sein. Wie wir gerade anhand der vorliegenden Beispiele beweisen können, entspricht es auch nicht ganz den sprachlichen Fakten, daß es im Galicischen keine formalen Äquivalenzen für *sollen* gebe. Derartige Widersprüche ließen sich auch in bezug auf *wollen* nachzeichnen, das hier nicht behandelt wird. Im Zuge einer angemessenen Betrachtung fällt auf, daß in Beispiel (199) *disque* in einem lokalen Nebensatz unmittelbar nach dem Lokaladverb *onde* vorkommt. In der deutschen Übersetzung erscheint die Verbalform *soll* ebenfalls nach einem Lokaladverb, und zwar *dort*, jedoch beide als Bestandteile eines Hauptsatzes. In Beispiel (203) tritt *disque* ähnlich wie im vorherigen nach einer Temporalangabe auf, in der Mitte des Erzählten, jedoch in einem Hauptsatz. Die deutsche Äquivalenz *soll* nimmt die zweite Position hinter dem Pronomen *es* ein, das als Subjekt fungiert. Neben den oben beschriebenen Optionen der Übersetzer, denen man den Charakter formaler Entsprechungen zuschreiben kann, sind verschiedene andere Möglichkeiten erwähnenswert, die eher als *ad hoc* vorgeschlagene, nicht jedoch zu verallgemeinernde Lösungen bewertet werden können. Ein solches Translat finden wir in der Einheit *also* in Nummer (197). Über ein solches Element ist im *DUDEN Universal Wörterbuch* folgendes zu lesen:

> „al|so [mhd., ahd. alsō, urspr. = ganz so]: I. Adv. > 1. *folglich, demzufolge, demnach, somit, mithin:* er litt um sie, a. liebte er sie; er war Beamter, a. (*das heißt*), ein gewissenhafter Mensch/ein gewissenhafter Mensch a. 2. a) faßt Vorausgegangenes zusammen, nimmt es erläuternd od. weiterführend auf: Laufvögel, a. Strauße, Nandus, Emus, sind flugunfähig; [...]" (²1989:95).

Das konsekutive Adverb *also* leitet eine logische Schlußfolgerung ein, die in der Tat als Fazit der vorangegangenen Äußerung fungiert. Es entsteht somit eine Verbindung zum unmittelbar vorher Gesagten. Eine solche Funktion bekommt zusätzlich die Verstärkung des anschließenden *nicht wirklich*. Damit wird eine andere Nuance als mit der *partícula interpretativa disque* zum Ausdruck gebracht. Durch *disque* signalisiert der Kindeserzähler Balbino lediglich, daß die formulierte Behauptung von seinem Vater stamme. Balbino faßt in der Tat auch die gesamte erhaltene Information in *non choran, nin rin, nin morren* zusammen, und ein solches Resümee ist durchaus als natürliche Folge des Vorangegangenen zu interpretieren. Diesem Umstand wird in der deutschen Übersetzung durch den Einsatz von *also* Rechnung getragen. Im Galicischen wird jedoch anhand von *disque* das Gesagte lediglich zugeschrieben. Der Urheber, der in der ersten Äußerung explizit als *meu pai* vorkommt, versteckt sich jetzt hinter *disque*. Da die Auswirkung auf die Bedeutung des Behaupteten minimal ist und wahrscheinlich auch, um den deutschen Text abwechslungsreicher zu gestalten, hat sich die Übersetzerin u. E. durchaus treffend für die akzeptable Übersetzung mit *also* und dem emphatisierenden *nicht wirklich* entschieden. Es darf außerdem nicht vergessen werden, daß im deutschen Translat wiederum eine Form des Konjunktivs I zu finden ist. Wie bereits erwähnt, wird die zuschreibende Funktion im Deutschen anhand dieses Modus vollzogen. Im Unterschied zu den anderen kommentierten Beispielen, in denen die Tempora des Konjunktivs den von *es heißt* vermittelten Sinn als direkte Entsprechung von *disque* bestätigen, bedient man sich in Beispiel (197), genauso wie in Textsegment (204), ausschließlich dieses Mittels, um im Laufe des Diskurses auf den am Anfang explizit geschilderten Urheber der Information, und zwar *mein Vater*, wieder zu verweisen. Der Einsatz des Konjunktivs I *sei* erfolgt hier nicht als direkte Entsprechung von *disque*, sondern bereits vorher. Dies muß jedoch auch mit der Morphosyntax der jeweiligen Zielsprache in Zusammenhang gebracht werden. Beim Versuch, im zweiten Satz Verbalformen des Konjunktivs I einzusetzen, wäre die mangelhafte Distinktion von Indikativ und Konjunktiv Präsens nachteilig gewesen. Auch aus Gründen der grammatikalischen Adäquatheit ist die angegebene Lösung die geeignetste. Bis auf geringfügige Besonderheiten differiert das Beispiel (197) letztendlich nicht stark von den anderen Beispielen, in denen ebenfalls häufig auf den Konjunktiv zurückgegriffen wird.

Es bleibt noch die Gruppe derjenigen galicischen Textsegmente zu kommentieren, deren deutsche Übersetzungen formal kein entsprechendes Element für *disque* aufweisen. Dieser Fall konnte zwei Mal ermittelt werden. In Beispiel (202) wäre durchaus eine Übersetzung wie die folgende möglich gewesen: "Dieser steinreiche Señor *soll* in einem Buch vorkommen, das der Ketzer besitzt." Als Translat für *disque* in Beispiel (206) schlagen wir den Einsatz modalisierender Adverbien vor, etwa: "Papa hatte sie *anscheinend/ angeblich* am Flußufer mit einem Burschen gesehen und alle beide mit einem Stock verprügelt." Solche Ausdrücke bilden eher Entsprechungen für die Verwendung von *disque*, sind aber dennoch adäquate Äquivalente, die zusätzlich dazu beitragen, den Zieltext abwechslungsreicher zu gestalten. Es lag wahrscheinlich im Interesse der Übersetzerin, für das im Originaltext häufig wiederholte *disque* je nach Kontext sich der verschiedenen Wiedergabemöglichkeiten zu bedienen, welche die deutsche Sprache zur Verfügung stellt, und damit auf eine mechanistische Übersetzung zu verzichten. Auch wenn die Relevanztheorie ihre Basis auf der Griceschen konversationellen Maxime der Relevanz aufbaut, weicht sie von grundlegenden Postulaten des amerikanischen Linguisten ab. Im Unterschied zu Grices Ansichten ist für die Verfechter der Relevanztheorie die explizite, und nicht die implizite Ebene, d.h. also die propositionale Form einer Äußerung die entscheidende, um die Proposition zu bestimmen:

> „[...] Grice assumed that the proposition expressed by an utterance is, essentialy, recovered by decoding, and that the only contribution made by the maxims was at the level of what was implicated rather than what was said. In *Relevance*, we challenged this assumption. We argued that although the logical form of an utterance is recovered by decoding, its fully propositional form is obtained by inferential enrichment of the linguistically encoded logical form [...]" (Sperber/Wilson 1993:9).

Diese Position wird auch durch die folgende Erklärung zum Ausdruck gebracht:

> „In general, relevance theorists see the explicit side of communication as much richer, and involving a much greater element of pragmatic inference, that Gricean pragmatics have thought. [...]" (Sperber/Wilson 1993:14)

In Anlehnung an die Postulate der Relevanztheorie, sollten wir demzufolge bei der von einem Sprecher A zu einem Hörer B ausgedrückten Äußerung "*Disque* Lola marchou a Italia" hauptsächlich auf deren explizite Seite, d.h. auf das, was gesagt worden ist, achten. Anhand der Äußerung selbst erfolgt in erster Linie eine semantische Interpretation des vorliegenden geäußerten Sachverhaltes. Dazu gehört die Information, daß eine beiden Gesprächspartnern bekannte Person namens Lola nach Italien gegangen ist. Eine solche Information ist in *Lola marchou a Italia* beinhaltet. Durch *disque* signalisiert der Sprecher, daß die Information einer nicht spezifizierten Quelle zuzuschreiben ist. Die Zuschreibung, die sprachlich anhand eines solchen Elements explizit vorgenommen worden ist, kann natürlich innerhalb des Prozesses der Inferenz zu einer pragmatischen Interpretation führen, im Rahmen derer Ungewißheit bzw. Zweifel über die Wahrhaftigkeit des Sachverhaltes der Aussage entstehen können (vgl. Rosales Sequeiros 1999:719 sowie 721). In dieser Hinsicht wird folgende Aussage gemacht:

> „[...] A dúbida, se existe, e o resultado de asignar o grao de convicción que se ten sobre o enunciado.[...]" (Rosales Sequeiros 1999:719).

Aus dem Kontext und / oder einfach nur aus der expliziten sprachlichen Form einer jeden Äußerung kann der Grad der Überzeugung des Sprechers über die Wahrhaftigkeit der Proposition, welche die erwähnte Äußerung ausdrückt, evaluiert oder bestimmt werden (vgl. Blakemore 1992:102). Rosales Sequeiros verweist auf Blakemore (vgl. 1999:719), die sich intensiv mit der Relevanztheorie auseinandergesetzt hat (1992) und für die die sprachliche Form der Äußerung folgendes ermöglicht:

> „hence how strong a guarantee he [the speaker] is offering for its truth" (Blakemore 1992:102). [Klammer der Vf.]

Als evidenten Teil des interpretativen Prozesses sieht Blakemore das „identifying the strength of this guarantee" (1992:102). In Hinblick auf das vorliegende Beispiel garantiert der Sprecher A die Wahrhaftigkeit nur, indem er auf eine Quelle verweist. Von dem Grad der Glaubwürdigkeit, die der Hörer B bereit ist, einer solchen Quelle zu verleihen, hängt die eventuelle Entstehung von Zweifeln ab. Und wie auch Rosales Sequeiros richtig feststellt (1999:725), bleibt in der Regel der Grad der Glaubwürdigkeit sehr niedrig, da in vielen Fällen solche Quellen – und dies trifft auch auf unser Beispiel zu – sehr vage und schwer einzuschätzen sind. Dennoch seien solche dubitativen Konnotationen nicht primär, sondern erst am Ende des beschriebenen Prozesses der Inferenz absehbar (vgl. Rosales Sequeiros 1999:725). Rosales Sequeiros definiert die *adverbios interpretativos disque* und *seica* (für die wir den Terminus *partículas interpretivas* vorgeschlagen haben) als:

> „un grupo de expresións lingüísticas que se especializan no uso interpretivo da lingua. Estes adverbios facilítannos a desambiguación destes dous usos, co aforro de esforzo cognitivo que iso conleva. Lémbrese que a ambigüidade entre os usos descriptivo e interpretativo é inherente a [sic] linguaxe mesma" (1999:724).

In der Tat erfordert das Vorkommen von *disque* oder *seica* sofort, den interpretativen Gebrauch der Sprache in Betracht zu ziehen, d.h. eine der beiden Verwendungen der Sprache, welche die Relevanztheoretiker unterscheiden. *Disque* und *seica* tragen somit dazu bei, die kognitive Anstrengung wesentlich zu reduzieren, was bezüglich der Relevanz von Bedeutung ist, wie folgende Bemerkung zeigt:

> „[...] one of the factors which makes one interpretation more relevant than others is that it requires less processing effort" (Sperber/Wilson [5]1994:166).

In diesem Zusammenhang wird leicht verständlich, daß König diese MPn als metapragmatische Instruktionen definiert (vgl. 1997:64). In ihnen erkennt er Eigenschaften, die in Verbindung mit den drei Aufgaben eines Inferenzsystems nach Sperber und Wilson bei der Verarbeitung von Information stehen (vgl. 1997:64). Solche Aufgaben werden von König wie folgt zusammengefaßt:

„Überprüfung auf Widersprüche (zwischen bestehenden Annahmen und neuer Information), Überprüfung der Stärke von alten Annahmen, sowie der neuen Information und Ableitung von neuen konversationellen Schlüsseln" (1997:64).

Inwiefern die MPn eine wichtige Rolle bezüglich dieser Aspekte spielen und welche Gemeinsamkeiten bestimmte MPn und die *partícula interpretativa seica* in Interrogativsätzen aufweisen, sind Fragen, die im folgenden auf dem Hintergrund der Relevanztheorie beantwortet werden.

5.3.2. *Seica* in Interrogativsätzen. Die Nuancen, die es hervorruft, und seine deutschen Translate

Nicht in allen Grammatiken und Lexika der galicischen Sprache wird auf den interrogativen Charakter von *seica* hingewiesen, und wenn überhaupt, erfolgt eine solche Auseinandersetzung nach erheblich unterschiedlichen Kriterien. In der Grammatik von Saco y Arce, deren erste Ausgabe aus dem Jahr 1868 stammt, werden die Adverbien in *adverbios de interrogación, adverbios de afirmación, adverbios de negación, adverbios de duda, adverbios de lugar, adverbios de tiempo* und *adverbios de modo* unterteilt. *Seica* bzw. *seique (seique)*[76] schreibt er den *adverbios de duda* zu, aber *seica* als Äquivalenz von *acaso* ordnet Saco y Arce den *adverbios de interrogación* zu. In dieser Hinsicht vergleichen ARM *seica* in Interrogativsätzen mit den Ausdrücken 'polo visto' und 'parece que' in Assertionen. Als Beispiele geben ARM folgende Fragen an:

> „¿Seica *me queres tolear, ou?*
> [sic] Seica *te volves parvo, rapaz?*" ([2]1989:466).

Die vorliegenden Interrogativsätze weisen einen deutlich assertativen Charakter auf – wahrscheinlich auch deswegen haben die Autoren der Grammatik auf das einleitende Fragezeichen im zweiten Beispielsatz verzichtet. Bei der ersten Frage handelt es sich in der Tat eher um eine Behauptung, deren Bestätigung der Sprecher vom Gesprächspartner erwartet und explizit durch die Zusatzfrage *ou?* – auf Deutsch *oder?, nicht wahr?* – einfordert.
Carballo Calero ([7]1979) läßt dieses interrogative *seica* unbehandelt. Der *Diccionario Xerais da Lingua* ([4]1993) definiert *seica* im allgemeinen als dubitatives Adverb, auch wenn das Beispiel eines Interrogativsatzes angegeben wird, und zwar: „¿*seica* che sabe o pastel?" ([4]1993:829). Im Gegensatz dazu betrachtet das Wörterbuch von Alonso Estravís – auch wenn die Bezeichnung *adverbio de dúvida* bleibt – ganz konkret die interrogativen Nuancen von *seica*, wie im entsprechenden Eintrag zu lesen ist:

> „Seica, adv. de dúvida. [...] dá orixe a numerosas locuzóns ou modismos con certo matiz interrogativo. Seica estás tolo?[77]: que dis, fas ou te propós? Seica me xeringas?: non me importunes [...] Seica si?: de modo que é certo" (Diciónario da língua galega 1995:1339).

---

[76] Als Randbemerkung soll hier darauf hingewiesen werden, daß Saco y Arce *seique* mit dem Griechischen Adverb δῆλον, ὅτι in Zusammenhang bringt (vgl. [2]1967:123).

[77] Die Weglassung des einleitenden Fragezeichens erfolgt hier aufgrund der „normativa da concordia" bzw. des Gebrauchs einer „ortografia histórico-etimolóxica", die von Alonso Estravís verteidigt werden (vgl. das vom Autor geschriebenen einführenden Vorwort des Lexikons 1995).

Treffend spricht in dieser Hinsicht Alonso Estravís von *locuzóns* bzw. *modismos*, da wir hier mit festen Idiomen, deren Grad der Verwendung sehr hoch ist, konfrontiert werden. Zu einem besseren Verständnis der bereits angesprochenen und weiterer Nuancen des interrogativen *seica* lassen sich folgende Textsegmente unseres Korpus neben deren jeweiligen Übersetzungen anführen:

(208)
¿Seica tes mal durmir, Herbal? (RO 79)

Schläfst du **etwa** schlecht, Herbal? (ROÜ 86)

(209)
Un carro de monllos viña renxendo, anteposto. Detrás, un home e unha muller.
-¿Seique teremos fumazo? –o home deu unha pancada no meu feixe.
-Si, señor, dixen eu. (NM 94)

Ein Erntewagen fuhr knarrend vorbei. Ein Mann und eine Frau saßen darauf.
»Es wird **wohl** wieder Rauch geben?« fragte der Mann, und er schlug mit der Peitsche auf mein Bündel.
»Ja, Señor«, antwortete ich. (NMÜ 51)

Seica und seine Variante *seique* erscheinen hier – so wie es bei den oben angeführten Beispielen auch der Fall war - in Entscheidungsfragen, die eine starke Rhetorizität aufweisen. Sowohl in Beispiel (208) als auch in Textsegment (209) kennt der Sprecher bereits die Antwort; doch stellt er trotzdem die Frage, erstens um einfach eine Kommunikation herzustellen und zweitens mit dem Ziel, gewisse kommunikative Intentionen umzusetzen: in Textsegment (208) wird der Ausdruck der Ironie beabsichtigt. In Beispiel (209) hingegen erwartet der Sprecher nur die Bestätigung einer Vermutung. Die Übersetzung in Beispiel (208) kann daher als gelungen qualifiziert werden. *Etwa* als MP kommt ja ausschließlich in Entscheidungsfragen vor, welche als 'echte' oder auch als rhetorische Fragen zu interpretieren sind (vgl. Thurmair 1989:170). Die MP *etwa* ist insofern mit *denn* vergleichbar, als beide eine konnektierende Rolle besitzen. Ein solcher Konnex erfolgt auf eine vorangegangene Äußerung oder auf eine Beobachtung der Situation (vgl. Thurmair 1989:170). Wenn man das Kapitel des Romans liest, aus dem das Textsegment (208) herangezogen ist, stellt man fest, daß in der Tat Beobachtungen aus dem vorhandenen Kontext zum Einsatz von *seica* und dementsprechend von *etwa* geführt haben. Thurmair schreibt der MP *etwa* auch die Nuance des Unerwarteten zu (vgl. 1989:171). *Etwa* und *denn* dienen in Entscheidungsfragen dem Ausdruck einer Überraschung, da festgestellte Widersprüche gegen die Erwartung eines jeden Sprechers die Frage mit *etwa* motivieren würden (vgl. Thurmair 1989:171). Praktisch zu derselben Einschätzung gelangt König, der aufgrund der Relevanztheorie die primäre Funktion der MP *etwa* in der Identifizierung von Widersprüchen sieht (vgl. 1997:65). Ähnliches kann bezüglich des Beispiels (208) behauptet werden, auch wenn die Einrahmung der formulierten Frage nicht in dialogischem, sondern eher in erzählerischem Kontext erfolgt, wobei keine unmittelbar vorhergehenden Aussagen den Ausdruck der Überraschung deutlich feststellen lassen, da dieser nur auf recht vage Weise zum Ausdruck kommt. Es muß auf einen wesentlichen Unterschied zwischen *seica* und *etwa* hingewiesen werden. Während Thurmair bei der MP *etwa* davon ausgeht, daß der Sprecher eine verneinende Antwort bevorzugt (vgl. 1989:171), trifft dies bei *seica* nicht in jedem Fall zu. Da es sich um rhetorische Fragen handelt, wird meistens gar keine Antwort erwartet; aber wenn dies der Fall wäre, ist es meistens die positive, also die bestätigende Erwiderung, welche der Sprecher erhofft.

Wie bereits oben erwähnt, werden wir bei Entscheidungsfragen mit *seica* mit deklarativ-interrogativen Äußerungen konfrontiert. Dies ist wiederum der Fall in Beispiel (209). Aus seinen Beobachtungen hat der Sprecher schließen können, daß die Kinder – unter ihnen Balbino, der als Erzähler fungiert – sich für die Walpurgisnacht vorbereiten, in der sie ein Feuer machen werden. Der Sprecher äußert seine Vermutung und erwartet eine Bestätigung; und mit diesem Ziel formuliert er eine Art Frage. Da in dieser Situation weder Widerspruch noch Überraschung entstehen – im Gegenteil –, läßt sich natürlich *seica* nicht durch *etwa* übersetzen. Die Übersetzerin hat sich wiederum leicht nachvollziehbar für eine andere MP entschieden, und zwar für *wohl*, das gerade in solchen deklarativ-interrogativen Äußerungen (vgl. Beerbom 1992:445) vorkommt. Wie Thurmair mit guten Argumenten präzisiert, eignen sich Aussagesätze mit *wohl* sehr gut, um Fragen zu formulieren (vgl. 1989:141). Thurmair bezeichnet als 'tentative Behauptung' den Versuch des Sprechers, den Sachverhalt seiner Behauptung durch *wohl* einzuschränken. Eine solche Einschränkung wird in der Tat auch im Galicischen anhand von *seique* vollzogen. Im Grunde liegt hier die Fähigkeit zur Einschränkung der zuschreibenden Rolle von *seique* zugrunde, die wir in den Assertionen betrachtet haben. Der Sprecher kann für die Wahrhaftigkeit des von ihm geäußerten Sachverhaltes nicht garantieren. Es handelt sich jedoch hier natürlich um das umgekehrte Verfahren. Der Sprecher antizipiert die Quelle selbst, von der er noch keine Äußerung wahrnehmen konnte, und die demnächst vor einem beliebigen Hörer wiederzugeben sein wird. In dieser Hinsicht sind weitere Beobachtungen zum Gebrauch von *wohl* von Relevanz: Nach König erfüllt der metapragmatische Indikator *wohl* primär – neben anderen MPn - die Funktion der Steuerung der Kontextauswahl (vgl. König 1997:65):

> „Unbetontes *wohl* ist ein Indikator geringer Sicherheit und Stärke, zeigt aber auch eine inferentielle Verbindung zwischen der entsprechenden Äußerung und dem Kontext an [...]" (König 1997:66).

Es ist in der Tat in Beispiel (209) der Fall, daß gewisse Inferenzen aus dem Kontext den Gebrauch von *wohl* begünstigt haben. Die Behauptung jedoch, der

Einsatz von *wohl* sei ein Zeichen relativer Unsicherheit und von geringer Stärke, bleibt fraglich. In Anlehnung an Bublitz (1978) empfindet Beerbom *wohl* in deklarativ-interrogativen Sätzen als dem Modalwort *wohl* mit der Bedeutung 'vermutlich', 'wahrscheinlich' sehr nahestehend. Es sei deswegen schwer zu bestimmen, ob in solchen Fällen *wohl* Modalwort oder Modalpartikel ist (vgl. Beerbom 1992:445). Woran kein Zweifel bestehen kann, ist also, daß der Grad der Sicherheit bei *wohl* im vorliegenden Beispiel sehr hoch ist. Und dies kann auch in bezug auf *seique* behauptet werden. Der Sprecher ist sich sicher, daß es Rauch geben wird, weil alles im Ko- und Kontext dafür spricht. Er erwartet auch keine bestimmte Antwort und formuliert deshalb eine rhetorische Frage, die jedoch positiv vom Erzähler beantwortet wird.

Als der funktionalen Erklärung dienlich erweist sich in diesem Zusammenhang auch der Vergleich mit einer romanischen Sprache: dem Portugiesischen. Da es sich dabei um Verweise auf eine kontrastive Studie zum Sprachenpaar Portugiesisch-Deutsch handelt, scheint uns der Vergleich durchaus angebracht. *Seica* bzw. *seique* in deklarativ-interrogativen Äußerungen weist als Äquivalenz das portugiesische *se calhar* auf. In dieser Hinsicht setzt sich Franco mit *se calhar* als Element, das in interrogativen Sätzen mit exklamativem Charakter auftritt, auseinander. Bezüglich der galicischen Sprache muß hinzugefügt werden, daß in gewissen Kontexten und unter besonderen intonatorischen Umständen natürlich auch an Stelle von deklarativ-interrogativen hier auch von exklamativen-interrogativen Sätzen die Rede sein könnte. Zur Beschreibung dieser sowie der anderen von ihm behandelten Elemente geht Franco immer von einem „contexto situacional que designamos de preferência por consituação" (1991:256) aus. Zu einem besseren Verständnis der zu behandelnden Aussage, die am Ende erscheint, soll hier der erwähnte einführende Kontext dargestellt werden:

> „Consituação: No restaurante três amigos acabam de almoçar. Quando se tratou de pagar a conta, um deles diz jocosamente para o empregado: «Aqui o Manuel paga pela gente» O Manuel, que não aceitou a proposta algo abusiva do amigo, riposta: *Se calhar* julgas que o ando a roubar?!" (Franco 1991:355)

Für Franco, der sich der Begriffe der Sprechakttheorie von Austin und Searle sowie der Griceschen Konversationsmaxime bedient, wird durch eine solche Antwort ein indirekter Sprechakt vollzogen, in dem sich die Ablehnung der Vorgängeräußerung durch den Sprecher widerspiegelt (vgl. Franco 1991:355). Im Unterschied zu den Beispielen (208) und (209), in denen der Konnex von *seica* nur auf vorher durchgeführte Beobachtungen in einer bestimmten Situation und nicht auf sprachliche Äußerungen hergestellt werden kann, erfolgt im hier vorliegenden Textsegment in der Tat ein Bezug zu einer bereits vorher ausgedrückten Äußerung. Die Nuance des Einwands ist hier kontextbedingt und natürlich nicht zu verallgemeinern, da andere wie Ironie oder schlichte Neugier, beobachtet werden können. Anhand der bei diesem Beispiel vorhandenen Situation mache der Angesprochene, d.h. Manuel, geltend, daß der Sprecher durch eine Aussage wie "Aqui o Manuel paga pela gente" die konversationelle Implikatur zum Ausdruck bringt, daß Manuel über viel Geld verfüge und es sich daher leisten könne, alles zusammen bezahlen zu können. In seinem Sprechakt lehne Manuel eine solche Implikatur ab, präsentiere die Rechtfertigung, er habe in der Tat nicht soviel Geld, weil er nicht stehle, und löse damit eine andere konversationelle Implikatur aus, in der Erwartung, daß der Gesprächspartner dies auch sehen möge (vgl. Franco 1991:355). Franco sieht in der von Manuel gestellten Frage seine Erwartung einer negativen Antwort begründet. Dies steht im perfekten Einklang mit einer der möglichen Übersetzungen ins Deutsche, die Franco vorschlägt, und zwar durch die MP *etwa*, mit dem Ergebnis: „Meinst du *etwa*, daß ich das Geld auf der Straße finde?!" (Franco 1991:356). Wie bereits oben erwähnt, wird anhand von *etwa* eine negative Antwort auf Seiten des Gesprächspartners vorgezogen. Durch *seica* jedoch, wie erwähnt, wird nicht unbedingt eine negative Antwort erwartet. Dies geschieht aber eindeutig, wenn an die formulierte Frage die Zusatzfrage *ou?* angehängt wird. In diesem Zusammenhang wird auch von Franco bezüglich des Portugiesischen behauptet, daß ein nachgestelltes *não?* die Neigung des Gesprächspartners zu einer negativen Antwort begünstige. Wenn wir auf das oben angeführte Beispiel von ARM zurückgreifen und es mit dem erweiterten Beispiel Francos vergleichen, stellen wir gewisse Gemeinsamkeiten fest:

-¿*Seica* estás tolo, ou?
-¿*Se calhar* julgas que o ando a roubar, não?

Dabei ist auch Francos Bemerkung von *não?* von Relevanz:

„Paréce-nos que [...] exprime sobretudo um desafio do falante ao ouvinte, e que se traduz nestes termos: vê lá se tens a desfaçatez de dar uma resposta diferente daquela que espero que dês!" (1991:356).

Eine solche Funktion von *não?* fällt mit der des angehängten galicischen *ou?* zusammen. Wie bei *seica* und *etwa* in Beispiel (208) wird durch *se calhar* ein Widerspruch identifiziert, und zwar zwischen den Erwartungen des Sprechers bezüglich des Verhaltens seines Freundes und Gesprächspartners und der von diesem vollzogenen Äußerung. Die Komponente der Überraschung darf auch hier nicht vergessen werden. Neben der oben angegebenen suggerieren Francos Beobachtungen für den portugiesischen Interrogativsatz eine andere Übersetzung im Deutschen, und zwar: „Du glaubst *wohl*, daß ich das Geld auf der Straße finde?!" (1991:356).

Wir haben also feststellen können, daß die genealogisch verwandten Sprachen Galicisch und Portugiesisch über funktional gleichwertige Elemente, nämlich *seica* und *se calhar*, verfügen, welche in Interrogativsätzen vorkommen und in der Zielsprache Deutsch dieselbe Übersetzung durch *etwa* und/oder *wohl* erfahren. *Seica* und *disque* bezeichnen wir als *partícula interpretativa*. *Se calhar* dagegen ist für Franco – in Anlehnung an den deutschen Terminus MP - eine *partícula modal (PM)*; er hat sich damit für eine Bezeichnung entschieden, deren Verwendung für Elemente, die traditionell unterschiedlichen Wortklassen wie Adverbien, Konjunktionen und den sogenannten *partículas de realce* zugeschriebenen worden sind, durchaus begründet erscheint:

> „Com a constituiçao do grupo de partículas de realce que passou a ser assumido pela generalidade das gramáticas até aos nossos dias, estamos não só perante uma prova da insatisfação e do reconhecimento, por parte dos gramáticos portugueses, de que não era completamente adequada a inclusão de certos elementos da cateforia dos advérbios, como estamos também confrontados com a reactivaçao ou ressurgimento – adaptado ao português - do que foram na língua latina as «expletivae», embora nem todos os seus equivalentes tenham transitado (só) para este grupo ou tenham sequer sobrevivido na nossa língua. Há, pois, no português elementos que, em virtude das funçoes em que se especializaram e que desempenham nos enunciados, ultrapassam os limites do grupo em que foram por vezes classificados. Assim, será não só na classe dos advérbios (e na das conjunções), mas também no grupo das partículas de realce que temos de procurar algumas daquelas unidades que são susceptíveis de ser consideradas partículas modais e, como tais, também, em alguma medida, com funções pramáticas equivalentes às das «Modalpartikeln» alemãs." (Franco 1991:42)

Das ausführliche Zitat bietet uns einen Überblick über eine Fragestellung, die die portugiesischen sowie spanischen und galicischen Linguisten lange Zeit beschäftigt hat und mit der man sich bis in die Gegenwart hinein auseinandersetzt. Es handelt sich um die adäquate Klassifikation gewisser Elemente, die eine besondere Funktion haben, welche sie von den Wortklassen, in denen sie traditionell klassifiziert worden sind, absondern lassen. Bei solchen Elementen ist ihre Rolle als Ausdrucksmittel der Modalität erkannt worden, und zwar in Anlehnung an die deutsche Tradition der MPn. Franco (1991) hält also *se calhar* sowie viele ähnliche Elemente für eine funktionale *partícula modal (PM)*. Die Frage, ob wir eine solche Bezeichnung für *seica* und *disque* verwenden sollten, läßt sich nicht eindeutig und ohne Bedenken beantworten. Es müssen hier verschiedene Aspekte genau in Betracht gezogen werden. Zuerst ist darauf hinzuweisen, daß, während bei *disque* kein Zweifel über sein exklusives Auftreten in Assertionen und seine attributive Rolle besteht, bei *seica* und *seique* unterschiedliche Vorkommensweisen vorliegen, die in echten deklarativen und in deklarativen interrogativen Sätzen ausgemacht werden, so daß von der Annahme verschiedener Funktionen auszugehen ist. Kann von *seica* bzw. *seique* und von *disque* in Assertionen behauptet werden, sie seien *partículas modales*, oder sind sie nicht eher – wie beim DS – mit Vorbehalt aufgrund der nicht vertrauten Bezeichnung allgemeiner als *medios de expresión da modalidade* zu behandeln? Wir haben oben aufgrund ihrer attributiven Rolle die Entscheidung begründet, die Bezeichnung *partículas interpretativas* für solche Elemente zu verwenden, und zwar in Anlehnung an die Bezeichnung *adverbios interpretativos* von Rosales Sequeiros (vgl. 1999:724). Einiges spricht dagegen, diese *partículas interpretativas* darüber hinaus als *medios de expresión da modalidade* zu bezeichnen. Übersetzungslösungen der Textsegmente unseres Korpus sind häufig der Konjunktiv I sowie der Konjunktiv II als Mittel der Indirekten Rede gewesen. Wie explizit im Zitat von Engel gezeigt wurde, weist dadurch der Sprecher jede Verantwortung bezüglich seiner Äußerung von sich und verzichtet somit auf Stellungnahmen jeglicher Art. Da sich die Verwendung eines solchen Modus als optimales Translat für die galicischen Formen herausgestellt hat und Gemeinsamkeiten diesbezüglich zwischen den Sprachen existieren, darf man eventuell von solchen Annahmen auch bei *seica* und *disque* ausgehen. U. E. kann jedoch behauptet werden, daß die Absicht des Sprechers, nicht Stellung zu nehmen, die sich sprachlich explizit jeweils in der Auswahl von *seica* und *disque* wie des Konjunktivs I oder Konjunktivs II widerspiegelt, in der Regel bereits eine Stellungnahme bzw. den Ausdruck seiner Einstellung dem Gesagten gegenüber impliziert. Wenn man von vornherein jede Verantwortung für die manifestierte Aussage zurückweist, werden lediglich viele mögliche Einwände des Gesprächspartners ausgeschlossen. Die verbalisierte Zurückhaltung des Sprechers hat Auswirkungen auf den weiteren Verlauf des Gesprächs und somit logischerweise auf die Gesprächsschritte des Angesprochenen. Wir halten es deswegen für sinnvoll, *seica* sowie *seique* und *disque* in Assertionen als *medios de expresión da modalidade* sowie als *partículas interpretativas* zu behandeln. Durch *seica* in deklarativen bzw. exklamativen Interrogativsätzen hat der Sprecher die kommunikative Intention, einen Konnex mit vorangegangenen Aussagen oder Situationen zu gewährleisten und eine Bestätigung seiner Vermutungen, Verdächtigungen oder Meinungen auf Seiten des Gesprächspartners zu bekommen, seien diese mit einem neutralen oder einem ironischen Ton ausgesprochen. All diese Nuancen führen uns auch zur Betrachtung der Möglichkeit, solche Absichten des Sprechers – die sprachlich durch *seica* ausgedrückt werden - als Einstellung zu den zum Ausdruck gebrachten Äußerungen und somit als *medios de expresión da modalidade* zu berücksichtigen.

Es muß ergänzend darauf hingewiesen werden, daß die galicische Sprache über eine dem portugiesischen *se calhar* ähnliche lexikalische Einheit verfügt, und zwar *se callar*. Dieses Element wird jedoch in der Regel weder in Lexika noch in Grammatiken der galicischen Sprache berücksichtigt. Ausnahme davon bilden seine Erwähnung in der Liste der *adverbios de dúbida* der Real Academia Galega/Instituto da Lingua galega ([16]1997:178; vgl. Punkt 1.7.2.2.1.3. der vorliegenden Arbeit), in der Grammatik von Freixeiro Mato (2000:512) und unter folgendem Eintrag des *Gran Diccionario Xerais da Lingua Galega*:

„SE[2] conx. 4. En correlación con outro elemento da oración principal e co verbo da oración que introduce en indicativo ten un valor concesivo-distributivo (*se non* gañamos, polo menos participamos; se un é malo, o outro é peor). *Se cadra, se callar, loc. adv., poida que, ó mellor, quizá, quizabes, tal vez*" (2000:1742).

Se callar wird also jeweils als *adverbio de dúbida* und *locución adverbial* ohne weitere Spezifizierung behandelt und mit der lexikalischen Einheit *se cadra* grundsätzlich gleichgesetzt. *Se cadra* wird von ARM neben *tal vez* als eine Variante von *quizais* (und zwar für eine *marca de dúbida*) bezeichnet (^{2}1989:465f.). Eines der populärsten *adverbios de dúbida* nennt Carballo Calero „la expresión *se cadra*" (^{7}1979:250). Daß *se cadra* und *se callar* weitgehend synonymische Ausdrücke sind, wird durch den Vergleich mit dem portugiesischen *se calhar*, das in deklarativen und exklamativen Sätzen auftritt, durchaus bestätigt. In diesem Zusammenhang bilden die erwähnten Vorkommensweisen von *se calhar* bei Franco (vgl. 1991:353f.) einen guten Ausgangspunkt der Überlegungen. Da die Okkurrenz in einem deklarativen Satz und die Ergebnisse, die sich aus dessen Beobachtungen ableiten, auf den exklamativen Satz übertragbar sind, beschränken wir uns hier auf diese Satzart. Das Beispiel für *se calhar* in deklarativen Sätzen lautet wie folgt: „*Se calhar* foi o Pedro hoje à tarde, mãe" (Franco 1991:353); es ist im folgenden Kontext eingebettet: Ein Mitglied der dargestellten Familie hat das Dessert, das nach dem Mittagessen übrig geblieben und von der Mutter für das Abendessen geplant war, aus dem Kühlschrank genommen und aufgegessen. Der oben angeführte Deklarativsatz wird in dieser Hinsicht von einem der Geschwister als Vermutung geäußert, da diese die betreffende Person auch in der Küche gesehen haben. Dadurch wird nach Franco vom Sprecher vermutet, suggeriert, präsupponiert, und somit entstehe eine solche Aussage als Zeichen dafür, daß sowohl der Sprecher als auch die Angesprochene – die Mutter – letzlich keine Gewißheit über den Vorgang der Tat haben (vgl. Franco 1991:354). Sowohl die geschilderte Situation als auch der deklarative Satz selbst sprechen für eine Übersetzung im Galicischen, die wie folgt lautet: "**Se cadra** bzw. **se callar** foi Pedro hoxe a tarde, mamá bzw. mai oder nai". [Übers. der Vf.].
Wie im folgenden mithilfe der verglichenen Sprachen gezeigt wird, ist es äußerst problematisch, eine definitiv adäquate Klassifikation für *se cadra* bzw. für *se callar* zu erarbeiten. Ein Beweis für diese Schwierigkeit ist die vage Zuschreibung Montero Küppers von *se cadra* neben *acaso+subx.* „outros medios léxicos que relativizan unha hipótese [...]" (1999:732). Für Franco ist *se calhar* in allen Okkurrenzen eindeutig eine *particula modal (PM)*. Als deutsche Entsprechung schlägt er die folgende vor: „Es war *wohl* Peter heute nachmittag, Mutter" (1991:354). Wir werden hier jedoch mit einem *wohl* konfrontiert, bei dem keine Gewißheit besteht, daß es sich um eine MP handelt. Die Kategorisierung von einem unbetontem *wohl* in Aussagesätzen ist bekanntlich sehr umstritten (vgl. Thurmair 1989:139). In solchen deklarativen Sätzen wird nämlich vom Sprecher die Gültigkeit der Proposition eingeschränkt durch ein *wohl*, das mit *vermutlich* oder *ich vermute* paraphrasierbar ist. Auch wenn gegen

diese Annahme einige Argumente eingewendet werden können (vgl. Thurmair 1989:140), spricht vieles für die Klassifikation von *wohl* als Satzadverb, denn:

> „In diesem Fall [...] liegt die Bedeutung der Partikel im propositionalen Bereich, also auf der Darstellungsebene. Das widerspricht jedoch den Kriterien für Modalpartikeln, die ja gerade dadurch definiert sind, daß ihre Bedeutung im nicht-propositionalen, also im illokutiven Bereich liegt. Dies spricht gegen eine Einordnung von *wohl* als Modalpartikel und eher für eine Einordnung als Satzadverb" (Thurmair 1989:139f.).

Es handelt sich also bei diesem *wohl* um einen Grenzfall, über den weiterhin Unklarheit besteht. Sollten wir uns als deutsche Äquivalenz für einen Satz wie „*Vielleicht* war es Peter heute nachmittag, Mutter" entscheiden, was durchaus legitim ist (und dessen Umschreibung durch „*Es ist möglich*, daß es Peter heute nachmittag war, Mutter"; vgl. Thurmair 1989:192, den vorhergehenden Aussagesätzen recht nahe liegt), würden wir ohne Zweifel *vielleicht* als Satzadverb definieren, so wie dies auch Thurmair (vgl. 1989:192) tut. *Vielleicht* wird in einem eventuellen Satz wie *Sie wird es vielleicht gewesen sein* von Montero Küpper als *adverbio modal* bezeichnet (vgl. 1999:730). In der galicischen Übersetzung „*Quizais* bzw. *Talvez* foi Pedro hoxe á tarde, [...]" kommen zwei Elemente vor, die in der Regel als *adverbios de dúbida* behandelt werden. ARM, die, wie bereits in der vorliegenden Arbeit beschrieben, Bedenken bezüglich einer solchen Klassifikation zeigen, da Abweichungen zwischen dem syntaktischen Verhalten dieser Ausdrucksmittel der Modalität und den Adverbien festgestellt werden können (vgl. [2]1989:455), sprechen vorsichtiger von *marcas* (vgl. [2] 1989:465). *Quizais* und *se cadra* gehören eher dem propositionalen als dem illokutiven Bereich der Sprache an und sind als *adverbios oracionais de dúbida* zu definieren, da durch ihre Verwendung ein ganzer Satz in seiner Darstellungsebene modifiziert wird.
Inwieweit diese Grenzen zwischen Darstellungs- und Intentionsebene in manchen Fällen fließend sind und wie diese Ungewißheit zu fehlerhaften Einschätzungen und somit nicht gelungenen Übersetzungen führen kann, läßt sich anhand des folgenden Beispiels zeigen:

(210)

»Es ist also kein Übel in Venedig?« fragte Aschenbach sehr leise und zwischen den Zähnen. – Die muskulösen Züge des Possenreißers fielen in eine Grimasse komischer Ratlosigkeit. »Ein Übel? Aber was für ein Übel? Ist der Scirocco ein Übel? Ist **vielleicht** unsere Polizei ein Übel? Sie belieben zu scherzen! Ein Übel! Warum nicht gar! Eine vorbeugende Maßregel, verstehen Sie doch! Eine polizeiliche Anordnung gegen die

-¿Entón non hai mal ningún en Venecia? –preguntou Aschenbach en voz moi baixa e entre dentes. As faccións musculosas do pallaso contraéronse nunha carantoña de cómica perplexidade. -¿Un mal? ¿Pero que mal? ¿O siroco é un mal? ¿**Se cadra** tamén é un mal a nosa policía? ¡Vostede está de broma! ¡Un mal! ¡Faltaría máis! Unha disposición preventiva, ¿comprende?. Unha orde

Wirkungen der drückenden Witterung...«   policial contra os efectos do tempo
(MD 71f.)   sufocante... (MDÜ 90)

Wie Thurmair überzeugend signalisiert, ist in Entscheidungsfragen schwer zu
unterscheiden, ob es sich bei *vielleicht* um ein Satzadverb oder um eine
Modalpartikel handelt (vgl. 1989:194). Um diese Typen voneinander
abzugrenzen, läßt sich eine einfache Substitutionsprobe durchführen. Wenn sich
vielleicht als Äquivalenz von *möglicherweise* herausstellt, handelt es sich um ein
Satzadverb. Wenn sich eine solche lexikalische Einheit dagegen mit der MP
etwa vergleichen läßt, haben wir es mit einer MP zu tun (Thurmair 1989:194).
Im vorliegenden Beispiel erweist sich die zweite Möglichkeit als die richtige.
Anhand des Einsatzes der MP *vielleicht* zeigt der Sprecher seine Präferenz für
eine bestimmte Antwort: positiv auf eine negativ gestellte Frage und umgekehrt,
wie bei dem Fall, der uns beschäftigt. All die Nuancen, die nach Thurmair die
MP *vielleicht* hervorruft, können im Beispiel (210) nachgewiesen werden. So
wird hier eine negative Bewertung auf Seiten der verärgerten clownartigen Figur
gegenüber der von Aschenbach gestellten Frage geäußert. Darüber hinaus wird
durch *vielleicht* etwas Unerwünschtes sowie Unerwartetes zum Ausdruck
gebracht. Außerdem kann man in bezug auf das vorliegende Beispiel behaupten,
daß es sich um eine rhetorische Frage handelt, zumal Fragen mit *vielleicht*
meistens durch die Antworterwartung (vgl. Thurmair 194f.) stark geprägt sind.
Die erwähnte Nähe von *vielleicht* zu *etwa* ist nicht zuletzt ein Indiz dafür, daß
seica und nicht *se cadra* die richtige Äquivalenz im galicischen Zieltext ist. In
unserem Korpus ist eine Frage mit *etwa* durch *seica* übersetzt worden. *Vielleicht*
ist mit *denn* in seiner rückwärtskonnektierenden Funktion vergleichbar, wobei
hier ein deutlicher Konnex zur vorangengangenen Fragestellung Aschenbachs
hergestellt wird. *Se cadra* ist außerdem kein echtes Ausdrucksmittel der
Modalität, da seine Präsenz und Funktion sich auf den propositionalen Bereich
der Sprache beschränken. Dadurch wird eine grundsätzlich gegebene
Möglichkeit als schlichte Information unter der Form einer rhetorischen Frage
formuliert. Im Unterschied dazu erfolgt mittels der zuschreibenden Rolle von
seica eine antizipierte Unterstellung, die sich an eine eventuelle Anklage oder
Beschwerde des Gesprächspartners richtet und sie im voraus zensiert. Darüber
hinaus wird in der Tat eine negative Antwort bevorzugt. Wie bereits oben von
uns signalisiert, bedeutet eine solche Verantwortungsverschiebung durch den
Sprecher bereits eine Stellungnahme bezüglich des Gesagten und somit einen
Beitrag zum Ausdruck der Modalität. Damit läßt sich begründen, daß bei der
Übersetzung der MP *vielleicht* in Entscheidungsfragen durch galicisch *seica* die
Option für ein 'medio de expresión da modalidade' vorliegt.
Doch läßt sich auch ausführen und begründen, daß bei einer Ausgangsfrage mit
denn und sogar mit *etwa* durch das galicische Interrogativum *e logo* eine

gelungene Übersetzung vorliegt, da gewisse Zusammenhänge zwischen *vielleicht* und *eben* und wiederum zwischen *eben* und *denn* festzustellen sind. Diese und andere Äquivalenzen bilden den Schwerpunkt des Kapitels (5.4.) der vorliegenden Arbeit.

5.3.3. Auswertung der Urteile unserer Informanten

Unsere Informanten sind nur mit Beispielen für die Erscheinung von *disque* in Assertionen konfrontiert worden. Trotzdem sind ihre Beobachtungen von großem Interesse für die Auseinandersetzung mit diesem Teilgebiet, in dem nur einige, jedoch nicht unwichtige Aspekte und Nuancen, die eine solche *partícula interpretativa* mit einbezieht, berücksichtigt werden.
An dieser Stelle haben wir die übliche Prozedur weitergeführt, d.h., zunächst haben wir um eine Bewertung bezüglich einer Aussage aus unserem Korpus gebeten, in der das Element *disque* vorkommt (A). In einem weiteren Schritt und im Rahmen des zweiten Teiles (B) haben wir die Informanten mit zwei fast identischen Textsegmenten konfrontiert, deren einziger Unterschied jeweils in der Präsenz oder der Abwesenheit der Einheit *disque* besteht.
Das Beispiel, das dem ersten Teil entspricht, wurde bereits erwähnt:

A.2.
-Na guerra **disque** morren homes coma moscas. (NM 104)

Folgende Meinungen – alle außer einer in galicischer Sprache abgefaßt – werden mit der Aussage Balbinos, des Erzählers von *Memorias dun neno labrego*, verbunden:

1) Introduce a "non certeza".
2) Dise, coméntase.
3) Disque, índice de que se habla de oídas de algo que no se ha experimentado.
4) Partícula que achega ós falantes (cortesía).
5) Indica imprecisión, vaguedade.
6) "Disque" pódese sustituir neste contexto por "seica din que" ou "din que" e serve para expresar as dúbidas do falante sobre a veracidade do que se di.
7) «disque» - coñecemento indirecto (o que se está afirmando non se sabe por telo vivido ou visto)
8) Nesta frase, a palabra refírese ó carácter de inseguridade, sobre o que se di; o falante non afirma o que di senón o que ouviu por aí.
9) «disque» indica que se dice que morren moitos homes anque non se sepa con seguridad, é dicir, os outros din eso e eu reproduzo eso.
10) O que o falante expresa con «disque» podería ter un significado equivalente a "pénsase", "a xente di" que na guerra...
11) Esta palabra amosa a dúbida do falante sobre a veracidade do que di, pois o seu saber é "de oídas."

Außer den üblichen Umschreibungen - viele von ihnen sind aus den Lexikoneinträgen sowie aus den Grammatiken bereits bekannt - versuchen unsere Informanten, die Einstellung des Sprechers dem Gesagten gegenüber zum Ausdruck zu bringen. Auf jeden Fall sind sie davon überzeugt, daß der Sprecher eine gewisse Intention hat, wenn er ein solches Element einsetzt. So werden die Nicht-Gewißheit, die Unsicherheit, der Zweifel des Sprechers bezüglich der Wahrhaftigkeit des von ihm Referierten in den Vordergrund gestellt. Von fehlender Präzision und Vagheit ist auch die Rede. Es ist unser Eindruck, daß es sich dabei nicht nur um spontane Überlegungen handelt. Die Ausführungen sind logischerweise von der Dauer der Lehre der Galicischgrammatik stark geprägt und bilden somit ein genaues Abbild der traditionellen Annahmen, die bezüglich der gegebenen Präsuppositionen existieren. Sehr interessant ist jedoch, daß ein großer Teil der Interviewten sich wirklich der zuschreibenden Rolle von *disque* bewußt ist: Was der Sprecher sagt, hat er selbst nicht erlebt. Es handelt sich um ein 'indirektes Wissen', wie einer der Informanten treffend beobachtet, wobei er uns somit an die Funktion der indirekten Wiedergabe erinnert. Darüber hinaus wird die Behauptung wiederholt, daß der Sprecher etwas reproduziert, was er gehört hat, was er 'de oídas' kenne. Ein solcher Ausdruck führt uns zu den sogennanten *hearsay particles* zurück. Merkwürdig ist der Kommentar, es handele sich bei *disque* um eine Partikel, die die Sprecher einander näherbringe und die sich als Zeichen der Höflichkeit erweise. Diese Aufgabe ist nicht die Hauptfunktion von *disque*, aber seine häufige Verwendung in der gesprochenen Sprache hat wohl eine solche Annahme motivieren können.

Aus dem Roman *Memorias dun neno labrego* von Neira Vilas kommt auch das Beispiel vom Teil B:

B.1.

| a) Ten corentesete anos. **Disque** estudiou para cura en Santiago e interrumpiu os latíns para casar. (NM 144) | b) Ten corentesete anos. Estudiou para cura en Santiago e interrumpiu os latíns para casar. (NM 144) |

Es muß darauf hingewiesen werden, daß das Textsegment in der linken Spalte von unseren Informanten als 1 oder a) bzw. *primeiro caso*, das Textsegment in der rechten dagegen als 2 oder b) bzw. *segundo caso* bezeichnet worden ist. Diese Gegenüberstellung hat zu folgenden Kommentaren geführt:

1) 1→ posibilidade, certeza
   2→ afirma
2) En b) dáse por seguro. En a) amósase a información coñecida pola xente, pero que podería estar trabucada.
3) En el primer caso se usa "disque" para indicar que se habla de alguien pero no se quiere asegurar el 100 % de la información que se da.
4) Non afirma, é unha hipótesis, un rumor. I Afirma.
5) Aquí puede ser. I Aquí es.
6) No segundo caso non hai interrelación entre emisor-receptor mentres que no primeiro establécese certa cordialidade.
7) No primeiro caso a aparición da partícula "disque" aporta un matiz de imprecisión; no 2°, afírmase.
8) No 1° texto o falante non ten seguro o que se afirma, pode ser só un rumor. No 2° fragmento o falante cree [sic] na veracidade do que dí.

9) O dito, no primeiro fragmento non se presenta coa mesma seguridade que o dito no segundo, No primeiro dubídase da certeza do afirmado, pois non se coñece por telo vivido ou visto, senón oído ou lido.

10) Acontece o mesmo que na pregunta 2 [das Textsegment A.2. wird hier gemeint]: existe maior seguridade na segunda frase que na primeira sobre o que se enuncia.

11) Na 1ª, ten 47 anos e dicen que deixou os estudios para casar anque non se sabe certo mentres que na 2ª casou tras deixa-los estudios. (Non hai dúbida).

12) 1. Coa partícula "disque" o emisor quere expresar ó seu receptor que "quizais"; "a xente di" que un axente "x" estudiou (realizou unha acción). En 1. parece que non hai seguridade no que se di. É posible pero pode non ser certo. Pola contra en 2. o receptor descodifica a mensaxe sabendo con seguridade que o que está a dicir o emisor é certo e seguro.

13) No primeiro texto, o falante non está seguro do que di, pois só coñece os datos a través de outros. O texto gaña así en subxectividade, é máis expresivo.

Zusammenfassend läßt sich sagen, daß hier ähnliche Einschätzungen und Bewertungen wie bezüglich des vorigen Beispiels erkennbar sind. Es kann sogar eine größere Einheitlichkeit bei den Urteilen beobachtet werden. Diese lassen sich in folgenden Punkten darstellen: Durch das Vorkommen von *disque* bringe der Sprecher seine Unsicherheit dem von ihm Gesagten gegenüber zum Ausdruck. Hier komme eine unpräzise Aussage, über deren Wahrhaftigkeit der Sprecher höchstens eine Hypothese aufstelle, zur Geltung. Dieser Sprecher zeige eine gewisse Unsicherheit, da er die vermittelte Information gehört oder gelesen habe. Solche Auslegungen erscheinen - wie von uns dargelegt - äußerst diskutabel; sie lassen sich vor dem Hintergrund der Relevanztheorie nicht bestätigen. Anhand unserer Beispiele und Überlegungen sind wir zu anderen Ergebnissen gekommen: Es handelt sich für einen Informanten paradoxerweise um einen viel subjektiveren und expressiveren Text, wenn die Präsenz von *disque* vorliegt.

Wenig begründet scheint die von den übrigen Interpretationen abweichende Interpretation, *disque* trage dazu bei, eine gewisse Herzlichkeit und Nähe zwischen den Gesprächspartnern zu schaffen; hier wurde wohl *disque* ohne Berücksichtigung des Kontextes semantisch bewertet.

5.4. E logo

5.4.0. Vorbemerkungen

Die Diskussion über *e logo*, die wir im Punkt 1.7.2.2.1.2. der vorliegenden Arbeit angeschnitten haben, wird an dieser Stelle weitergeführt, um eine Einordnung dieses Elements hinsichtlich seiner Wortklassenzugehörigkeit zu erreichen. Des weiteren soll es um die einzelnen Vorkommensweisen und Formen, u.a. die Homonyme, sowie die Nuancen, welche *e logo* hervorruft, gehen. Ein solches Vorgehen scheint uns notwendig, da sich *e logo* großer Beliebtheit bei den galicischen Sprechern erfreut, und dies nicht nur, wenn sie sich der Muttersprache bedienen. In diesem Zusammenhang wird das interrogative *¿y luego?* – eine eindeutige Lehnprägung des galicischen *¿e logo?* - von Martín Zorraquino als charakteristisch für die diatopische Variante der aus Galicien stammenden Spanischsprecher (vgl. Punkt 1.7.2.2.1.2. der vorliegenden Arbeit) bezeichnet. Ein solches Phänomen hat bereits 1868 die Aufmerksamkeit des Grammatikers Saco y Arce erregt, der bemerkt:

> „Nada más común que la pregunta, ¿**Y luego**?, en las conversaciones entre nuestros paisanos, aun sirviéndose del castellano. Es un provincialismo" ([2]1967:176).

Parallel zu der Festlegung der theoretischen Grundlagen werden wir im folgenden auf die verschiedenen translatorischen Äquivalenzen von *e logo* im Deutschen sowie auf sein Auftreten als Entsprechung bestimmter deutscher MPn achten. Die kontrastive Studie mit der portugiesischen Entsprechung *então* wird sich dabei als besonders aufschlußreich erweisen.
Es handelt sich hier im Grunde um die Fortsetzung der unter den Punkten 4.1.1. und 4.1.2. der vorliegenden Arbeit initiierten Aufgabe, wo festgestellt worden ist, daß sowohl in Ergänzungs- als auch in Entscheidungsfragen *e logo* als häufige Äquivalenz von *denn* vorkommt.

5.4.1. *E logo* als Ausdrucksmittel der Modalität

Es wird traditionell in der Regel von der Annahme eines adverbialen Charakters des Elements bei der Beschreibung von *e logo* ausgegangen.
Aus den Beiträgen der Grammatiker ergibt sich, daß die Verwendung dieser lexikalischen Einheit in engem Zusammenhang mit einer bestimmten Wortklasse steht. Aber bezüglich dieser Aspekte besteht keine vollkommene Übereinstimmung. Innerhalb der traditionellen galicischen Grammatik finden wir in bezug auf *e logo* Einschätzungen, nach denen eine solche Einheit als *modo* bzw. als *locución adverbial* bezeichnet wird:

„MODOS ADVERBIALES [...] Dase este nombre a ciertos idiotismos que generalmente se forman de alguna preposición con sustantivos o adjetivos usados adverbialmente. El gallego es por extremo rico en tales locuciones, siendo muchas de ellas sumamente expresivas. Véanse las que a continuación presentamos: *¿E logo?, ¿pues?* (Saco y Arce [2]1967:111) „*E logo*. Esta locución puede mirarse a la vez como adverbio interrogativo y conjunción, y se emplea para manifestar cierta sorpresa por alguna cosa cuya causa o explicación se inquiere, y también para redargüir. Véanse los ejemplos siguientes: *Caíu o Ministerio.-¿E logo?*, cayó el ministerio.- Pues, ¿qué ha sucedido?; *Eu iso n-o fago.-* [sic] *-¿E logo, non dixeche onte que o farías?*, yo eso no lo hago.-¿Pues no dijiste ayer que lo harías? Como se vé [sic], se corresponde tal locución con la palabra castellana, ¿pues?" (Saco y Arce [2]1967:161)

Auch wenn solche Behauptungen auf andere von Saco y Arce angegebene Beispiele zutreffen (vgl. [2]1967:161), sind weder Präpositionen noch adverbial verwendete Substantive oder Adjektive Bestandteil von *e logo*. *E* ist eine kopulative Konjunktion, deren Vorkommen im folgenden zu erörtern sein wird, während die isolierte Form *logo* prinzipiell als Temporaladverb oder auch als 'partícula ilativa' bzw. 'resultativa' gebraucht wird (vgl. ARM [2]1989:438f.). Neben solchen unpräzisen Bemerkungen wird *e logo* von Saco y Arce für ein interrogatives Adverb und eine Konjunktion in einem gehalten. Auch wenn die Annahme, *e logo* sei ein interrogatives Adverb, bestritten werden kann, basiert sie doch auf einer gewissen formellen und funktionellen Logik. Seine Betrachtung als Konjunktion kann aufgrund seines rückwärtskonnektierenden Charakters, welchen diese lexikalische Einheit zum großen Teil der integrierten kopulativen Konjunktion *e* verdankt, gerechtfertigt werden. Die Nuancen, die Saco y Arce dem interrogativen *e logo* zuschreibt, von uns bereits im Punkt 1.7.2.2.1.2 kommentiert, werden richtig erfaßt. Es handelt sich jedoch dabei um eine unvollständige Darstellung der Rollen, welche *e logo* spielen kann. Anhand von *e logo* werden nicht nur Fragen gestellt, sondern man kann gewissen Behauptungen eine besondere Emphase verleihen.

Carballo Calero bedient sich ähnlicher Argumente wie Saco y Arce, um die Funktionen von *¿e logo?* zu erläutern. Im Unterschied zu Saco y Arce ist für ihn *¿e logo?* nicht mit *¿pues?* sondern mit *¿entonces?* übersetzbar, und es sei auch nicht als interrogatives Adverb, sondern als Adverb, welches Kausalität statt Temporalität zum Ausdruck bringt (vgl. [7]1979:330)[78], zu betrachten. Carballo Calero hat also hier festgestellt, daß *¿e logo?* zur Erforschung von Ursachen und Begründungen eingesetzt werden kann und daß ein solches Konstrukt kaum oder gar nicht in Verbindung zum temporalen Adverb *logo* steht. Aber es ist wichtig hier hervorzuheben, daß er außerdem ein *¿e logo?* erkennt, welches bei der Beibehaltung seines interrogativen Merkmals als affirmatives Adverb fungiert. Eine solche Behauptung, der wir nur zustimmen können, läßt sich mit folgenden

---

[78] Siehe dazu Punkt 1.7.2.2.1.2. der vorliegenden Arbeit.

Lemmata vergleichen, bei denen *e logo*, wie auch die apokopierte Form *e lo*[79], als Interjektion interpretiert wird. Dies führt jedoch zu einer zusätzlichen terminologischen Verwirrung und erschwert das Verständnis dieses sprachlichen Phänomens:

> „LO² interx. 1. Forma apocopada de *logo* que afirma unha cousa de modo patente; equivale a 'claro', 'naturalmente', 'por suposto', 'logo' (*¿pensas que acertou? -E lo*).
> 2. Con matiz interrogativo pode ter valor enfático; *logo* (*¿e lo* ti non vés?) ou servir para preguntar pola causa ou razón de algo (*vou ó médico -¿E lo?*).
> 3. Con matiz exclamativo equivale a '¡naturalmente!', '¡sen dúbida!', '¡certo!'; *logo* (*claro que teño razón, ¡e lo!*). (*Gran Diccionario Xerais da Lingua* 2000:1198).

> „LOGO adv. [...] // interx. 7. Afirma unha cousa de modo patente; equivale a 'claro', 'naturalmente', 'por suposto'; lo² (*¿pensas que acertou? -E* logo).[...]" (*Gran Diccionario Xerais da Lingua* 2000:1200).

Neben der erwähnten Einordnung in eine andere Wortklasse ist es hier wichtig, darauf hinzuweisen, daß laut diesem Wörterbuch die interrogative Intonation und infolgedessen ihre graphische Kennzeichnung verloren geht, wenn es sich um den Ausdruck einer Affirmation handelt. Wir lehnen uns an die Auffassung von Carballo Calero mit der Feststellung an, daß meistens die interrogative Markierung zur Affirmation erhalten bleibt, außer bei den Fällen, die sich eindeutig als Exklamationen erweisen. U.E. – und in diesem Zusammenhang übernehmen wir die Ansicht Carballo Caleros -, wird meistens neben Fällen wie den zitierten, die sich eindeutig als ausgeprägte Exklamationen erweisen, die interrogative Markierung beibehalten. Aus welchem Grund dies geschieht und welche Werte und Intentionen von Seiten des Sprechers dabei mit einbezogen werden, all dies wird den Schwerpunkt des vorliegenden Kapitels bilden.

In seinem syntaktischen (funktionellen) Verhalten und in den Nuancen, die er hervorruft, weicht der Ausdruck *e logo* stark vom adverbialen *logo* ab, welches sich innerhalb der Adverbien jeweils als vielseitiges Element erweist. *¿E logo?*, das apokopiert als *¿e lo?* vorkommen kann, kennt auch die 'Variante' *¿logo non?*, die der Sprecher in Erwartung einer zustimmenden Antwort von Seiten des Gesprächspartners benutzt, um eventuelle Einwände von vornherein auszuschließen. Zur Verdeutlichung eines solchen Falles läßt sich folgendes Beispiel anführen:

> - Collín un catarro criminal por andar á outra noite sen abrigo por aí.
> - Xa che dixen eu que saíras da casa moi lixeira de roupa.
> - Xa o sei. Pero é que quén podía pensar que ía refrescar tanto.
> - Eu ben que cho advertín, pero ti nunca me fas caso, *¿logo non?* [Beispiel der Vf.].

---

[79] Siehe dazu Punkt 1.7.2.2.1.2. der vorliegenden Arbeit.

Es kann also behauptet werden, daß das *logo* des obigen Beispiels als Homonyme das Adverb *logo*, aber auch die 'partícula ilativa-resultativa' *logo* aufweist. Im Unterschied zum Spanischen *luego* zeichnet sich *logo* durch seine Polysemie aus, auf welche ARM ([2]1989:438f.) in einer gelungenen Darstellung hinweisen. Das temporale Adverb *logo* weist zwei verschiedene Nuancen beim Ausdruck der Nachzeitigkeit auf. So wie auch das portugiesische Adverb *logo* kann das galicische *logo* eine markante temporale Nähe zum Bezugspunkt zum Ausdruck bringen. Das Unmittelbare einer jeden Handlung steht hier im Vordergrund. In diesem Zusammenhang weichen die galicische und die portugiesische Sprache stark vom Spanischen ab und nähern sich der lateinischen Verwendungsweise, wie Vázquez Cuesta/Mendes da Luz in bezug auf das Portugiesische bemerken:

> „*Logo* < lat. loco, conserva aún en portugués su significado etimológico e indica una mayor proximidad en el tiempo que el español 'luego', actualmente sinónimo de 'después' (port. *depois*).[...]" ([3]1971:225).

ARM zählen zu einer solchen Funktion neben *logo* das temporale Adverb *axiña* und geben folgende Beispiele:

> „¡Volve *axiña*, non tardes!.
> *Logo* marcharon, aquí estiveron pouco tempo" ([2]1989:438).

Die Nachzeitigkeit, die das spanische *después* zum Ausdruck bringt, die durch *später* übersetzbar ist, findet ihre Entsprechung sowohl im Portugiesischen als auch im Galicischen *logo*:

> „En *Até* logo!, sin embargo, tiene el mismo valor que en esta lengua [el español]: '¡Hasta luego!'" (Vázquez Cuesta / Mendes da Luz [3]1971:225). [Klammer der Vf.]

> „Pero o adverbio *logo* presenta algunas particularidades. Unha delas é que, a diferencia de *axiña*, tamén pode te-lo valor de máis xeral de despois: *Iso facémolo logo*; *Primeiro entrei eu, e logo entrou o Marcial*" (ARM [2]1989:438).

Zur Disambiguierung der aus der Schriftsprache nicht erkennbaren unterschiedlichen Nuancen des temporalen Adverbs *logo* trägt das Vorkommen oder Fehlen einer Pause hinter einem solchen Element in der Aussprache des Aussagesatzes entscheidend bei. Von dem oben als letztes angegebenen Beispiel ausgehend zeigen ARM, wie der Einsatz der Pause eine Interpretation im Sinne von 'máis tarde, despois' berechtigt, während ihre Abwesenheit für die Bedeutung 'en seguida, de seguida' steht. Einer solchen Interpretation entspricht folgendes Beispiel, in dem eine Person eine andere trösten und ermutigen möchte: „-Anímate. Xa verás que **logho** pasa todo. Xa verás" (*Mareas vivas*, Kapitel 14: "Efectos navais"). Diese Pause wirkt sich auf die Stellung der Personalpronomina innerhalb des Satzes aus. In denjenigen kurzen Sätzen, in denen *logo* unmittelbar nach dem konjugierten Verb steht, bleibt jedoch jede disambiguierende Pause völlig ausgeschlossen (vgl. ARM [2]1989:438). Darüber hinaus kann beim temporalen *logo* in bestimmten Kontexten die Bedeutung 'case-casemente' nachgewiesen werden, wie ARM es anhand folgender Beispiele zeigen: „*Estavos moi maliño; xa* logo *non fala*; *O Pedro* logo *cobra o dobre có Xoán*" ([2]1989:449).

Logo kann auch als 'partícula ilativa' bzw. 'resultativa' fungieren. Infolgedessen ist ein vor die finite Verbalform gestelltes *logo*, das von ihr durch eine Pause getrennt wird, als temporales Adverb im Sinne von 'despois' zu interpretieren oder eben als resultatives Element, welches mit 'pois, entón' umschrieben werden kann. Wäre keine Pause vorhanden, handelte es sich eindeutig um den Ausdruck der unmittelbaren temporalen Nachzeitigkeit, was einen Vergleich mit *axiña* gestatten würde (vgl. ARM [2]1989:438). Als Beispiel für *logo* als 'partícula ilativa' bzw. 'resultativa' läßt sich folgender Dialog anführen:

(211)
-Isto non pode seguir así, Evaristo. Fito está obsesionado con imitarte e estase convertendo nunha réplica túa.
-¿E eso que pasa, que é malo?
-Incluso dixo que quería deixa-la escola. Telo que convencer: a ti seguro que che fai caso.
-Demasiado caso, diría eu. Non me deixa en paz, don Florencio. Bota o día pegado a min coma unha lapa.
-Pois **logo** estamos de acordo os dous. Isto tense que acabar. (*Mareas vivas*, Kapitel 15: "Furtivos")

Bis zu einem gewissen Grad ist dem Ausdruck *e logo* in Entscheidungsfragen ebenfalls der Charakter einer resultativen Partikel zuzuschreiben.

5.4.1.1. *E logo* in Interrogativsätzen

E logo kommt sowohl in Ergänzungs- als auch in Entscheidungsfragen vor. Es kann als ¿e lo? und als vollständige Form erscheinen, also als *e logo*. Als solche wird dieser Ausdruck bei den Sprechern des westlichen Sprachraums dem Phänomen der 'gheada' unterzogen, was sich in der Aussprache durch den Laut [x] und in der Schrift durch den Einsatz der Grapheme *gh* widerspiegelt[80]. Kommt ¿*e logo*? als unabhängiger Interrogativsatz vor, weist es die vollständige Form auf, aber sehr häufig auch die apokopierte Form ¿*e lo*?. Diese Form kann eine zusätzliche Verkürzung erfahren und auf ¿*lo*? reduziert werden. Dies geschieht jedoch nur, wenn ¿*lo*? eine nachgestellte Zusatzfrage ist. Wird ein Fragesatz mit dem behandelten Ausdruck eröffnet oder bildet dieser einen unabhängigen Fragesatz, darf keinesfalls auf die kopulative Konjunktion *e*

---

[80] Siehe dazu Kapitel 3 der vorliegenden Arbeit.

verzichtet werden. Es liegt in der Natur eines solchen konnektierenden Elements, Verbindungen zu vorhergehenden Aussagen sowie zu einer vorher oder aktuell erlebten Situation herzustellen. In den beschriebenen Kontexten bleibt also der Einsatz von *e* unentbehrlich. Neben dem oben erwähnten *¿lo?* kann natürlich eine Zusatzfrage auch die Form *¿logo?* aufweisen. In folgendem Textsegment unseres Korpus sind drei dieser Erscheinungsformen belegt. Ihre Häufung gilt als Beweis dafür, daß es sich bei dem interrogativen *e logo* um ein sehr beliebtes konversationelles Element der gesprochenen Sprache handelt:

> (212)
> -É Paula. Vamos xunto dela.
> -¿Vamos?
> **-¿E lo?**, ¿non queres ir, lo?
> -Si, pero mellor falo eu só.
> -Ti só. **¿E logho?**
> -Home, non sei. Para integrarme mellor na vida da vila, ¿non? ¿Espérasme no bar?
> (*Mareas vivas*, Kapitel 14: "Efectos navais")

Einer der Gesprächspartner möchte die Gründe für das Verhalten bzw. für die Haltung seines Hörers herausfinden. Dies versucht er mehrere Male. Der insistierende Charakter der Befragung nach einer Information wurde – wie bereits oben erwähnt – von Saco y Arce ([2]1967:161) signalisiert. Indem der Sprecher seine Neugier zu befriedigen sucht, zeigt er sich kooperativ und begünstigt damit den Verlauf der Konversation, ganz im Sinne der übergreifenden Maxime von Grice (vgl. Bußmann [2]1990:423).

Das erste *¿e lo?* bildet eine Ergänzungsfrage, an die sich unmittelbar eine interrogative Assertion anschließt, der wiederum jeweils die Zusatz- und Entscheidungsfrage *lo?* nachgestellt wird. Die Antwort auf die beiden verschiedenen Fragen bilden das Affirmationsadverb *si* und eine weitere Erklärung der Intention des Gesprächspartners. Diese veranlaßt die Formulierung einer neuen Ergänzungsfrage, anhand derer der Sprecher nicht nur eine weitere Präzisierung von Seiten des Hörers verlangt, sondern gleichzeitig sein Erstaunen zum Ausdruck bringt. Diese und andere Nuancen können in den beiden Fragearten festgestellt werden, in welchen *e logo* vorkommen kann, nämlich in den Ergänzungs- und in den Entscheidungsfragen. Darüber hinaus sind bei jedem der beiden Satztypen ebenfalls rhetorische Fragen zu finden.

5.4.1.1.1. *E logo* in Ergänzungsfragen. Beschreibung. Äquivalenzen in der deutschen Sprache. Vergleich mit dem portugiesischen *então*

Sowohl *e logo* als auch das verkürzte *e lo* können unabhängige Fragesätze bilden und sind somit als Autosemantika zu interpretieren. Dies ist der Fall in den folgenden Textsegmenten:

(213)

-Estaba cansa e eu preparei a cea: riles á filipina, unha receita que me ensinou un lexionario nun barco mercante.

-¿E que pasou?

-Que non lle gustaron e discutimos. Pero díghoche unha cousa. Esto non se volve repetir nunca máis.

-¿E lo?

-Porque tiven eu unha idea para mellora-las cousas entre Berta e mais eu [...]

(*Mareas vivas*, Kapitel 14: "Efectos navais").

Der Sprecher zeigt durch den Einsatz von *¿e lo?* seine Neugier. Der Behauptung seines Gesprächspartners, es könne in Zukunft zwischen ihm und seiner Freundin keinen Streit mehr geben, stellt er eine Frage entgegen, in der er die Erwartung auf eine Erklärung ausdrückt, welche eine solche Aussage rechtfertigen bzw. begründen könnte. Hier wird eindeutig durch *¿e lo?* ein Bezug zur vorangegangenen Aussage hergestellt. Die Autosemantika *¿e logo?* bzw. *¿e lo?* können nicht als gesprächseinleitende Elemente vorkommen. Sie weisen einen konnektierenden Charakter auf, der ihr Auftreten nur im Verlauf einer Konversation ermöglicht. Die Übersetzung ins Deutsche lautet: 'Warum **denn**?/Wieso **denn**?'. Auch *denn* erweist sich als Konnex und als konversationsbezogene Partikel[81]. Im Unterschied zu der deutschen MP läßt sich *¿e lo(go)?* ohne jedes Fragewort kommunikativ richtig interpretieren. Es darf jedoch auf die kopulative Konjunktion *e* nicht verzichtet werden, da bei der alleinigen Erscheinung eines solchen Ausdrucks der Konnex ohne sie nicht erfolgen kann. Sie gilt als verankerndes Element in dem jeweiligen Kontext oder, so wie hier, als verbindendes Element, welches durch seinen anaphorischen Charakter den weiteren Verlauf des Gesprächs begünstigt.

Parallel zum Wunsch, eine Antwort des Angesprochenen zu bekommen, kann der Sprecher auch Erstaunen und sogar Widerwillen zur Geltung bringen. Solche Nuancen sind in folgendem Sequenz erkennbar:

(214)

Paula: -É que ten que ser xusto este sábado, é moi importante non para-lo seguimento.

Chano: -Claro, pobres animaliños.

Paula: -Pero ti podes ir con Manghüi. É igual que se foses comigo.

Chano: -Si, ighual, si.

Petróleo: ¡Che, che, che, che! Con Manghüi non contedes, ¿eh?

Paula: -¿E lo?

Petróleo: -Porque Manghüi aínda non sabe que vai vir comigo de casa...

Manghüi: -¿De casa?

Petróleo: -... de casa toda a fin de semana (*Mareas vivas*, Kapitel 14: "Efectos navais").

---

[81] Siehe dazu Punkt 4.1.0. der vorliegenden Arbeit.

Da aufgrund der warnenden Aussage von Petróleo ein nachfolgendes Argument vermutet werden kann, welches sich gegen die Interessen von Paula richtet, enthält die Frage des jungen Mädchens Erstaunen angesichts der unerwartet angedeuteten Hindernisse für die Erfüllung ihres Vorhabens und darüber hinaus die Angst vor der anschließenden Antwort des Gesprächspartners.

Bei den behandelten Textsegmenten wurden wir mit Situationen konfrontiert, in denen der Zusammenhang eindeutig abgeleitet werden kann, daß *¿e logo?* allein den Bezug aufzubauen vermag. In anderen Kontexten dagegen bedarf es der kooperativen Beteiligung des Sprechers bei der Formulierung der Frage. Diese wird nur dann als richtig empfunden, wenn sie sich explizit auf einen bestimmten Aspekt richtet, über den man Auskunft erteilt bekommen möchte. Die Konkretisierung dieser Notwendigkeit erfolgt durch die Nachstellung einer Frage nach dem anführenden Fragesatz *¿e logo?* oder durch den Einsatz von *e logo* als erstes Element in der jeweiligen Frage oder von *logo* bzw. *lo* am Ende derselben. Diesbezüglich finden wir verschiedene Beispiele, denen unterschiedliche kommunikative Ziele bzw. Intentionen des Sprechers zugrunde liegen:

(215)
Mariñeiro 1: -¡Oes Ladislao! ¿Sabes se lle chegaron a teu pai os suministros para os barcos?
Ladislao: -E eu que sei...
Currás: -Non, antes veu Ramón e dixo que aínda non chegaran.
Melgacho: -Sen comida non hai peixe.
Currás: -¿**E logho**? ¿Xa non vos queda nada?
Mariñeiro 2: -Nada.
Mariñeiro 1: Así non podemos saír ó mar (*Mareas vivas*, Kapitel 14: "Efectos navais").

(216)
-¿**E logho** ti como te chamas?
-Ai, perdón, qué maleducada. Belinda Romero, Encantada.
-Perdón, qué maleducado. Evaristo Currás. Encantado (*Mareas vivas*, Kapitel 25: "Celtas de Portozás").

(217)
-A clase ten algo que che dicir. [Sinala a Tito]. Empeza.
-[...] ¿**E logho** por que teño que ser eu? ¿E éste?
-Veña (*Mareas vivas*, Kapitel 27: "O Home de Portozás").

(218)
-¿**E lo** de onde sacastes o telescopio ese?
-Deixóunolo Petróleo (*Mareas vivas*, Kapitel 25: "Celtas de Portozás").

(219)
-¿Que, <u>andamos</u> ós camaróns, **logho**?

-Si, a ver si collo algún.
-Pois disque están entrando por aí polo areal, ¿eh?
-Xa mo dixeron. ¿Canto é? (*Mareas vivas*, Kapitel 14: "Efectos navais").

(220)
-[...] Chumbadas. ¿E sabes para que valen?
-Home, non. Si che parese non o vou saber.
-A ver, ¿para que valen **logho**, eh?
[...] (*Mareas vivas*, Kapitel 14: "Efectos navais").

(221)
-[...] E estas camisetas, véndense soas.
-¿**E logho** por que che quedan tantas?
-Estas son encargos, non as podo vender, están pedidas xa (*Mareas vivas*, Kapitel 14: "Efectos navais").

Gemeinsam ist allen Texten, daß das interrogative *e logo* in seinen verschiedenen Varianten vom jeweiligen Sprecher mit dem Ziel eingesetzt wird, seine Neugier und sein Interesse an einer bestimmten Antwort oder Erklärung zum Ausdruck zu bringen. Solche Nuancen, die in den Beispielen (215) und (218) eindeutig zur Geltung kommen, werden jedoch in den weiteren Sequenzen durch verschiedene Nuancen ganz anderer Natur in den Hintergrund gedrängt.

Das galicische *e logo* ist mit der - nach Francos Ansicht - portugiesischen PM (=particula modal) *então* zu vergleichen. In Zusammenhang mit dem Auftreten von *então* bemerkt Franco die Neugier und das Interesse an einer Antwort von Seiten des Gesprächspartners, die der Sprecher anhand der verwendeten MP in einem Interrogativsatz wie „*Então* o que é que o senhor acha da obra?" verrät (1991:317). Darüber hinaus sind die Bemerkungen Francos in Anlehnung an die Arbeit von Ali (1930) in bezug auf *então* zu beachten:

> „As consequências comunicativas e sociais [...], isto é, as que têm que a ver com civilidade e cortesia, de um enunciado com então em comparação com outro em que não se empregue esta partícula foram desde há muito sentidas e descritas assem por Ali (1930:55): uma pregunta sem *então*, «proferida embora em tom amavel tem sempre um quê de importuno, de exigente; ao passo que a palavrinha *então* abre a estrada para o amigo satisfazer de bom coração a nossa curiosidade. Sente logo o interrogado que estamos manifestando o nosso affecto, o nosse interesse pela sua pessoa»" (1991:318).

Solche Postulate lassen sich uneingeschränkt durch die Beispiele (216) und (219) unseres Korpus bestätigen. So sind sich die beiden Gesprächspartner in der Sprachsequenz (216) zufällig begegnet und haben angefangen, sich zu unterhalten. An einem bestimmten Punkt des Gesprächs stellt einer von ihnen einen Bezug zur aktuellen Situation des Kennenlernens her und fragt anhand von *e logo* und der üblichen Frage in solchen Fällen nach der Identität der Gesprächspartnerin. Hätte er auf das einleitende *e logo* verzichtet, hätte er zu direkt gewirkt. *E logo* trägt in der Tat dazu bei, eine höfliche und gleichzeitig freundschaftliche Atmosphäre zu schaffen. Dies ist dem Sprecher auch beim Beispiel (219) durch das nachgestellte interrogative *logho* gelungen. Die so ausgedrückte Affektivität wird hier außerdem durch ein morphologisches Mittel unterstrichen. Indem der Sprecher sich der 1. Person Plural des Verbs *andar* bedient, zeigt er sich mit dem Vorhaben des Gesprächspartners solidarisch und demonstriert seine Sympathie ihm gegenüber. Die Gestik und die Intonation der Schauspieler deuten ohne Zweifel darauf hin, daß solche Gefühle vorhanden sind. Es darf dabei nicht vergessen werden, daß so, wie die deutschen MPn nur in Zusammenhang mit parasprachlichen Mitteln kommunikativ wirksam sind, das Ausdrucksmittel der Modalität *e logo* nur intensiviert, was durch die bereits erwähnten Mittel zur Geltung gebracht werden kann. Im Gegensatz zur deutschen MP *denn*, die für eine Partikelforscherin wie Thurmair ein reiner Frageanzeiger ist, mit Hilfe dessen der Sprecher Ergänzungsfragen in einer natürlichen Weise zu formulieren pflegt, ist *e logo* trotz seiner hohen Frequenz kein unentbehrliches Element in diesem Sinne, sondern eher ein unterscheidendes sprachliches Mittel, das u.a. Nuancen, z. B. höfliche Nähe, indiziert. Dies wird auch durch das Auftreten von *denn* in Ergänzungsfragen als Übersetzung von Textsegmenten im Galicischen bestätigt, in denen kein sprachliches Element vorhanden ist, das solche Entsprechungen direkt motiviert[82]. Somit kann *denn* in solchen Fragearten als weitergehend desemantisiert bezeichnet werden kann.

¿E logo? erweist sich als nuancierungreiches Element, das die kommentierten Gefühle, aber auch genau Feindseligkeit zum Ausdruck bringen kann. Ein Beispiel dafür bildet das Textesegment (217). Der Schüler, der im Laufe des jeweiligen Kapitels der Fernsehserie genug Beweise für seine Antipathie dem Lehrer gegenüber geliefert hat, reagiert hier vorwurfsvoll, als er auf die Bitte des Dozenten hin für die Kommilitonen sprechen muß. *¿E logo?* betont den Widerwillen und die ablehnende Haltung des Schülers. All diese semantischen Abstufungen können aus seiner Gestik, Intonation sowie aus der Frage selbst ersehen werden. In einer anderen Situation (Beispiel 218) läßt sich ein gewisser Neid desselben Schülers erahnen, weil seine Freunde über ein Fernrohr verfügen.

Der mitschwingende freundschaftliche Unterton, welcher *e logo* bzw. *logo* prägt, wird in den Beispielen (220) und (221) verschärft. So ruft dieser Unterton in den erwähnten Textsegmenten einen ironischen Charakter hervor. Der Sprecher versucht weniger, seine Neugier zu befriedigen, als vielmehr den Gesprächspartner in Verlegenheit zu bringen. Während in Textsegment (220) der Sprecher die Unkenntnis des Angesprochenen bloßzustellen sucht, bezweckt er in (221), seine Beobachtung in den Vordergrund zu stellen, daß dem Gesprächspartner gar nicht so viele Verkäufe gelungen seien und daß das

---

[82] Siehe zu diesen Fragen Punkt 4.1.1. der vorliegenden Arbeit.

Geschäft nicht gut laufe. Der perfiden Verwendung der Sprache kommt hier ein Mittel zugute, das hinter der formalen Höflichkeit und Freundschaft die wahren negativen Intentionen des Sprechers verbirgt. Eine solche Ironie wird auch in rhetorischen Ergänzungsfragen zum Ausdruck gebracht. So wie die deutsche MP *denn* in Entscheidungsfragen kann das galicische *e logo* sowohl in Entscheidungs- als auch in Ergänzungsfragen die Gegenargumente schwächen und damit die eigenen bekräftigen[83]. Dies geschieht auf humorvolle Weise in folgenden Abschnitten des Romans *Fortunato de Trasmundi*:

(222)
-¿Ese Manuel Murguía é un do que hai un libro na nosa biblioteca?
-Claro, e logo quen vai ser [...] (CF 34).

(223)
-Señor, entre unha cousa e outra deixáronme sen respiro ¡Nunca tal vin, arder un monte de noite!
-¿E logo de que conífera caíches? Porque este é un evento que nos tempos que corren se observa case tódolos días de primavera e do estío [...] (CF 37).

In beiden Fällen zeigt der Sprecher seine Überlegenheit – nicht nur anhand von *e logo* - und erniedrigt somit den Gesprächspartner wegen dessen Unwissenheit. Der zögernden Entscheidungsfrage des Gesprächspartners in (222) setzt er eine deutliche Antwort entgegen und entkräftet jegliche Zweifel seines Hörers, indem er die Identität von Manuel Murguía, von dem in vorangegangenen Abschnitten die Rede war, für unbestreitbar erklärt. Nach *claro* wird – wenn auch nicht graphisch mit Fragezeichen markiert – eine rhetorische Ergänzungsfrage gestellt, worauf man natürlich keine Antwort erwartet, da man nur die Betonung der eigenen Gewißheit beabsichtigt. Eine eventuelle Übersetzung wäre: „Wer *denn* sonst?". Ähnlich wird in Beispiel (223) wiederum die erwähnte Verlegenheit des Angesprochenen beabsichtigt, die durch die Frage mit *e logo* sowie mit der wortreichen Bemerkung des Sprechers erfolgen kann.

Aufgrund der amüsanten Sprachspiele wird jedoch ersichtlich, daß es der Sprecher nicht immer böse meint. Besonders nett und freundschaftlich gegenüber dem Angesprochenen zeigt sich hier die Person, welche die Ergänzungsfrage *¿e logo?* im folgenden Dialog formuliert:

(224)
-¿Que tal, Curreolo, que?
-Mal.
-¿E lo? Mal de amores, ¿non?
-Mal de amores, quen me dera [...]. Couto, que quere vende-lo barco. [...]
(Mareas vivas, Kapitel 27: "O Home de Portozás")

---

[83] Siehe dazu Punkt 4.1.2.

Der Sprecher zeigt nicht nur reine Neugier und sein Interesse an einer Antwort. Nachdem er an den Gesprächspartner eine Höflichkeitsfloskel und einen liebenswürdigen Appell gerichtet und vom ihm erfahren hat, daß es ihm schlecht gehe, äußert er eine Vermutung, die er selbst wahrscheinlich für unbegründet hält, die jedoch die Funktion erfüllen soll, den Angesprochenen aufzumuntern. So schließt an die Frage *¿e lo?* eine Rechtfertigung für seinen pessimistischen Zustand an, indem er als Zeichen seiner Solidarität dem Angesprochenen gegenüber das Adverb 'mal' vom Vorgängerzug wiederaufnimmt, zu 'mal de amores' vervollständigt und somit dem Gesprächspartner Liebeskummer unterstellt. Es läßt sich vermuten, daß es sich aus der Perspektive des Sprechers dabei um kein schwerwiegendes Problem handelt und daß Liebeskummer auf jeden Fall keine so negative Seite hat. Darüber hinaus bedient sich der Sprecher zusätzlich der Zusatzfrage *¿non?* - mit deren Auswertung und Funktion wir uns ausführlich in Punkt 1.7.2.2.1.1. der vorliegenden Arbeit beschäftigt haben -, um eine Bestätigung für seine Vermutung von Seiten des Gesprächspartners zu bekommen. Die vom Angesprochenen wahrgenommene Affektivität spiegelt sich in der wiederholten Verkettung ihrer Sprechturns wider, indem der Hörer, der jetzt Sprecher ist, nicht ohne Ironie seine Rede mit 'Mal de amores' einleitet und sich dabei auf seine schlechten Arbeitsaussichten bezieht.

Mittels einer rhetorischen Frage mit *e logo* kann ein Sprecher nicht nur den Gesprächspartner in Verlegenheit bringen oder sich über ihn lustig machen, sondern er kann an ihn auch schwere Vorwürfe richten, wie folgendes Textsegment zeigt:

(225)
- Mentíchesme. Dixéchesme que todo era un erro e que ti eras inocente.
- Si, é certo. Non che podía conta-la verdade.
- Son a túa muller. ¿A quen lla pensabas contar, **logo**?
- Sabía que non o entenderías e quería aforrarche a angustia pola que eu tiven que pasar (*Mareas vivas*, Kapitel 15: "Furtivos").

Angesichts des Mißtrauens ihres Ehemannes, der sie angelogen und sich nicht auf ihre Meinung und eventuellen Rat verlassen hat, äußert die Frau eine Reihe von Vorwürfen. Nachdem er behauptet hat, er habe ihr die Wahrheit nicht erzählen können, stellt sie eine eindeutig rhetorische Frage, bei der sie ausdrücklich nach anderen eventuell vertrauten Personen fragt. Es handelt sich natürlich um keine 'echte' Frage. Sie wünscht sich keine wortwörtliche Interpretation der Frage und infolgedessen auch keine Antwort. Dadurch unterstreicht sie die evidente Tatsache, daß keine vertrautere Bezugsfigur als sie als Ehefrau für ihren Ehemann und Gesprächspartner hätte in Frage kommen dürfen.

5.4.1.1.2. *E logo* in Entscheidungsfragen. Beschreibung. Äquivalenzen in der deutschen Sprache. Vergleich mit dem portugiesischen *então*

Vergleichbar mit der deutschen MP *denn* ist auch *¿e logo?* in galicischen Entscheidungsfragen nicht sehr häufig nachweisbar[84]. Außerdem befinden sich unter dieser Gruppe neben eindeutigen Entscheidungsfragen Fragearten, bei denen schwer zu entscheiden ist, ob es sich um echte Entscheidungsfragen oder eher um die interrogative Erscheinung einer 'partícula resultativa' handelt. In den folgenden Dialogen lassen sich eindeutige Entscheidungsfragen mit einem einleitenden *¿e logo?* nachweisen:

(226)
- Atende, rapaz. Don Florencio e mais eu estamos de acordo en que tes que deixar de perseguirme e de facer todo o que eu fago.
- ¿E **logo** non queres que sexa percebeiro?
- Si que quero, ho, Pero cando medres. Agora tes que ir á escola e estudiar moito [...] (*Mareas vivas*, Kapitel 15: "Furtivos").

(227)
Home 2: -Traio "pisighlas" do oito. ¿Onde deixo a caixa?
Ladislao: -¿E eso para que o quero?
Currás: -¿Para que as queres? ¡Es ben animal! Deixa eso aí que xa o coloco eu.
(Nachdem Home 2 weggegangen ist):
Currás: -¿E **logo** quéresnos deixar sen liña? [...]
Ladislao: -E eu que sei (*Mareas vivas*, Kapitel 14: "Efectos navais").

Die Situation, die den Dialog in Beispiel (226) einrahmt, ist folgende: Ein Kind möchte später Entenmuschelpflücker (galicisch *percebeiro*) werden und ahmt deswegen Currás nach, einen Mann aus dem Dorf, der einer solchen Betätigung nachgeht. Da der Schüler bei den Ausführungen zu seiner angeblichen Berufung zu weit geht, sind der Lehrer und der Entenmuschelpflücker sehr besorgt. Letzterer rät also dem Kind davon ab, ihn den ganzen Tag wie ein Schatten zu begleiten. Aus dem Ratschlag des Entenmuschelpflückers schließt das Kind, daß der Mann mit seinem Wunsch, dieselbe Arbeit wie er auszuüben, nicht einverstanden ist. Eine solche Haltung widerspricht seinen Erwartungen. Diese Tatsache spiegelt sich in der Frage wider, bei der die negative Partikel *non* hinter dem einleitenden *¿e logo?* ein Zeichen für die Befürchtung ist, eine negative Antwort von Seiten des Gesprächspartners zu bekommen. Ähnliche Situationen wie die in unserem Beispiel schildert Franco in bezug auf die portugiesische Äquivalenz *então* in Entscheidungsfragen. So wie in Beispiel (226) das von Currás Gesagte die negativ formulierte Frage des Kindes motiviert hat, ist die Gestik einer Person zu interpretieren, welche in Francos Beispiel als seinen Erwartungen entgegengesetztes Signal von einem beliebigen

---

[84] Siehe zu dieser Behauptung die Ausführungen in 4.1.2.

Sprecher A gelten muß. Infolgedessen wird von A folgende Frage gestellt: *„Então* eles <u>não</u> deram resposta nenhuma?" (Franco 1991:316). Nach Francos Ansicht beabsichtigt der Sprecher die Bestätigung oder die Verneinung der negativen Vermutung. Die von ihm vorgeschlagene deutsche Übersetzung enthält, wie zu erwarten, die MP *denn* und lautet: „Haben sie *denn* keine Antwort gegeben?"

Das Beispiel (227) zeigt, daß sich in Entscheidungsfragen mit *e logo* das beschriebene Schema wiederholt. Der Sprecher, der *e logo* verwendet, räumt damit ein, daß er aus der vorangegangenen Aussage oder aus der Situation Folgen ableitet, die seinen Erwartungen bzw. Interessen oder Wünschen widersprechen. Auch wenn dieser Sprecher eine Antwort bevorzugt, die seine negativen Vermutungen dementiert, befürchtet er eigentlich, daß sie vom Gesprächspartner bestätigt werden. Im Idealfall sollte also in der Tat derjenige, der die Frage mit *e logo* gestellt hat, eine Anwort in die eine oder die andere Richtung bekommen. Es ist nicht der Fall, daß der Gesprächspartner Ladislao sich in Beispiel (227) wenig kooperativ zeigen würde. Seine Antwort, bei der er mit seiner Unwissenheit argumentiert, gibt er auf eine hier ausgelassene Ergänzungsfrage, die zum Abschluß des vorliegenden Kapitels erwähnt wird.

In diesem Zusammenhang läßt sich ein Beispiel anführen, in dem diese in Entscheidungsfragen übliche mitschwingende Befürchtung ganz eindeutig zur Geltung kommt. Wir werden jedoch hier mit einem sprachlichen Element konfrontiert, das dem Ausdrucksmittel der Modalität *e logo* nahesteht, aber ein anderes Verhalten aufweist. Es handelt sich um die 'partícula resultativa' *logo*:

(228)
-Necesito sabe-lo que pasou.
-O barco que me rescatou levaba armas: eso é certo. Non me podía desembarcar en ningures porque a Interpol esperábaos en tódolos portos.
-¿E que fixeches?
-Obrigáronme a quedar con eles.
-¿**Logo** a policía ten razón? ¿Ti estabas con aquela xente? (*Mareas vivas*, Kapitel 15: "Furtivos").

Aus den Geständnissen ihres Ehemannes schließt die Frau, daß die Anklagen der Polizei gegen ihn der Wahrheit entsprechen. Die Schlußfolgerung, zu der María gelangt ist, bringt diese in zwei deklarativen Interrogativsätzen zum Ausdruck. Die erste der Entscheidungsfragen mit deklarativem Charakter wird durch die 'partícula resultativa' *logo* eingeleitet. Diese Partikel bildet den Anfang einer Behauptung, deren Inhalt als Ergebnis des unmittelbar vorher Gesagten entsteht. Im Unterschied zu *e logo* in Ergänzungs- wie in Entscheidungsfragen trägt *logo* den Hauptakzent des Satzes, wobei hier eine kleine Pause folgt. Wie *e logo* stellt hier *logo* trotz des Fehlens der kopulativen Konjunktion *e* einen Konnex zum Vorgängerzug her. María verleiht ihrer Behauptung eine interrogative Intonation, weil sie das Zutreffen des Sachverhaltes ganz offensichtlich befürchtet. Ihre Angst wird durch die Umwandlung einer kategorischen Äußerung in eine Entscheidungsfrage ausgedrückt. Sie beabsichtigt, eine Antwort von Seiten des Sprechers zu erzwingen, welche ihre Befürchtung bestätigt oder verneint. Sie ahnt jedoch, daß sie die von ihr nicht gewünschte bejahende Antwort hören wird. Dies wird durch die andere nachgestellte Entscheidungsfrage klar, da in ihr die Ehefrau, anstatt auf die Anklage der Polizei hinzudeuten, diese wiedergibt. In ihrer Verzweiflung sucht sie eventuelle Anhaltspunkte, Gegenargumente oder zumindest Präzisierungen von Seiten ihres Ehemannes, welche die für sie besonders schwer hinzunehmende Situation klären könnten. Aber im Grunde kennt sie bereits alle Antworten. Eine gewisse Rhetorizität darf dabei nicht ausgeschlossen werden.

Es bestehen also lediglich viele Gemeinsamkeiten zwischen dem interrogativen *e logo* und *logo* in Entscheidungsfragen, Äquivalenz ist nicht gegeben.

Zur Dokumentation sei ein Textsegment unseres Korpus angeführt, das wir bereits unter Punkt 4.1.1. *Denn* in Ergänzungsfragen behandelt haben. Es handelt sich um eine ambige Fragestellung, bei der aus einer anfänglichen Ergänzungs- eine Entscheidungsfrage wird:

(229)
Recordo unha cousa que me dixo un home. O meu avó foi o peor que se pode ser na vida. ¿E **logo** que fixo, matou?, pregunteille. Non, non. (RO 12)

Ich erinnere mich, daß mir ein Mann einmal etwas Schreckliches erzählt hat. Mein Großvater war das Schlimmste, was man im Leben sein kann. Was hat er **denn** getan, hat er jemanden umgebracht? fragte ich ihn. Nein, nein. (ROÜ 13)

Der Erzähler gibt in direkter Rede seine eigenen Worte wieder, und zwar ganz konkret eine Frage mit *e logo*. Zunächst sucht er seine Neugier zu befriedigen, da er unter dem Eindruck der vorangegangenen Äußerung seines Gesprächspartners steht. Dieser soll präzisieren, was er unter 'das Schlimmste zu sein, was man im Leben sein kann' versteht, eine Behauptung, die der Gesprächspartner in bezug auf seinen Großvater macht. Da nach seinem ethischen Dafürhalten ein Mörder 'das Schlimmste' verkörpert, wagt er es, seinen Verdacht zu äußern, und wandelt somit seine Ergänzungsfrage in eine Entscheidungsfrage durch den Anschluß der Zusatzfrage '¿matou?' um. Daraus folgt die verneinende Antwort mit der wiederholten negativen Partikel *non*, die der Sprecher und aktuelle Erzähler erhält. Auf jeden Fall steht im Deutschen die MP *denn* als Entsprechung für *e logo*, was üblicherweise, aber nicht immer vorkommt.

Das Korpus weist einen zu *e logo* äquivalenten Ausdruck aus, der jedoch eine geringere Frequenz aufweist: *e daquela*:

(230)
Home 2: -Traio "pisighlas" do oito. ¿Onde deixo a caixa?
Ladislao: -¿E eso para que o quero?
Currás: -¿Para que as queres? ¡Es ben animal! Deixa eso aí que xa o coloco eu.
(Nachdem Home 2 weggegangen ist):
Currás: -¿E logo quéresnos deixar sen liña? ¿E **daquela** como imos ir ó sargo?
Ladislao: -E eu que sei (*Mareas vivas*, Kapitel 14: "Efectos navais").

Es wäre hier logisch zu argumentieren, daß der Sprecher sich aus stilistischen Gründen, also zur Vermeidung der Wiederholung des *e logo* in der Entscheidungsfrage, in der Ergänzungsfrage für *e daquela* entscheidet. *Daquela* wird von ARM als Temporaladverb und auch als Element mit resultativem Charakter definiert. Als Vertreter der Wortklasse der Adverbien kommt *daquela* in Beispielen vor, deren Übersetzung im Deutschen durch das Temporaladverb 'damals' erfolgen könnte: „Daquela non había ningún enxeño de artillería" (ARM [2]1989:212). Als resultative Partikel kommt *daquela* in Textsegmenten wie dem folgenden vor: „Pechan o asteleiro, amigo, **daquela** non tes máis remedio que buscar outro traballo, e como non o vas atopar, **daquela**, ¿que fas da túa vida?" (ARM [2]1989:212). Auch das Ausdrucksmittel der Modalität *logo* in *e logo* weist als Homonyme das Temporaladverb *logo* und die 'partícula resultativa' *e logo* auf. So wie bei *e logo* kann auch bei *e daquela* ein resultativer Charakter erkannt werden, was mit der Tatsache zu tun hat, daß solche Elemente die Fähigkeit besitzen, einen Konnex mit vorangegangenen Äußerungen oder mit aktuellen Situationen herzustellen. Im Unterschied zu *logo* als Bestandteil von *e logo* wird *daquela* genau wie seine beiden Homonyme betont, und allen dreien folgt jeweils eine kurze Pause. *E daquela* ist in Bedeutung *e logo* sehr nah, weicht jedoch in einigen Aspekten leicht von diesem ab. Dies wird dadurch bestätigt, daß die ideale Entsprechung im Deutschen nicht die MP *denn*, sondern das Temporaladverb *dann* wäre: „*Wie werden wir **denn** Weißbrasse fischen gehen können?" vs. „Wie werden wir **dann** Weißbrasse fischen gehen können?" Die Tatsache, daß *e logo* in gewissen Entscheidungsfragen ein Element ist, das gleichzeitig Charakteristika eines Temporaladverbs und einer 'partícula resultativa' (wie dt. *denn*) aufweist, wird durch die folgende, sehr treffende Übersetzung ins Deutsche durchaus bestätigt:

(231)
Hai quen di que todo o que nos acontece está sinalado de antemán. [...] Eu non creo tal cousa.
Un día falei desto con Lelo. Estabamos arrimados á orela da ponte, mirando para o río. Os muxiricos rebulían na tona da auga.
-¿E **logo** as cousas non pasan porque teñen que pasar? –díxome.
Aledeime de que Lelo cavilase. (NM 143)

Es heißt, daß alles, was uns widerfährt, vorherbestimmt ist. [...] Ich glaube nicht an sowas.
Einmal habe ich mit Lelo darüber gesprochen. Wir hatten uns über das Brückengeländer gelehnt und sahen den Fluß. Fische glitzerten im Wasser.
»**Dann** geschehen die Dinge **also** nicht, weil sie geschehen müssen?« fragte er

mich. Ich freute mich, daß Lelo nachdachte. (NMÜ 82)

Die durch *e logo* eingeleitete Entscheidungsfrage ist die direkte Folge des von den Kindern unmittelbar vorher geführten Gesprächs, über das der Erzähler uns in der indirekten Rede Auskunft gibt. Aus dem vorher Gesagten resultiert die Frage mit *e logo*. In der Übersetzung gilt das Adverb *also*, das mit 'folglich', 'demzufolge', 'demnach' u.a. umschrieben werden kann (vgl. *DUDEN Universal Wörterbuch* [2]1989:95), als ein Element, welches einen Konnex oder eine Junktur zum Vorhergesagten herstellt. Hier übt *also* die Rolle einer erläuternden Zusammenfassung aus (vgl. *DUDEN Universal Wörterbuch* [2]1989:95). Im vorliegenden Fall handelt es sich um eine vom Sprecher an sich selbst gerichtete Erläuterung, für die er gleichzeitig eine Bestätigung auf Seiten des Gesprächspartners beansprucht. *Also* ist hier jedoch nicht isoliert, sondern in Korrelation mit dem Temporaladverb *dann* zu betrachten. U.E. erfolgt jedoch in Beispielen wie diesem durch *dann* keine temporale Referenz im eigentlichen Sinne. Durch *dann* wird hier eine Situation oder ein Ereignis – in diesem Fall die bewußte Überlegung zur Existenz des Determinismus - im jeweiligen Kontext verankert.

5.4.1.2. *E logo* als affirmative Antwortpartikel

Die lexikalische Einheit *e logo* kann als positive Erwiderung sowohl auf eine Entscheidungsfrage als auch auf eine bestimmte Behauptung oder einen Kommentar fungieren. Dabei kann *e logo* einen exklamativen, aber durchaus auch einen interrogativen Charakter aufweisen, wie folgende Beispiele unseres Korpus zeigen:

(232)
-Sabes que xa saquei do ropeiro a camisa aquela que levei, aquela que che contei no cabo de Buena Esperanza, ¿non sabes?
-Ai, a que che reghalara aquel pirata que tiña un ollo torto.
-¿E lo?, levei esa camisa, mi madriña, por medio mundo, unha camisa así de cadro pequeno, unha cousa [...] (*Mareas vivas*, Kapitel 25: "Celtas de Portozás").

(233)
-[...] Eu que sei. Porque estrañaba esto. E porque quería senta-la cabesa. E principalmente porque non hai sitio máis bonito có meu Portosás.
-Estou de acordo contigo.
-¿E lo? [...] (*Mareas vivas*, Kapitel 76: "A revoda").

(234)
-[...] Preparei unha sea. ¡Ah!
-¡Mmm! Unha sea romántica.

-¡E looo! É unha receita que me ensinou un cociñeiro coreano cando estiven nun cargueiro na Guerra do Golfo (*Mareas vivas*, Kapitel 14: "Efectos navais").

(235)
-[...] Onte pola noite non estabas na casa.
-¡Home! ¿Que queres que che digha? Cansei de esperar e marchei pra miña, Berta.
-Pois mira, fixeches ben.
-¡E lo! (*Mareas vivas*, Kapitel 14: "Efectos navais").

Die quantitative Auswertung des Korpus, dem die obigen Textsgemente entstammen, zeigt die Beliebtheit der apokopierten Form von *e logo*. Die Antwort wirkt auf diese Weise ökonomischer und plakativer. Dies hilft dem Sprecher, sich zu behaupten, dient also dem Ziel, welches er durch den Einsatz des interrogativen oder exklamativen *e lo* zu erreichen sucht.

Da der Regisseur der Fernsehserie *Mareas vivas* uns freundlicherweise Drehbücher mehrerer Kapitel zur Verfügung gestellt hat, haben wir feststellen können, daß in den Beispielen (234) und (235) eigentlich kein *¡e lo!* in den Antworten vorgesehen war. Sie sind also aus den Improvisationen der Schauspieler entstanden. Dies ist ein Zeichen dafür, daß ein solches sprachliches Mittel, das von den Schauspielern in den gegebenen Situationen als geeignet empfunden wird, keinen vergleichbaren Raum in der reflektierten Schriftsprache findet.

Wie bereits oben erwähnt, fungiert laut Carballo Calero *¿e lo?* – für ihn nur in der interrogativen Variante – als Affirmationsadverb (vgl. [7]1979:330). Es scheint diskutabel zu sein, ob wir hier mit einem Element der Wortklasse der Adverbien konfrontiert werden, welches mit dem Affirmationsadverb *si* vergleichbar ist. Es besteht jedoch kein Zweifel daran, daß es sich bei *¿e logo?* in der Ausübung der vorliegenden Funktion um ein Ausdrucksmittel zur emphatischen affirmativen Assertion handelt. Wie bereits bekannt, wird *¿e logo?* in dieser Funktion in verschiedenen Lexika und verschiedenen Grammatiken mit 'claro', 'naturalmente', 'por suposto' u.a. ähnlichen Ausdrücken umschrieben. Es wird dadurch die Evidenz einer Behauptung bzw. Bemerkung in den Vordergrund gestellt. *¿E logo?* bildet eigentlich eine elliptische Frage. Ein solches Phänomen ist durchaus mit folgender sprachlichen Ressource der spanischen Sprache vergleichbar[85]:

„En Hispanoamérica es corriente como forma enfática de afirmación la pregunta elíptica de afirmación la pregunta elíptica *¿cómo no?*, hoy difundida también en la Península. [...] Valenzuela: *Pues si es usted tan amable que quiere firmar la toma de posesión y esta cartita...*, etc. –Bonilla: *¿Cómo no, señor Valenzuela?* ('¿cómo no había yo de hacerlo? ¡claro que quiero!'). [...] Marcos: *Yo no tengo más que doce pesetas treinta y cinco céntimos... ¿si sirven?* –Sole: ¡Ay, cómo no! (complétese: «han de servir», ¡naturalmente!) [...]" (Beinhauer [3]1978:204).

---

[85] Siehe zu *¿y luego?* und *¿cómo no?* Punkt 1.7.2.2.1.2. der vorliegenden Arbeit.

Wie aus dem Zitat ersehen werden kann, weist dieses *cómo no* in einigen Fällen eine exklamative Intonation auf, auch wenn davon ausgegangen wird, daß es sich bei diesem Ausdruck ursprünglich um eine elliptische Frage gehandelt hat. So könnten die Fragen mit *¿e logo?* der Beispiele (232) und (233) wie folgt vervollständigt werden: '¿E lo(go) que camisa ía ser?'; '¿e lo(go) non has estar de acordo?' Normalerweise wird jedoch vom jeweiligen Sprecher auf die vollständige Fragestellung verzichtet, da die Kommunikation nur durch die Ellipse gewährleistet wird. In unserem Korpus finden wir jedoch Ausnahmen für diese Regel. Entscheidend ist, daß, im Unterschied zu dem eher freundlichen, versöhnlichen Ton in den Textsegmenten (232) und (233), im folgenden Beispiel Verärgerung zum Ausdruck gebracht wird:

(236)
-Unha tenda de efectos navais. Parece mentira que tiveses esa idea. ¿Ocorréuseche a ti só?
-¿E **logo** a quen se lle ía ocorrer?
-Non parece-lo Ladislao de sempre. (Mareas vivas, Kapitel 14: "Efectos navais")

Kommunikativ wäre hier *¿e lo?* genauso effektiv gewesen. Der Sprecher, der hier keine elliptische, sondern eine vollständige Frage formuliert, fühlt sich angesichts des niedrigen Grades an Vertrauen, das er von Seiten seines Vaters genießt, äußerst beleidigt. Daher beantwortet er die Entscheidungsfrage des Vaters weder mit *si* noch mit *¡claro!* oder *¿e lo?*. Selbstbewußt schließt er aus, daß eine andere Person ihn auf die Idee zu einem solchen Geschäft hätte bringen können, was, wie wir aus der Fernsehserie wissen, in der Tat der Fall war. Ladislao beschränkt sich hier nicht darauf, eine affirmative Antwort zu geben. Er verfolgt eine ganz andere Absicht, und zwar die Intention, dem Vater unterschwellig seine mangelnde Verläßlichkeit vorzuwerfen. Durch *¿e lo(go)?* versucht der Sprecher sich selbst zu behaupten, statt die Bemerkungen seines Gesprächspartners zu bestätigen. Und dies geschieht mehrmals nicht zuletzt deshalb, weil der Sprecher *¿e lo(go)?* verwendet, um ein vom Gesprächspartner geäußertes Gefühl der Unsicherheit oder des Erstaunens zu erwidern. Durch dieses ich-zentrierte Ausdrucksmittel stellt der Sprecher unterschwellig Fragen wie: 'Wie kannst du überhaupt daran zweifeln?'; 'warum bist du so unsicher?'; 'wieso kommt dir das so überraschend vor?'. Die Frage, ob der Sprecher nicht vielleicht in Wirklichkeit seine eigene Unsicherheit hinter einem solchen Ausdruck zu verbergen beabsichtigt, würde uns zu einer beinahe sprachpsychologischen Analyse führen, die den Rahmen der vorliegenden Arbeit sprengen würde. Der erwähnte Egozentrismus tritt in der folgenden Sprachsequenz unseres Korpus eindeutig hervor:

(237)
-Eu vou faser de, de Robert de Niro, ¿non?, eh, na película "Taxi Driver", cando o tipo
está diante do espello e alusina... É prácticamente un monólogo, ¿non? [...]
-[...]
-Moi ben. Fas*me* ti de espello, veña.
-¿Eu de espello?
-Pónte*me* aí, ¿**e lo?** (*Mareas vivas*, Kapitel 18: "Cartas de amor")

Bei dem geschilderten Casting möchte Petróleo – und er erklärt es auch - die
berühmte Szene des Filmes "Taxi Driver" spielen, in der der Schauspieler
Robert de Niro vor dem Spiegel spricht. Da in dem Raum kein Spiegel
vorhanden ist, schlägt er einer Person namens Currás vor, für ihn als Spiegel zu
fungieren. Eher als um eine Bitte handelt es sich dabei um einen Befehl, der sich
im Einsatz mehrerer Imperativformen widerspiegelt. An die Imperative 'fas' und
'ponte' wird der Dativ des Interesses *me* angehängt. Bei der sehr häufig in der
gesprochenen Sprache gebrauchten Form 'veña' ist der ursprünglich
imperativische Charakter verloren gegangen. 'Veña' ist eher als
konversationelles Kontaksignal zu verstehen, durch das der Sprecher eine
Reaktion von Seiten des Sprechers verlangt. Das abschließende ¿*e lo?*, das einer
Imperativform + Dativ des Interesses folgt, gilt als elliptische Frage, die für eine
Fragestellung steht, welche in vollständiger Form etwa wie folgt lauten könnte:
'¿E lo non te me vas negar?' bzw. '¿E lo non me vas dicir que non?'. Solche
Fragesätze sind anstelle des elliptischen ¿*e lo?* vorstellbar, da die andere Person
– sowohl durch ihre Worte als auch durch ihre Gestik – ein Gefühl der
Unsicherheit zum Ausdruck gebracht hat. Seine Hemmungen, die sich in der
von ihm gestellten Entscheidungsfrage '¿Eu de espello?' widerspiegeln, könnte
man sprachlich eventuell mit irgendwelchen Ausflüchten, Ausreden, Einwänden
oder Gegenargumenten erweitern. Der Sprecher schließt von vornherein eine
solche Möglichkeit aus, indem er ¿*e lo?* einsetzt. Daß ¿*e lo?* häufig eine solche
Rolle ausübt, zeigt uns ein Beispiel unseres Korpus:

(238)
¿A que altura traballabas ti?, preguntou
Bento.
Polo menos, polo menos a trescentos
metros.
¿Tres que? ¡Vai de aí, ho!
¡E logo! O Empire State ten 381 metros.
Preto de esa altura andabamos nós. ¿Ou
cres que aquilo é unha coña? Miras para
abaixo e é como ver un formigueiro,
puntiños coma miles de de boinas arredor
dos coches. Somos moita xente no mundo.
¡Arre carallo se subín! ¡Máis de trescentos
metros! Alí, a aquela altura, só estamos os
indios e os galegos. (RE 104)

In welcher Höhe hast du gearbeitet?, fragte
Bento.
Mindestens, mindestens... dreihundert
Meter.
Drei was? Erzähl keinen Scheiß!
Ja doch, Mensch. Das Empire State ist 381
Meter hoch. So etwa in dieser Höhe waren
wir. Oder glaubst du, das ist ein Witz? Du
schaust nach unten, und das ist, als würdest
du einen Ameisenhaufen sehen,
Pünktchen, sowas wie Tausende von
Mützen rund um die Autos. Wir sind viele
Leute in der Welt. Verdammt, und ob ich
rauf bin! Mehr als dreihundert Meter! Dort,

in dieser Höhe, da waren nur Indianer und
wir Galicier. (REÜ 116)

Der Gesprächspartner hat in Frage gestellt, daß der erste Sprecher in so einer Höhe gearbeitet hat. Auf die Zweifel des Gesprächspartners reagiert der Sprecher mit einem exklamativen *¡e logo!*, welches als Ellipse von '*¿e logo non o cres?*' durchaus einen interrogativen Charakter hätte aufweisen können. Durch *¡e logo!* wird eine Selbstbehauptung des Sprechers geleistet, der jegliche Argumente gegen seine ursprüngliche Aussage ausschließt. Dies gelingt ihm ebenfalls durch das Untermauern des *¡e logo!* anhand einer rhetorischen Frage und weiterer Ausrufesätze. Im Deutschen wird *¡e logo!* durch die MP *ja* mit dem Affirmationsadverb *doch* kombiniert. Während *ja* die Nuance der Bekanntheit mit sich bringt, erfolgt durch den Einsatz von *doch* die Nuance der Korrektur (vgl. Thurmair 1989:208ff.). Wie Thurmair signalisiert, gleicht das Affirmationsadverb *doch* dadurch der homonymischen MP *doch*, daß durch beide implizit eine Zurückweisung erfolgt (vgl. Thurmair 1989:210). In der Tat wird im vorliegenden Beispiel zunächst durch *ja* das Evidente, das beim Gesprächspartner als bekannt gelten sollte, in den Vordergrund gestellt, um anschließend Gegenargumente des Gesprächspartners, der ihm seine Aussage nicht glaubt, durch *doch* außer Kraft zu setzen. Eine solche Kombination, die relativ häufig ist (vgl. Thurmair 1989:210), tritt ebenfalls in folgender Übersetzung auf:

(239)

Eu tiven tres maridos, dixo a señora.	Ich hatte drei Ehemänner, sagte die Señora.
¿De verdade?	Wirklich?
Si, muller. (RE 41)	**Ja doch**. (REÜ 46)

Die zögernde Frage einer ungläubigen Frau wird bestätigend von der Gesprächspartnerin anhand von *si, muller* beantwortet. So wie bei der deutschen Übersetzung in Beispiel (238) durch *Mensch* die Partnerbezogenheit in den Vordergrund gestellt wird, wird in (239) durch *muller* ebenfalls freundlich an die Gesprächspartnerin appelliert. Durch das Vorkommen von *e lo(go)* hätten sowohl in seiner exklamativen als auch in seiner interrogativen Variante die oben angedeuteten Nuancen hervorgerufen werden können und ich-bezogener gewirkt. Es ist daher nicht erstaunlich, daß Martín Zorraquino das für die Variante des in Galicien gesprochenen Spanisch typische *¿y luego?* – wobei es sich natürlich um die Übertragung aus dem galicischen *¿e logo?* handelt – neben dem andalusischem *digo* in Zusammenhang mit der affirmativen Assertion in Betracht bringt[86]. Durch beide sprachlichen Elemente kommt der Sprecher zur Geltung. Beide sind stark ich-bezogen. Diese Einheiten sind in der Tat Manifestationen einer eindeutig egozentrischen Sprachverwendung, und als

---

[86] Siehe dazu Punkt 1.7.2.2.1.3. der vorliegenden Arbeit.

egozentrische Sprache bezeichnet Hernando Cuadrado explizit das Spanische (vgl. 1988:18).
Für Martín Zorraquino sind beide neben anderen von ihr analysierten sprachlichen Elementen 'partículas modales' (vgl. 1992:110ff.)[87].

5.4.2. Einordnung von *e logo* in eine Wortklasse

Durch *e logo* mit all seinen Varianten und Vorkommensweisen werden – wie schon gezeigt - unterschiedliche Nuancen hervorgerufen, die uns schon beschäftig haben. Verschiedene Intentionen des Sprechers in bezug auf den Gesprächspartner werden durch *e logo* zum Ausdruck gebracht. *E logo* kann also für ein illokutionsindizierendes Mittel gehalten werden. Wie bereits in Punkt 1.7.2.2.1.3. erfolgt, schlagen wir den galicischen Terminus 'medio de expresión da modalidade' für *e logo* vor, da dieser zum einen durchsichtig ist und weil es in der galicischen Tradition bisher keine Anhaltspunkte für die Durchsetzung des Begriffs gibt, der sp. 'partícula modal' entspricht. Bei *e logo*, welches sich als Antwortpartikel herausgestellt hat, können wir ebenfalls von einem 'medio de expresión da modalidade' sprechen, welches für die affirmative Assertion eingesetzt wird. Abgesondert von dieser Bezeichnung bleibt das Homonym *e logo*, welches als 'partícula resultativa' fungiert, auch wenn es in manchen Fällen recht schwer ist, diese Funktion von der eines Ausdrucksmittels der Modalität abzugrenzen.

5.4.3. Auswertung der Urteile unserer Informanten

Im Unterschied zu den bisher behandelten galicischen 'medios de expresión da modalidade' sind unsere Informanten mit zwei Beispielen konfrontiert worden, die lediglich dem Teil A entstammen. D.h., in diesem Fall haben wir auf ein Urteil bei der Gegenüberstellung eines Textsegmentes mit *e logo* und eines anderen ohne *e logo* verzichtet. Wir haben es vorgezogen, anhand von bereits im vorliegenden Kapitel angeführten Beispielen zwei unterschiedliche *e logo* zu präsentieren, und zwar das Ausdrucksmittel der Modalität als Antwortpartikel und die 'partícula resultativa' *e logo*.
Das erste Textsegment, bei dem die Informanten sich auch zu *ho* äußern mußten, lautet wie folgt:

A.1.
¿A que altura traballabas ti?, preguntou Bento.
Polo menos, polo menos a trescentos metros.
¿Tres que? ¡Vai de aí, ho!
¡E logo! O Empire State ten 381 metros. Preto de esa altura andabamos nós. (RE 104)

Zu diesem *¡e logo!* haben sich unsere Informanten wie folgt geäußert:

1) Da énfase á oración, faina coloquial
2) "¡E logo!" reafirma a opinión do falante, aínda que concede a posibilidade do erro.
3) ¡E logo! Se usa la expresión para dar credibilidad a lo dicho anteriormente.
4) ¡E logo! indica incredulidade.
5) Partícula que serve para establecer certa cordialidade entre os falantes. Máis proximidade.
6) "¡E logo!" podería ser sinónimo de "claro, claramente"; neste caso, sirve de reforzo.
7) "¡E logo!" aporta o significado de "dende logo", "certamente", pero é empregado en contextos menos formais.
8) "¡E logo!" – seguridade do falante sobre o que dixo ou vai dicir.
9) "¡E logo!" é unha partícula que afirma o que se está a dicir.
10) "¡E logo!" indica que hai edificios que teñen máis altura e que tivera ese edificio 300 metros non sería extraño, senón que, máis ben, sería normal.
11) "¡E logo!": expresión parafraseable por "¡como non!"
12) Aporta un matiz coloquial, próximo ó da lingua oral, e enfatiza a expresividade do falante, amosando as súas emocións (sorpresa, contrariedade). Ten un significado "emotivo", de interxección.

Bis auf Kommentar (4), bei dem der Informant einer falschen Einschätzung unterliegt, welche wahrscheinlich auf einem Mißverständnis basiert, sind alle anderen Überlegungen u.E. von Relevanz.

Einige der Informanten versuchen, der Bedeutung von *¡e logo!* in diesem Kontext nachzugehen, indem sie – anhand eines Verfahrens, welches sie mit den konsultierten Grammatikern teilen – den zu behandelnden Ausdruck umschreiben. Auf diese Weise entstehen treffende Paraphrasierungen, von denen einige bereits im vorliegenden Kapitel erwähnt wurden, andere jedoch noch nicht: *claro, claramente, dende logo, certamente, ¡como non!.* So wie es für die meisten Informanten eindeutig ist, daß es sich bei *¡e logo!* um ein sprachliches Mittel handelt, welches der Umgangssprache bzw. der gesprochenen Sprache zuzuschreiben ist, wird von einem der Informanten der Kontrast zwischen *¡e logo!* in nicht-formellen Situationen und den oben erwähnten Umschreibungen in formellen Kontexten thematisiert.

Wichtig ist weiterhin, daß Einigkeit über viele der Nuancen herrscht, die der Ansicht der Informanten nach von *¡e logo!* hervorgerufen werden. Es werden in diesem Zusammenhang die Emphase erwähnt, welche *¡e logo!* dem vorher Gesagten verleihe, sowie die Vermittlung der Glaubwürdigkeit und Sicherheit in bezug auf die eigene vorangegangene Aussage, die dem Sprecher durch den Einsatz von *¡e logo!* gelinge. Diese Unterstützung, welche die Aussage durch *¡e logo!* bekommt, läßt jedoch für einen der Informanten die Möglichkeit von Seiten des Sprechers zu, einen Fehler einzuräumen. Trotz der Tatsache, daß der Sprecher sich hier selbst behauptet und eine überlegene Position bezüglich des Gesprächspartners einnimmt, kann – so widersprüchlich dies auch scheinen mag

– ein eventuelles Zögern seinerseits nicht ausgeschlossen werden. Dies ist in Zusammenhang mit unserer im vorliegenden Kapitel dargestellten als Frage formulierten Überlegung zu sehen, ob möglicherweise nicht das Gefühl der Unsicherheit hinter einem anscheinend starken Selbstvertrauen steht. Es wird auch die assertive Rolle von *¡e logo!* erkannt. Was die Zugehörigkeit zu einer bestimmten Wortklasse angeht, besteht weiterhin eine bemerkenswerte Uneinigkeit. Eigentlich bleiben die meisten Informanten vorsichtig: Entweder wagen sie einfach keine Klassifikation für *¡e logo!* oder sie bedienen sich vager Bezeichnungen, wie zum Beispiel 'expresión'. Einer der Befragten jedoch spricht von einer Partikel, während ein anderer die Funktion von *¡e logo!* mit der emotiven Rolle einer Interjektion vergleicht. Durch Interjektionen kann jedoch keine Assertion erfolgen, wie dies bei dieser Antwortpartikel der Fall ist, die als 'medio de expresión da modalidade' von uns definiert worden ist.

Das zweite galicische Textsegment, zu dem sich die Informanten äußern mußten – es wurde bereits oben neben seiner deutschen Übersetzung angeführt - lautet wie folgt:

> A.4.
> Hai quen di que todo o que nos acontece está sinalado de antemán. [...] Eu non creo tal cousa.
> Un día falei desto con Lelo. Estabamos arrimados á orela da ponte, mirando para o río.
> Os muxiricos rebulían na tona da auga.
> ¿**E logo** as cousas non pasan porque teñen que pasar? –díxome.
> Aledeime de que Leo cavilase. (NM 143)

Zu diesem Beispiel für den Einsatz von *¿e logo?* haben unsere Informanten folgende Ausführungen gemacht:

1) Aquí non engade significado, en alemán denomínaselle 'partícula modal'.
2) Equivale a '¿non é certo?', '¿non si?'
3) Sustitúye a "y entonces..." Tiene carácter afirmativo.
4) E logo → afirma o que se está preguntando.
5) Partícula que establece certa confianza entre emisor e receptor (achega ós falantes).
6) Penso que ten un significado parecido a 'entón'.
7) 'E logo', neste contexto, pódese sustituir por 'así que' ou 'daquela', e marca a sorpresa do falante.
8) 'E logo' – extrañeza por unha afirmación anterior.
9) Este 'e logo', a diferencia do anterior, equivale a 'entón'.
10) 'E logo' aquí é unha forma de afirmar que as cousas pasan e non se pode facer nada para cambialas.
11) Podería parafrasearse por unha expresión como 'acaso', 'entón'.
12) Aquí non é unha interxección de sorpresa, senón que ten un valor máis 'gramatical' (consecutivo).

Der erste der aufgelisteten Kommentare fällt insofern auf, als der Informant einen Vergleich mit den MPn der deutschen Sprache zieht, von der er Kenntnisse zu haben scheint. Seines Erachtens fügt *e logo* der gesamten Aussage hier keine Bedeutung hinzu; ein solches Element bekomme in der deutschen Sprache die Bezeichnung MP. Diese Behauptung erinnert uns wiederum an die an mehreren Stellen der vorliegenden Arbeit dargestellte Auffassung verschiedener Linguisten zur fehlenden Bedeutung und somit zur Weglaßbarkeit der MPn. So wie jedoch in bezug auf die deutsche Sprache bewiesen worden ist, daß es unterschiedliche Konzepte von Bedeutung gibt und daß die Präsenz der MPn in der Tat mit konkreten Intentionen des Sprechers zum Ausdruck der Modalität verbunden ist, hätte die Weglassung von *e logo* auf galicisch keine grammatikalische, wohl aber eine pragmatische Auswirkung im Satz.

Fehlerhaft ist die Aussage, daß diese Frage mit *e logo* als mögliche Äquivalenzen die Zusatzfragen '¿non é certo?' bzw. '¿non si?' aufweisen könne. Wie bereits in Kapitel 1.7.2.2.1.1. der vorliegenden Arbeit geschildert, folgen solche zustimmungsevozierenden 'Tags' in der Regel nur positiv formulierten Aussagen. In diesem Fall werden wir von Seiten des Sprechers mit einer eher rhetorischen, d.h. an sich selbst gerichteten Frage konfrontiert, welche eigentlich als Überlegung zu interpretieren ist. Die Hoffnung auf eine Bestätigung des Gesprächspartners ist zunächst sekundär. In Zusammenhang mit dieser Annahme sind die Urteile zu sehen, nach denen der Sprecher *e logo* verwendet, um etwas zu behaupten.

Außer der treffenden Bemerkung, die einer der Informanten bezüglich der Vertrautheit macht, welche hier zwischen den Gesprächspartnern herrschen soll, um *e logo* und nicht formellere Ausdrücke wie *entón* oder *acaso* einzusetzen, werden von den Sprechern wichtige Nuancen, welche hier *e logo* hervorruft, in den Vordergrund gestellt. So denken zwei der Informanten, daß durch *e logo* Befremdung sowie Erstaunen angesichts etwas vorher Gesagten zum Ausdruck gebracht wird. In der Tat kann man den Text in dem Sinn verstehen, daß Lelo solche Gefühle äußert, nachdem Balbino sich gegen die allgemein akzeptierte Vermutung der Leute ihrer Umgebung gestellt hat, nach der das Schicksal eines jeden Menschen von vornherein bestimmt sei.

Zum Schluß sind zwei durchaus pertinente Bemerkungen hervorzuheben, welche sich bestens ergänzen. Nach Ansicht eines der Befragten ist *e logo* in diesem Kontext durch *así que* sowie durch *daquela* zu paraphrasieren. Bezüglich des traditionell als Temporaladverb definierten *daquela* haben wir in Punkt 5.4.1.1.2. dessen verankernden Charakter betont. Für eine solche Verankerung im Kontext hat die Übersetzerin die deutsche Äquivalenz *dann* gewählt, welche jedoch – wie bereits oben erwähnt – nur in Korrelation mit *also* zu interpretieren ist. Beide Elemente geben in der Tat den Sinn von *e logo* genau wieder, weil, wie einer der Informanten meint, diesem Element ein konsekutiver

Charakter zuzuschreiben ist. Dieses konsekutive Moment liegt auch in der Natur von *also*, das mit *folglich, demzufolge* und *demnach* umschrieben werden kann.

5.4.4. Fazit

Dem vielseitigen Ausdrucksmittel der Modalität *e logo* sind zahlreiche Nuancen und Bedeutungen zuzuschreiben. Die Hauptunterschiede zwischen den verschiedenen *e logo* werden grundsätzlich von der jeweiligen Satzart bestimmt, in der diese lexikalische Einheit vorkommt. *Logo* läßt sich generell von den homonymischen Formen - Vertreter des Temporaladverbs *logo* mit seinen verschiedenen Bedeutungen, sowie der 'partícula resultativa' *logo* – ohne Schwierigkeiten abgrenzen. Dennoch sind wir mit Situationen konfrontiert worden, in denen sich grammatikalische und modale Interpretationen insofern überschneiden, als eine eindeutige Zuordnung zu einer Wortklasse bei *e logo* erschwert wird.

Darüber hinaus haben sich gelungene Übersetzungen als unentbehrliche Hilfen herausgestellt, wenn es darum geht, die Natur von *e logo*, insbesondere in zweideutigen Kontexten, korrekt zu entschlüsseln.

6. Schluß. Ergebnisse. Perspektiven. Desiderata

Die MPn bilden in der deutschen Sprache ein außergewöhnliches und umfangreiches Spektrum von Elementen, die primär in der Umgangssprache ständig zum Ausdruck der Modalität eingesetzt werden. Aus den zahlreichen lexikalischen Einheiten, welche die deutsche Sprache aufweist, wurden in der vorliegenden Arbeit sieben ausgewählt und einer detaillierten Studie unterzogen. Diese wurde jedoch nicht ausschließlich unter dem Gesichtspunkt der deutschen Sprache durchgeführt, sondern in ein kontrastives Verfahren mit der galicischen Sprache eingebettet, nicht ohne diese Vorgehensweise konstruktiv kritisch zu betrachten. Deutsch und Galicisch fungierten abwechselnd jeweils als Ausgangs- und Zielsprache. Anhand eines ausgewählten Korpus von Romanen und ihrer professionellen Übersetzungen konnten aufschlußreiche Erkenntnisse gewonnen werden. Der Vergleich zwischen dem deutschen und dem galicischen ethischen Dativ hat sich als besonders interessant erwiesen. Im Unterschied zu anderen Sprachen verfügen die untersuchte germanische und die kontrastierte romanische Sprache über ein Personalpronomen der 2. Person, also *dir* und *che*, als Ausdrucksmittel der Modalität.

Die galicische Sprache befindet sich noch in einem intensiven Standardisierungsprozeß, und an vielen Stellen bedarf es noch einer genauen und ausführlichen Auseinandersetzung. Der Vergleich mit der deutschen Sprache hat sich als hilfreiches Verfahren erwiesen, um die sprachlichen Mittel des Galicischen zum Ausdruck der Modalität in einem neuen Licht zu betrachten. So wie es auch im Spanischen und im Portugiesischen der Fall ist, also in zwei iberoromanischen Sprachen, die dem Galicischen nahe stehen, welche wir daher ergänzend mit in die Untersuchung einbezogen haben, verfügt das Galicische über verschiedene morphosyntaktische und lexikalische Mittel der Modalität. Sie können verschiedenen Wortklassen zugeschrieben werden. Fünf dieser Mittel bilden einen der Schwerpunkte der vorliegenden Dissertation. Mehrere Elemente haben sich als frequente Entsprechungen für die deutschen MPn erwiesen. Im Verhältnis zum Deutschen ist jedoch das Galicische eine partikelarme Sprache. Im Galicischen treten häufig Intonation, Gestik und Mimik anstelle von artikulierten Elementen auf. Im Unterschied zum Deutschen reichen diese paraverbalen Phänomene in den meisten Situationen aus, um die Intentionen eines Sprechers nachvollziehen zu können. In bestimmten Kontexten kommen jedoch auch für das Galicische sehr charakteristische sprachliche Elemente vor, welche Nuancen hervorrufen, die stark von den traditionellen Schemata abweichen, mit denen sie immer klassifiziert wurden. Sie erinnern in vielen Aspekten an die deutschen MPn.

Die von mehreren Partikelforschern empfohlene Auswertung von Filmmaterial hat sich als sehr nützlich erwiesen, zumal die Analyse von Modalität vor dem Hintergrund der Interaktion verbaler und nonverbaler Mittel sich ansonsten sehr schwierig gestaltet. Auch die aufschlußreichen Überlegungen einer Reihe von Muttersprachlern bereicherten die Einblicke in die metasprachlichen Überlegungen und das Sprachbewußtsein galicischer Sprecher und trugen so zur Erweiterung der Erkenntnisse über einen sprachlichen Mechanismus bei, dem bisher nur beschränkt Aufmerksamkeit gewidmet worden war.

Die vorliegende Arbeit stellt somit einen Beitrag zur Kontrastiven Linguistik und mithin auch zur Übersetzungswissenschaft dar; bewußt wurde dabei auch die wichtige Aufgabe der Übersetzer im Auge behalten; darüber hinaus war es unser Ziel, Erkenntnisse aus dem Vergleich beider Sprachen zu gewinnen, wobei jeder einzelnen verschiedene Funktionen und Positionen zugeordnet wurden. Es war auch unser Wunsch, die Aufmerksamkeit der interessierten Übersetzer, Linguisten, Literaturwissenschaftler und Leser im allgemeinen auf eine nocht relativ wenig erforschte romanische Sprache zu lenken, deren Kultur – in ihren literarischen, musikalischen und filmischen Manifestationen – einen bedeutenden Verbreitungsprozeß erfährt.

Weitere kontrastive Untersuchungen, u.U. auch multilaterale Vergleiche in dem überaus breiten Bereich der Modalität, stehen jedoch noch aus und bilden weiterhin ein wichtiges sprachwissenschaftliches Desideratum.

Anhang

Fragebogen zu den galicischen Ausdrucksmitteln der Modalität

CUESTIONARIO

A. Le con atención os seguintes fragmentos e di coas túas propias palabras qué aportan as palabras en **negriña** ó contexto no que aparecen:

1. ¿A que altura traballabas ti?, preguntou Bento.
   Polo menos, polo menos a trescentos metros.
   ¿Tres que? ¡Vai de aí, **ho**!
   ¡**E logo**! O Empire State ten 381 metros. Preto de esa altura andabamos nós.

   Comentario:

   _____

   _____

   _____

   _____

2. Na guerra **disque** morren homes coma moscas.

   Comentario:

   _____

   _____

3. ¿E a quen ía eu a predicar?, señor cura, respondeu o paisano, aínda confundido pola historia oída. ¡Aquí non **lle** hai máis ca ratos!

   Comentario:

   _____

   _____

4.   ¿**E logo** as cousas non pasan porque teñen que pasar?-díxome.
Aledeime de que Lelo cavilara.

Comentario:

_____

_____

B. Explica qué diferencias atopas entre os seguintes fragmentos, tendo en conta
as palabras en **negriña**:

1.
a)
Ten corentesete anos. **Disque** estudiou
para cura en Santiago e interrumpiu os
latíns para casar.

b)
Ten corentesete anos. Estudiou para cura
en Santiago e interrumpiu os latíns para
casar.

Comentario:

_____

_____

_____

2.
a)
Meu pai vai a peor, que a vellez non ten
cura.

b)
Meu pai **vaiche** a peor, que a vellez non
che ten cura.

Comentario:

_____

_____

_____

3.
a)
-¿Que estará fasendo Manghüi aghora?
-Pois **se cadra** as maletas.

b)
-¿Que estará fasendo Manghüi aghora?
-Pois as maletas.

Comentario:

_____

_____

_____

4.

a)
-Eh, eh, máis respeto, que estás falando con Manghüi, o terror do mundo submarino. ¿Que che parece?
-A ver, ¿que che pasou?

b)
-Eh, eh, máis respeto, que estás falando con Manghüi, o terror do mundo submarino. ¿Que che parece?
-A ver, **ho**, ¿que che pasou?

Comentario:

_____

_____

_____

Referencias:

A. 1. Manuel Rivas ([3]1998:104): *En salvaxe compaña.*
A. 2. Xosé Neira Vilas ([19]1996:104): *Memorias dun neno labrego.*
A. 3. Manuel Rivas ([3]1998:69): *En salvaxe compaña.*
A. 4. Xosé Neira Vilas ([19]1996:143): *Memorias dun neno labrego.*
B. 1. Xosé Neira Vilas ([19]1996:144): *Memorias dun neno labrego.*
B. 2. Álvarez /Regueira / Monteagudo ([2]1989:174): *Gramática galega.*
B. 3. *Mareas vivas.* CRTVG
B. 4. *Mareas vivas.* CRTVG

Abkürzungsverzeichnis

ACD: acusativo complemento directo
ACU: acusativo
Adv.: adverbio
AT: atributo
CCL: complemento circunstancial de lugar
CD: complemento directo
CI: complemento indirecto
conx.: conxunción
excl.: exclamativo
indef.: indefinido
int.: dativo de interese
interr.: interrogativo
DAT: dativo
DCD: dativo complemento indirecto
DCI: dativo complemento indirecto
DI: dativo de interese
Dat. int.: dativo de interese
DS: dativo de solidariedade
Dat.sol.: dativo de solidariedade
FN: frase ou sintagma nominal
IND: *se* de indeterminación do axente, en activa ou pasiva
neg.: negativo
Pron.: pronome
REF: reflexivo, en termos xerais
REF1: pronomes reflexivos, CD en predicativos transitivos
REF2: pronomes reflexivos con verbos que non admiten a construcción transitiva
REF: reflexivo, en termos xerais
REF3: pronomes reflexivos non CD en predicados transitivos
Sux.: Suxeito
Sol.: dativo de solidariedade

Literaturverzeichnis

1. Korpusgrundlage

BA Böll, Heinrich (1967): *Ansichten eines Clowns*, Köln.
BAÜ Böll, Heinrich (1994): *Opinións dun pallaso*, A Coruña, übersetzt von Laureano Xoaquín Araújo Cardalda.
CA Cunqueiro, Álvaro (1982): *As crónicas do Sochantre*, in: Obra completa, Vol. II Narrativa, Vigo, 157-296.
CAÜ Cunqueiro, Álvaro (1996): *Die Chroniken des Kantors*, Frankfurt am Main, übersetzt von Elke Wehr.
CF Cabana, Darío Xohán (^{2}1991): *Fortunato de Trasmundi*, Vigo.
CS Cunqueiro, Álvaro (1982): *Si o vello Sinbad volvese ás illas*, in: *Obra completa*, Vol. II Narrativa, Vigo, 297-431.
ED Ende, Michael (1989): *Der satanarchäolügenialkohöllische Wunschpunsch*, Stuttgart/Wien/Bern.
EDÜ Ende, Michael (^{2}1994): *O ponche dos desexos*, Vigo, übersetzt von Ramón Lorenzo/Ursula Heinze.
KE Korschunow, Irina (^{18}1998): *Er hieß Jan*, München.
KEÜ Korschunow, Irina (^{18}1998): *Chamábase Jan*, Madrid, übersetzt von Valentín Arias.
MD Mann, Thomas (1993): *Der Tod in Venedig* (1. Auflage 1912 im Hyperionverlag, München), in: Mann, Thomas: *Der Tod in Venedig und andere Erzählungen*, Frankfurt am Main, 7-87.
MDÜ Mann, Thomas (1995): *A morte en Venecia*, Oleiros, übersetzt von Laureano Xoaquín Araujo Cardalda.
Mendes Bujeiro, Abel (1996): „Nunca che puiden ser vran", in: Lourenzo, Ramón (dir.): *DORNA. Expresión poética galega*, 22, 41.
NM Neira Vilas, Xosé (^{19}1996): *Memorias dun neno labrego*, Sada-A Coruña.
NMÜ Neira Vilas, Xosé (1984): *Tagebuch einer Kindheit in Galicien*, Leipzig/Weimar, übersetzt von Gudrun Hohl.
RE Rivas, Manuel (^{3}1998): *En salvaxe compaña*, Vigo.
REÜ Rivas, Manuel (1998): *In wilder Gesellschaft*, Frankfurt am Main, übersetzt von Elke Wehr
RO Rivas, Manuel (^{6}1998): *O lapis do carpinteiro*, Vigo.
ROÜ Rivas, Manuel (2000): *Der Bleistift des Zimmermanns*, Frankfurt am Main, übersetzt von Elke Wehr.
RP Rulfo, Juan (1977): *Pedro Páramo*, in: Rulfo, Juan: *Obra completa*, Sucre, 108-194.
RU Rivas, Manuel (^{2}2000): "Un deses tipos que vén de lonxe" in: *Un millón de vacas*, Vigo.

RUÜ Ernst, Gustav/Famler, Walter (Hgg.) (1995): "Einer von denen, die von weit herkommen" in: *Wespennest* 101, Wien, übersetzt von Michaela Wolf.

SJ Sánchez Ferlosio, Rafael ([10]1987): *El Jarama*, Barcelona.

Mareas vivas. CRTVG (*Compañía de Radio-Televisión de Galicia*)
Produzenten: TVG (*Televisión de Galicia*) und *División Audiovisual do Grupo Voz*.
Regisseure: Emilio Mac Gregor und Antón Reixa.
Von *Mareas vivas* wurden folgende Kapitel systematisch ausgewertet:

  1: "Unha nova vida"
  3: "O Santo"
  4: "Lei e xente"
  14: "Efectos navais"
  15: "Furtivos"
  16: "O misterio do Curraxil"
  17: "O home dos paxaros"
  18: "Cartas de amor"
  25: "Celtas de Portozás"
  27: "O Home de Portozás"
  35: "Sahara-Portozás"
  62: "Rivalidades"
  74: "A decisión de Pitusa"
  75: "A revoda"
  76: "Non me mandes flores"
  77: "Nin cases nin embarques"
  79: "Licencia para faenar"

2. Wissenschaftliche Literatur

Abraham, Werner (1973): "The Ethic Dative in German", in: Kiefer, F./Ruwet, N. (Hgg.): *Generative Grammar in Europe*, 13, Dordrecht, 1-19.

Acosta, Luis (1984): "Las partículas modales del alemán y español", in: *Studia Philologica Salmanticensia* 7-8, Salamanca, 7-41.

Albrecht, Jörn (Hg.) (1988): *Energeia und Ergon. Sprachliche Variation-Sprachgeschichte-Sprachtypologie. Schriften von Eugenio Coseriu* (1965-1987), Band I, Tübingen.

Alonso Estravís, Isaac (1995): *Diciónario da língua galega*, Santiago de Compostela.

Álvarez Blanco, Mª Rosario (1982): "O pronome persoal", in: Universidade de Santiago de Compostela (Hg.): *Homenaxe a Álvaro Cunqueiro*, Santiago de Compostela, 246-266.

Álvarez Blanco, Mª Rosario (1994): "Secuencias de pronomes átonos en galego moderno", in: Lorenzo, Ramón (Hg.) : *Actas do XIX Congreso Internacional de Lingüística e Filoloxía Románicas*, Universidade de Santiago de Compostela, A Coruña, VI, 247-266.

Álvarez Blanco, Rosario (1997): "O complemento de solidaricdade: A complicidade entre os interlocutores", in: Fernández Salgado, Benigno (Hg.): *Proceedings of the 4th International Conference on Galician Studies/Actas do IV Congreso Internacional de Estudios Galegos,* Oxford, 26-28, 37-53.

ARM=Álvarez, Rosario/Monteagudo, Helena/Regueira, Xosé Luis (²1989): *Gramática galega*, Vigo.

Austin, John Langshaw (³1972): *Zur Theorie der Sprechakte (How to Do Things with Words)*, Stuttgart. (Der Bearbeitung liegt die englische Ausgabe von 1962 zugrunde).

Bally, Charles (1942): "Syntaxe de la modalité explicite" in: *Cahiers Ferdinand de Saussure*, 2, Genève, 4-13.

Barrera-Vidal / Kühlwein, Wolfgang (1975): *Angewandte Linguistik für den fremdsprachlichen Unterricht. Eine Einführung*, Dortmund.

Beerbom, Christiane (1992): *Modalpartikeln als Übersetzungsproblem. Eine kontrastive Studie zum Sprachenpaar Deutsch-Spanisch*, Frankfurt am Main/Bern/New York/Paris, Diss.

Beinhauer, Werner (1965): "Dos tendencias antagónicas en el lenguaje coloquial español (Expresiones retardatarias, comodines, muletillas y expletivos", in: *Español Actual*, 6, 1-2.

Beinhauer, Werner (³1978): *El español coloquial*, Madrid.

Blakemore, Diane (1992): *Understanding Utterances*, Oxford/Cambridge.

Bochmann, Klaus (1992): "Valores e funcións pragmáticas dos primeiros textos en galego procedentes da Guerra de Indenpendencia de España", in: *Grial* 114, 30, 231-238.

Brinker, Klaus/Sager F., Sven (1989): *Linguistische Gesprächsanalyse. Eine Einführung*, Berlin.

Bublitz, Wolfgang (1978): *Ausdrucksweisen der Sprecheinstellung im Deutschen und Englischen*, Tübingen.

Bußmann, Hadumod ([2]1990): *Lexikon der Sprachwissenschaft*, Stuttgart.

Carballo Calero, Ricardo ([3]1970): *Gramática elemental del gallego común*, Vigo.

Carballo Calero, Ricardo ([7]1979): *Gramática elemental del gallego común*, Vigo.

Carbonero Cano, Pedro (1980): "Afirmación, negación, duda", in: *Revista Española de Lingüística*, Fasc. 1, 161-175.

Cárdenes Melián, José (1997): *Aber, denn, doch, eben und ihre spanischen Entsprechungen. Eine funktional-pragmatische Studie zur Übersetzung deutscher Partikeln*, Münster/New York/ München/Berlin.

Cascón Martín ([2]2000): *Español coloquial. Rasgos, formas y fraseología de la lengua diaria*, Madrid.

Coseriu, Eugenio (1972): "Über Leistung und Grenzen der kontrastiven Linguistik", in: Nickel, Gerhard (Hg.): *Reader zur kontrastiven Linguistik*, Frankfurt am Main, 39-58.

Coseriu, Eugenio (1981): "Kontrastive Linguistik und Übersetzung: ihr Verhältnis zueinander", in: Kühlwein, Wolfgang / Thome, Gisela / Wilss, Wolfram (Hgg.): *Kontrastive Linguistik und Übersetzungswissenschaft*, München, 183-199.

Coseriu, Eugenio (1988): "Humboldt und die moderne Sprachwissenschaft", in: Albrecht, Jörn (Hg.) (1988): *Energeia und Ergon. Sprachliche Variation-Sprachgeschichte-Sprachtypologie*. Schriften von Eugenio Coseriu (1965-1987), Tübingen, Bd. I, 1-11.

Costa Casas, Xoán Xosé/González Refoxo, Mª dos Anxos/Morán Fraga, César Carlos/Rábade Castiñeira, Carlos (1988): *Nova Gramática para a aprendizaxe da língua*, Oleiros.

Diccionario Cumio da Lingua Galega (1999) (koord.) Feixó, Xosé, Vigo.

Diccionario Xerais da Lingua ([4]1993) (koord.) Navaza Blanco, Gonzalo/Lastra Muruais, Xosé, Vigo.

Doherty, Monika (1985): *Epistemische Bedeutung*, Berlin, überarb. Diss.

DUDEN ([5]1995): *Grammatik der deutschen Gegenwartssprache*, hg. Dudenredaktion (DUDEN Bd. 4), Mannheim/Leipzig/Wien/Zürich.

DUDEN ([2]1989): *Deutsches Universal Wörterbuch*, hg. Dudenredaktion Mannheim/Wien/Zürich.

335

DUDEN (1992): *Redewendungen und sprichwörtliche Redensarten.* Idiomatisches Wörterbuch der deutschen Sprache, hg. Drodowski, Günther/Scholze-Stubenrecht, Werner (DUDEN Bd. 11), Mannheim/Wien/ Zürich.

DUDEN ([5]1995): *Grammatik der deutschen Gegenwartssprache,* hg. Dudenredaktion (DUDEN Bd. 4), Mannheim/Leipzig/Wien/Zürich.

DUDEN ([3]1999): *Das große Wörterbuch der deutschen Sprache,* hg. Wissenschaftlicher Rat der Dudenredaktion, Bde. 1, 2, 3, 9, 10, Mannheim/ Leipzig/Wien/Zürich.

Engel, Ulrich ([2]1998): *Deutsche Grammatik,* Heidelberg.

Engelen, Bernhard (1975): *Untersuchungen zu Satzbauplan und Wortfeld in der geschriebenen deutschen Sprache der Gegenwart,* München.

Fernández, Sonsoles (1997): *Interlengua y análisis de errores en el aprendizaje del español como lengua extranjera,* Madrid.

Fernández Rei, Francisco (1982): "Bloques e áreas lingüísticas do galego moderno", in: *Grial* 77, 257-296.

Fernández Salgado, X.A. (1990): "Actos de reformulación conversacional: a corrección", in: *Cadernos de lingua* 6, 65-76.

Fernández Soriano, Olga / Táboas Baylín, Susana (1999): "Construcciones impersonales no reflejas", in: Bosque, Ignacio / Demonte, Violeta (dir.): *Gramática descriptiva de la lengua española,* Bd. 2, Madrid, 1723-1778.

Feyrer, Cornelia (1998): *Modalität im Kontrast. Ein Beitrag zur übersetzungsorientierten Modalpartikelforschung anhand des Deutschen und des Französischen,* Frankfurt am Main/ Berlin/Bern/New York/Paris/Wien.

Franck, Dorothea (1980): *Grammatik und Konversation,* Königstein.

Franco, António C. (1991): *Descrição linguística das partículas modais no português e no alemão,* Coimbra, Diss.

Freixeiro Mato, Xosé Ramón (2000): *Gramática da Lingua Galega, Morfosintaxe,* II, Vigo.

Fries, Charles (1945): *Teaching and Learning as a Foreign Language,* Ann Arbor.

Fuentes Rodríguez, Catalina (1991): "Adverbios de modalidad", in: *Verba* 18, 275-321.

Fuentes Rodríguez, Catalina (1991): "Algunas reflexiones sobre el concepto de modalidad", in: *Revista Española de Lingüística Aplicada,* VII, 93-108.

Gabelentz, Georg von der (1891; Nachdruck 1969): *Die Sprachwissenschaft, ihre Aufgaben, Methoden und bisherigen Ergebnisse,* Leipzig.

García Represas, Delio (1992): "A afirmación", in: *Cadernos de lingua* 6,47-64.

García Represas, Delio (1995): "As marcas de certeza na interrogación polarizada en galego", in: *Cadernos de Lingua* 11, 53-72.

García Represas, Delio (2000): "L'expression du doute en galicien", in: Englebert, Annick/Pierrard, Michel/Rosier, Laurence/Van Raemdonck, Dan (Hgg.): *Actes du XXIIe Congrès International de Linguistique et de Philologie Romanes*, Bd. VII, Tübingen, 269-276.

Gass, Susan (1984): "The Empirical Basis for the Universal Hypothesis in Interlanguage Studies", in: Davies, Alan/Criper, C./Howatt, A. P. R.(Hgg.): *Interlanguage*, Edinburgh, 3-23.

Gil, Alberto (1984): "Die Wiedergabe gesprochener Sprache im spanischen Roman der Gegenwart", in: *Iberoromania* 20, Tübingen, 9-20.

Gran Diccionario Xerais da Lingua (2000): (koord.) Carballeira Anllo, Xosé Mª, Vigo.

Grice, H. P. (1975): "Logic and conversation", in: Cole, P./Morgan, J.L. (Hgg.): *Syntax and Semantics 3: Speech Acts*, 41-58.

Gutiérrez Ordóñez, Salvador (1999): "Los dativos", in: Bosque, Ignacio/Demonte, Violeta (Hgg.): *Gramática descriptiva de la lengua española*, Bd. 2/II: *Las construcciones sintácticas fundamentales*, Madrid, 1855-1930.

Hentschel, Elke (1986): *Funktion und Geschichte deutscher Partikeln. Ja, doch, halt und eben*, Tübingen.

Hernández Alonso, César (1992): *Gramática funcional del español*, Madrid.

Hernando Cuadrado, Luis Alberto (1988): *El español coloquial en "El Jarama"*, Madrid.

Instituto da Lingua Galega (Hg.) ([16]1997): *Real Academia Galega. Normas ortográficas e morfolóxicas do idioma galego*, Vigo.

James, Carl (1972): "Zur Rechtfertigung der kontrastiven Linguistik", in: Nickel, Gerhard (Hg.): *Reader zur kontrastiven Linguistik*, Frankfurt am Main, 21-38.

Jessner, Ulrike (1996): "La transferencia en la adquisición de la segunda lengua", in: Cenoz, Jasone / Valencia, José F. (Hgg.): *La competencia pragmática: Elementos lingüísticos y psicosociales*, Bilbao, 141-153.

Jiménez Juliá, Tomás (1989): "Modalidad, modo verbal y modus clausal en español", in: *Verba* 16, 175-214.

Kellermann, Eric (1984): "The Empirical Evidence for the Influence of the L1 in Interlanguage", in: Davies, Alan/Criper, C./Howatt, A. P. R. (Hgg.): *Interlanguage*, Edinburgh, 98-122.

König, Ekkehard (1997): "Zur Bedeutung von Modalpartikeln im Deutschen: ein Neuansatz im Rahmen der Relevanztheorie", in: Debus, Friedhelm/Leirbukt, Oddleif (Hgg.): *Aspekte der Modalität im Deutschen - Auch in kontrastiver Sicht*. Studien zu Deutsch als Fremdsprache, III, 57-75.

Kortmann, Bernd (1999): "Kontrastive Linguistik und Fremdsprachenunterricht", in: Börner, Wolfgang/Vogel, Klaus (Hgg.):

Kontrast und Äquivalenz. Beiträge zu Sprachvergleich und Übersetzung, Tübingen, 136-167.

Krivonosov, Aleksej (1977): *Die modalen Partikeln in der deutschen Gegenwartssprache*, Göppingen.

Krivonosov, Aleksej (1977): "Deutsche Modalpartikeln im System der unflektierten Wortklassen", in: Weydt, Harald (Hg.): *Aspekte der Modalpartikeln*. Studien zur deutschen Abtönung, 176-216.

Kühlwein, Wolfgang/Thome, Gisela/Wilss, Wolfram (Hgg.): *Kontrastive Linguistik und Übersetzungswissenschaft*. Akten des Internationalen Kolloquiums. Trier/Saarbrücken (25.-30. 9. 1978), München.

Lado, Robert (1957): *Linguistics across Cultures*. Applied Linguistics for Language Teaching, Ann Arbor.

Lado, Robert (1972): "Meine Perspektive der kontrastiven Linguistik 1945-1972", in: Nickel, Gerhard (Hg.): *Reader zur kontrastiven Linguistik*, Frankfurt am Main, 15-20.

Larsen-Freeman, Diane / Long, Michael H. (1994): *Introducción al estudio de segundas lenguas*, Madrid, übersetzt von Molina Martos, Isabel und Benítez Pérez, Pedro.

Lee, W. Robert (1972): "Überlegungen zur kontrastiven Linguistik im Bereich des Sprachunterrichts", in: Nickel, Gerhard (Hg.): *Reader zur kontrastiven Linguistik*, Frankfurt am Main, 157-166.

López-Campos Bodineau, Rafael (1993): "Consideraciones semánticas acerca del uso del dativo alemán y sus posibles concurrencias con otro tipo de construcciones", in: *Philologica Hispalensis* 8, 245-258.

Luchtenberg, Sigrid (1986): "Partikeln und Alltagswissen. Überlegungen zum Deutschunterricht im interkulturellen Kontext", in: Weydt, Harald (Hg.): *Sprechen mit Partikeln*, Berlin/New York, 661-672.

Marcos Marín, Francisco (1994): *Introducción a la Lingüística: Historia y modelos*, Madrid.

Martín Zorraquino, María Antonia (1992): "Partikelforschung/Partículas y modalidad", in: Holtus, Günter/Metzeltin, Michael/Schmitt, Christian (Hgg.): *Lexikon der Romanistischen Linguistik (LRL)*, Band VI, 1. *Aragonesisch/Navarresisch, Spanisch, Asturianisch/Leonesisch, Aragonés/Navarro, Español, Asturiano/Leonés*, Tübingen, 110-124.

Masi, Stefania (1996): *Deutsche Modalpartikeln und ihre Entsprechungen im Italienischen*. Äquivalente für *doch, denn, schon* und *wohl*, Bonn, Diss.

Matte Bon, Francisco (^{2}1995): *Gramática Comunicativa del español*. De la idea a la lengua, II, Madrid.

May, Corinna (2000): *Die deutschen Modalpartikeln*. Wie übersetzt man sie (dargestellt am Beispiel von *eigentlich, denn* und *überhaupt*), wie lehrt man sie? Ein Beitrag zur Kontrastiven Linguistik (Deutsch-Spanisch/Spanisch-Deutsch) und Deutsch als Fremdsprache, Bonn.

Meibauer, Jörg (1994): *Modaler Kontrast und konzeptuelle Verschiebung.* Studien zur Syntax und Semantik deutscher Modalpartikeln, Tübingen.

Meunier, André (1974): "Modalités et communication", in: Pinchon, Jacqueline (Hg.): *Communication et analyse syntaxique*, in: *Langue française* 21, 8-25.

Mira Mateus, Maria Helena/Brito, Ana Maria/Duarte, Inês/Hub Faria, Isabel (³1989): *Gramática da Língua Portuguesa*, Lisboa.

Montero Küpper, Silvia (1999): "A categoría da modalidade en alemán e galego", in: Kremer, Dieter: *Actas do V Congreso Internacional de Estudios Galegos / Akten des 5. Internationalen Kongresses für galicische Studien*, Tréveris / Trier, II, 727-737.

Nickel, Gerhard (Hg.) (1972): *Reader zur kontrastiven Linguistik*, Frankfurt am Main.

Oleksy, Wieslaw (1984): "Towards Pragmatic Contrastive Analysis", in: Fisiak (Hg.): *Contrastive Linguistics. Propects and Problems*, Berlin / New York / Amsterdam, 349-364.

O' Sullivan, Emer / Rösler, Dietmar (1989): "Wie kommen Abtönungspartikeln in deutsche Übersetzungen von Texten, deren Ausgangssprachen für diese keine direkten Äquivalente haben?", in: Weydt, Harald (Hg.): *Sprechen mit Partikeln*, Berlin/New York, 204-215.

Otaola Olano, Concepción (1988): "La modalidad (con especial referencia a la lengua española)", in: *Revista de Filología Española*, 68, 97-117.

Oxford Latin Dictionary (1982), P.G.W. Glare (ed.), [N-Z], Oxford.

Riveiro Costa, Xesús (1992): "O adverbio", in: Álvarez, Rosario (koord.): *Estudios dedicados a Celso Emilio Ferreiro*, Santiago de Compostela, 171-176.

Rosales Sequeiros, Xosé (1999): ""Disque" e "seica"", in: Kremer, Dieter: *Actas do V Congreso Internacional de Estudios Galegos/Akten des 5. Internationalen Kongresses für galicische Studien*, Tréveris/Trier, II, 717-726.

Saco y Arce (²1967): *Gramática Gallega*, Orense (1. Auflage 1868, Lugo).

Sánchez López, Cristina (1999): "La negación", in: Bosque, Ignacio / Demonte, Violeta (Hgg.): *Gramática descriptiva de la lengua española*, Bd. II, Madrid, 2627-2630.

Santamarina, Antonio (1975): "El adverbio gallego. Estudio basado en el habla del Valle de Suarna", in: *Verba* 2, 59-106.

Schmitt, Christian (1991): "Übersetzen und Kontrastive Linguistik", in: Schmitt, Christian (Hg.): *Neue Methoden der Sprachmittlung*, Wilhelmsfeld, 49-83.

Seco, Rafael (¹¹1988): *Manual de gramática española*, Madrid.

Seixas Seoane, Miguel Anxo (1999): "Galicia nas linguas do mundo: Inventario de textos en galego e de Galicia traducidos ó alemán", in: Actas do V

Congreso Internacional de Estudios Galegos/Akten des 5. Internationalen Kongresses für galicische Studien, Tréveris/Trier, II, 1167-1181.

Slabý, Rudolf / Grossmann, Rudolf / Illig, Carlos (1989): *Wörterbuch der deutschen Sprache*, Bd. II, Wiesbaden.

Sperber, Dan/Wilson, Deirdre (1993): "Linguistic form and relevance", in: Wilson, Deirdre/Smith, Neil (Hgg.): *Lingua. International Review of General Linguistics*, 90, 1-25.

Sperber, Dan/Wilson, Deirdre ([5]1994): *Relevance, Communication and Cognition*, Oxford.

Stanzel, Franz K. ([6]1995): *Theorie des Erzählens*, Göttingen.

Thurmair, Maria (1989): *Modalpartikeln und ihre Kombinationen*, Tübingen.

Vázquez Cuesta, Pilar/Mendes da Luz, Maria Albertina (1971): *Gramática Portuguesa*, Bd. II, Madrid.

Vázquez López, María Xesús (1994): "Os pronomes persoais nas gramáticas galegas", in: Lorenzo, Ramón (Hg.) (1994): *Actas do XIX Congreso Internacional de Lingüística e Filoloxía Románicas*, Universidade de Santiago de Compostela, A Coruña, VI, 277-295.

Viegas Brauer-Figueirido, Maria de Fátima (1999): *Gesprochenes Portugiesisch*, Lisboa /Frankfurt am Main / São Paulo / Luanda / Maputo.

Vigara Tauste, Ana María (1980): *Aspectos del español hablado*. Aportaciones al estudio del español coloquial, Madrid.

Vigara Tauste, Ana María (1992): *Morfosintaxis del español coloquial. Esbozo estilístico*, Madrid.

Villanueva, Darío (1993): *El Jarama de Sánchez Ferlosio: su estructura y significado*, Kassel.

Wardhaugh, Ronald (1977): *Introduction to Linguistics*, New York.

Wegener, Heide (1985): *Der Dativ im heutigen Deutsch*, Tübingen.

Wegener, Heide (1989): "Eine Modalpartikel besonderer Art: Der Dativus Ethicus", in: Weydt, Harald (Hg.): *Sprechen mit Partikeln*, Berlin/New York, 56-73.

Weydt, Harald (1969): *Abtönungspartikel. Die deutschen Modalwörter und ihre französischen Entsprechungen*, Bad Homburg, Diss. Phil.

Weydt, Harald (Hg.) (1977): *Aspekte der Modalpartikeln. Studien zur deutschen Abtönung*, Tübingen.

Weydt, Harald (Hg.) (1981): *Partikeln und Deutschunterricht*. Abtönungspartikeln für Lerner des Deutschen, Heidelberg.

Weydt, Harald (Hg.) (1983): *Partikeln und Interaktion*, Tübingen.

Weydt, Harald (Hg.) (1989): *Sprechen mit Partikeln*, Berlin/New York.

Weydt, Harald/Ehlers, Klaas-Hinrich (1987): *Partikel-Bibliographie. Internationale Sprachenforschung zu Partikeln und Interjektionen*, Frankfurt am Main.

Weydt, Harald/Harden, Theo/Hentschel, Elke/Rösler, Dietmar (1985): *Kleine deutsche Partikellehre*. Ein Lehr- und Übungsbuch für Deutsch als Fremdsprache, Stuttgart.

Weydt, Harald/Hentschel, Elke (1983): "Kleines Abtönungswörterbuch", in: Weydt, H. (Hg.): *Partikeln und Interaktion*, Tübingen, 3-24.

Wilson, Deirdre/Sperber, Dan (1993): "Linguistic form and relevance", in: *Lingua* 90, 1/2, 1-25.

Wundt, Wilhelm ([3]1912): *Völkerpsychologie*. Eine Untersuchung der Entwicklungsgesetze von Sprache, Mythos und Sitte, I. Teil: Die Sprache, 2 Bde., Leipzig.

Zimmermann, Klaus (1981): "Warum sind die Modalpartikeln ein Lernproblem?", in: Weydt, Harald (Hg.): *Partikeln und Deutschunterricht*. Abtönungspartikeln für Lerner des Deutschen, Heidelberg, 111-122.

BONNER ROMANISTISCHE ARBEITEN

Herausgegeben von Willi Hirdt, Wolf-Dieter Lange, Eberhard Leube †, Wolfgang Matzat, Christian Schmitt und Heinz Jürgen Wolf

Band   1   Albert Gier: Der Sünder als Beispiel. Zu Gestalt und Funktion hagiographischer Gebrauchstexte anhand der Theophiluslegende. 1977.

Band   2   Beatrix Vedder: Das symbolistische Theater Maurice Maeterlincks. 1978.

Band   3   Ute Stempel: Realität des Phantastischen. Untersuchungen zu den Erzählungen Dino Buzzatis. 1977.

Band   4   Egon Robertz: Feuer und Traum. Studien zur Literaturkritik Gaston Bachelards. 1978.

Band   5   Lilo Grevel: Il Politecnico 1945-1947. Zur Monographie einer Kulturzeitschrift Italiens. 1978.

Band   6   Klaus Knopp: Französischer Schülerargot. 1979.

Band   7   Günter Dresselhaus: Langue/Parole und Kompetenz/Performanz. Zur Klärung der Begriffspaare bei Saussure und Chomsky; ihre Vorgeschichte und ihre Bedeutung für die moderne Linguistik. 1979.

Band   8   Rita Thiele: Satanismus als Zeitkritik bei Joris-Karl Huysmans. 1979.

Band   9   Margrethe Tanguy-Baum: Der historische Roman im Frankreich der Julimonarchie. Eine Untersuchung anhand von Werken der Autoren Frédéric Soulié und Eugène Sue. 1981.

Band 10   Jutta Linder: Pasolini als Dramatiker. 1981.

Band 11   Angelika Sparmacher: Narrativik und Semiotik. Überlegungen zur zeitgenössischen französischen Erzähltheorie. 1981.

Band 12   Hans-Ludwig Krechel: Strukturen des Vokabulars in den Maigret-Romanen Georges Simenons. 1982.

Band 13   Dirk Hoeges: François Guizot und die Französische Revolution. 1981.

Band 14   Elisabeth Bange: An den Grenzen der Sprache. Studien zu Georges Bataille. 1982.

Band 15   Norbert Reichel: Der Dichter in der Stadt. Poesie und Großstadt bei französischen Dichtern des 19. Jahrhunderts. 1982.

Band 16   Dirk Weidenhammer: Prometheus und Merlin. Zur mythischen Lebensbewältigung bei Edgar Quinet. 1982.

Band 17   Helmut C. Jacobs: Stendhal und die Musik. Forschungsbericht und kritische Bibliographie 1900-1980. 1983.

Band 18   Margaretha Müller: Musik und Sprache. Zu ihrem Verhältnis im französischen Symbolismus. 1983.

Band 19   Werner Müller-Pelzer: Leib und Leben. Untersuchungen zur Selbsterfahrung in Montaignes *Essais*. Mit einer Studie über La Boétie und den *Discours de la Servitude volontaire*. 1983.

Band 20   Markus Winkler: "Décadence actuelle". Benjamin Constants Kritik der französischen Aufklärung. 1984.

Band 21   Gisela Schlüter: Demokratische Literatur. Studien zur Geschichte des Begriffs von der Französischen Revolution bis Tocqueville. 1986.

Band 22   Ingrid Schwamborn: Die brasilianischen Indianerromane *O Guarani, Iracema, Ubirajara* von José de Alencar. 1987.

Band 23 Ruth Leners: Geschichtsschreibung der Romantik im Spannungsfeld von historischem Roman und Drama. Studien zu Augustin Thierry und dem historischen Theater seiner Zeit. 1987.

Band 24 Heiner Wittmann: Von Wols zu Tintoretto. Sartre zwischen Kunst und Philosophie. 1987.

Band 25 Isa Hofmann: Reisen und Erzählen. Stilkritische Untersuchungen zur französischen Literatur des 19. Jahrhunderts. 1988.

Band 26 Anette Pieper-Branch: Das Bild der Frau in den Sittenromanen von Frédéric Soulié. 1988.

Band 27 Ernst Wolf: Guillaume Apollinaire und das Rheinland. 1988.

Band 28 Helmut C. Jacobs: Literatur, Musik und Gesellschaft in Italien und Österreich in der Epoche Napoleons und der Restauration. Studien zu Giuseppe Carpani (1751-1825). 1988.

Band 29 Heinz Fuchs: Untersuchungen zu Belgizismen. Zu Ursprung und Verbreitung lexikalischer Besonderheiten des belgischen Französisch. 1988.

Band 30 Susanne Schmidt: Die Kontrasttechnik in den Rougon-Macquart von Emile Zola. 1989.

Band 31 Susanne Thimann: Brasilien als Rezipient deutschsprachiger Prosa des 20. Jahrhunderts. Bestandsaufnahme und Darstellung am Beispiel der Rezeptionen Thomas Manns, Stefan Zweigs und Hermann Hesses. 1989.

Band 32 Alf Monjour: Der nordostfranzösische Dialektraum. 1989.

Band 33 Tamina Groepper: Aspekte der Offenbachiade. Untersuchungen zu den Libretti der großen Operetten Offenbachs. 1990.

Band 34 Bettina Kopelke: Die Personennamen in den Novellen Maupassants. 1990.

Band 35 Christine Mundt: Dichterische Selbstinszenierung im französischen Theater von Vigny bis Vitrac. Vom 'poète malheureux' zum 'homme moderne'. 1990.

Band 36 Barbara Görtz: Untersuchung zur Diskussion über das Thema Sprachverfall im Fin-de-Siècle. 1990.

Band 37 Volker Steinkamp: Giacomo Leopardis Zibaldone. Von der Kritik der Aufklärung zu einer 'Philosophie des Scheins'. 1991.

Band 38 Ursula Schmid: Zur Konzeption des "homme supérieur" bei Stendhal und Balzac - Mit einem Ausblick auf Alexandre Dumas père. 1991.

Band 39 Dorothee Heller: Studien zum italienischen contrasto. Ein Beitrag zur gattungsgeschichtlichen Entwicklung des Streitgedichtes. 1991.

Band 40 Kian-Harald Karimi: Auf der Suche nach dem verlorenen Theater. Das portugiesische Gegenwartsdrama unter der politischen Zensur (1960-1974). 1991.

Band 41 Claudia Kleinespel: Germain Nouveau. Zwischen Ästhetizismus und Religiosität. 1992.

Band 42 Regine Würstle: Überangebot und Defizit in der Wortbildung. Eine kontrastive Studie zur Diminutivbildung im Deutschen, Französischen und Englischen. 1992.

Band 43 Ingrid Horch: Zur Toponymie des Valle de Mena/Castilla und des Valle de Ayala/Álava. Sprachhistorische und sprachgeographische Studien. 1992.

Band 44 Birgit Neschen-Siemsen: Madame de Genlis und die französische Aufklärung. 1992.

Band 45 Maria Stavraka: Sach- und Sprachnorm in der französischen Rechtssprache. Untersuchungen zu Rechts- und Sprachfiguren bei Leistungsstörungen im Schuldverhältnis. 1993.

Band 46 Arabella Pauly: NEOBARROCO. Zur Wesensbestimmung Lateinamerikas und seiner Literatur. 1993.

Band 69 Corinna May: Die deutschen Modalpartikeln. Wie übersetzt man sie (dargestellt am Beispiel von *eigentlich*, *denn* und *überhaupt*), wie lehrt man sie? Ein Beitrag zur Kontrastiven Linguistik (Deutsch-Spanisch/Spanisch-Deutsch) und Deutsch als Fremdsprache. 2000.

Band 70 Dietmar Osthus: Metaphern im Sprachenvergleich. Eine kontrastive Studie zur Nahrungsmetaphorik im Französischen und Deutschen. 2000.

Band 71 Alkinoi Obernesser: Spanische Grammatikographie im 17. Jahrhundert. Der *Arte de la lengua Española Castellana* von Gonzalo Correas. 2000.

Band 72 Maria Uleer: Fachwissen und Kommunikation. Zur Darstellung der französischen Atomversuche in spanischen Printmedien. 2000.

Band 73 Katja Ide: Terminus und Text. Untersuchungen zur spanischen Fachkommunikation der Betriebswirtschaft. 2000.

Band 74 Ludger Scherer: *Faust* in der Tradition der Moderne. Studien zur Variation eines Themas bei Paul Valéry, Michel de Ghelderode, Michel Butor und Edoardo Sanguineti mit einem Prolog zur Thematologie. 2001.

Band 75 Claudia Ella Weller: Zwischen Schwarz und Weiß. Schrift und Schreiben im selbstreferentiellen Werk von Edgar Allan Poe und Raymond Roussel. 2001.

Band 76 Marc Lilienkamp: Angloamerikanismus und Popkultur. Untersuchungen zur Sprache in französischen, deutschen und spanischen Musikmagazinen. 2001.

Band 77 Anja Klein-Zirbes: Die *Défense de la langue française* als Zeugnis des französischen Sprachpurismus. Linguistische Untersuchung einer sprachnormativen Zeitschrift im Publikationszeitraum von 1962 bis 2000. 2001.

Band 78 Andrea Wilhelmi: *La Nef des Princes* von Symphorien Champier. Textkritische und kommentierte Ausgabe der Haupttraktate. 2001.

Band 79 Annette Clamor: Flauberts Schreiblabor. Lesekultur und poetische Imagination in einem verkannten Jugendwerk. 2002.

Band 80 Rachel Herwartz: *Lavadora, cafetera, sacacorchos* - Spanische Gerätebezeichnungen in Technik, Werbung und Alltag. Dargestellt am Beispiel der Hauhaltsgerätebranche. 2002.

Band 81 Irene Sueiro Orallo: Deutsche Modalpartikeln und ihre Äquivalenzen im Galicischen. Ein Beitrag zur Kontrastiven Linguistik. 2002.